KB213170

베트남의 불교

Buddhism in Vietnam

Origins, Transition, and the Ly Dynasty(1009~1225)
by YOUN Dae-yeong

ACANET, PAJU KOREA 2025.

대우학술총서 651

베트남의 불교

기원과 변천
그리고 리 왕조

윤대영 지음

아카넷

일러두기

1. 베트남이 중국으로부터 독립한 10세기를 기준으로 활동이 확인되는 승려들의 인명은 베트남어로 표기하였다.

2. 인명과 지명에는 가능한 한 한자와 베트남어를 병기하였다.

3. 지명의 촌(村), 사(社)는 그대로 표기하였고, 랑(làng, 순베트남어)은 "마을"로 고쳐 적었다.

머리말

이 연구는 어떠한 배경에서 시작되었을까? 1970년 전후 전국 대학 사학과나 역사교육과에 재직하던 동남아시아사 전공 교수는 두 명이었는데, 50여 년이 지난 현재는 단지 외국인 교수 한 명만이 모 국립대학에서 제자도 없이 '고군분투'하고 있다. 이러한 척박한 현실은 동남아 연구에 대한 국가의 무관심 이외에도, 저마다의 다양한 이유로 줄곧 한·중·일 역사 연구에만 '치열하게' 몰두하는 '편협한' 역사학계의 외면도 반영하고 있다고 본다. 동남아 역사를 연구하는 전문가들이 안정적으로 활동할 수 있는 여건은 여전히 매우 열악한 형편이다.

문재인 정부의 신남방 정책 선언으로 동남아, 즉 아세안 국가들에 대한 정부와 민간의 관심이 높아지기는 했지만, 주로 베트남과 인도네시아를 중심으로 하는 경제 분야에 편중되어 있었다. 이러한 상황을 인식한 정부는 중·고등 세계사, 고등 동아시아사 교과서의 근현대사 역사 서술을 강화하려는 방침을 세웠지만, 관련 정책이 반영되려면 적지 않은 시간을 기다려야 할 뿐만 아니라 정책의 일관성도 담보해야 할 것이다. 2022년 5월에 발표한 「윤석열 정부 110대 국정 과제」에 '동남아'는 신(新)시장 진출 확대와 인도·태평양 전략에 종속된 한-아세안 상생 연대의 차원에서 단지 두 차례만 언급되었다. 아울러 동남아에 대한 민간의 관심과 지원도 주로 즉각적인 경제 활동과 관련되어 있기 때문에, 장기적인 안목의 기초 학문 연구비 지원이 턱없이 부족한 실정이다.

이처럼 동남아 연구 기반이 열악한 상황에서도 관련 연구자들이 배출되기는 했지만, 대다수가 사회과학을 전공한 지역학 연구자들이고, 인문학 전공, 특히 역사 전공 연구자들은 그중에서도 극소수에 불과하다.

동남아시아를 연구하는 대부분의 사회과학 연구자들은 자신들의 전문적인 영역을 확보하지 못한 채, '지역학'이라는 막연한 명제로 '동남아학' 주변을 '힘겹게' 떠돌고 있는 듯이 보인다. 동남아학의 인문학 성과가 미약한 상태에서는 사회과학은 말할 것도 없고, 전체 동남아학의 발전은 사실상 기대하기 어려울 수밖에 없다. 더군다나 '용감한' 비전공자들도 동남아 연구에 마구 뛰어들어 기존의 학계에 새롭게 등장하고 있다.

이러한 상황에서 동남아의 불교, 특히 전통 시대 베트남의 대승 불교 역사를 연구 주제로 설정한 이유는 어디에 있을까? 그리고 현재 한국의 대도시나 지방과는 달리, 베트남의 대도시나 지방 마을 곳곳에서 어렵지 않게 전통 사찰들과 마주칠 수 있는 현실[1]은 어떠한 연유에서 비롯되었을까?

1927년에 동남아 지역을 여행한 타고르(Rabīndranāth Tagore, 1861~1941)는 특히 불교로 연결되는 아시아를 상상하면서 고대 아시아의 불교 국가들과 인도의 밀접한 관계가 회복되기를 기대했다. 그의 바람은 서서히 현실로 나타났다.[2] 동남아 지역학 연구 중에서도 전문적인 영역으로 볼 수 있는 동남아 불교 연구는 국내의 경우 태국이나 미얀마를 전공하는 비역사학자들을 중심으로 진행되었는데, 주로 상좌부 불교(소승 불교)가 연구 대상이었다.[3] 최근에는 불교 미술사 연구자들이 인도 불교가 동남아에 미친 영향, 동남아 현지의 불교 의례 용구나 사찰 벽화, 동남아 불상이 중국이나 한국의 불상에 미친 영향 등을 다루고 있다.[4]

세계 학계, 베트남 학계, 그리고 한국 학계에서도 전통 시대 베트남의 사상사나 종교사 연구는 불교보다는 주로 유교를 중심으로 이루어져 왔다.[5] 특히 유인선은 레(Lê) 왕조[黎朝, 1428~1788]의 성립으로 베트남의 지배 이념이 불교에서 유교로 넘어갔다고 주장한다.[6] 그러나 레 왕조의 유교화 정책은 타인똥(Thánh Tông, 聖宗, 1460~1497 재위) 이후 끊임없이 이완되어 나갔고, 16~18세기의 남북 내전은 이러한 이완 과정에 결정적인 역할을 했다. 응우옌(Nguyễn) 왕조[阮朝, 1802~1945]가 성립한 이후 유교를 지배적인 이데올로기로 재구축하려는 시도는 19세기 후반 프랑스의 침략과 식민지화로 지속될 수 없었다. 그러면 이처럼 유교화 작업이 제대로 작동할 수 없었고, 그로 인해 (한국사에서 볼 수 있는) 타 종교에 대한 유교의 배타성과 공격성이 그다지 현저하지 않던 상황에서, 중국의 지배를 받았던 북속(北屬) 시기를 거쳐 리(Lý) 왕조[李朝, 1009~1225] 시기에 지배 이념으로 작동했던 불교는 어떠한 흐름 속에서 등장하며 새로운 외래 사상 '유교'와 직면하게 되었을까? 이 책은 역사학적 관점에서 전통 시대 베트남 불교의 기원과 성장, 그리고 변천 과정에 주목하며 당시 시대정신의 흐름을 재검토하고자 한다.

아울러 한·중·일 세 나라와 대승 불교의 역사를 공유하는 베트남의 사례는 주변 지역과의 역사적 인과관계를 확인해 줄 수 있는 연구 대상일 뿐만 아니라, '깍두기' 베트남을 포함한 동아시아를 비교사의 측면에서 이해하고자 할 때에도 유용한 도구가 될 수 있다. 이러한 관점에서 전통 시대 베트남의 불교 역사를 이해하는 과정은 동북아와 동남아, 그리고 인도 전체까지도 아우르는 작업이다. 동시에, 이 연구는 일국사(一國史)에 연연하지 않고 연구자 개인의 역량 확대에 도전하며 아시아의 역사를 연기(緣起)와 상호 연관성 속에서 파악하는 주요한 방편이기도 하다.

다음으로 이 연구의 필요성과 목적을 밝혀 두고 싶다. 1992년 12월에 베트남과 수교한 이래 동남아에 대한 한국 정부와 사회의 관심은 점점 높아지고 있지만, 한국 불교계와 학계의 동남아 불교 연구는 아직 초보 단계이다. 지금까지 국내에서 간행한 동남아 불교 관련 서적은 몇몇 일본 학자의 연구 성과를 번역한 정도이다.[7] 동남아 지역학 전공 학자들이나 철학 전공자들이 이룩한 연구 성과들이 출간되기는 했지만 상좌부 불교에 편중되어 있고,[8] 현지 사정에 어두운 비전공자들이 동남아 지역의 불교 미술사를 연구하다 보니 해당 지역의 역사적 사실과 맥락을 적확하게 분석해 내는 데에도 한계가 있어 보인다. 특히 국내 불교계와 학계의 관심도 역사학계의 경우처럼 여전히 한·중·일 3국에 치우쳐 있기 때문에, 교학 및 신앙과 역사에 관한 연구도 대부분 대승 불교에 한정되어 있을 뿐만 아니라 동남아를 포괄하는 불교의 역사나 교리 사상에 대한 연구도 절대적으로 부족하다. 이와 같은 학문적 편향은 한국 불교학의 발전을 위해서도 개선되어야 한다.

필자는 그동안 베트남과 주변 나라들을 '지역(region)'으로 포괄하는 연구를 진행해 왔다. 베트남 북쪽의 중국, 중남부 지역에 위치하고 있던 전통 시대의 참파[Champa, 임읍(林邑) 혹은 점성(占城)], 동남아 도서부 지역, 한국, 일본 등지로 연구 범위가 확장된 일종의 '베트남 지역사'는 주로 정치사, 사회사, 문화사 영역에서 이루어졌다. 특히 참파의 이슬람 연구 결과에서 드러난 동남아 외래 종교의 개방성, 역동성, 현지화 등과 같은 현상[9]은 기타 종교 영역에서도 검토될 필요가 있다. 이 책에서는 이슬람보다 그 기원이 앞선 또 하나의 외래 종교, 즉 불교를 중심으로 베트남의 전통적인 다양한 시대상의 흐름을 역사적·지역적으로 파악해 보고, 동북아 불교사, 특히 한국 불교사와 비교사적 시각으로 접근하여 '유교의 나라' 베트남에서 여전히 '꿈틀거리던' 불교 현상을 이해할 수 있는 근거도 찾고자 한다.

20세기 초부터 불교의 장례 문화, 사원 건축 등을 중심으로 진행된 기존의 연구들은 베트남 일국(一國)을 중심으로 이루어지면서 예술 및 건축, 선종의 법맥(法脈), 남부의 상좌부 불교, 반정부 운동 등의 영역으로 확대되었다.[10] 이 과정에서 중국의 남종선(南宗禪)이 베트남 불교에 미친 영향력을 강조하는 경향이 나타나자, 베트남 측의 연구는 적어도 초기의 불교는 중국보다는 인도의 영향을 받았으며 현지 '베트남인' 선사들의 활동이 중국 남부 불교의 발전에도 기여했다고 주장하며 '비중국적'인 불교의 영향과 '독자적인' 베트

남 불교의 모습을 부각하고자 했다.[11]

　이 책에서는 베트남 불교에 대한 중국의 영향력이나 베트남 불교 자체의 독자적이고 '민족적인' 발전 양상에 주목하기보다는, 아시아를 포괄하는 지역적 차원에서 전통 시대 베트남 불교의 다양한 사회문화적·정치적 현상들을 동남아 지역뿐만 아니라 동북아 지역과 연계하여 검토하고자 한다. 이와 관련하여, ① 불교 전파 초기(1~3세기) 인도나 중앙아시아 출신 승려들의 영향과 현지 불교의 초기 형성 과정, ② 3세기 중반~9세기 베트남 북부 지역의 불교 정착 추이와 현지 승려들의 역할, ③ 10세기(독립 이후)~13세기 초반까지의 불교 발전 과정과 국가의 역할 등을 가능한 한 일국의 불교사가 아닌 지역사와 연계하여 조망하고 한·중·일 대승 불교의 역사를 고려하며 접근하고자 한다. 이러한 과정을 통해, 전통 시대 '유교의 나라' 베트남의 실상을 보다 다양한 관점에서 이해할 수 있을 것이다.

2부   리 왕조 초반 불교의 역할과 발전

1부

베트남
불교의 기원과
아시아

1장

불교의 도래: 북속 시기(1~6세기)

한반도에 불교가 처음으로 전래한 시공간은 372년 당시의 고구려였는데, 인도차이나반도의 경우는 어떠했을까? 인도차이나반도에 전래된 불교의 기원을 검토하기 위해, 먼저 1~3세기 베트남 불교의 기원과 형성 과정을 주변 지역과의 관계를 통해 살펴본다. 주요 분석 대상은 인도의 영향, 한대(漢代) 교지군(交趾郡) 연루현(贏陬縣)[1]의 지정학적 위치 및 문명 교류와 외래인 사섭(土燮), 모자(牟子), 강승회(康僧會) 등의 불교 전파 활동이다.

1. 인도의 영향

5세기에 팔리어로 쓰인 스리랑카(Sri Lanka)의 서사시 『마하방사(Mahāvaṃsa)』에 따르면, 불교 수행자였던 아쇼까(아소카, Aśoka)왕

(B.C. 268~B.C. 232 재위)의 제창과 후원으로 즉위 17년째 되는 해에 제3차 경전 결집(saṃgīti, 상기티) 대회가 마가다(Magadha) 왕국의 파탈리푸트라(Pāṭaliputra)성에서 개최되어 경(經), 율(律), 논(論) 삼장(三藏)에 대한 정리가 이루어졌다.[2] 이후 기원전 250년에 아쇼까 왕이 파견한 9개의 전법단 중에서 소나(Soṇa)와 웃따라(Uttara)가 이끄는 전법단은 '황금의 땅(Suvaṇṇabhūmi)'[3]에 도착했는데, 이 땅은 지금의 미얀마 하부[고대 몬족 왕국의 타톤(Thatön) 지방]와 태국 중부 및 동북부의 이싼(Isan) 지방 등지였을 것으로 추정된다. 이 '황금의 땅'에 베트남도 포함되어 있었을 가능성에 대해서는 아직 결론에 이른 상태는 아니지만, 어쨌든 아쇼까왕의 전법단 파견 시점은 베트남 고대사의 훙브엉(Hùng Vương, 雄王) 시기에 해당한다.[4]

현재도 여전히 불교가 언제, 어떻게 인도차이나반도의 베트남에 유입되어 발전했는지는 불분명하다. 베트남 출신의 한 승려 연구

그림 1-1 호찌민(Hồ Chí Minh)시 통일궁에 걸려 있는 〈국조(國祖) 훙브엉〉
1966년, 쫑노이(Trọng Nội)의 작품

그림 1-2 『영남척괴열전(嶺南摭怪列傳)』
베트남 하노이 국립도서관 소장

자는 자국의 불교가 기원전 3세기에 시작하여 2,000년 이상의 오랜 역사를 가지고 있다면서 아쇼까왕이 '황금의 땅'에 파견한 전법단이 북베트남의 교주(交州, Giao Châu) 특히 지금의 박닌(Bắc Ninh, 北寧) 지방까지 이르렀다고 주장하기도 한다.[5]

당시의 상황은 전설, 기록, 유적 및 유물 등을 통해 추론할 수 있다. 전설은 구체적인 사실을 있는 그대로 파악하는 데는 도움이 되지 않을 수 있지만, 불교가 매우 오래전부터 전파되었음을 시사해 주는 측면도 있다. 먼저, 14세기 후반에 부꾸인[武瓊, Vũ Quỳnh]과 끼에우 푸[喬富, Kiều Phú]가 편찬한 『영남척괴열전(Lĩnh Nam Chích Quái Liệt Truyện)』에 등장하는 저동자(褚童子, Chử Đồng Tử)를 살펴보자. 기원전 3~기원전 2세기 불교가 지금의 베트남에 들어왔다는 흔적을 이 열전의 「일야택전(一夜澤傳, Truyện Nhất Dạ Trạch)」에서 찾을 수 있다.[6]

그림 1-3   선용 공주와 저동자[7]

제3대 훙브엉에게는 열여덟 살 난 딸 선용(仙容) 공주가 있었다. 그녀는 용모가 빼어났지만 시집을 가려 하지 않고 천하를 떠돌아다니며 놀기를 좋아했다. 공주를 아끼던 왕은 딸이 하는 대로 내버려두었는데, 그녀는 해마다 2~3월에 배를 타고 해외로 다니는 즐거움 때문에 돌아오는 것을 잊어버리곤 했다. 당시 천막강(天幕江, Thiên Mạc Giang)[8]의 저사향(褚舍鄉)에 살던 저미운(褚微雲)의 아들 저동자는 아버지를 잃고 낚시로 연명하면서, 장사치의 배가 지나갈 때마다 물속에 들어가 구걸하며 생계를 이어갔다. 그러던 어느 날 선용 공주의 배가 갑자기 나타나자, 배의 음악 소리와 화려한 깃발에 놀란 저동자는 모래톱 주변의 갈대나무 속에 숨어 모래로 위를 덮었다. 공주가 탄 배가 정박한 후 공주는 갈대를 둘러싼 휘장 안에 들어가 목욕을 하다가 저동자의 모습을 보고 한참 동안 부끄러워했다. 이윽고 공주는 "나는 시집가는 걸 좋아하지 않았어요. 그러나 당신을 만나 백년해로하는 게 하늘의 뜻인가 봐요. […] 하늘이 이렇게 만나게 했는데 마다할 수 있겠어요?"라며 부부가 되자고 했다.

아버지의 반대를 무릅쓰고 결혼한 공주는 저동자와 함께 장터를 열고 점포를 세워 물건을 사고팔았는데, 곧 큰 시장이 되었다. 당시 시장에 왕래하며 장사하던 외국 상인들은 선용 부부를 객주(客主)로 모셨다. 어느 날 한 대상(大商)이 황금을 갖고 상인들과 함께 해외에 나가 귀한 물건을 매입하면 큰 이익을 얻을 수 있다고 선용에게 귀뜀했다. 이에 선용은 남편에게 "지금 황금을 갖고 상인들과 해외에 나가 귀한 물건을 사오도록 하세요. 그걸 팔아 남는 이익으로 생활을 꾸려가도록 해요"라고 말했다.

저동자는 상인들과 함께 장사를 떠나 해외를 돌아다녔는데, 배를 정박한 상인들이 경위산(瓊圍山)[9]의 작은 암자에 물을 길러 갔을 때 저동자도 동행했다. 암자의 젊은 승려 불광(佛光, Phật Quang)의 불법을 들은 저동자는 암자에 더 머물며 이 승려의 불법을 계속 듣기로 결심했다. 그는 가져온 황금을 상인들에게 주며 물건을 사달라고 부탁했고, 이들은 돌아오는 길에 암자에 다시 들러 저동자를 배에 태웠다. 이때 불광은 저동자에게 지팡이 하나와 삿갓 하나를 주면서, "신통력이 여기에 있느니라"라고 했다. 집에 돌아온 저동자는 선용에게 불광의 가르침을 자세히 알려주었고, 이 설명을 듣고 깨달음을 얻은 선용은 장사를 그만두었다. 부부는 스승을 찾아 도를 배우고자 했다고 한다.[10]

『한서(漢書)』, 「지리지(地理志)」는 이미 기원전 2~기원전 1세기에 인도와 한나라 남부 사이의 교통로가 존재했을 가능성을 보여준다. 이처럼 이 전설에 등장하는 상인들도 인도에서 왔을 가능성이 높다.[11] 아울러 다수의 연구자는 경위산과 산속 암자의 위치를 두고 하띤(Hà Tĩnh)의 끄어솟(Cửa Sót)을 주목한다. 2023년 3월 28일 하띤성 불교문화센터에서 개최된 학회 「베트남 불교 역사―문화 흐름에서 하띤의 불교」는 이곳에 머물던 인도 출신의 승려 불광이 저

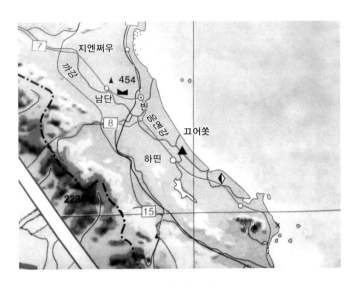

그림 1-4 하띤의 꼬어쏫

동자를 첫 번째 제자로 받아들여 전법했기 때문에 꼬어쏫이 현재
의 베트남에 불교가 유입된 최초의 장소라고 주장했다. 그리고 이
꼬어쏫의 불교가 연루현의 저우(Dâu) 지역까지 전파되었다고 보았
다.[12]

　해안 지역 꼬어쏫과 북쪽의 델타 지대 연루현의 중간에 위치한
현재 하이퐁 도썬(Đồ Sơn) 지역의 항도썬 사원[Chùa[13] Hang Đồ Sơn
(Cốc Tự)]의 기원에 대해서도 주목할 필요가 있다. 전설에 의하면,
이 사원의 기원은 기원전 3~기원전 2세기에 인도의 승려가 상인을
따라 교주에 와서 불교를 전파한 시기까지 거슬러 올라간다. 이 승
려는 도썬 지역의 네레(Nê Lê)에서 하선한 후, 자신이 물색한 석굴
에서 죽을 때까지 머물면서 사원을 개창했다고 한다.[14]

　또한 『웅왕옥보(雄王玉譜, Ngọc Phả Hùng Vương)』에 의하면, 홍

그림 1-5 항도썬 사원과 불광을 모시는 제단

브엉 7대[찌에우브엉(Chiêu Vương, 昭王)][15] 시기에 땀다오(Tam Đảo) 산[16]에 이미 부처를 숭배하는 사원이 있었다고 한다.[17] 그런 이유로 빈푹성의 떠이티엔(Tây Thiên, 西天)에서는 기원전 3세기부터 불교가 베트남에 들어왔다고 주장하는 불교계 그룹도 있다. 불교에서 떠이티엔, 즉 서축(西竺)은 불교가 발생한 인도를 가리키기 때문이다.[18]

이상에서 살펴본 것처럼, 지금의 베트남이 위치한 인도차이나반도의 동쪽은 인도와 중국의 사이에 있다. 이 덕분에 인도의 불교가 상당히 일찍부터 전해졌을 가능성이 있다. 더군다나 기원전부터 인도에서 승려가 왔다는 전설이 남아 있고, 이 전설과 관련한 유적과 유물이 남아 있기 때문에, 동북아 지역보다 일찍 불교가 전래했을 가능성이 높다.

기원후의 상황과 관련해서는 베트남 불교의 1세기 기원설을 살

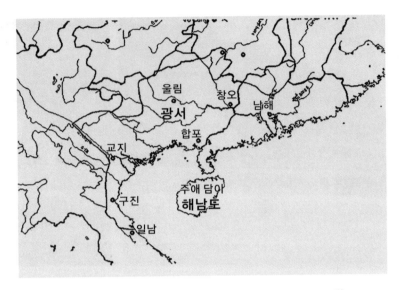

그림 1-6   전한 시기(B.C. 206~A.D. 8)의 교지(交趾, Giao Chi)[22]

퍼볼 필요가 있다. 1세기부터 불교의 베트남 전파는 인도 출신의
승려들, 중앙아시아 출신의 승려들, 중국 출신의 승려들, 그리고 인
도나 중국에서 불교를 연구한 '베트남' 측 승려들의 공헌으로 이루
어졌다고 한다.[19]

먼저 인도 측의 영향으로 불교가 전래된 양상을 검토해 보자. 인
도 불교의 영향은 대략 1세기 초로 잡고 있다.[20] 남월(南越, Nam
Việt, B.C. 203~B.C. 111)의 멸망 이후에 당시 한나라가 설치한 교지
군(交趾郡)과 구진군(九眞郡)에는 유교나 도교가 영향을 미치고 있었
을 뿐만 아니라 인도의 불교도 바다를 통해 들어오고 있었다.[21] 이
러한 현상과 관련하여 주목해야 할 곳이 현재 베트남 북부의 박닌
성 투언타인현의 루이러우(Luy Lâu) 지역이다.

2. 연루의 발전과 초기의 전파자들

이와 같은 루이러우(연루)의 역할을 이해하기 위해서는 현지의 지정학적 환경과 교지(交趾) 태수 사섭의 개방적인 대외 정책을 『삼국지(三國志)』 등 중국 측의 자료와 베트남 측의 문헌 자료 『대월사략(大越史略)』, 『대월사기전서(大越史記全書)』, 『안남지략(安南志略)』 등을 통해 검토할 필요가 있다. 아울러 사섭이 현지에서 내치에 힘쓰며 불교를 진흥하고 있을 때, 중국의 불안정한 정치 상황을 피해 이주한 모자의 『이혹론(理惑論)』에 나타난 당시의 불교 인식과 소그드(Sogd) 출신 승려 강승회(康僧會)의 전법(傳法) 활동을 통해, 연루현과 주변 지역에서 진행된 대승 불교의 초기 형성 과정과 중국 남부로의 전파 과정을 살펴본다.

1) 연루의 지리 환경과 문명 교류

그림 1-7 박닌성[23]
현재의 수도 하노이에서 동북 방향으로 40km 정도 떨어져 있다.

현재 베트남 박닌성 투언타인현의 루이러우는 홍강 델타 지역 중심부의 교차 지역에 위치하며 두옹(Đuống)강과 저우강[24] 사이에 있는데, 두옹강 변에서는 5km 떨어져 있다. 딘방(Đình Bảng)에서 펏띡(Phật Tích)으로 내려가 저우 지역(루이러우가 위치한 지역)으로 흐르는 저우강은 딘또(xã Đình Tổ), 붓탑(Bút Tháp), 찌꾸아(xã Trí Quả) 같은 마을을 지나 루이러우성(城) 서쪽에 호(濠)를 이룬다.[25] 하만(Hà Mãn) 마을과 저우 사원(Chùa Dâu)[26]을 지나 응우타이(Ngũ Thái) 혹은 끄우옌(Cửu Yên) 마을과 응우옛득(Nguyệt Đức) 마을을 거쳐 껌장(Cẩm Giàng)강과 합류하여 자빈(Gia Bình), 르엉따이(Lương Tài)를 따라 타이빈(Thái Bình)강으로 이어진 후 결국 '동해(남중국해)'에 이른다.[27]

루이러우는 수 세기 동안 지배 정권의 정치 중심지였다. 이 중심지는 번우(番禺)[28]를 중심으로 남월을 건국한 조타(趙佗, Triệu Đà, B.C. 207~B.C. 137 재위) 시기(B.C. 179)에 성립한 것 같다.[29] 이후 한나라는 한반도 북부에 낙랑(樂浪), 진번(眞蕃), 임둔(臨屯) 3개 군을 두기 3년 전 기원전 111년에 남월을 멸망시키고, 남월의 판도 내에 7개 군을 설치하여 각 군 아래 현을 두었다. 7개 군 중에서 남해(南海), 창오(蒼梧), 울림(鬱林), 합포(合浦)는 오늘날의 광둥성과 광시성에 위치했으며, 교지(交趾)와 구진(九眞) 및 일남(日南) 3개 군은 현재 베트남 영역에 설치되었다. 홍강 델타의 중앙에서부터 북부를 아우르는 교지군의 관할에는 연루현(羸陵縣, Liên Lâu),[30] 안정현(安定縣, An Định), 구루현(苟屚縣, Cầu Lậu), 미령현(麊泠縣, Mê Linh), 곡양현(曲昜縣, Khúc Dương), 북대현(北帶縣, Bắc Đái), 계서현(稽徐縣, Kê Từ), 서우현(西于縣, Tây Vu), 용편현(龍編縣, Long Biên), 주원현(朱鳶縣, Chu Diên) 등 10개 현이 있었다. 교지군의 10개 현 중 첫

번째로 등장하는 연루현은 기원전 111년부터 기원전 106년까지 정치와 행정의 중심지였다.[31]

기원후 초기 연루현은 용편현 및 고루성(古螺城, Thành Cổ Loa)과 함께 고대 3대 중심지의 하나였다.[32] 『한서』「지리지」에 의하면, 기원후 2년 당시 교지군의 가구는 9만 2,440호였으며, 인구는 74만 6,237명이었다. 후한(後漢, 25~220)의 행정 중심지[治所]는 용편현이었는데,[33] 40년 봄에 중국의 지배에 불만을 품은 교지 사람들이 봉기하여 연루현을 공격하자 중국인 태수 소정(蘇定)이 달아났다. 그러나 3년 후 봉기는 결국 실패로 끝났다. 중국의 통치가 재개되었을 때 연루현은 다시 교지의 행정 중심지가 되었다. 이후 142~143년에 자사(刺史) 주창(周敞)은 현지의 봉기를 피해 행정 중심지를 용편현으로 옮겼으나, 여기에서도 평화롭지 못해서 연루현으로 다시 돌아갔다.[34] 210년에는 이소(理所)가 번우현(番禺縣)으로 옮겨졌다가, 오나라가 다시 이소를 용편현으로 옮기면서 옛 번우에는 광주를 두게 되었다.[35]

이처럼 중국 지배기에 정치와 행정의 중심지였던 연루현은 경제와 문화의 중심지로도 발전했다. 홍강 델타의 중심부이면서 교지군의 중심지였던 연루현에는 중요한 육로와 수로가 지나고 있었다. 예를 들면, 파라이(Phả Lại), 동찌에우(Đông Triều), 꽝닌(Quảng Ninh)을 거쳐 지금의 베트남–중국 국경 지역에 이르는 육로[36]와 저우강에서 두옹강을 거쳐 룩더우(Lục Đầu)강[六頭江], 타이빈강을 지나 '동해'에 이르는 루트가 발달했다. 이러한 지리적 환경에 놓인 저우강은 연루현과 주변 지역, 혹은 외부 세계의 각국으로 연결되어 교역의 매개 역할을 하면서 활발한 경제 중심지가 되었다.[37]

홍강 델타에서 생산한 농산물, 수공예품(직물), 예술품(도자기, 유리) 등이 연루현에서 고지대로 운송되었다. 델타 북부와 서부에서 생산한 귀목(貴木), 백단유(sandal wood), 침향(perfumes), 상아 등과 같은 임산물도 연루에 모였다. 그리고 일찍부터 인도, 중국, 중앙아시아의 상인들이 교역하기 위해 이곳에 왔다고 한다. 각종 자료에 의하면, 중국과 거래하고 교섭하기를 원하는 서방과 남방의 나라들은 모두 교지를 경유하는 루트를 이용했다. 특히 기원후 2~3세기부터는 점점 많은 외국 상인들이 교주에 와서 교역했는데, 이들 선박의 정박지는 수로와 해상 교통이 발달해 있던 연루였다. 연루의 유물과 다양한 자료를 통해, 실제 이 항구가 무역의 중심지였음을 알 수 있는데, 상인들은 상품을 다른 나라나 자신들의 나라로 가져갔다. 이 과정에서 연루는 많은 외국인이 방문하면서 체류하는 거대한 국제 무역의 중심지가 되었다.[38]

이렇게 정치와 경제의 중심지로 성장한 연루는 문화의 중심지로도 성장했다. 박식한 인도, 중앙아시아, 자바(Java) 출신의 상인들이 상품뿐만 아니라 의학, 농업, 천문학, 관습, 신앙 등과 관련한 지식을 전달했기 때문이다.[39] 상인들 다음으로는 승려들이 불교를 전파하기 위해 왔다. 1세기 전반 당시에 한족의 문화를 공유하던 교지는 인도의 영향을 받아 산스크리트어도 사용할 수 있는 공간이 되었다. 그래서 교지에서는 통역을 쉽게 찾을 수 있었다고 한다. '남방(南方)' 지역에서 온 사절들은 낙양(洛陽), 장안(長安), 또는 건업(建業)에 가기 전에 중국의 상황을 공부하려고 연루에 잠시 체류하곤 했는데, 이 연루는 중국에 불교를 전파하려는 인도, 스리랑카 또는 중앙아시아의 승려들에게도 편리한 기항지였다. 그래서 외국 승려들은 중국의 언어와 관습을 배우기 위해 이곳에 먼저 들렀고, 산스크리트어와 한문을 알고 있던 현지 승려들의 도움으로 산스크리트어 불경을 한역할 수 있었다. 마찬가지로 불교를 공부하기 위해 인도행을 원했던 중국의 승려들도 교주에서 산스크리트어를 배우면서 인도 출신의 승려들과 접촉하여 인도로 가는 가장 수월한 길을 물어보기 위해 연루에 잠시 들렀다.[40]

연루의 불교는 기원전 2세기부터 시작된 대승 불교의 영향을 받아 발전했을 가능성이 크다. 이후 기원후 초기에 불교는 연루에서 많은 인기를 누리며 번성했는데, 당시 연루가 차지하고 있던 중요한 지리적·정치적·경제적 위상 덕분이었다.[41] 종교 관련 주요 건축물인 사당, 사원, 탑 등이 성안, 거리, 저우강 변의 마을에 조성되었는데, 그중 저우 사원은 현재까지도 루이러우 지역의 불교 중심지 역할을 하고 있다.[42] 저우 사원 이외에도 사탑(寺塔), 조상(彫像), 비기(碑記), 판각(板刻)『고주법운불본행어록(古珠法雲佛本行語錄, Cổ Châu Pháp Vân Phật Bản Hạnh Ngữ Lục)』[43] 같은 많은 유물과 자료 등이 집중적으로 만들어졌다.

북쪽의 중국 출신으로 연루현과 주변 지역을 지배하던 사람들은 대개 유교적·도교적 관점을 갖고 있었고, 패권적·인종주의적 이데올로기로 현지의 민간 신앙들을 경멸하곤 했다.[44] 그런데 이러한 지배자들이나 중국의 정치 상황을 피해 이주한 사람들 중 어떤 이들은 인간의 불행으로부터 자유로워져 니르바나(Nirvāṇa)에 이르는 길을 제시하는 불교의 장점을 유교와 도교보다 더 높이 평가하기도 했다. 다양한 문화가 서로 만나는 접점이었던 연루는 남아시아와 중앙아시아의 불교문화가 중국의 유교, 도교 문화와 접촉하는 복합적인 공간이기도 했다. 이와 같은 측면에서 사섭과 모자, 강승회 등의 사례를 살펴볼 필요가 있다.

2) 사섭, 모자, 강승회의 활약

1425년 중국 명나라의 승려 보성(寶成)은 인도와 중국에서 전개된 불교의 발전 과정을 400여 편의 일화로 구성한 불교 역사서『석씨원류(釋氏源流)』를 집필했다.『석씨원류』는 17세기 후반 조선에서도 간행되었는데, 그 내용 가운데『이혹론』과 강승회의 활동을 언급한 부분이 있다.[45] 그러나 아쉽게도 관련 내용은 학계의 관심을 전혀 끌지 못한 상태이다. 따라서 전통 시대 고문헌에서 연루현, 사섭, 모자, 강승회 등을 다룬 내용을 수집하여 1~3세기 베트남 불교의 초기 모습을 규명해 내야 한다.『삼국지』의 사섭 관련 열전,『고승전(高僧傳)』의 강승회 관련 내용, 모자의『이혹론』, 승우(僧祐)의『홍명집(弘明集)』,『영남척괴열전』의 불교 관련 설화 등을 바탕으로 외래 문명에 개방적이던 사섭의 국제 정치뿐만 아니라 모자와 강승회의 국경을 넘나드는 구법(求法), 전법(傳法) 활동을 검토한다.

① 사섭

사섭(士燮, 137~226)의 자는 위언(威彦)이며, 광서성 창오(蒼梧) 광신(廣信) 출신이다. 조상은 본래 노나라[魯國] 문양(汶陽)[46] 사람이다. 왕망(王莽) 시대(8~23)에 창오로 피란하여 정착해 살았다. 집안은 전형적인 이주 중국계 지배 계층인데, 6대째인 아버지 사사(士

賜)는 환제(桓帝, 147~167) 때 일남(日南) 태수로 임명되었다. 사섭은 어릴 때 낙양에서 유학했고, 영천(潁川)⁴⁷ 사람 유자기(劉子奇)를 스승으로 삼아 『좌씨춘추(左氏春秋)』를 주해(注解)하는 일을 했다. 곧이어 그는 효성과 청렴으로 추천받아 관직에 입문하여 상서랑(尙書郞)과 사천 동부 무양현(巫陽縣)의 현령을 지냈고, 교지 자사 가종(賈琮)의 천거로 187년에 교지 태수가 되었다. 후한 말기에서 삼국 시대 오나라 초기에 이르기까지, 사섭은 독립적인 할거(割據) 정권을 형성하며 교지군 태수를 40여 년 동안 맡으며 관할 군내의 질서를 안정시키고 평민들이 편안히 생업에 종사할 수 있도록 보살폈다.⁴⁸

후한 말기에 중국은 환관의 권력 남용, 황건적의 난(184), 동탁(董卓)의 정권 장악과 횡포, 군웅할거(194) 등으로 한창 혼란했지만, 교지 지방은 상대적으로 평온했다. 이러한 평화가 유지될 수 있었던 이유는 당시 교지 태수 사섭의 성향과 통치력 때문이었다. 그는 능력이 있으면서도 성격이 너그러워 현지 사람들에게 '왕(王)'으로 불리며 공경의 대상이 되었다. 『춘추』 연구에 깊이 빠져 주석 작업을 하면서 지식인도 존중했기 때문에 혼란한 중국의 명사(名士) 수백 명이 교지로 피란을 왔다.⁴⁹

후한 말기의 은사(隱士)로 중국이 혼란한 시기에 교지로 피란 왔던 원휘(袁徽, ?~?)는 대장군 조조(曹操) 휘하에 있던 상서령 순욱(荀彧, 163~212)에게 다음과 같은 편지를 썼다.⁵⁰

교지의 사부군(士府君, 즉 사섭)은 학문이 뛰어나면서도 넓고 정치적인 업무에도 정통하여, 아주 혼란스러운 가운데 있으면서도 하나의 군을 보존하여 20여 년간 그의 영내에는 별다른 일이 없었고, 백성들은 가업을 잃지 않았으며, 타향을 떠도는 사람들은 모두 그의 은혜를 받았습니다. 비록 [왕망 당시의 관리] 두융(竇融, B.C. 16~A.D. 62)이 하서(河西)를 보존했을지라도, 어찌 그를 넘겠습니까? 관청의 일이 조금 한가하여 [사섭은] 경전을 학습하고 연구하는데, 『춘추좌씨전』에 대해서는 특히 정미(精微)하게 연구했습니다. 나는 여러 차례 그에게 『좌전』 가운데 의심나는 점을 자문했는데, 그의 설명에는 모두 근본이 있었으며, 뜻이 매우 정밀했습니다. 또한 『고문상서』와 『금문상서』에도 매우 정통하여 근본적인 의미를 상세히 파악하고 있습니다. 듣건대, 경사(京師)에는 고문과 금문의 학설 사이에 옳고 그름에 대한 논쟁이 분분하다고 합니다. 그래서 지금 『좌씨전』과 『상서』에 관한 사섭의 긴 의론을 조리 있게 정리하여 바치고자 합니다.

이 편지를 통해 사섭이 정치력뿐만 아니라 유학에도 식견이 있어 사인들에게 인정받고 있었다는 사실을 알 수 있다.

다른 한편으로, 『영남척괴열전』의 「만랑전(蠻娘傳, Truyện Man Nương)」을 통해 사섭 시기의 불교문화도 간접적으로 이해할 수 있다.[51] 이 전설에 의하면, 후한의 제14대 마지막 황제 헌제(獻帝, 189~220 재위) 때 태수 사섭이 평(平, Bình)강[52] 남쪽에 성을 쌓았으며,[53] 성의 남쪽에는 옛날부터 복엄사(福嚴寺, Chùa Phúc Nghiêm)라는 절이 있었다고 한다. 서방에서 온 가라도리(迦羅闍梨, Già La Đồ Lê)라는 승려[54]가 이 절의 주지로 있으면서 '존사(尊師)'로 불렸는데, 사람들은 모두 그에게서 불도(佛道)를 배우고자 했다.

한편, 당시 부모가 모두 세상을 떠난 만랑이라는 여인은 가난한 가정 환경에도 불도를 배우고자 하는 마음이 독실했다. 하지만 말을 더듬었던 그녀는 사람들과 함께 불경을 독송하지 못했고, 항상 절간의 부엌에서 쌀을 찧고 땔나무로 밥을 해서 사찰의 승려들과 사방에서 불법을 배우러 온 사람들을 공양했다. 그러던 어느 날 승려들의 새벽 독경이 시작되었고, 만랑은 이미 아침밥을 다 해놓았다. 승려들은 아직 독경이 끝나지 않아 식사를 시작하지 않았는데, 만랑은 기다리다가 문지방에서 잠깐 깊은 잠에 빠져들었다. 마침내 독경을 마친 승려들은 각자 자신의 방으로 돌아갔고, 가라도리는 문지방에서 자고 있던 "만랑의 몸을 넘어 지나갔다." 그때 만랑은 "마음이 동하여" 그만 임신하게 되었다고 한다.

서너 달 후 만랑은 부끄러워 집으로 돌아갔으며, 가라도리 역시 떳떳하지 못해서 절을 떠났다. 그녀는 삼기로(三岐路)[55]에 있는 강가의 절에 머물렀는데, 산달이 차서 낳은 딸을 가라도리에게 주었다. 이 승려는 딸을 안고 가지와 잎이 무성한 보리수나무 한 그루가 서 있는 강가로 가서 깊숙하고 깨끗한 나무 둥치에 딸을 넣고, "이 불자(佛子)를 너에게 주니, 너는 잘 간직하여 각각 불도를 이루도록 하라"고 나무에게 말했다. 가라도리는 만랑과 헤어질 때 지팡이 하나를 주면서, "큰 가뭄이 들면 이 지팡이를 땅에 두드려 물이 솟아나게 해서 백성을 구하라"고 알려주었다. 이후 만랑은 돌아와서 다시 복엄사에 거주하게 되었는데, 가뭄이 들 때마다 지팡이로 땅을 두드리면 샘물이 솟아나서 백성들에게 큰 도움이 되었다고 한다.

만랑이 80세를 넘겼을 때, 삼기로의 보리수나무가 꺾여 절 앞의 강으로 떠내려 와서 강물을 빙빙 돌고만 있었다. 사람들은 앞다투어 그 나무로 장작을 마련하려고 했지만, 도끼날만 상할 뿐 나무가 쪼개지지 않았다. 마을에서 동원된 300여 명이 언덕으로 끌어 올리려 했지만, 나무는 꿈쩍하지 않았다. 마침 만랑이 물가에 나와 손을 씻다가 장난삼아 나무를 만졌더니 나무가 즉시 움직였다. 이 광경에 놀란 사람들은 만랑에게 나무를 언덕으로 끌어 올려 달라고 했고, 장인들은 나무를 네 등분으로 쪼개서 불상(佛像) 네 개를 만들고자 했다. 그런데 장인들이 여아(女兒)가 놓였던 부분을 도끼로 내려치자, 도끼날이 자꾸 부러지면서 여아는 단단한 돌로 변했다. 연못에 던져진 돌은 빛을 발하더니 잠시 후 가라앉았고, 돌을 던져버린 장인들은 모두 고꾸라져 죽었다. 그래서 사람들은 만랑을 모셔서 그 돌에 함께 예배했고, 어부를 시켜 건져낸 돌은 금을 입힌 불상으로 만들어 불전(佛殿)에 모신 다음 정중히 받들었다. 가라도리는 마침내 불상 넷을 안치하고 이름을 법운(法雲), 법우(法雨), 법뢰(法雷), 법전(法電)이라고 했다. 이 불상에 기도하면 항상 영험이 있어서, 모두가 만랑을 '불모(佛母, 부처의 어머니)'라고 불렀다.[56] 만랑은 4월 초파일에 병 없이 죽어 절에 묻혔고, 사람들은 이날을 부처의 탄생일로 삼았다고 한다. 그리하여 매년 이날이 되면 사방의 남녀노소가 이 절에 모여 가무를 즐기면서 놀았고, 세상에서는 이를 '욕불회(浴佛會)'[57]라고 부르기 시작했는데, 지금도 이 풍속이 여전히 남아 있다.

현재 베트남의 루이러우에는 구름, 비, 천둥, 번개 같은 자연신을 숭배하는 풍습이 있다. 이 지역에 들어온 인도의 불교는 현지의 민간 신앙과 결합하는 방법을 찾았던 것 같은데, 이와 관련하여 등장한 만랑의 전설은 지금까지도 사법(四法, Tứ Pháp) 신앙의 기원으로

그림 1-8 저우 사원

알려져 있다.[58]

그런데 사섭 시기의 불교 풍습을 다룬 「만랑전」의 내용은 당시의 현실을 얼마나 반영하고 있을까? 사섭은 유학에 조예가 있는 인물이면서도 불교에도 관심이 있었던 것 같다. 예를 들면, 사섭이 외출하거나 돌아올 때는 종이나 경쇠(磬衰, 부처에게 절할 때에 흔드는 작은 종)를 치게 해서 위엄이 있는 엄숙한 태도를 보였고, 갈대 피리와 퉁소 소리를 동반한 병거(兵車)와 기마(騎馬)가 길에 가득했고, 항상 수십 명의 호인(胡人)이 좌우에서 수레를 부축하며 향을 태웠다.[59] 여기에 등장하는 '호인'을 인도나 중앙아시아 출신의 승려로 보기도 한다.[60]

하노이에서 동쪽으로 약 30km 떨어진 박닌성 투언타인현 타인 크엉(Thanh Khương, 淸姜)향(鄕)에 있는 저우 사원은 187년에 공사를 시작해 226년에 완성했다. 이 사원은 법운사(法雲寺, 'Chùa' Pháp Vân), 고주사(古州寺, 'Chùa' Cổ Châu), 연응사(延應寺, 'Chùa'Diên Ứng)로도 알려져 있다. 한나라 당시의 이루현, 즉 지금의 루이러우에 있었는데, 차츰 베트남 불교의 중심지로 발전했다.[61] 인도의 승려들이 즐겨 찾았던 것 같은 저우 사원은 북방(Mahayana) 및 남방(Theravada) 불교 순례자들과 승려들을 위한 체류지였을 가능성이 높은데, 이러한 상황에 영향을 받은 현지인들 중에서 점점 많은 사람이 불자가 되었을 것이다.

이처럼, 늦어도 2세기 후반에서 3세기 전반에 걸쳐 불교가 본격적으로 사섭이 다스리던 지역에 전파되었던 것 같다.[62] 중앙아시아 출신 담천(曇遷, 542~607) 법사에 의하면, 교주는 오래도록 인도와 길이 통해 있었다. 불법이 강동(江東, 양쯔강 동쪽 땅)에는 아직 미치지 못했을 때, 수도 이릉(贏陵)[63]에서는 보탑(寶塔) 20여 개소가 거듭 세워졌고, 승려가 된 자도 500명이 넘었으며, 경전 15권이 번역되었다. 당시에 이미 모부(牟傅, 모자로 추정), 강승회, 지강량(支畺良),[64] 마라기역(摩羅耆域, Khâu Đà La로 추정) 등의 재가 수행자와 승려들이 활약했다고 한다.[65]

이후 베트남 리 왕조 시대의 통비엔(Thông Biện, 通辨) 국사에 의하면, 섭마등(攝摩騰, Kāśyapa Mātaṇga)[66]이 불법을 가지고 전한(前

漢, B.C. 206~A.D. 8)에 들어왔고, 보리달마(?~528)가 그 종지(宗旨)
를 지니고 양(梁)나라(502~557)를 지나 위(魏)나라(534~556)로 갔
다. 그 언어의 가르침이 전해져서 수나라 시대 천태(天台) 지의(智
顗, 538~597)[67]에 이르러 크게 융성했는데, 이 가르침을 교종(敎
宗)이라고 했다. 조계(曹溪), 즉 광동성 신주(新州) 출신 혜능(惠能,
638~713)에 이르러 분명해진 종지는 선종(禪宗)으로 불렸다. 이 두
갈래가 베트남에 들어온 시기는 상당히 오래전이었는데, 교종은 모
부와 강승회가 처음으로 전했다고 한다.[68] 선종은 비니다류지(毘尼
多流支)가 먼저 전한 이후에 무언통(無言通)이 뒤에 전하여 각기 다
른 선파(禪派)를 형성했는데, 비니다류지와 무언통은 두 선종파의
개조(開祖)였다고 볼 수 있다.[69]

그러면 이상에서 언급한 베트남 불교와 관련된 승려들이나 수
행자들 중 모부, 즉 모자부터 살펴보도록 하자.

② 모자

모자는 어떤 인물이었을까? 양나라 승려 승우(僧祐, 445~518)가
502년에서 518년 사이에 건업(建業)의 건초사(建初寺)에서 엮은 『홍
명집』을 중심으로 모자의 삶을 조명해 보면 다음과 같다.

사섭과 마찬가지로 광서성 창오 출신 모자(165/167~251)는 사섭
시대 초기인 26세에 어머니를 따라 어지러운 세상을 피해 교지에
왔다가 고향으로 돌아가 결혼했다. 당시 창오의 태수는 학식을 갖
춘 모자를 관리로 기용하고 싶어 했다. 그러나 모자는 오로지 학문
에만 뜻을 두었고, 더구나 세상의 혼란을 목격한 후 관리가 되려는
마음이 없었기 때문에 태수의 제안을 받아들이지 않았다.[70]

당시는 주(州)와 군(郡)이 서로 의심하여 왕래할 수 없었는데, 태수는 박학다식한 모자를 또다시 형주(荊州)에 사절로 보내고자 했다. 모자는 벼슬을 쉽게 사양할 수 있었지만, 사신 파견 제안은 거절하기 어렵다고 생각해서 여행길을 떠나고자 했다. 그때 마침 주목(州牧)이 문장에 뛰어난 그를 처사로 기용하고 싶어 불렀으나, 모자는 병을 핑계로 응하지 않았다. 원래 주목의 동생은 예장(豫章) 태수였는데 중랑장(中郎將) 작융(笮融)[71]에게 살해당했다. 그러자 주목은 기도위(騎都尉) 유언(劉彦)을 보내 군대를 인솔하게 했지만, 도중에 다른 주와 군의 의심을 살까 걱정해 더 이상 군대를 동원하지 않았다. 그래서 주목은 모자에게 "그대는 문무를 겸비하고 사신으로서 대처할 수 있는 재능도 갖추고 있으니, 이번에 나를 위해 생각을 바꾸어 영릉(零陵)과 계양(桂陽)[72]으로 가서 그 지방을 통과할 수 있는 허가를 받았으면 한다"고 부탁했다. 결국 모자는 곧 출발하겠다고 약속했는데, 때마침 어머니가 돌아가셔서 길을 떠날 수 없었다.[73]

한참 후 모자가 혼자 조용히 생각해 보니, 말솜씨가 좋다는 이유로 사신의 중책을 맡게 되었으나 지금같이 어지러운 세상에는 자기를 드러내면 안 좋을 것 같았다. 그래서 다음과 같이 탄식했다.

노자(老子)는 성인의 지위를 끊고 지혜를 버리고, 자신을 수양하여 진리를 보존했다. 만물도 뜻을 거스르지 못했고, 천하도 즐거움을 바꾸지 못했다. 천자도 그를 신하로 삼지 못했고, 제후도 그를 친구로 삼지 못했다. 그러므로 귀하다고 할 만하다.

모자는 유학(儒學)의 경전과 제자(諸子)들의 서적을 두루 섭렵했을 뿐만 아니라 그다지 좋아하지 않던 병서(兵書)와 '불사(不死)'를 말하는 신선도의 책들도 읽었지만, "우습게 보고 믿지 않으면서 허망하다"고 여겼다.[74] 후한의 영제(靈帝, 168~189)[75]가 세상을 떠난 뒤에 천하가 혼란에 빠졌는데, 오직 교주[76] 지방만 다소 평안했으므로 북방의 도사들이 모두 이곳으로 모여들었다. 이 도사들 대부분은 신선의 벽곡(辟穀)[77]을 하며 장생술(長生術)을 부렸기 때문에 사람들 중에는 이러한 신선술을 배우는 자가 많았다. 모자는 언제나 오경(五經)의 입장에서 도사들과 제자들을 비난했지만, 도가의 방술사(方術士)들은 감히 반론을 제기하지 못했다. 세간에서는 이러한 현상을 맹자가 양주(楊朱)와 묵적(墨翟)[78]을 물리친 사례에 비유하기도 했다.

모자는『노자』"5,000문(文)"도 연구했고,[79] 불교의 이치에도 깊은 뜻을 두게 되었다. 그는 현묘한 진리를 "술과 장국을 마시듯이" 함축적으로 표현했고, 오경을 "거문고나 피리처럼" 다루었다고 한다. 그 때문에 세속 사람들은 모자를 가리켜 오경을 배반하고 다른 도로 나아갔다고 비난했다. 모자는 이 사람들과 맞서 싸우거나 침묵할 수 없었기 때문에 글을 쓰면서 성현의 말씀을 이곳저곳에서 인용하여 논증하며 해설했다. 바로 이 글이 모자의『이혹론(理惑論, Lý Hoặc Luận)』(189)이다.[80]

『후한서(後漢書)』와 같은 중국의 정사(正史)는 당시 교지의 불교 상황을 언급하고 있지 않은데,『이혹론』은 모자가 교지로 피란 온 후에 체험한 불교 교의를 문답체 문장으로 해설한 논서이다. 양(梁) 승우(僧祐, 445~518)의『홍명집』에 실려 있는『이혹론』은 「서문」과

그림 1-9 『석씨원류응화사적(釋氏源流應化事蹟)』(불암사, 1673), 「모자이혹(牟子理惑)」, 11b
요, 순, 주공, 공자와 같은 성인도 부처에 비하면 기린이나 봉황 앞의 작은 동물에 불과하다고
했다.[81]

37조의 내용으로 구성되어 있다.[82] '이혹(理惑)'이란 '의혹을 깨닫다'
는 뜻이고, '37'이라는 조항의 수는 불경의 요체 삼십칠도품(三十七
道品)[83]과 노자의 『도경(道經)』 37편에서 유래했다. 주로 유가가 불

교에 대해 도전적으로 질문하는데 마지막 부분의 9개조(29~37조)는 도가의 질문에 대한 답변이다. 불교에 관한 사람들의 의혹을 해소하기 위해 '부처'의 의미와 전기, 도(道)의 의미와 수행법, 영혼의 불멸과 갱생(윤회), 사문(沙門)과 계율, 도에 대한 이(夷, 오랑캐)와 하(夏, 중국)의 문제 등을 둘러싸고, 의심이 있는 사람[惑人]이 질문하면 모자가 대답하는 형식을 취하고 있다. 『이혹론』의 구성은 〈표 1-1〉과 같다.

표 1-1 『이혹론』의 구성

차례	주제	내용
서문	모자의 이력	생애, 지적 경향, 『이혹론』의 등장 배경
1	부처의 생애	선조, 출생, 용모, 고국, 수행 내용
2	부처의 의미	시호, 깨달음, 다양한 모습
3	도의 의미	인도(人道), 무위, 속성
4	도의 실체	노자 언급, 오경과의 공통점
5	불교 경전의 광대함	먼 과거와 먼 미래에 대한 미묘하고 섬세한 설명
6	불경의 요점	하나의 귀착점
7	불도(佛道)를 배우는 까닭	비교할 수 없는 성인, 부처
8	부처의 상호(相好)	부처의 32상(相)과 80종호(種好)
9	사문의 삭발과 효도	성인과 현인의 시의적절한 행동
10	처자와 재산을 버리는 행위	편안한 마음과 무욕으로 도덕 수행
11	복식의 예의	소박한 생활과 꾸밈없는 행동
12	정신의 재생	정신의 불멸과 신체의 소멸
13	생사와 귀신	생사의 귀추와 길흉이 머무는 곳
14	오랑캐와 중국	위대한 도와 중국 중심의 세계관 부정
15	보시	수대나(須大拏) 태자(석가모니의 전생)의 일화

차례	주제	내용
16	음주와 취처(娶妻)	불교의 도리와 실천 문제
17	보시와 복	선하고 악한 마음에서 돌아오는 복과 재앙
18	비유와 진리	사실을 설명하는 비유의 유용성
19	부귀와 빈천	정당한 방법에 의한 부귀와 빈천의 의의
20	경서 학습	불경 이외의 유교 경전 학습 이유
21	불교의 전래	후한 효명 황제 시기의 불교 유입과 각종 불사
22	말과 실행	말과 실행에 따른 나라의 스승, 기둥, 보배
23	언어와 담론	때에 따른 직언, 침묵, 행동
24	불도	위대한 무위의 도
25	오경과 불경의 도	다섯 가지 맛의 오경과 다섯 가지 곡식 불경
26	시서(詩書) 인용	『시경(詩經)』과 『서경(書經)』을 인용하여 설명
27	하나의 도	최고의 진리와 위대한 성인의 행동
28	부처의 위대함	찬사에 합당한 부처의 행위와 덕
29	불경과 선서(仙書)	선서를 능가하는 불경의 장점
30	벽곡(辟穀)	오곡(五穀)에 대한 도교, 유교, 불교의 입장
31	벽곡과 장생(長生)	어리석고 미혹한 사람들의 벽곡
32	불교도와 병	병에 걸린 불교도의 침술과 약
33	도의 종류와 성질	공정함을 가리는 사사로운 도
34	표면의 화려함과 실질	직접 체험 없이도 알 수 있는 진리
35	불교 논박	태산, 반석, 소나무, 오동나무의 꾸준한 지속성
36	신선술과 불도	유지(有志)와 예의(銳意)
37	불사(不死)	요망하고 미혹한 불사 담론
후서	불경의 요체	37개 조항의 설명과 질문자의 불교 귀의

　　원래 도교를 따랐던 모자는 교지로 이주한 후 노장 사상에 만족하지 않고 불교를 공부하면서 불법에 귀의했다.[84] 『이혹론』은

유·불·도 삼교에 관한 문제를 다루는데,[85] 유교적 관점에서 불로장생의 술(術)을 익혀서 실천하던 도가(道家)를 비판한다. 또한 정법(正法)으로서의 불교를 말하면서도 당시 승려의 타락 양상도 비판의 대상으로 삼았다.

③ 강승회

실크로드 교역의 주역으로서 중국에서 상업과 군사 방면 등에서 활약했던 이란계 소그드인들의 역할도 흥미롭다. 이들의 고국 소그디아나의 중심 도시 사마르칸트(Samarkand)에는 고대 이란의 국교였던 조로아스터교나 사산조 페르시아 시대에 마니(216~274?)가 기독교에 기초하여 그리스 신비주의와 조로아스터교 등을 융합하여 창시한 마니교가 널리 퍼져 있었고, 불교 사원은 매우 적었다. 소그드인 불교도의 대부분은 불교가 융성한 다른 서역 국가나 중국에 건너간 후에 현지에서 불교로 개종한 경우이다. 그래서 소그드어로 번역된 불교 문헌 중에는 중국에서 만들어진 경전이나 최신 선종 문헌이 많이 포함되어 있다.[86]

그런데 이상에서 본 것처럼, 교지의 초기 불교는 중국에서 전래한 것이 아니라 인도나 중앙아시아의 승려들이 들여왔고, 얼마 후에는 남중국으로 전파되었다. 이러한 측면에서, 양나라의 석혜교(釋慧皎)가 찬(撰)한 『고승전(高僧傳)』의 내용을 중심으로 강승회(康僧會, Khương Tăng Hội)의 사례를 살펴보도록 하자.[87]

그림 1-10 소그디아나 지역[88]

강승회의 선조는 강거(康居, 소그디아나 지역)[89] 사람으로 대대로 천축국(天竺國, 인도)에서 살았다.[90] 아버지가 장사꾼[商賈]이었기 때문에 교지로 이주했는데, 강승회가 10여 세에 부모가 모두 세상을 떠났다. 지극한 효자였던 그는 상복을 벗고서야 출가하여 매우 엄격하게 힘껏 수행했다고 한다.[91]

이처럼 상인의 아들로 태어난 강승회가 10여 세에 교지에서 출가했다는 사실로 미루어 볼 때, 그의 주변에서 출가를 도운 승려들의 존재를 추론할 수 있다. 강승회는 「안반수의경서(安般守意經序)」에서,[92] "나는 말세에 태어나 처음에는 장작을 지고 다녔다. 아버지와 어머니가 돌아가시고 세 분의 스승[三師]을 잃고 나서는 구름과 해를 우러러 바라보면서 몸을 받아줄 곳이 없음을 슬퍼했는데, 돌

아보면 눈물이 왈칵 쏟아져 나왔다"라며 어려웠던 시절을 회상하고
있다.

　이렇게 어린 시절을 회고하는 내용에서 등장하는 '세 분의 스승'
은 출가자에게 구족계(具足戒, 출가승이 지켜야 할 계율)[93]를 주는 의
식에서 각각의 역할을 맡은 세 사람의 스승을 말하는 듯하다. 즉,
계(戒)를 주는 승려 계화상(戒和尙, Upādhyāya), 계를 받는 이에게 가
르침을 주는 승려 갈마사(羯磨師, Ācārya), 수계자에게 예법(禮法)을
가르치는 승려 교수사(敎授師, Karmadāna)이다.

그림 1-11 『고승전』에 소개된 강승회[94]

　강승회의 성격과 지적 능력을 살펴보면, 사람됨이 관대하고 올바
르며, 학식과 도량이 있었다. 그는 뜻을 돈독히 하여 배우기를 좋아
하여 삼장(三藏)을 환히 이해했고, 널리 육경(六經)[95]을 보았고, 천

문(天文)과 도위(圖緯)[96]도 배워서 두루 알았고, 요점을 제대로 분별하여 글도 잘 지었다. 소년 출가승이 불교와 유교 이외에도 기타 학문을 섭렵하며 성장할 수 있었던 교지와는 달리, 당시 손권(孫權, 229~252 재위)이 지배하던 양자강 동쪽의 강남에서는 불교가 아직 활발하게 발전하지는 못했던 것 같다.[97]

강승회가 오나라로 전법하러 떠나기 전, 한나라 환제(桓帝)에서 영제(靈帝)에 이르는 기간에 지참(支讖)[98]이 여러 경전을 번역했다. 지량(支亮)은 자는 기명(紀明)이며, 지참의 제자였다. 한나라에 왔던 월지(月氏) 사람 우바새 지겸(支謙)은 자는 공명(恭明)이며, 호리호리하며 큰 키에 몸이 마르고 거무튀튀했고, 눈은 흰자위가 많고 눈동자는 누런빛을 띠었다고 한다. 지량의 제자 지겸은 널리 경서를 읽어 정밀하게 탐구했고, 세간의 기예를 많이 익혔으며 다른 나라의 글도 두루 배워 여섯 나라의 말에 뛰어났다. 한나라 헌제(獻帝, 190~220 재위) 말에 난리가 일어나자 지겸은 오나라로 피신했다.

지겸이 재주가 있고 지혜롭다는 말을 들은 손권은 그를 불러 만나보고 기뻐한 후 벼슬을 주어 박사(博士)로 삼아 동궁(東宮)을 돕고 이끌도록 했다.[99] 지겸은 불법의 큰 가르침이 행해지고는 있지만 불경이 대부분 산스크리트어라서 아직 번역이 미진하다고 생각했다. 외국어에 능숙했던 그는 여러 판본을 수집하여 한문으로 번역했는데, 222년부터 건흥(建興) 연간(252~253)에 이르기까지 『유마경(維摩經)』, 『대반니원경(大般泥洹經)』, 『법구경(法句經)』, 『서응본기경(瑞應本起經)』 등 49종의 한역 경전으로 번역해 냈다. 이렇게 번역한 불교 경전들은 "곡진하게 성스러운 뜻을 실었으면서도 말의 뜻이 운치가 있고 우아했다"고 한다. 또한 지겸은 『무량수경(無量壽經)』과

『중본기경(中本起經)』에 의거하여 「보리련구(菩提連句)」와 「범패삼계(梵唄三契)」를 지었고, 아울러 『요본생사경(了本生死經)』 등에 주석을 달기도 했다.

이처럼 당시 오나라에 처음으로 불법이 전파되고 있었으나, 풍속의 교화는 아직 완전하지 못했다. 그래서 교주를 떠난 강승회는 양자강 동쪽 지방[江左][100]에 불도를 전파하고 탑과 사찰을 조성하기 위해 떠돌아다녔다. 그는 248년[101]에 비로소 건업(建鄴)[102]에 이르러 모옥(茅屋)을 짓고, 불상을 모시며 도를 행했다. 당시 오나라 사람들은 용모와 복장이 특이한 이러한 사문(沙門),[103] 즉 출가승을 처음 보았다. 그 모습만 본 사람들은 강승회의 도는 알지 못하면서, 이견이나 이론을 내세우려고 한다고 의심했다.

담당 관리가 손권에게 "어떤 오랑캐[胡人]가 국경 안으로 들어와 자칭 사문이라 합니다. 얼굴이나 복장이 보통과는 다릅니다. 이 일을 조사해 보려고 합니다"라고 아뢰었다. 손권은 "옛날 한나라 명제(明帝)가 꿈에 본 신(神)을 부처로 불렀다고 한다. 그들이 섬기는 바가 어찌 옛날의 그것이 아니겠는가?"라고 말했다. 그러고는 즉시 강승회를 불러 "어떠한 영험(靈驗)이 있는가?"라며 꾸짖어 물었다. 강승회가 말했다.

여래께서 이 세상을 떠나신 지가 어느덧 천 년이 흘렀습니다. 유골인 사리는 신비하게 빛을 발하여 사방을 비춥니다. 옛날 아육왕(阿育王, 인도 마가다 왕국의 아쇼까왕)은 탑을 세운 것이 8만 4,000개입니다. 대개 탑과 절을 일으키는 것은 여래께서 남기신 교화를 드러내는 것입니다.

이 말을 들은 손권은 과장되고 허황하다고 생각해서, "만약 사리를 얻는다면 마땅히 탑사를 세우겠다. 그렇지만 그것이 헛되고 망령된 것이라면 나라에서 정한 형벌대로 하리라"고 강승회에게 응수했다.

강승회는 7일 동안의 기한을 청했고, 자신을 따르는 무리에게 "법이 흥하느냐 망하느냐가 이 한 번의 일에 달려 있다. 지금 지극한 정성으로 하지 않으면, 나중에 다시 어떻게 할 것인가"라고 말했다. 그러고는 모두 고요한 방에서 깨끗하게 재계하면서 구리로 만든 병을 상에 놓고 향을 피워 간절히 소원을 빌었다. 기한이 지났지만 고요할 뿐 아무런 응답이 없었다. 또다시 이레 동안의 기간이 지났지만, 결과는 역시 마찬가지였다. 손권은 사람을 속이는 거짓된 일이라면서 벌을 주려고 했다.

강승회가 다시 세 번째로 이레의 기간을 청했고, 손권은 다시 한 번 특별히 그 청을 들어주었다. 강승회는 자신의 추종자들에게 다음과 같이 말했다. "공자께서는 '문왕이 이미 돌아가셨으나 그분이 남기신 문(文)은 여기에 있지 않은가?'라고 하셨다.[104] 법의 영험이야 반드시 나타나게 마련이다. 그렇지만 우리에게 아무런 감응이 없다면, 왕이 벌을 내리기를 기다릴 것도 없다. 마땅히 죽을 각오를 해야 할 것이다."

세 번째 유예 기간이 끝나는 저녁 무렵에도 별다른 반응이 없자, 모두 두려움에 떨었다. 그런데 5경(更), 즉 새벽 3시부터 5시 사이로 곧 날이 밝을 무렵이 되자 문득 병 속에서 달그랑달그랑하는 소리가 들려왔다. 강승회가 살펴보니 과연 사리가 들어 있었다고 한다.

그림 1-12 『석씨원류응화사적』, 「강승사리(康僧舍利)」, 12b
강승회가 오에서 사리의 이적으로 손권의 귀의를 받은 이야기[105]

　이튿날 아침 강승회는 사리를 가져다가 손권에게 바쳤고, 조정에
모인 신하들이 모두 바라보았다. 오색의 찬란한 광채가 사리병 위
로 뻗쳐 나왔다. 손권이 직접 손으로 구리 쟁반 위로 병을 기울이자
사리가 부딪쳐 쟁반이 곧 깨지고 말았다. 손권은 몹시 두려워서 놀

라 일어나 "참으로 보기 드문 상서로다"라고 말했다. 강승회가 앞으로 나아가 "사리의 신비로운 위엄이 어찌 다만 광채를 발하는 일에만 그치겠습니까? 세상의 종말을 사르는 불로도 태울 수 없고, 금강(金剛)의 방망이로도 깨뜨릴 수 없습니다"라고 아뢰었다.

손권은 명령을 내려 사리를 시험하고자 했다. 강승회는 다시 맹세하며, "진리의 구름이 사방을 덮으면, 모든 백성들이 그 은택에 젖게 됩니다. 원하건대 다시 신비로운 자취를 드리우시어, 널리 위엄 서린 영험을 보여주소서"라고 기도를 올렸다.

손권의 명령으로 사리는 쇠로 된 다듬잇돌 위에 올려졌고, 힘이 센 자가 이 사리를 내리쳤다. 다듬잇돌은 움푹 패었지만, 사리에는 아무런 흠집도 생기지 않았다. 크게 탄복한 손권은 즉시 탑사(塔寺)를 세우게 했다. 이 절은 처음으로 조성되었기 때문에 건초사(建初寺)라고 불렀고, 사원 부지는 불타리(佛陀里)로 정해졌다. 이 사건을 계기로 마침내 강남에서 불법이 일어나게 되었다.[106]

그 후에 손권의 손자 손호(孫皓, 264~280 재위)가 정사를 맡자, 불교에 대한 법령이 가혹해졌다. 그는 부정(不正)한 제사를 모두 없애버렸으며, 절도 헐어 없애고자 했다. 손호가 말하기를, "이런 절들이 어찌하여 일어나는가? 만약 그 가르침이 참되고 올곧아서 성스러운 가르침과 서로 맞는다면, 마땅히 그 도를 받들겠다. 하지만 만약 그것이 진실하지 못하다면 모두 다 불태워 버리리라"라고 했다. 그러나 신하들은, "부처의 위엄 서린 힘은 여타의 다른 신(神)과는 다릅니다. 강승회의 상서로운 감응 때문에 대황(大皇)께서 절을 창건했습니다. 이제 만약 가볍게 여겨서 훼손한다면, 후회할 일이 있을까 두렵습니다"라고 아뢰었다.

손호는 일단 장욱(張昱)을 절로 보내어 강승회를 꾸짖도록 했다. 본래 재치 있게 말을 잘하는 장욱은 아침 일찍부터 저녁까지 어려운 질문을 퍼부었고, 강승회는 임기응변하며 대답을 이어나갔다. 이 승려를 굴복시킬 수 없었던 장욱이 돌아갈 때, 강승회가 문까지 배웅을 나왔다. 이때 마침 절 옆에서는 부정한 신에게 제사를 모시는 자가 있었는데, 장욱이 "부처의 신묘한 가르침이 그렇게 훌륭하다면, 어떤 까닭으로 이러한 무리가 가까이에 있는데도 고치지 못하는가?"라고 물었다. 강승회는, "뇌성벽력이 산을 부술 만큼 요란하다 할지라도, 귀머거리가 듣지 못하는 이유는 그 소리가 작아서가 아닙니다. 참으로 이치가 통하면 만 리 밖에서도 응하게 마련입니다. 만약 무언가가 막혀 있다면, 간장과 쓸개처럼 아무리 가까이 붙어 있다 하더라도, 초나라나 월나라처럼 멀리 떨어져 있는 지경 [肝膽楚越][107]이나 다름없습니다"라고 답변했다.

장욱은 돌아와서 "강승회의 재주와 명석함은 제가 헤아릴 수 있는 바가 아닙니다. 원하건대 왕께서 친히 살펴보소서"라고 손호에게 아뢰었다.

손호는 조정의 인재를 모아놓고 마차를 보내어 강승회를 맞이했다. 그가 자리에 앉자, 손호가 "부처의 가르침에서 밝히는 선악보응(善惡報應)이란 무슨 뜻인가?"라고 물었다. 강승회는 "무릇 훌륭한 임금이 효성과 자애로 세상을 가르치면, 붉은 까마귀[赤烏][108]가 날고 노인성(老人星)[109]이 나타납니다. 어진 덕으로 만물을 기르면, 예천(醴泉)[110]이 솟아오르고 아름다운 곡식이 납니다. 이처럼 선한 행위를 하면 상서로운 일이 있고, 악한 행위를 하면 그에 상응하는 일이 있습니다. 그러므로 보이지 않는 곳에서 악한 일을 하면 귀신이 그에 대해 벌을 줍니다. 드러난 곳에서 악한 일을 하면 사람들이 그에 대해 벌을 줍니다. 『주역(周易)』에서도 '착한 일을 많이 한 집에 반드시 좋은 일들이 많을 것이다[積善餘慶]'라고 합니다. 『시경(詩經)』에서도 '복을 구하는 데 도리에 어긋나는 일을 하지 않네[求福不回]'[111]라고 읊습니다. 비록 유가 경전의 바른 말씀이라고는 하지만, 또한 부처의 가르침에서도 나오는 사리 분명한 교훈입니다"라고 이야기했다. 『주역』이나 『시경』과 같은 유교 경전의 내용을 근거로 불교 교훈의 이치를 설명했다고 할 수 있다.

손호가 "만약 그렇다면 주공이나 공자가 이미 밝히신 것이니, 불교의 쓰임새가 어디에 있다는 말인가?"라고 다시 물었다. 이어서 강승회가 말했다.

주공이나 공자의 말씀은 대략 우리와 가까운 자취만을 보여주었습니다. 하지만 부처의 가르침에는 그윽함과 미묘함이 잘 갖추어져 있습니다. 그러므로 악한 일을 행하면 오랜 세월 동안 지옥에서 고통을 겪어야 하고, 선한 일을 행하면 길이 극락세계의 즐거움이 있다는 것을 보여주면서 선을 권하고 악을 막고자 밝혔습니다. 그러니 어찌 그 가르침이 크다고 하지 않겠습니까?

손호는 그때 이 대답에 반론을 제기할 만한 방법을 찾을 수 없었다. 이렇게 손호가 불교의 정법(正法)을 들었지만, "어리석고 포악한" 성질 때문에 이후에도 잔인한 충동을 누를 수 없었다고 한다. 후궁(後宮)에서 정원을 수리하던 숙위병(宿衛兵)들이 땅속에서 높이가 몇 자나 되는 금불상을 발견하고는 손호에게 바쳤다. 그런데 그는 이 불상에 오물을 끼얹으면서 신하들과 함께 비웃고 즐거워했다. 그 뒤 얼마 지나지 않아 손호의 온몸에 큰 종기가 생겼는데, 특히 음부가 아파서 울부짖는 소리가 하늘을 찌르는 듯했다고 한다. 태사(太史)가 점을 쳐서 "위대한 신을 범했기 때문이옵니다"라고 말한 이후에 즉시 여러 사당에 기도를 드렸으나, 아무런 차도가 없었다.

이전부터 불법을 받들던 궁녀가 "폐하께서는 절에 나아가 복을 빌어보시지 않을는지요?"라고 손호에게 권했다. 그가 "부처라는 신이 그렇게 위대한가?"라고 질문하자, 궁녀는 "부처는 위대한 신이십니다"라고 말하면서 불상을 가져다가 전(殿) 위에 모시고, 향내나는 더운물로 수십 번을 씻기고 나서, 향을 사르고 참회했다. 마음속으로 궁녀가 말한 뜻을 깨달은 손호는 베갯머리에서 정성스럽게 머리를 조아리며 자신의 죄상을 스스로 고백하게 되었는데, 조금 시간이 지나자 통증이 차차 사라지기 시작했다고 한다.

그 일이 있은 후 손호는 사신을 절로 보내 '도인(道人)' 강승회를 찾아 설법해 주기를 청했고, 이 승려는 사신을 따라 궁으로 들어갔다. 손호는 예를 갖추어 죄와 복을 얻는 연유에 대해 물었고, 강승회는 그에게 상세하게 설명했다. 이 연유에 대해 정밀하고 핵심적인 설명을 듣고 이해한 손호는 매우 기뻐하면서 사문의 계율이 어떠한 것인지에 대해서도 알고자 했다.[112] 손호는 자비의 원력이 크고도 넓다는 것을 깨달았고, 더욱 착한 마음을 닦기 위해 곧장 강승회에게 가서 오계(五戒)[113]를 받는데, 열흘 만에 병이 깨끗이 나았다고 한다. 손호는 강승회가 머무는 절을 더욱 잘 꾸며주었고, 종실(宗室)도 불법을 받들어야 한다고 주장했다. 강승회가 조정에서 자주 불법을 설하면서 응보와 같이 비교적 이해하기 쉬운 개념들을 이야기하여 마음을 열어주었지만, 손호의 성품이 "흉악하고 거칠어서" 오묘한 뜻에는 미치지 못했다고 한다.

결국 280년 4월 손호가 진(晉)나라에 항복했고, 강승회는 9월에 병으로 세상을 떠났다. 진나라 성제(成帝, 326~335) 함화(咸和, 326~334) 중에 소준(蘇峻, ?~328)이 난을 일으켜 강승회가 세운 탑을 불살랐다고 한다.[114]

다음으로 산스크리트어, 한문, 교지의 현지어 등에 능통했던 강승회의 역경(譯經) 작업에 대해서 살펴볼 필요가 있다. 한반도의 경우, 8세기 전반에 이르러서야 현존하는 불경의 존재를 확인할 수 있다. 그런데 〈표 1-2〉를 통해 알 수 있는 것처럼, 그는 교주뿐만 아니라 오나라에서도 많은 불경을 한문으로 번역하거나 주석을 달고, 서문을 썼다.

표 1-2 강승회의 경전 번역·주석·서문 작업[115]

경전명	비고
교주	
『대반열반경(大般涅槃經)』(3세기 전반)	번역, 주석
『대아미타경(大阿彌陀經)』(3세기 전반)	번역, 주석
『서응본기경(瑞應本起經)』(3세기 전반)	번역, 주석
『유마힐경(維摩詰經)』(3세기 전반)	번역, 주석
『팔천송반야경(八千頌般若經)』,『팔천송반야바라밀다경(八千頌般若波羅蜜多経)』이라고도 함, 3세기 초][116]	번역(원본 *Aṣṭasāhasrikā Prajñāpāramitā Sūtra*는 인도 남부에서 유입된 것으로 보임), 대승불교 반야부 계열의 경전 중 가장 오래된 반야경(般若經, Prajñā Sūtra), 연루현에서는 이 경전을 포함한 다른 반야부 계열의 경전으로 교육
오나라	

경전명	비고
『경면왕경(鏡面王經)』[건초사(建初寺)]	번역
『(구)잡비유경[(舊)雜譬喩經]』(2권, 건초사, 251)	최초의 번역, 주석, 『보적욱가장자회(寶積郁伽長者會)』와 동본(同本), 사문 엄불조(嚴佛調)[117]가 받아씀
『권방편경(權方便經)』(1권)	최초의 번역, 『순권방편경(順權方便經)』과 동본
『도수경(道樹經)』(2권)	지겸(支謙)의 번역에 주석, 서문
『범황경(梵皇經)』(건초사)	번역
안현(安玄), 『법경경(法鏡經)』	주석, 서문
『보살도수경(菩薩道樹經)』	『도수삼매경(道樹三昧經)』과 동본
『보살이백오십법경(菩薩二百五十法經)』(1권 혹은 2권)	번역, 대승(大僧) 250계(戒)를 밝혀서 손호(孫皓)에게 보여줌
『보살정행경(菩薩淨行經)』(2권, 적오(赤烏) 연간(238~251)]	번역, 『대집보계품(大集寶髻品)』의 이역(異譯), 『정률경(淨律經)』이라고도 함
『소품경(小品經)』(건초사)	번역
『아난염미경(阿難念彌經)』(건초사)	번역
안세고(安世高) 역, 『안반수의경(安般守意經)』	주석, 서문, 선경(禪經)의 일종
『오품경(吳品經)』[5권, 모두 10품(品)]	번역, 『승우록(僧祐錄)』[118]에는 경(經) 자가 없음, 『소품반야(小品般若)』라고도 함
『육도요목(六度要目)』	편집
『육도집경(六度集經)』(8권 혹은 9권, 건초사, 251년)	번역, 사장(四章)에 『아리염미경(阿離念彌經)』, 『경면왕경(鏡面王經)』, 『찰미왕경(察微王經)』, 『범황왕경(梵皇王經)』 등이 수록됨, 현존함, 석가모니의 전생 이야기를 집대성함
『잡비유경(雜譬喩經)』	번역
『좌선경(坐禪經)』(1권)	번역
『찰미왕경(察微王經)』(건초사)	번역

강승회는 교주에서 『대반열반경』, 『대아미타경』, 『서응본기경』, 『유마힐경』, 『팔천송반야경』 등을 번역했다. 이후 오나라에서도 역

경 활동을 계속했는데, 『경면왕경』, 『(구)잡비유경』, 『범황경』, 『소품경』, 『아난염미경』, 『육도집경』, 『찰미왕경』 등의 번역은 건초사에서 이루어졌다.[119] 이와 같은 번역 작업에 대해, 모두 "경의 본질을 신묘하게 터득하고 글의 뜻도 참으로 올바르다"는 평가가 『고승전』에 보인다.

또한 강승회는 『안반수의경(Ānāpāna Sati Sūtra)』, 『법경경』, 『도수경』 등과 같은 경전에 주석을 달면서 서문도 지었는데, 『안반수의경』을 주석하며 지은 서문에서 다음과 같이 말했다.[120]

> 이 경은 안세고(安世高)가 낸 것이지만, 오랫동안 감추어져 있었다. 마침 남양(南陽)의 한림(韓林)과 영천(潁川)의 문업(文業), 회계(會稽)의 진혜(陳慧)란 사람이 있었다. 이 세 사람의 현인은 독실하고 빈틈없이 도를 믿었다. 함께 모여서 서로에게 가르침을 청했다. 이에 나는 진혜의 뜻으로 미루어 그 내용을 짐작했다.

또한 다음과 같이 덧붙여 말했다.[121]

> 이 세 분의 현인은 [⋯] 정법을 널리 펴서 알리고 기운차게 나아가서 도를 지향하는 뜻에 게으름이 없었다. 내가 따르면서 여쭈었는데[請問], 법도[規矩]가 함께 합치했고 의미가 어그러지거나 다름이 없었다. 진혜는 의미에 대해서 주석했는데, 내가 도와드리면서 짐작하여 헤아렸다. [⋯] 나의 말은 비루하고 졸렬한 것이 많아서 부처님의 뜻을 궁구하지 못했으니, 원하건대 눈 밝은 사람과 여러 현명한 사람들이 함께 임해서 살펴주어 의미에 쓸데없는 것[肶腦]이 있으면 성인의

지혜[聖智]를 더해서 바로잡아 신묘하고 원만하여 막히는 데가 없는 [圓融] 이치를 함께 나타내주기를 바란다.

강승회가 위빠싸나(Vipassanā)의 핵심 명상법인 수식법(數息法)[122]이 설명된 『안반수의경』에 주석을 달아 설명하는 과정에서 한림, 문업, 진혜 등 세 명의 현인과 함께 토론했으며, 특히 이 중에서 진혜의 역할이 컸음을 알 수 있다.

남조(南朝) 시기 승우(僧祐, 445~518) 대사는 강승회의 주석 작업에 대해서 다음처럼 평가했다.[123]

한나라 말기에 이르러 안세고가 경전을 번역하고 선양해서 더욱 밝게 하고, 위(魏)나라 초기에 강승회가 주(注)를 기술하여 점차로 펼쳤으니, 도는 사람으로 말미암아 널리 퍼진다는 것을 여기에서 징험할 수 있다.

이처럼 강승회의 번역, 서문, 주석 작업에서 나타난 그의 능력과 역할은 "말의 취지가 바르면서 무르익고 뜻이 은근하고 그윽하여 모두 세상에 알려지게 되었다"는 총평을 통해서도 알 수 있다.[124]

아울러 강승회는 니원[泥洹, 열반(涅槃)]의 패성(唄聲, 범패 소리)도 오나라에 전했다. 이 소리는 "맑으면서도 아름답고, 슬프면서도 밝은 분위기여서" 한 시대의 모범이 되었다고 한다. 시인 손작(孫綽, 320~377)이 그를 위하여 다음과 같이 찬(贊)을 짓기도 했다.

님께서 남긴 범패 소리

참으로 아름다운 바탕일세

눈앞의 걱정 따위 사라지니

넉넉하고 편안할손

어두운 밤과 같은

허물 떨쳐 물리치시어

초연하게 멀리 나아가고

우뚝 높이 솟았구려.

　강승회는 대승 불교의 영향을 받았을까, 아니면 소승 불교의 영향을 받았을까. 강승회가 중국에서 번역한 7부 20권에는 『보살정행경』과 『소품반야경』, 『보살이백오십법경』 등이 포함되어 있다. 이러한 사례로 볼 때, 교주에서 이미 유행하던 대승 불교 계통의 인도 불경 원본을 중국으로 가져간 후에 현지에서 번역했을 것이라고 추정할 수 있다. 당시 교주에서 유행하던 불교는 대승 불교 계통이었고, 인도차이나반도 중남부의 나라, 즉 참파에서 발견된 산스크리트 비문의 내용도 대승 불교 사상을 반영하고 있었다. 2세기 후반부터 3세기 전반에 교주에서 발달하던 불교의 계통도 마찬가지였을 것이다.[125]

　강승회는 교주에서 성장하여 삼국 시대의 오나라로 건너가 경전 번역 등 다양한 활동을 통해 불법을 전파했다. 이러한 그의 전법 활동은 성공적이었다고 평가할 수 있다. 이하에서는 모자와 강승회에 이어 교주에서 불교의 전파에 공헌한 사람들의 행적을 살펴보기로 하자.

3) 칼라루치, 마하지바카, 석혜승의 활동

모자와 강승회 이후에 3세기 중반부터 5세기까지의 승려들은 이전 시기의 전법 활동을 이어나갔다. 그들 중에는 외국인도 있고 현지인도 있지만, 모두 각각 불교를 전파하고 전법의 토대를 구축하는 데에 의미 있는 역할을 했다.

① 칼라루치[126]

서역(西域)의 월지(月氏)[127] 출신 승려 칼라루치[Kālaruci, 彊梁婁至, 진희(眞喜)를 의미, ?~?]는 강승회보다는 약간 후대의 인물로 255~256년 교주[당시 주(州)의 중심지는 용편]에 와서 『법화삼매경(法華三昧經)』과 『십이유경(十二遊經)』을 한역하는 일을 했다.[128] 칼라루치는 255년(혹은 256년)[129]에 『법화삼매경』(1부 6권, 현재 궐본)을 현지 승려 도청(道淸, Đạo Thanh)의 도움으로 번역했는데, 동진(東晉)의 사문 비구니 축도형(竺道馨)이 받아썼다고 한다.[130] 『법화삼매경』의 번역자에 대해서는 이론이 있는데, 285년 무외삼장(無畏三藏)이 교주에서 번역했다는 주장이 있다.[131] 이 선경(禪經)은 대승 선문(禪門)의 법(法)에 속한다고 볼 수 있고, 이 경전의 번역과 광범위한 전파로 대자대비(大慈大悲)의 상징 관세음보살(觀世音菩薩, Avalokiteśvara) 신앙이 중국과 베트남에서 일반화되었다.[132]

번역을 받아쓴 축도형은 태산(太山) 사람으로 본래 성은 양(羊)씨이다. 그녀는 사미니 때에 늘 대중을 위해 일하면서도 입으로는 항상 경을 염송(念誦)했고, 스무 살에 이르러서는 『법화경』, 『유마경』 등을 독송했다. 축도형이 구족계를 받은 뒤에는 진리의 참맛을 연구했고, 어려운 환경에서도 나이를 먹을수록 더욱 굳은 절개를 지켰다고 한다. 그녀는 낙양의 동사(東寺)에 머물렀는데, 평소 청담(淸談)에 능했고 『소품반야경』에 더욱 뛰어났다. 이치를 깨닫는 것을 귀하게 여겼던 축도형은 어지러운 변론에는 힘쓰지 않았기 때문에, 고을에서 도를 배우던 사람들이 으뜸가는 스승[師宗]으로 받들었다. 승려로서 경전을 강의한 비구니는 축도형이 처음이었다.[133]

『법화삼매경』 중에 이행(利行)이라는 여성이 자신이 설법하는 것을 괴이하게 여긴 사리불(舍利佛)과 문답을 했다는 내용이 있다. 이 내용은 『유마경』에 나오는 천녀(天女)와 불제자(佛弟子)의 문답 장면과 상당히 유사한데, 여인 성불(成佛)이 필요하다고 느끼던 시대적 상황이 반영되어 있음을 알 수 있다.

교주에서 번역된 『십이유경』이 266년(혹은 281년) 중국 남부의 번우에서 번역되었다는 주장도 있는데, 교주에서 번역된 경전이 중국에서 유통되거나 번우에서 번역되어 유통되었을 가능성도 있다.[134]

② 마하지바카

칼라루치와 비슷한 시기의 승려로는 마하지바카[Mahajivaka, 기역(耆域) 혹은 마라기역(摩羅耆域)]가 알려져 있다. 천축국 사람으로 3세기 말에 활동했던 마하지바카는 일정한 거처가 없이 중국과 북방 '오랑캐' 나라를 두루 떠돌아다녔다. 그는 천성이 보통 사람보다 뛰어나고 신기(神奇)했으며 풍속을 소홀히 여겼는데, 당시 사람들은 일정하지 않은 그의 자취와 행방을 추측할 수 없었다. 마하지바카는 천축국에서 부남(扶南)에 이르기까지 여러 곳의 바다를 지났고, 교주를 거쳐 광주에 이르기까지 신기한 일이 있었다고 한다.

그가 양양(襄陽)[135]에 도착해서 배를 타고 강을 건너고자 했지만, 뱃사공이 낡고 누추한 옷을 입은 인도 사문을 업신여겨 태워주지 않았다. 그런데 배가 북쪽 둑에 도달하니, 마하지바카가 이미 강을 건너와 있었다고 한다. 그리고 호랑이 두 마리가 나타나 귀를 늘어뜨리고 꼬리를 흔들어 그가 손으로 머리를 쓰다듬어 주자, 호랑이들은 길에서 내려가 그곳을 떠났다. 양쪽 강둑에서 이를 본 사람들이 마하지바카를 따라 무리를 이루게 되었다. 이후 그는 진(晉)의 혜제(惠帝, 290~306) 말기에 낙양에 왔다가, 현지의 불안한 상황 때문에 고비사막을 거쳐 인도로 돌아갔다고 한다.[136]

③ 석혜승

교지(交趾) 사람 석혜승(釋惠僧, Thạch Huệ Tăng)은 젊어서부터 마음이 바르고 성실했다. 그는 세상을 떠나 선주(仙州, 띠엔주로 추정)의 산사에 자리 잡고 산속에서 숨어 살면서 조용히 지냈다. 날마다 한 번씩 『법화경』을 외우며 여러 해 동안 그곳에 머물면서 입을 것과 먹을 것을 절약하고 가고 싶은 대로 돌아다녔다. 그는 다른 나라에서 온 선사 달마제바(達摩提婆)에게서 여러 관행(觀行)[137]을 배워 한번 선정에 들면 새벽이 되어서야 깨어나곤 했다.[138]

팽성(彭城)[139]의 유궤(劉繢)가 남해 태수로 나갔을 때 석혜승에 대한 소문을 듣고 사람을 보내 그를 초청하고 함께 돌아오게 했다. 그리하여 석혜승은 유서사(幽栖寺)[140]에 있으면서 밝은 광채를 숨기고 늘 어리석은 것처럼 보였지만, 오랫동안 그와 함께 거처한 사람들과 선정의 학문을 배우는 사람들은 그를 존경했다. 유서사에서 식량이 끊기자, 석혜승은 오직 걸식을 밑천으로 하면서 청렴하고 검

소한 법을 따랐다.

석혜승은 487년에 종산(鐘山)[141]의 연현정사(延賢精舍)로 자리를 옮겨 그곳에서 쉬었다. 그는 양무제(梁武帝) 시기인 502년에서 519년 사이에 70세의 나이로 생을 마쳤다.[142]

사섭, 모자, 강승회, 칼라루치, 마하지바카 등의 활동을 통해, 당시 교지나 교주에는 불교가 지식인들 사이에 전파되었고, 이러한 경향의 불교는 전법 활동을 통해 중국 남부 지역에도 영향을 끼쳤음을 알 수 있었다. 석혜승과 같은 교지 출신의 승려는 남조의 송나라와 제나라 시기에 현지에서 활동하며 불법을 전파했음을 살펴보았다.

2장

불교의 확장: 구법승과 선불교(6~9세기)

  이상에서 살펴본 것처럼, 초기의 전법 루트는 인도에서 교지와 교주, 혹은 교지와 교주에서 중국으로 이어지던 양상이 일반적이었다. 그런데 이후 중국에서 교지와 교주, 교지와 교주에서 인도로 구법을 떠나는 구법승들이 출현하게 되었다. 그러면 이러한 상황에서 다양한 나라와 지역의 구법승들은 어떠한 경로를 거쳐 인도에 도착하여 현지에서 활동하게 되었을까?

1. 인도로 간 해양 구법승

1) 동북아의 구법승과 교지·교주·상림현·참파 등

  4세기 초의 우도수(于道邃), 그리고 이후의 회녕(會寧), 의정(義淨,

635~713)과 같은 중국의 승려들은 자국의 불교와 번역된 한문 경전에 만족하지 못하고 인도의 불교를 연구하기를 원했다.[1]

해양 교통이 발달하자, 더욱 깊이 공부하기 위해 인도행 상선을 타는 승려의 수가 늘어나기 시작했다. 통계에 의하면 당나라 때에 40명 이상의 승려가 바다를 통해 인도로 갔다. 그중 대부분이 중국 승려였고, 그 뒤를 신라와 고구려, 일본의 승려 등이 차지했다.[2] 당대에 승려들은 보통 남쪽의 광주와 교주에서 배를 타고 스리위자야(Srivijaya)[3]와 자바[가릉(訶陵)국, Kalingga Kingdom], 믈라유(Melayu)를 거쳐 싱할라(지금의 스리랑카)와 인도에 도착하는 루트를 택했다. 이렇게 바닷길을 이용한 고승 중에는 중국의 명원(明遠, 616?~666?)과 의정, 신라의 혜초(慧超, 704~787), 싱할라의 아모가바즈라(Amogha-vajrah, 不空, 705~774) 등이 있다.[4]

특히 지금의 베트남[예를 들면, 북부의 교지(혹은 교주), 중부의 상림현(象林縣) 등]을 거쳐서 인도를 방문한 중국의 승려들로는 명원, 도림(道琳), 지홍(智弘) 및 무행(無行), 담윤(曇潤, 수년 동안 교지에 머묾) 등을 들 수 있다.[5] 익주(益州) 청성[靑城, 사천성(四川省) 관현서(灌縣西)] 출신의 명원[6]은 유년 시절부터 불법의 가르침을 따랐으며, 성인이 되어서도 수행의 고삐를 늦추지 않았다. "우아한 몸가짐"을 갖추었던 그는 나가르주나[Nāgārjuna, 용수(龍樹) 보살]의 『중론(中論)』과 그 제자 아리야데바(Arya-deva, 提婆)의 『백론(百論)』[7]에 뛰어났으며, 『장자(莊子)』와 『주례(周禮)』도 연구했다. 명원은 사천에서 나와 호북(湖北)과 호남(湖南) 지방을 거쳐 강소(江蘇)와 절강(浙江)의 불교를 두루 섭렵하면서 경론과 선(禪)을 다시 익혔다. 그러나 "성스러운 가르침"이 쇠퇴해 가는 것을 개탄하던 그는 남쪽으로 교지까지 와서, 여기에서 배를 타고 거센 파도를 헤치고 가릉국(揀陵國, 지금의 자바)에 도착했다. 이어서 명원은 사자국(獅子國, 지금의 스리랑카)에 이르러서 군왕으로부터 예우와 존경을 받았고, 이후 남인도를 거쳐 중인도로 갔다고 한다.[8]

형주 강릉(江陵, 호북성 강릉현) 사람 도림[9]은 스무 살 때 출가했으며, 성인이 되어서는 벗들을 찾아 불교의 진리를 논했다. 이후 그는 불교가 도래한 지 오래되었지만 선문(禪門)에 들어온 자는 적고 율장도 제대로 갖추어지지 않은 점을 개탄하여, 드디어 그 원류를 찾아 멀리 인도로 가려는 뜻을 품었다. 도림은 남해를 건넜는데, 동주(銅柱, 고대 베트남의 상림현 부근)를 지나 낭가술[郎迦戌, 빠따니(Patani)]에 도착했다가, 가릉국을 거쳐 나인국[裸人國, 니코바르제도(Nicobar Islands)]을 통과하여 수년 후에 동인도의 탐마립저국(耽摩立底國)에 이르렀다. 그곳에 3년 동안 머물면서 산스크리트어를 공부하며 설일체유부(說一切有部)[10]의 율(律)을 배우고 익혔다. 이후에 그는 중인도의 부처 유적을 돌았고, 남인도를 거쳐 다시 서인도의 나다국(羅茶國)에서 수년간 머무는 동안 다시 영단(靈壇)을 세워 불상을 안치하며 거듭 명주[明呪, 진언(眞言)]를 익혔다. 서인도에서 12년간 머물 때 오로지 마음으로 명주를 지녀서 감응을 얻었다고 한다.[11]

낙양 사람 지홍 율사는 어렸을 때부터 세속의 영화를 업신여기고 속세를 떠나 은둔하고자 했고, 삼오(三吳)[12] 지방으로 가서 속세의 옷을 벗어버리고 승복을 입었다. 그는 지차(智差) 선사[13]를 사사하며 사혜(思慧)[14]를 계승했고, 기주(蘄州)[15]의 홍인(弘忍) 선사 처소에 가서 선을 닦았고, 상천(湘川)[16]을 건너 형령[衡嶺, 남악(南嶽)][17]을 넘어 계림(桂林)으로 들어가 그곳의 조용한 샘가에 숨어 명상하면서 선을 수행했다. 이렇게 몇 해를 지낸 뒤에 지홍은 형주 옥천사(玉泉寺)의 보적(普寂) 선사에 의지하며 수행을 이어나갔다. 그는 이미 삼오에서 불법을 가르치는 스승[法匠] 지차 선사를 만나서 가르침을 계승했고, 구강(九江)의 훌륭한 벗 보적 선사를 만나 불교의 깊은 진리도 알게 되었다. 하지만 이러한 스승들의 가르침에 만족하지 못한 지홍은 중국을 떠나 서인도로 가서 부처님 유적을 순례하려 했는데, 다행히도 형주 강릉현 사람 무행(無行)[18] 선사를 만나 동행하기로 약속하여 마침내 광동성 합포현(合浦縣)에서 남해 항해에 올랐다. 하지만 바람이 순조롭지 않아 표류하다가 비경(匕景)[19]으로 가게 되었으며, 그곳에서 다시 교주로 가서 한여름을 보냈고, 늦은 겨울에 다시 바닷가[海濱] 신만(神灣)[20]에 가서 배를 타고 남쪽으로 가서 실리불서국[室利佛逝國, 수마트라의 스리위자야(Sriwijaya)]에 도착했다. 두 사람은 실리불서국의 왕이 내준 배를 타고 수마트라의 말라유국(末羅瑜國)[21]과 갈다국(羯茶國)[22]을 거쳐 겨울이 끝날 무렵에 서쪽의 나가발단나(那伽鉢亶那, Nagapattana)[23]에 이르게 되었다. 여기서 지홍과 무행은 사자주(師子洲, 지금의 스리랑카)에 도착하여 부처의 치아[24]에 예배했고, 다시 동북쪽으로 배를 띄워 한 달 만에 하리계라국(揀利鷄羅國, 시토우에)[25]에 도착했다. 두 승려는 이 나라에서 1년간 머물다가 차츰 동인도 국내로 들어가서 대각사[大覺寺, 마하보리(莫揀菩提: Mahabodhi)]에서 2년 동안 머물렀고, 나란타사(那爛陀寺)에서는 대승 불교와 소승 불교를 가리지 않고 청강과 탐구를 이어나갔다. 중인도에서 8년 가까이 머무른 지홍과 무행은 북인도의 가습미라국(羯濕彌羅國, 카슈미르)으로 향했는데, 이후에 고향으로 돌아왔는지는 알 수 없다. 지홍 율사는 이러한 여정에서 도림 법사와도 동행했다는 이야기가 있다. 의정이 남해 수마트라의 갈다국에 이르렀을 때 북방 출신의 한 호인(胡人)이 "두 승려를 호국(胡國)에서 만난 적이 있습니다"라고 했는데, 용모와 여정을 보니 바로 도림 법사와 지홍 율사였다.[26]

형주 사람 법진(法振) 선사는 율전(律典)을 독송하고 자연에 머물면서 마음을 닦다가 부처의 성지를 순례하고자 인도로 떠날 결심을 하게 되었다. 그래서 그는 동주[同州, 섬서성(陝西省) 대려현(大荔縣)]의 승오(乘悟) 선사와 양주[梁州, 섬서성 포성현(褒城縣)]의 승여(乘如) 율사와 함께 인도로 떠났다. 두 도반과 동행한 법진은 삼강(三江, 베트남의 하노이 서북쪽)에서 비경으로 가서 돛을 정비하여 가릉국 북쪽으로 나아갔으며, 여러 섬을 거쳐서 이윽고 갈다국에 이르렀다. 그러나 얼마 안 되어 법진이 35~36세의 나이로 병사하자, 승오와 승여는 마음이 동요하여 결국 배에 올라 동쪽을 향해 교주로 돌아가려고 했다. 그러나 참파[瞻波國]에 이르자 승오 또한 세상을 떠나고 말았다. 참파인들이 전하는 말에 의하면, "승여는 뜻을 이루지 못하고 홀로 고국으로 돌아갔다"고 한다.[27]

7세기부터 14세기까지 말레이반도에서 수마트라섬 동남부에 이르는 동서 교역으로 번영했던 말레이인들의 나라 실리불서에서는 인도에서 전해진 대승 불교의 중관파(中觀派)와 유식파(唯識派)가 번성했다. 671년 11월에 중국의 번우항(番禺港)에서 파사(波斯, 페르시아)의 배를 타고 동북 계절풍을 이용해서 (아마도 참파를 지나) 말라카 해협과 수마트라의 잠비 등을 거쳐, 다시 갈다국의 왕이 마련해준 배로 동부 인도로 건너간 의정은 도중에 스리위자야에서 범어를 6개월 동안 배웠는데, 이 지역의 장대한 승원(僧院)에 대해 인도의

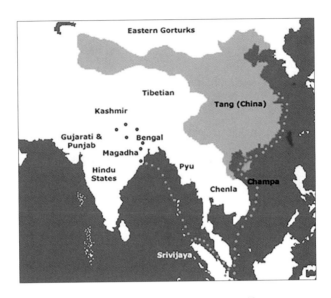

그림 2-1 의정의 여행 경로(671~695)[28]

날란다 사원에 필적하는 대승 불교 연구의 중심지였다고 이야기하
고 있다.[29]

　형주 강릉(江陵) 사람 혜명(慧命) 선사는 계행을 철저하게 지켰고,
불경과 불경 아닌 책[內外典]을 모두 배웠다. 그는 멀리 인도에 가서
구법할 수 있기를 갈망했는데, 상서로운 강(갠지스강)을 멀리서 우
러르며 그 뜻을 황제에게 주상(奏上)하면서, 죽림정사(竹林精舍)를
염원하는 마음이 솟구쳤다. 혜명은 배를 타고 참파(Champa, 占波)[30]
에 이르렀으나, 강풍을 만나 몇 차례 어려움을 겪은 후에 후한(後漢)
의 마원(馬援)이 세웠던 동주(銅柱) 앞바다를 지나 비경에 머물다가
당나라로 돌아왔다.

　혜초가 신라를 떠나 당나라로 건너간 해는 719년으로 추정된다.

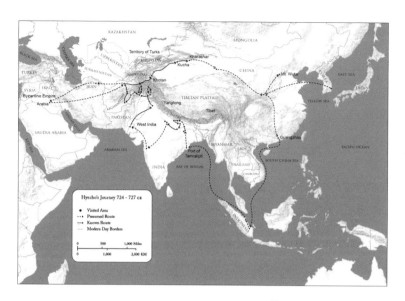

그림 2-2 혜초의 여정(724~727)[31]

그는 남인도에서 온 밀교승(密敎僧)[32] 금강지(金剛智, Vajrabodihi, 671~741)를 광주(廣州)에서 만나 불교를 공부하던 중, 스승의 권유로 723년에 광주를 떠나 일남(日南),[33] 각멸(閣蔑), 수마트라, 나형국(裸形國)[34] 등지를 거쳐 인도로 구법 순례 여행을 떠났다. 혜초는 727년 11월 상순에 오천축[35]과 서역 지방을 여행했고, 안서도호부(安西都護府)가 있는 구자(龜玆)[36]를 거쳐 장안으로 돌아왔다. 이후 그는 733년부터 금강지가 입적하는 741년까지 약 8년간 장안 천복사(薦福寺)에서 스승과 함께 밀교를 연구하면서 한역(漢譯) 작업을 했다. 혜초는 773년부터는 다시 금강지의 제자였던 인도 출신 불공과 함께 밀교를 연구했고, 입적한 그의 유언에 따라 불공의 6대 제자 중 한 사람이 되었다. 혜초는 780년에 오대산(五臺山) 건원보리

사(乾元菩提寺)에서 생을 마감했다.[37]

이처럼 당나라의 구법승들은 당시 발달한 해상 루트를 이용해 광주나 교주에서 출발하여 참파 지역(상림현, 비경 등)을 경유한 후, 동남아 도서부 지역을 거쳐 인도에 도착했다. 이 과정에서 광주에서 인도로 출발한 신라의 승려 혜초도 참파의 일남을 거쳐 인도와 각지를 순례한 후, 다시 중국에 돌아와 밀교의 발전에 공헌하게 되었다고 평가할 수 있다. 아울러 한반도 사람이 지금의 베트남을 최초로 방문한 사례가 아닐까 한다.

순례 승려들은 장기간 여행해야 했으므로 폭풍, 질병, 해적 등으로부터 생존을 위협받았다. 『대당서역구법고승전(大唐西域求法高僧傳)』에 의하면, 이 승려들은 "거대한 바다에서 일어나는 큰 파도와 하늘까지 닿을 정도의 세찬 격랑을 지나면서 방황하거나 목숨을 잃었고, 아무것도 먹지 못한 채 며칠을 버티는 일도 있었으며, 여러 날 물조차도 마시지 못했으니, 말 그대로 정신은 혼미해지고 시름과 피로로 제정신을 차릴 수가 없었다."[38] 그래서 구법승들은 위험한 여행을 준비하기 위해서 체력, 산스크리트어 지식, 천문학, 그리고 도착지 현지인들의 관습을 익혀야 했다. 당나라 고조는 622년에 용편(龍編)[39]에 교주총관부(交州總管府)를 설치하여 통치를 강화했는데, 당시 인도로 순례할 경우 거쳐야 했던 경유지 교주는 여행을 준비하는 데 매우 편리한 장소였다. 7세기 후반 당시 의정이 인도로 가던 때에도, 이루현(루이러우)은 상인들의 무역 중심지이자 구법승들의 종교 중심지였다. 구법하러 떠났다가 다시 돌아온 순례자들은 교주의 승려들과 불교에 대한 새로운 정보나 다른 불교 종파를 이야기하거나, 새롭게 수집한 불경들을 현지에 남겨놓기도 했다.[40]

이미 자유롭게 도교, 유교, 영혼 숭배 요소들과 섞였던 중국식 대승불교가 베트남에 와서는 현지의 정령 신앙과 완전히 결합해 버리는 경우도 있었다. 그래서 승려들은 영혼이나 조상 숭배 의례 요구에 부응하며 종종 제사장의 역할까지 맡아야 했고, 이 과정에서 도사나 점성술 등과 같은 다양한 영혼 세계의 주재자들과 경쟁하게 되었다.[41]

2) 교주, 애주 등의 구법승

4세기에 접어들면서 교주의 승려들도 불경을 구해서 보다 깊이 연구하기 위해 인도로 여행을 떠났다.[42] 당대에도 스리랑카나 인도로 건너간 승려들이 많았다. 목차제바(木叉提婆, Mokṣadeva)[43]는 배를 타고 남해[南溟]로 가서 여러 나라를 거쳐 중인도 부다가야(Buddha‑Gayā)[44]의 금강좌(金剛座)[45] 북쪽에 있는 대각사에 이르렀고, 성지를 두루 순례한 후 고향으로 돌아와 24~25세 무렵에 죽었다고 한다.[46] 마찬가지로 명원의 제자 규충[窺沖, ?~?, 범명은 질차라제바(質呾羅提婆, Citradeva)]은 총명했으며, 스승과 함께 배를 타고 남해로 가서 [아마도 가릉국을 거쳐] 사자주에 이르렀으며, 서인도에 가서 태주(太州)의 선장(仙掌)[47] 출신 승려 현조(玄照)와 신라 승려 현각(玄恪)을 만나 중인도의 불교 유적을 함께 순례했다. 산스크리트어 경전을 잘 암송했던 그는 어떤 곳에 이르면 항상 경전을 소리 내어 독송했는데, 왕사성(王舍城, Rajgir)[48]에 이르렀을 때 병을 얻어 죽림정사[49]에서 오랫동안 머물다가 약 30세의 나이로 죽었다.[50]

자바에 간 교주 출신의 승려도 있었다. 소년 승려 운기(運期, Vận Kỳ, ?~?)는 7세기 중엽에 교지에 와서 수년간 체류한 낙양 출신의 담윤(曇潤)과 함께 불문(佛門)에 들어갔다. 이후 그는 인도 동북부의 칼링가(Kalinga) 사람들이 이주해 살고 있던 자바의 칼링가[가릉(訶陵)]로 건너가 다문승(多聞僧) 즈냐나바드라[Jñānabhadra, 야나발타라(若那跋陀羅)], 지현(智賢, 394~468)에게 사사하여 구족계를 받았다.[51] 그는 10여 년 동안 남해를 왕래했는데, 곤륜음(崑崙音)[52]을 잘했으며 산스크리트어도 꽤나 알았다고 한다. 사천성 익주(益州)의 성도(成都) 출신으로 율장에 정통했던 승려 회녕[53]이 칼링가로 와서 즈냐나바드라와 함께 『아함경(阿含經)』 중에서 석가모니의 열반 부분과 분신(焚身)에 관한 내용을 한문으로 번역했다.[54] 운기는 회녕의 부탁으로 그가 지은 상표문(上表文)[55]과 번역한 경전을 가지고 당나라에 가서 고종에게 전달했다. 이후 그는 장안에서 교지로 돌아와서 황제로부터 폭이 좁은 명주 수백 필을 받았고, 다시 칼링가로 돌아와서 즈냐나바드라와 회녕에게 여행의 경과를 알렸다고 한다. 일찍부터 넓은 바다를 오가던 경전이 중국에도 유포되었는데, 당시까지 전하지 않던 부처의 가르침이 전해질 수 있었던 이유는 교주 출신 운기의 역할 덕이다.[56]

아울러 애주(愛州)[57] 출신 승려들의 인도행도 주목할 만하다. 범명이 반야제바(般若提婆, Prajñādeva)[58]인 지행(智行, Trí Hành)은 남해를 지나 서천축(西天竺, 스리랑카)으로 간 후 부처의 성지를 두루 참배하고 갠지스강 북쪽의 신자사(信者寺)에서 살다가 50여 세에 죽었다고 한다.[59] 그의 제자 교주 출신 혜염(慧琰, Huệ Diệm)도 스승을 따라서 승가라국(僧揀羅國, 스리랑카)에 가서 머물렀으나, 그의 생사

는 불분명하다.[60]

역시 애주 출신으로 범명이 마하야나발지이파(莫揀夜那鉢地已波, Mahāyānadipa/Mahayanapradipa)인 대승등(大乘燈, Đại Thừa Đăng, ?~?)은 어릴 때 부모를 따라 배를 타고 두화라발저국(杜和羅鉢底國)[61]에 가면서 출가하게 되었다. 이후 그는 당나라 사신 담서(郯緒)를 따라 장안에 가서 대자은사(大慈恩寺)의 삼장법사(三藏法師) 현장(玄奘, 602~664)의 거처에서 구족계를 받았다. 대승등은 장안에서 수년간 불경을 읽으면서 인도로 성지 순례를 떠나려는 마음이 간절해졌고, 다음과 같이 생각하게 되었다.

삼계(三界)[62]에 빠진 자는 연(緣)을 빌리되 그 연이 그릇되면 삼계에 빠지고, 생사를 벗어나고자 하는 자는 연의 도움을 받으나 그 연이 바르면 생사를 떠난다.

이렇게 죽음을 각오한 대승등은 장안 생활을 마무리하고 죽림정사에 가서 팔난(八難)[63]을 극복하고 사륜(四輪)[64]을 구하기 위해 드디어 불상을 품고 경과 논을 휴대한 채로 남해를 건너 우선 사자국에 가서 모든 영험을 갖춘 부처의 치아에 예배했다. 그는 남인도를 지나 다시 동인도에 이르러 탐마립저국(耽摩立底國, Tamralipti)[65]으로 갔다. 이 항구는 법현(法顯)과 의정(義淨)의 경우처럼 다시 배를 타고 당나라로 돌아가는 곳이기도 했다.[66] 하지만 배가 강어귀에 이르러 도적을 만나 부서졌고, 대승등만 겨우 살아남았다.

대승등은 이 나라에서 12년이란 오랜 세월 동안 머물러 범어를 매우 잘하게 되었으며, 인연소생(因緣所生)의 가르침에 관한 경전,

『연생론(緣生論, Nidana-sastra)』등을 암송하며 선행을 닦았고, 동인도에서 알게 된 의정과 함께 대상(隊商)들을 따라 중인도로 갔다. 그는 먼저 나란타사에 갔다가 금강좌를 참배했고, 방향을 바꾸어 폐사리(薛舍離, 바이샬리)를 거친 뒤에 구시국[俱尸國, 쿠시나가르(Kushinagar)]에 이르러 무행 선사와 함께 지냈다. 대승등은 언제나 한탄하며 말했다.

나의 본래의 뜻은 불법을 널리 펴는 것이었는데, 어찌 다시 중국으로 돌아가겠는가? 어느 사이엔가 내 몸은 늙어버렸으니, 이번 생에는 비록 뜻을 이루지 못할지라도 내생(來生)에는 반드시 이 뜻을 이루리라.

그는 언제나 도사다천(都史多天, 도솔천)[67]에 태어나기 위해 여기에 있는 미륵보살(彌勒菩薩)을 보기를 기원하며 매일 용화수(龍華樹)[68] 한두 가지를 그려서 지성을 드렸다고 한다.

이렇게 불도 수행을 계속하던 대승등은 어느 날 제주(齊州) 역성(歷城) 출신의 도희(道希) 법사를 찾아갔는데, 이미 세상을 떠난 그의 옛날 방에는 한역 경전과 범어로 된 불경 꾸러미만이 그대로 놓여 있었다.[69] 이 광경을 본 대승등은 남모르게 눈물을 흘리며 "옛날 장안에서는 같은 법석(法席)에서 노닐었건만, 지금은 그의 빈 경연(經筵)만 볼 뿐이구나"라고 탄식하면서 그의 죽음을 애도하는 시를 읊었다.

아, 죽음의 왕은 세력이 더욱 강하니,
전등(傳燈)의 선비가 어느새 가고 없구나.

중국에서 품었던 소망은 이루지 못했고,

부처님의 나라에서 그 혼백이 선양(宣揚)하네.

슬픔을 못 이겨 눈물 흘리고,

흰옷 애통하며 마음 상하네.

결국, 대승등은 구시성(俱尸城, 부처가 열반한 지역)의 반열반사(般涅槃寺)에서 60여 세에 입적했다.[70]

당시 대승등과 의정의 인연도 흥미롭다. 672년 12월에 수마트라의 갈다국에서 출발하여 동인도의 나인국에 도착한 의정은 다시 보름가량 서북쪽을 향하여 탐마립저국에 도착했다. 그는 이 나라에서 처음으로 대승등과 만나게 되어 1년 동안 머물면서 산스크리트어를 배우고 성론(聲論)[71]을 익혔다. 두 승려는 서쪽으로 상인 수백 명과 함께 중인도로 들어갔는데, 대각사까지는 10일의 여정이었다. 일행은 큰 산과 못을 지났고, 길도 몹시 험해서 여러 사람의 도움이 필요했다. 혼자서는 이 여정을 감당할 수 없었던 의정은 병에 걸려 상인들을 뒤쫓아 가려고 해도 따라갈 수가 없었다. 이때 나란타사 승려 20여 명과 대승등은 모두 앞서갔으나, 의정만 홀로 처져 남게 되어 산적들에게 모든 것을 다 빼앗겼다. 이 사건이 벌어진 후에 의정은 밤 12시 무렵이 되어서야 비로소 동행했던 승려들이 있는 곳에 도착했다. 대승등은 누군가 마을 밖에서 크게 외치는 소리를 들었고, 이 두 승려는 그제야 재회하여 본격적인 순례 여정을 이어나갈 수 있었다.[72]

강국(康國, 사마르칸트) 사람 승가발마(僧加跋摩, Saṃghavarma)는 젊어서 유사(流沙)[73]를 넘어 장안에 가서 학업을 닦았다. 그는 평소

신심이 두터웠으며, 계행(戒行)[74]이 맑고 엄격했고, 보시와 수행으로 자비로운 마음이 가득했다고 한다. 승가발마는 당나라 고종 현경(顯慶) 연간(656~661)에 칙명을 받들어 사인(使人)과 함께 인도로 가서 부처의 유적에 예배한 후 대각사에 도착했다. 그는 보리수 아래의 금강좌에서 크게 공양 의식을 치를 때 7일간 연등을 계속 밝히며 대법회를 봉헌하게 되었다. 또 대각사[菩提院] 안의 무우수(無憂樹)[75] 아래에 불상과 관세음보살상을 새겨서 성대하게 공덕을 찬탄[慶讚]했는데, 당시 사람들은 희귀한 일이라고 감탄했다. 이후 당나라로 돌아온 그는 다시 칙명을 받들어 약을 구하러 교주에 갔다. 당시는 이 지방에 크게 흉년이 들어 많은 사람이 굶주리던 때였다. 승가발마는 매일 음식을 절약하여 홀로 사는 빈민들을 구제했다. 당시 사람들은 슬픈 마음으로 언제나 눈물을 흘리던 그를 상제보살(常啼菩薩)[76]이라고 했다. 그러다가 가벼운 질병에 걸려 60여 세의 나이로 갑자기 세상을 떠났다.

이처럼 한자 문화권과 인도 문화권의 영향을 동시에 받았던 교주와 애주 출신의 승려들도 인도로 떠나 구법 활동을 전개하거나 자바 현지에서 전법 활동에 적극적으로 참여했다. 이 과정에서 교주의 규충과 운기, 그리고 애주의 대승등은 산스크리트어와 동남아 도서부의 현지어에 능통하게 되었으며, 당나라, 인도 혹은 신라의 승려들과 교유하며 순례를 이어나갔다. 아시아 구법승들의 루트는 당시의 교역 루트가 그대로 반영되어 있었다고 볼 수 있고, 사마르칸트 출신 승가발마가 당나라, 인도, 교주를 중심으로 활동할 수 있었던 사실도 이러한 시대 상황을 반영하고 있었다고 볼 수 있다.

해외 혹은 현지 승려들의 구법과 전법 활동으로 베트남의 불교는 더욱 활력을 띠게 되었다. 대략 7세기부터 14세기까지 베트남과 독립 베트남의 불교는 점점 발전해 나갔다. 불교가 훨씬 광범위하게 전파되면서 사원이 각지에 세워지는 시기도 7~9세기다.

이 시기를 다루는 베트남 측의 연구는 다양한 지역 출신의 현지인 승려들을 '베트남인'으로 규정하고 있지만, 당시 베트남은 여전히 중국의 지배를 받고 있었으므로 승려들의 국가 정체성이 이미 명확하게 확립되어 있었다고 단정하기는 어렵다. 그러므로 현지 승려들을 '베트남인'이라고 인식하기보다는 '교지인(交趾人)', '교주인(交州人)', '애주인(愛州人)'[77] 같은 지역적(local) 시각에서 접근하여 일국 중심의 제한된 민족주의적 성향의 불교 연구 틀에서 벗어나 이해할 필요가 있다.

한편, 중국에서 등장하여 주류가 된 새로운 불교, 즉 선불교가 지금의 베트남 지역에도 들어오기 시작했다. 그러면 중국 선불교의 영향은 어떠한 과정을 거쳐 현지에서 점차 확대되어 나갔을까? 베트남에서도 새롭게 등장한 선종이 주류가 되었는데, 베트남의 경우는 중국과 인도의 중간에 위치하던 상황을 반영한 선종 계보가 나타났다.[78] 이 과정에서 등장한 비니다류지와 무언통 계열의 선종을 살펴보도록 하자.

2. 선불교의 등장

중국의 선종이 8세기 말에 신라에 유입되었다고 하는데, 베트남

선불교의 기원은 언제쯤일까? 6세기 말에 처음 들어온 중국의 선종
이 비니다류지파(派)로 발전한 경우와 9세기 초에 형성된 선종 종파
무언통파의 경우는 중국에서 온 승려들이 불교를 전파하기 위해 입
국한 사례였다. 우선, 비니다류지파의 경우부터 살펴보자.

1) 중국의 선불교와 비니다류지 선파

불교에서 선종 또는 선(禪)은 중국에서 5세기에 발전하기 시작
한 대승 불교의 한 흐름이다. 이 흐름은 중국에서 하나의 종파로
등장하여 한국과 일본 등지로 전파되었다. 이 계통의 여러 분파
를 선종이라고 통칭하고, 이 계통의 불교를 선불교(禪佛敎)라고 한
다. 남인도 출신의 보리달마는 마하가섭에게서 전승한 선종의 제
28조이면서 중국 선종의 제1조이고, 제2조는 혜가(慧可, 487~593)
이다. 이 선법(禪法)은 제3조 승찬(僧璨, 510~606), 제4조 도신(道信,
580~651), 제5조 홍인(弘忍, 601~674)으로 이어졌다. 홍인의 제자로
서 신수(神秀, ?~706)는 북종(北宗)이라고 불리는 북종선(北宗禪)을
열었고, 마찬가지로 제자였던 혜능(惠能)은 선종의 제6조가 되어 남
종(南宗)이라고도 하는 남종선(南宗禪)을 열었다.

중국의 분열 시기에 베트남의 불교 발전과 주요 특성에 대해서는
알려진 바가 거의 없다. 4~6세기에 교주는 북쪽의 여러 나라가 정
치 투쟁을 하는 동안 '준독립' 상태에 있었다. 그래서 현지에서 발생
한 사건들을 다룬 중국 측의 기록이 없다시피 하다. 어쨌든 이 시기
에 교주에 광범위하게 퍼진 불교의 형태는 디야나[Dhyana, 선(禪),
Thiền][79]였다. 이 형태는 불경 텍스트를 통해 진리를 탐구하는 대신

그림 2-3 승찬 대사

에 내적으로 명상에 치중하는 방향으로 나아갔다.[80]

베트남의 쩐(Trần) 왕조[陳朝, 1225~1400] 이전에 남방에 전파된 선의 흐름은 비니다류지(毘尼多流支, Tỳ Ni Đa Lưu Chi)파, 무언통 (無言通, Vô Ngôn Thông)파, 초당(草堂, Thảo Đường)파 등으로 이어 졌는데, 베트남 선사들의 이야기를 전하고 있는 『선원집영(禪苑集英)』[81]을 중심으로 각 선파의 설립자와 제자들에 대한 내용을 살펴 보기로 하자.

① 비니다류지

남천축(南天竺, 인도 남쪽) 사람으로 바라문(婆羅門, 브라만) 출신 비니다류지[82]는 어렸을 때 이미 속세를 떠날 뜻을 품었으며, 부처의 심인(心印)[83]을 구하기 위해 서천축(西天竺)을 두루 돌아다녔으나, 불법을 믿게 되는 인연[法緣]이 닿지 않아 지팡이를 짚고 동쪽으로 향했다. 574년에 먼저 장안에 당도했으나, 북주(北周) 무제(武帝, 560~578 재위)의 훼불(毀佛) 사건[84]을 만나서 업(鄴)[85]으로 가고자 했다. 그때 중국 선종의 삼조[三祖, 제3대 조사(祖師)] 승찬 대사도 난을 피해 하남성 경계에 있는 서주(舒州)[86]의 사공산(司空山)[87]에 들어가 은거하고 있었다. 이 대사를 만난 비니다류지는 그의 행동거지를 보고 비범한 인물임을 알았고, 마음속에서 저절로 공경심이 일어나서 세 번이나 예를 표하고 제자가 되었다. 이후 승찬이 "너는 어서 남쪽으로 내려가 제자를 맞도록 하여라. 여기에 오래 머무는 것은

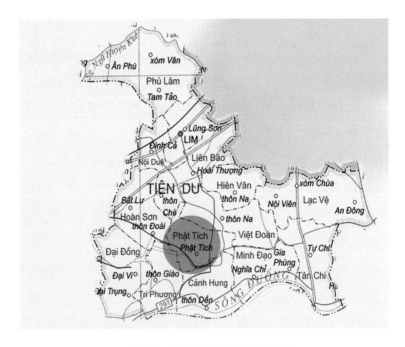

그림 2-4 현재 박닌성 띠엔주현의 펏띡

좋은 일이 아니다"라고 조언하자, 비니다류지는 하직 인사를 하고 떠나 광주의 제지사(制旨寺)[88]에 머물면서『상두경(象頭經)』[89]과『보업차별경(報業差別經)』[90] 등을 번역했다.

5~6세기에 선유산(núi Tiên Du) 지역의 불적(佛跡, Phật Tích)에 대규모의 불교 교육 센터가 있었다고 하는데,[91] 비니다류지는 580년 3월 교주 용편(龍編)의 고주향(古州鄉) 법운사[92]에 와서 14년 동안 전법 활동을 했다. 그는 자신이 번역한 선경(禪經)『상두정사경(象頭精舍經, Tượng Đầu Tinh Xá Kinh)』[93]을 이용하여 선을 가르쳤고, 582년에 대흥선사(大興善寺)의 상두정사(象頭精舍)에서 반야부 계열의 경전『(대승)총지경[(大乘)摠持經, Tổng Trì Kinh]』(2부)도 번역했다.[94] 594년 3월 어느 날 선사가 제자 법현(法賢, 560~626)을 방으로 불러들여 다음과 같은『총지경』의 주요 내용을 유언으로 남겼다.

여러 부처의 심인은 결코 우리를 속이지 않는다. 그 심인은 원만하여 크고 넓은 하늘[太虛]과 같나니, 모자람도 없고 남음도 없고,[95] 감도 없고 옴도 없고, 얻음도 없고, 잃음도 없느니라. 그것은 하나도 아니요 여럿도 아니면서, 늘 그러함도 아니요 끊어짐도 아니라. 본래부터 나는 곳도 없고 사라지는 곳도 없으며, 멀리 떨어져 있는 것도 아니요 멀리 떨어져 있지 않은 것도 아니다. 허망(虛妄)한 대상에 대하여 임시로 그렇게 이름을 세운 것뿐이로다. 삼세(三世)의 제불(諸佛)도 이와 같이 깨달음을 얻으며, 역대의 조사(祖師)들 역시 이와 같이 깨달음을 얻었느니라. 나 또한 이와 같이 얻었고, 너 또한 이와 같이 얻을 것이며, 유정(有情)과 무정(無情)에 이르기까지 모두 이와 같이 깨달음을 얻으리라. 내 스승 승찬께서는 나의 이 마음을 인정해 주실[印可] 때에, '어서 남쪽으로 내려가 제자를 맞도록 하여라. 여기에 오래 머무는 것은 좋은 일이 아니다'라고 나에게 말씀히셨다. 이곳에서 오래 머물다 너를 만났고, 드디어 스승의 말씀대로 되었다. 너는 이를 잘 간직하여라. 나는 이제 떠날 때가 되었구나!

비니다류지 선사는 합장한 채 세상을 떠났다. 법현은 화장한 후 오색의 사리를 거두어서 탑을 세웠다고 한다. "드디어 스승의 말씀대로 되었다"는 비니다류지가 "남쪽으로 가서 제자를 맞으라"는 스승 승찬의 조언을 법현에게 법을 전하며 실현했다는 표현으로 볼 수 있다.

그림 2-5 박닌의 저우 사원에 안치한 비니다류지[96]
초조(初祖) 비니다류지의 제단

② 법현

　교주 최초의 선종 비니다류지파는 〈표 2-1〉을 통해서도 알 수 있는 것처럼, 제1세 제자 법현을 시작으로 1216년까지 19세에 걸쳐 52명의 선사가 활약했다.[97]

표 2-1 『선원집영』에 등장하는 비니다류지 선파의 계승자들[98]

세대	내용
독립 이전 시기	
제1세(1인)	1° 법현(法賢, Pháp Hiền, ?/560~626) 선사
제2세(1인)	『선원집영』에 구체적으로 등장하지 않음
제3세(1인)	『선원집영』에 구체적으로 등장하지 않음
?	혜엄(慧嚴, Huệ Nghiêm): 법현과 청변 사이, 법현의 추종자 300명 중의 1인
제4세(1인)	2° 청변(清辨, Thanh Biện, ?~686) 선사
제5세(1인)	『선원집영』에 구체적으로 등장하지 않음
제6세(1인)	『선원집영』에 구체적으로 등장하지 않음
제7세(1인)	『선원집영』에 구체적으로 등장하지 않음
제8세(3인)	3° 정공(定空, Định Không, 730~808) 선사
	2인은 『선원집영』에 구체적으로 등장하지 않음
제9세(3인)	모두 『선원집영』에 구체적으로 등장하지 않음, 정공의 제자 통선(通善)으로 추정
베트남의 독립(938) 이후, 응오 왕조 시기(939~944)	
활동 사항 확인 불가	
십이사군(十二使君) 시대(945~966), 딘 왕조 시기(968~980), 띠엔레 왕조 시기(980~1009)	
제10세(4인)	4° (딘) 라꾸이[(Đinh) La Quý, 丁羅貴 / La Quý An, 852~936] 장로
	5° 팝투언(Pháp Thuận, 法順, 914~990) 선사
	6° 마하(摩訶, Ma Ha / Mahamaya, ?~1029) 선사
	1인은 『선원집영』에 구체적으로 등장하지 않음, 라꾸이와 팝투언 사이의 보응아이(Vô Ngại, 無碍)로 추정

제11세(4인)	7° 티엔옹(Thiền Ông, 禪翁, 902~979) 수도자[道者]
	8° 쑹팜(Sùng Phạm, 崇範, 1004~1087) 신사
	2인은 『선원집영』에 구체적으로 등장하지 않음, 그중 1인은 다오하인(Đạo Hạnh, 道行)이 방문한 찌후옌(Trí Huyền)으로 추정
제12세(7인)	9° 반하인(Vạn Hạnh, 萬行, 938~1018/?~1018/?~1025) 선사
	10° 딘후에(Định Huệ, 定惠, ?~?) 선사
	11° 다오하인[혹은 뜨다오하인(Từ Đạo Hạnh, 徐道行, 1072~1116] 선사
	12° 찌밧(Trì Bát, 持鉢, 1049~1117) 선사
	13° 투언쩐(Thuần Chân, 純眞, ?~1105) 선사
	2인은 『선원집영』에 구체적으로 등장하지 않음
제13세(6인)	14° 후에씬(Huệ Sinh, 惠生, ?~1063) 승통, 성은 임씨(林氏)
	15° 티엔남(Thiền Nham, 禪巖, 1093~1163) 선사
	16° 민콩(Minh Không, 明空, 1065~1141) 국사
	17° 반띡(Bản Tịch, 本寂, ?~1140) 선사
	2인은 『선원집영』에 구체적으로 등장하지 않음, 팝퉁(Pháp Thông)과 후에씬의 제자들로 추정
제14세(4인)	18° 카인히(Khánh Hỉ, 慶喜, 1067~1140) 승통
	3인은 『선원집영』에 등장하지 않음, 카인히의 제자 띤냔(Tính Nhãn), 띤느(Tính Như), 저이콩의 스승 꽝푹(Quang Phuc)으로 추정
제15세(3인)	19° 저이콩(Giới Không, 戒空) 선사
	20° 팝중(Pháp Dung, 法融, ?~1174) 선사
	1인은 『선원집영』에 구체적으로 등장하지 않음, 쩐콩의 스승 타오녓(Thảo Nhất)으로 추정
제16세(3인)	21° 찌티엔(Trí Thiền, 智禪, ?~?) 선사
	22° 쩐콩(Chân Không, 眞空, 1046~1100) 선사
	23° 다오럼(Đạo Lâm, 道林, ?~1203) 선사
제17세(4인)	24° 지에우년(Diệu Nhân, 妙因尼師, 1042~1113)
	25° 비엔혹(Viên Học, 圓學, 1073~1136) 선사

제17세(4인)	26° 띤티엔(Tịnh Thiền, 淨禪, 1121~1193) 선사
	1인은 『선원집영』에 구체적으로 등장하지 않음, 띤티엔과 띤콩(Tịnh Không)의 제자로 추정
제18세(2인)	27° 비엔통(Viên Thông, 圓通, 1080~1151) 국사
	1인은 『선원집영』에 구체적으로 등장하지 않음, 팝끼(Phap Ky)와 띤티엔의 추종자로 추정
제19세(2인)	28° 이썬(Y Sơn, 依山, ?~1213) 선사
	1인은 『선원집영』에 구체적으로 등장하지 않음

비니다류지의 최초 제자 법현을 살펴보면,[99] 그는 주연(朱鳶)[100] 사람으로 성은 두씨(杜氏)이고, 키가 7척 3촌(약 221cm)이나 되었다고 한다. 법현은 처음에 법운사의 관연(觀緣, Quán Duyên) 대사에게 의탁하여 구족계를 받았고, 이후 매일 동학(同學)들과 함께 스승이 강설하는 선(禪)의 요체를 들었다. 당시 비니다류지가 중국 남부의 광주에서 이 절로 와서 잠시 쉬고 있었는데, 이후 두 사람 사이에 다음과 같은 대화가 이어졌다.

비니다류지: 너의 성(姓)이 무엇이냐?

법현: 화상께서는 성이 어찌 되십니까?

비니다류지: 너는 성이 없느냐?

법현: 성이 없는 건 아니지만, 화상께서 어떻게 이해하실 수 있겠습니까?

비니다류지: 이해는 해서 무엇 하느냐?

비니다류지의 이러한 관심과 퉁명스러운 반응에 법현은 문득 스스로 반성하면서 곧 절을 올렸고, 드디어 비니다류지로부터 종지를 얻었다고 한다.

비니다류지의 입적 후, 법현은 자산(慈山)[101]으로 들어가 선정(禪定)을 익혔다. 그는 선정에 들면 마치 고목(枯木)처럼 보였고, 만물과 자신을 모두 잊었다. 날짐승, 길짐승도 모두 길들여져 항상 그의 주위에서 놀았다고 한다. 당시 그의 덕행에 감화되어 몰려든 학인의 수는 이루 헤아릴 수 없을 정도였다. 새롭게 지어진 절에서 제자가 되어 머무는 승려가 항상 300여 명은 되었다. 남방의 선종은 이때부터 융성하기 시작했다.[102]

자사(刺史) 유방(劉方, ?~605)이 이 소식을 수(隋)나라 조정에 전하자, 수 문제(文帝, 581~604 재위)는 이 지역이 불교를 숭상하면서 덕망이 높은 고승을 배출하던 상황을 알게 되었다. 그는 사신을 통해 불사리(佛舍利) 다섯 상자와 서찰을 보냈고, 아울러 법현이 탑을 세워 사리를 안치하고 공양하게 했다.[103] 이에 법현은 영릉(嬴陵)[104]에 법운사를 짓고, 봉주(峯州),[105] 환주(驩州),[106] 장주(長州),[107] 애주(愛州)[108] 등에 있는 각 절에 탑을 세웠다고 한다.[109]

이후 법현이 선유(仙遊, Tiên Du) 천복산(天福山)의 중선사(衆善寺, Chùa Chúng Thiện)에 있을 때에도, 수나라의 섭론사(攝論師)[110] 담천(曇遷, 542~607)이 문제에게 다음과 같이 의견을 피력했다.[111]

지금 법현 상사(上士)가 비니다류지의 법을 얻어 3조 승찬의 종파를 이어가고 있으니, 그는 인간들 가운데 보살이라 할 수 있습니다. 그는 중선사에서 제자들에게 가르침을 베풀고 있는데, 그 문하에는 항상 300여 명 이상이 있습니다. 이런 까닭에, 교주는 중국과 다르지 않습니다. 폐하! 폐하께서는 온 세상의 자부(慈父)이십니다. 만약 세상에 고루 은혜를 베풀려 하신다면, 저 교주에 사신을 보내어 불법을 전할 수도 있습니다. 그러나 그곳에 이미 사람이 있다면, 굳이 사람을 보내어 교화할 필요는 없으리라 생각하옵니다.

법현 선사가 비니다류지를 계승하여 교주에서 선불교 전법에 큰 역할을 하고 있었음을 알 수 있는데, 당시의 핵심 경전은 후기 대승 불교의 『능가경(楞伽經, Laṅkāvatāra Sūtra)』이었다.[112] 후기 대승 불교의 경전 『능가경』은 부처가 [스리랑카에 있는] 능가산(楞伽山)에서 대혜(大慧) 보살을 위하여 설법한 가르침을 모은 책이다. 모든 인간은 여래와 같은 본성을 구비하고 있다는 여래장사상(如來藏思想)에 입각한 이 경전은 각종 학파의 풍부한 학설이 종교적 체험과 결부되는 양상을 설명하고 있는데, 초기의 선종에서 중시되었다고 한다.

아울러, 비니다류지 계통의 선종은 이후의 반야 사상, 화엄, 삼론(三論)[113] 등의 형태로 나타나게 된다.[114] 이 종파의 선사들은 보통 '총지삼매(摠持三昧, Dharani samadhi, Tổng Trì Tam Muội)'[115]를 배워 익혔다. 이러한 밀종(Tantra, Mật tông, 밀교)[116]의 보편적인 학습 방식은 신구의(身口意)[117]를 유지하기 위한 대정(大定) 상태에서 인결(印訣)[118]과 결합된 진언(眞言)을 이용하게 되었다.

이처럼 선사 비니다류지가 현지에서 영향력을 끼치기 시작할 무렵에 진(陳)나라와 교역하면서 지배적인 위치를 차지하고 있던 사람은 교주 자사 이유영(李幼榮)이었다. 그는 583년에 훈련된 코끼리까지 진나라 조정에 보냈다고 한다. 그의 또 다른 이름은 이불자(李佛子)이다. 4세기 후반 현재 베트남 중남부 지역 임읍(林邑)의 왕 범불(范佛, 349~377 재위)의 사례에서도 보이는 것처럼,[119] 불교가 발전하던 시대에 자신이 부처의 제자[佛子]임을 자처함으로써 정치적 권위를 확보하고자 했던 것은 아닐까 한다.

비니다류지파 제4세 청변(淸辨, Thanh Biện, ?~686) 선사는 고교(古交) 사람[교주인(交州人)]으로 성은 두씨(杜氏)이다.[120] 그는 열두 살 때 보광사(普光寺)의 법등(法燈)을 좇아 배웠다. 법등이 입적할 즈음, 둘 사이에 다음과 같은 말이 오갔다.

청변: 스승께서 떠나신 후에 저는 누구를 따라야 합니까?
법등: 너에겐 오직 숭업(崇業)[121]이 있을 뿐이다.

그러나 청변은 무슨 말인지 이해하지 못했다. 법등이 세상을 떠난 후, 청변은 오로지 『금강경(金剛經)』을 수지(受持) 독송하는 데에만 힘썼다고 한다. 어느 날 찾아온 선객(禪客)과 청변 사이에는 다음과 같은 대화가 이어졌다.

선객: 이 경전은 삼세(三世) 제불(諸佛)의 어미입니다. 이 '부처의 어미'란 말은 무슨 뜻입니까?
청변: 이제껏 이 경전을 지니고 독송해 왔습니다만, 아직 경전의 뜻을 깨치지는 못했습니다.
선객: 지니고 독송한 지 얼마나 됩니까?
청변: 8년 됩니다.
선객: 이처럼 8년 동안이나 지니고 독송했으면서도 경전의 뜻을 아직도 깨닫지 못했다면, 100년을 독송한들 그 공덕이 얼마나 되겠습니까?

결국, 청변은 그 선객에게 절하며 가르침을 청했는데, 당시 선객은 (박닌) 숭업사(崇業寺)의 혜엄(惠嚴)에게 가서 가르침을 구하려던 참이었다. 청변은 그제야 비로소 의문이 풀린 듯 "내 지금에야 스승[法燈]께서 말씀하신 징조를 경험하게 되었구나!"라고 말했다. 드디어 선객의 말대로 숭업사의 혜엄에게 가서 다음과 같은 대화를 나누었다.

혜엄: 무슨 일로 왔느냐?

청변: 제 마음에 풀리지 않는 것이 있어 왔습니다.

혜엄: 풀리지 않는 것이 무엇이냐?

청변: (선객과 주고받은 이야기를 다시 들려주자)

혜엄: (한숨을 쉬며) 너는 벌써 잊었구나! 경전에서 '삼세 제불(諸佛) 및 제불의 아뇩다라삼먁삼보리[阿耨多羅三藐三菩提] 법이 모두 이 경전에서 나왔다'[122]라고 한 말을 기억하지 못하느냐? 이것이 '부처의 어미'를 뜻하는 구절이 아니겠느냐?

청변: 그렇습니다, 그렇습니다! 제가 참으로 어리석었습니다.

혜엄: 이 경전은 누가 설하였느냐?

청변: 어찌 여래가 설한 것이 아니겠습니까?

혜엄: 경전에서 말하기를 '만약 여래가 설한 법을 가지고 있다고 말한다면, 이는 곧 부처를 비방하는 것이 된다. 이 사람은 내가 말한 바를 깨닫지 못한 자'[123]라고 하였으니, 너는 잘 생각하여라. 만약 이 경전이 부처가 설한 것이 아니라고 한다면, 이는 경전을 비방하는 것이니라. 너는 어떻게 생각하느냐? 어서 말해라, 어서 말해![124]

청변: (머뭇머뭇 입을 열려 하자)

혜엄이 갑자기 먼지떨이[拂子]로 그의 입을 쳤고, 그 순간 깨달음을 얻은 청변은 마음이 밝아져서 곧바로 혜엄에게 절했다. 마침내 청변은 천덕부(天德府, Phủ Thiên Đức) 화림향(華林鄉)[125]의 건양사(建陽寺)로 가서 제자들을 가르쳤고, 교화의 인연이 다하자 685년에 입적했다.

천덕부 역방향(驛傍鄉, Hương Dịch Bảng)의 선중사(禪衆寺, Chùa Thiện Chúng)에 있던 정공(定空, Định Không, 730~808, 비니다류지파 제8세) 선사[126]는 고법(古法, Hương Cổ Pháp) 사람이며, 성은 완(阮, Nguyễn)씨이다. 대대로 지체 높은 집안에서 태어난 그는 세상의 운수(運數)에 매우 밝았고 행동거지에도 법도가 있었으므로, 고향 사람들은 모두 그를 존경하여 장로(長老)라 불렀다. 만년에 용천사(龍泉寺, Chùa Long Tuyền)의 남양(南陽, Nam Dương) 선사가 경전을 강론하는 법회에서 설법을 듣고 불법의 종지를 깨쳤고, 이 일을 계기로 불교에 귀의하게 되었다.

이후 785~805년 무렵에 정공은 고향에 경림사(瓊林寺, Chùa Quỳnh Lâm)를 세웠다. 절터를 잡고 주춧돌을 놓으려고 땅을 파다가 향로 1개와 경쇠[銅磬, khánh đồng][127] 10개가 나왔다. 사람을 시켜 흐르는 물에다 씻게 했는데, 경쇠 1개가 물 밑바닥까지 떨어졌다[水去土]. 정공이 "십(十)과 구(口)는 '고(古)' 자를 이루고, 수(水)와 거(去)는 '법(法)' 자를 이룬다. 또 토(土)는 내가 머무는 바로 이 땅을 가리킨다"라고 풀이했다. 그는 고향 이름을 전온(典蘊, Diên Uẩn)에서 '고법(古法, Cổ Pháp)'으로 바꾸고, 게송을 지어 다음과 같이 읊었다.

땅이 법기(法器)를 드러냈는데,
최고로 정련된 구리로구나.
불법(佛法)이 흥륭(興隆)할 곳에 두고,
내 고향을 고법(古法)이라 했노라.

또, 이렇게도 말했다.

법기(法器)가 10개의 동종(銅鐘)으로 출현했으니, 이씨(李氏)가 임금이
되어 삼품(三品)의 공(功)을 이루리라[三品成功].

이렇게도 읊었다.

십(十), 구(口), 수(水), 토(土), 거(去)가 모여,
고법(古法)이라는 고향 이름 되었네.
닭이 쥐의 달 뒤에 있으면,
이는 바로 삼보(三寶)를 일으키는 때라.

입적할 즈음에 정공은 제자 통선(通善, Thông Thiện)에게 다음과
같이 일렀다.

내 향리(鄕里)를 일으키고 넓히려 하였으나, 혹 중간에 환난을 만날까
두려웠다. 나중에 반드시 이인(異人)이 와서 우리 땅을 짓밟을 것이
다.[128] 내 죽은 후에 너는 이 법을 잘 지녔다가 정인(丁人)을 만나거든
그에게 전하여라.[129] 그러면 내 바람이 반드시 이루어질 것이다.

말을 마치자 정공은 이별을 알리고 808년 79세의 나이로 세상을 떠났다. 통선은 육조사(六祖寺, 경림사) 서쪽에 탑을 세우고, 스승이 부촉한 말을 기록하여 넣어두었다.

이처럼 6세기 후반부터 9세기 초에 이르는 시기에 법운사의 관연 대사, 보광사의 법등, 용천사의 남양 선사 등과 같은 현지의 승려들이 활동하고 있을 때, 비니다류지가 중국 남부에서 전파한 선종은 점차 자리를 잡아나갔다. 이 과정에서 법맥(法脈)은 법현, 혜엄, 청변, 통선 등으로 이어졌다. 전통적인 불교의 중심지 박닌 지역에서 형성된 법운사, 중선사, 숭업사, 건양사, 선중사, 경림사 이외에도 빈푹, 응에안, 뛰옌꽝, 타인호아 등지에도 이미 사찰이 조성되어 불탑도 세워졌다. 아울러 이러한 선불교의 확산과 함께 『총지경』, 『능가경』, 『금강경』 등과 같은 불경이 널리 읽혔다. 이러한 배경에서 결국 불교의 가르침을 지향하던 이불자와 같은 현지 지도자도 등장했던 것 같다.

이어서 중국 선불교의 전파를 검토할 때 고려해야 할 무언통파의 형성에 대해 알아보자.

2) 무언통파[130]

리 왕조가 등장할 때까지 선종은 베트남 불교의 주류였다. 이러한 상황은 당말 오대 이래 중국 측의 경향과 크게 다르지 않았다. 비니다류지파에 이어 등장한 무언통파는 '선종 후파(后派)'라고도 불린다.

당나라 헌종(憲宗, 805~820 재위) 때의 문인인 재상 권덕여(權德興, 757~818)[131]의 『전법서(傳法序)』에는 다음과 같이 적혀 있다. 권덕여는 「봉송위중승사신라서[奉送韋中承使新羅序, 신라에 원성왕의 조

문 사절로 가는 어사중승(御史中丞) 위단(韋丹)을 배웅하며」라는 시를
짓기도 했다.

조계(曹溪) 혜능이 죽은 후에 선법(禪法)은 대단히 성행했고, 여기에서
각 종파가 비롯되었다. 창경회운(彰敬懷惲) 선사(?~818)는 마조도일의
심요(心要)를 전수받아 오(吳)와 월(越)에서 교화를 행했다.

무언통 대사가 바로 마조의 제자 백장회해(百丈懷海, 749~814)의
종지를 이어받아 교주에서 깨달음의 단서를 열었다고 평가했다.[132]
그러면, 교주에서 두 번째로 등장한 선종의 일파 무언통파는 어떠
한 과정을 거쳐 정착하게 되었을까?

① 무언통
무언통(無言通, ?~826)은 본래 광주(廣州) 사람이며, 성은 정씨(鄭
氏)이다. 어려서부터 불교[空學][133]를 흠모하며 집안일을 돌보는 데
에는 관심이 없었다. 그는 무주(婺州)[134]의 쌍림사(雙林寺)[135]에서 학
업을 시작했다. 무언통은 성품이 침착하면서 중후했고, 말수가 적
었다고 한다. 당시 사람들은 묵묵히 사물의 본성을 깨달은 그를 '말
없이 통한(깨달은) 자'라는 뜻의 '무언통'이라고 불렀다.
어느 날 그가 예불하고 있을 때 한 선자(禪者)가 물었다.

선자: 좌주(座主)께서는 누구에게 절을 하시오?
무언통: 부처에게 합니다.
선자: (불상을 가리키며) 그런데 저건 뭐요?

무언통: ….

그날 밤 무언통은 위엄 있고 엄숙한 태도를 갖추어 그 선자를 찾아가서 공손히 절을 한 후에 다시 이야기를 나누었다.

무언통: 아까 저에게 물으신 것을 아직도 모르겠습니다. 무슨 뜻인지요?
선자: 좌주께서는 출가하신 지 몇 해나 되시오?
무언통: 10년 됩니다.
선자: 정말로 출가는 하신 거요?
무언통: ….
선자: 그 말을 이해하지 못한다면, 출가한 지 100년이 된들 무슨 소용
    이 있겠소?

선자는 무언통을 데리고 혜능(慧能, 638~713), 남악회양(南岳懷讓, 677~744)에 이어 중국 선종 제8대 조사 마조도일(馬祖道一, 709~788)을 만나러 갔지만, 강서(江西)에 이르렀을 때 마조는 이미 입적한 후였다. 선자와 무언통은 마조의 제자로 백장산(百丈山)에 살던 선승이자 중국의 조동종(曹洞宗) 및 임제종(臨濟宗)의 창시자로 저명한 백장회해를 찾아갔다. 어느 날 한 승려가 "무엇을 대승의 돈오(頓悟) 법문(法門)이라 합니까?"라고 묻자, 백장은 "마음자리가 텅 빈 지혜의 해가 절로 비추리라"라고 말했다.[136] 바로 곁에서 이 말을 들은 무언통은 깨달음을 얻은 후 곧장 고향 광주의 화안사(和安寺)로 돌아가 주지가 되었는데, 선사 앙산혜적(仰山慧寂, 807~883)은 당시 사미승으로 스승을 시봉(侍奉)했다고 한다.

820년 9월 무언통은 선유(仙遊) 부동향(扶董鄉)[137]의 건초사(建初寺)에 와서 머물렀고, 간소하게 죽을 먹는 것 외에는 오로지 선정(禪定)에 들어선 즐거움을 낙으로 삼았다. 그는 항상 벽을 보고 앉아 있었으며, 한마디도 하지 않았다. 몇 년이 지나도 아무도 그를 아는 자가 없었는데, 건초사의 현지 승려 감성(感誠)만이 예를 갖추어 공손히 무언통을 모시면서 가르침을 받아 깨달음을 얻었다고 한다.

그림 2-6　건초사와 무언통 선사[138]

826년 정월의 어느 날, 아무런 병도 없던 무언통은 목욕하고 옷을 갈아입은 후 감성을 불러 남악회양의 가르침을 전했고, 말을 마치자마자 합장한 채로 세상을 떠났다.[139] 감성은 다비 이후에 거두어들인 사리를 선유산(仙遊山)에 탑을 세워 모셨다. 『선영집영』은 "우리나라의 선학(禪學)이 (무언통) 선사와 함께 시작되었다"고 평가했다.

② 감성 선사(무언통파 제1세)[140]

이처럼 백장회해의 제자 무언통은 베트남 북부의 선종 발전에 영향을 미쳤다. 〈표 2-2〉에서 알 수 있는 것처럼, 이 종파는 9세기부터 1221년 무렵까지 15대에 걸쳐 76명의 선사가 활동한 것으로 기록되어 있는데, 베트남의 제2선파(禪派), 혹은 벽관파(壁觀派)라고도 불린다.[141]

표 2-2 『선원집영』에 등장하는 무언통 선파의 계승자들[142]

세대	내용
독립 이전 시기	
제1세(1인)	1° 감성(感誠, Cảm Thành, ?~860) 선사
제2세(1인)	2° 선회(善會, Thiện Hội, ?~900) 선사
베트남의 독립(938) 이후, 응오 왕조 시기(939~944)	
활동 사항 확인 불가	
십이사군 시대(945~966)	
제3세(1인)	3° 번퐁(Vân Phong, 雲峯, ?~956) 선사
딘 왕조 시기(968~980)	
제4세(2인)	4° 쿠옹비엣(Khuông Việt, 匡越, 933~1011) 대사
	1인은 『선원집영』에 구체적으로 등장하지 않음
띠엔레 왕조 시기(980~1009)	
활동 사항 확인 불가	

리 왕조 시기(1009~1225)	
제5세(2인)	5° 다바오(Đa Bảo, 多寶, ?~?) 선사
	1인은 『선원집영』에 구체적으로 등장하지 않음
제6세(3인)	6° 딘흐엉(Định Hương, 定香, ?~1051) 장로
	7° 티엔라오(Thiền Lão, 禪老, ?~?) 선사
	1인은 『선원집영』에 구체적으로 등장하지 않음
제7세(7인)	8° 비엔찌에우(Viên Chiếu, 圓照, 999~1090) 선사
	9° 끄우찌(Cứu Chỉ, 究旨, ?~1059/1066) 선사
	10° 바오띤(Bảo Tính, 寶性, ?~1034) 선사
	11° 민떰(Minh Tâm, 明心, ?~1034) 선사
	12° 꽝찌(Quảng Trí, 廣智, ?~?) 선사
	2인은 『선원집영』에 구체적으로 등장하지 않음
제8세(6인)	13° 통비엔(Thông Biện, 通辨, ?~1134) 국사
	14° 만작(Mãn Giác, 滿覺, 1052~1096) 대사
	15° 응오언(Ngô Ấn, 悟印, 1020~1088) 선사
	3인은 『선원집영』에 구체적으로 등장하지 않음. 그중 1인은 바오푹 사원(Chùa Bảo Phúc)의 승려 바오잠의 스승으로 추정[143]
제9세(8인)	16° 다오후에(Đạo Huệ, 道惠, ?~1173) 선사
	17° 변재(辨才, Biện Tài, ?~?) 선사
	18° 바오잠(Bảo Giám, 寶鑑, ?~1173) 선사
	19° 콩로(Không Lộ, 空路, ?~1119) 선사
	20° 반띤(Bản Tịnh, 本淨, 1110~1176) 선사
	3인은 『선원집영』에 구체적으로 등장하지 않음. 바오작(Báo Giác, 寶閣, 띤저이의 스승), 비엔찌(Vien Tri, 응우옌혹의 스승) 등으로 추정
제10세(12인)	21° 민찌(Minh Trí, 明智, ?~1196) 선사
	22° 띤혹(Tín Học, 信學, ?~1190) 선사
	23° 띤콩(Tịnh Không, 淨空, 1091~1170) 선사
	24° 다이싸(Đại Xả, 大捨, 1120~1180) 선사

	25° 띤륵(Tịnh Lực, 淨力, 1112~1175) 선사
	26° 찌바오(Trí Bảo, 智寶, ?~1190) 선사
	27° 쯔엉응우옌(Trường Nguyên, 長原, 1110~1165) 선사
제10세(12인)	28° 띤저이(Tịnh Giới, 淨戒, ?~1207) 선사
	29° 작하이(Giác Hải, 覺海, 1023~1138) 선사
	30° 응우옌혹(Nguyện Học, 願學, ?~1175) 선사
	2인은 『선원집영』에 구체적으로 등장하지 않음
제11세(9인)	31° 꽝응이엠(Quảng Nghiêm, 廣嚴, 1122~1190) 선사
	8인은 『선원집영』에 구체적으로 등장하지 않음
제12세(7인)	32° 트엉찌에우(Thường Chiếu, 常照, ?~1203) 선사
	6인은 『선원집영』에 구체적으로 등장하지 않음
제13세(5인)	33° 통쓰(Thông Sư, 通師, ?~1228) 거사
	34° 턴응이(Thần Nghi, 神儀, ?~1216) 선사
	3인은 『선원집영』에 구체적으로 등장하지 않음. 찌통(히엔꽝의 스승)으로 추정
제14세(5인)	35° 뜩르(Tức Lự, 息慮, ?~?) 선사
	36° 히엔꽝(Hiện Quang, 現光, ?~1221) 선사
	3인은 『선원집영』에 구체적으로 등장하지 않음. 안콩(턴응이의 제자)으로 추정
제15세(7인)	37° 응브엉(Ứng Vương, 應王, ?~?) 거사
	6인은 『선원집영』에 구체적으로 등장하지 않음. 다오비엔(히엔꽝의 제자)으로 추정

　무언통 선사의 첫 번째 제자 감성(感誠, Cảm Thành, ?~860)은 박
닌의 선유(僊遊) 사람이고, 성씨는 모른다. 처음 출가할 때 '입덕(立
德)'이라는 도호(道號)[144]를 얻었으며, 고향의 선유산(僊遊山)에 머물
면서 경전을 수지 독송하는 데 힘썼다. 마을의 부호 완씨(阮氏)가 감
성의 높은 덕행을 존경해서 집을 희사(喜捨)하여 사원으로 만들어
그를 초대하려 했지만, 받아들이지 않았다. 어느 날 밤 꿈에 신인

(神人)이 나타나 감성에게 "만약 완씨의 뜻을 따른다면, 수년 내에 아주 길한 상(祥)을 얻을 것이다"라고 말했다고 한다. 그래서 감성은 완씨의 청을 받아들였고, 이 사원이 부동(扶董, Phù Đổng)의 건초사(建初寺, Chùa Kiến Sơ)가 되었다.[145]

오래지 않아 무언통 선사가 왔는데, 감성은 이 선사가 비범한 인물임을 알고 아침저녁으로 섬겼다. 무언통은 게으름을 피운 적이 없는 이 제자의 지극한 정성에 감복하여 그를 '감성(感誠)'이라고 불렀다. 어느 날, 무언통이 감성에게 부처, 초조(初祖) 마하가섭 존자, 달마(達磨) 대사, 그리고 5조 홍인(弘忍) 대사, 6조 조계(曹溪, 혜능) 대사, 남악회양 선사, 마조도일, 백장회해 등으로 이어지는 달마 대사의 계보를 설명한 후에, 다음과 같이 말했다.

나는 바로 백장으로부터 심법(心法)을 얻었는데, 이 나라에 대승을 흠모하는 자가 많다는 말을 오랫동안 듣고 있었던 까닭에 남쪽으로 와

그림 2-7   9세기의 무언통 선파[146]

서 선지식(善知識)을 구하게 되었지. 그리고 자네를 만났으니, 이는 전세의 인연이야.

이후에 감성 선사는 건초사를 경영하면서 무언통 선파의 주요 근거지로 만들었고, 860년에 세상을 떠났다.

③ 선회 선사(무언통파 제2세)[147]

감성 선사의 제자 선회(善會, Thiện Hội, ?~900)는 전냉(典冷, Điển Lãnh)[148] 사람으로 젊을 때 고향의 동림사(東林寺, Chùa Đông Lâm) 점원(漸源, Tiệm Nguyên) 스님에게 귀의하여 출가했으며, 스스로를 '조풍(祖風, 조상의 풍모와 태도)'이라고 했다. 선(禪)의 요체를 배우기 위해 방외(方外)[149]를 두루 돌아다녔고, 이후 건초사의 감성 선사를 만나 10여 년 동안 섬기면서 한 번도 게으른 낯빛을 보인 적이 없었다고 한다.

어느 날, 선회와 스승은 다음과 같은 대화를 나누었다.

선회: 경전에서 석가모니여래께서는 세 아승지겁(阿僧祇劫)[150]을 수행하신 후에야 성불하셨다고 합니다. 그런데 대덕(大德)[151]께서는 항상 '이 몸이 바로 부처로다'라고 하시니, 저로선 알 수가 없습니다. 부디 깨우쳐 주십시오.

감성: 누가 경전의 가르침을 설하였느냐?

선회: 부처가 설하지 않았겠습니까?

감성: 만약 그러하다면, 어찌하여 『문수경(文殊經)』[152]에서는 "내가 세상에 49년 동안 머물면서 단 한마디도 남에게 설한 적이

없다"라고 하셨을까? 또 옛날에 덕이 높은 승려[古德]가 말하기를, "경문(經文)에서 깨달음을 얻으려는 자는 더욱 막힐 것이며, 고행으로 부처가 되려는 자는 모두 미혹에 빠질 것이며, 마음을 떠나서 부처를 구하는 자는 외도(外道)가 될 것이며, 마음에 집착하여 부처가 되려는 자는 마귀가 될 것이다"라고 하였느니라.

선회: 그러하다면, 이 마음은 부처가 아니라고 하는 것은 무엇입니까? 또 이 마음은 어떤 부처입니까?

감성: 옛날에 누군가가 마조(馬祖)에게 물었지. "마음이 곧 부처라고 하는데 어떤 마음이 부처입니까?" 마조는 이렇게 말했지. "네가 부처가 아니라고 의심하는 것을 내게 보여보라!" 그 사람은 대답을 못 하였지. 다시 마조가 말했어. "깨달음을 얻으면 모든 것이 부처요, 깨닫지 못하면 영원히 어그러질 것이다." 너는 이 화두(話頭)를 이해하겠느냐?

선회: 이해했습니다.

감성: 어떻게 이해했느냐?

선회: 어느 곳이든 부처의 마음 아닌 곳이 없습니다.

　이상의 대화를 통해서, 경전을 수지 독송했던 감성 선사 시대의 수행 방식이 제자 선회 시기에도 이어졌음을 알 수 있다. 경전의 내용에 기반한 질문과 대답이 스승과 제자 사이에 오갔는데, 이 과정에서 『문수경』의 주인공 문수보살이 등장하고 있음을 주목할 필요가 있다. 칼라루치의 『법화삼매경』 번역과 이 경전의 광범위한 전파로 교주에서 매우 일반화된 관세음보살 신앙에 이어서, 문수(보살)

에 관한 경전 내용이 선불교의 대표적인 3대 보살(관세음보살, 문수보살, 지장보살) 중 두 번째로 등장했음을 알 수 있다.

이후 박닌 투언타인 초류향(超類鄕, Siêu Loại)의 정선사(定禪寺, Chùa Định Thiền)에 있던 선회 선사는 900년에 입적했다.

3) 수·당 북속 시기의 유산

중국의 수나라와 당나라 시기에는 불교의 발전이 정점에 다다르고 있었다. 이러한 수나라와 당나라 시기의 불교 유산이 남쪽의 '속국'에는 어떠한 영향을 끼쳤을까? 베트남 현지의 명문(銘文)을 통해 그 영향을 살펴볼 필요가 있다.

① 「대수구진군보안도량지비문」(618)[153]과 불가

그림 2-8   수나라 시기 타인호아의 동썬현에서 발견된 「대수구진군보안도량지비문」
하노이 역사박물관 소장

수나라 지배 당시에 비에 새긴 글[碑刻]은 100여 종이 현존하는데, 대부분이 묘지(墓誌)[154]이다. 현재 하노이 역사박물관에 있는 석비(石碑)「대수구진군보안도량지비문(大隋九眞郡寶安道場之碑文, Đại Tùy Cửu Chân Quận Bảo An Đạo Tràng Chi Bi Văn)」(618)은 현재까지 베트남에 알려진 것 중 가장 오래되었다. 타인호아성의 동썬(Đông Sơn, 東山)현 동민(Đong Minh, 東明)사(社) 쯔엉쑤언(Trường Xuân, 長春)촌(村)[155]에 있는 여옥(黎玉) 사당(đền thờ Lê Ngọc)의 왼편에서 발견되었다. 613년에 양제(煬帝)가 조서를 내려 '사(寺)'를 '도량(道場)'으로 고치게 했는데,[156] 수나라에서 멀리 떨어진 구진에 5년 후에 세워진 비문에도 '도량'이란 용어를 사용하고 있었다. 이 비문은 낙양 출신 검교교지군찬치일남군승겸내사인(檢校交趾郡贊治日南郡丞兼內史舍人) 원인기(元仁器)가 지었다. 작성 시기는 618년 4월 18일(양력 5월 18일)이고, 비문의 주인공은 수나라 구진군 자사(刺史) 목풍후(穆風候) 여옥[黎玉, 혹은 여곡(黎谷)][157]이다. 여옥 부자는 당나라 군대에 저항하다가 모두 전사했는데, 현지인들이 이 부자의 공덕을 기리기 위해 100개의 마을에 사당을 만들어 제사를 지냈다. 비문은 그의 도학(道學)과 업적을 찬양하고, 불가(佛家)의 심오하고 영험한 법리(法理)와 법성(法性)을 칭송하는 내용으로 구성되어 있다.

② 「청매사종명」(794)[158]과 수희사

1986년 하떠이(Hà Tây, 山西)성 타인오아이(Thanh Oai, 青威)현 타이마이(Thanh Mai, 青梅)사의 다이(Đáy)강 변 롱 둔덕(bãi Rồng, 龍灘) 지하 3.5m에서 종이 발견되었다. 청매사의 이 종[青梅社鐘]은

그림 2-9 당나라 시기 하떠이의 타인오아이에서 주조된 「청매사종명」

당나라 798년 4월 20일에 "남평구십근(南坪九十斤)"의 동(銅)으로 주
조되었다.[159] 「청매사종명(靑梅社鐘銘, Thanh Mai Xã Chung Minh)」
(798)은 불교 모임 수희사(隨喜社)[160]의 회원 53명이 종을 만들어서
불공(佛供)한 일을 소개하고 있다. 이어서 수희사의 회원과 홍종(洪
鐘) 주조 및 시주에 참여한 사람 243명의 이름과 직분을 나열하였는
데, 이 명단은 재직, 퇴직, 이미 작고한 문무 관원, 처자가 있는 남
녀 백성 등 중국인과 현지인을 포괄한다. 그중에는 도사 정제간(鄭
齊幹)과 그 아내 이외에도 비니다류지의 제자로 수나라와 교섭했던
승려 법현(法賢)도 있다. 보시자 243명 중에는 134명의 여성이 확인
된다. 아울러 수희사 등과 같은 불교 조직도 주목할 만하다. 이러한
'사(社)'는 중국에서 5세기 초에 나타나는데,[161] 베트남에서는 불교
관련 '사' 조직이 늦어도 8세기 말에 등장했다고 볼 수 있다.

  불교가 도래한 이후에 비니다류지파와 무언통파가 성립하여 발
전하는 동안 거의 1,000년의 시간이 흘렀다. 모자와 강승회를 이어

3세기 중반부터 5세기에 걸쳐 칼라루치와 도청, 마하지바카와 석혜 승 등이 교주에서 활동했다. 유교나 도교가 정착하지 못한 상황에서, 6세기부터 비니다류지파와 같은 승단이 형성되기 시작하여 서서히 선종이 현지 사회에서 주류를 형성하게 되었고, 불교를 신봉하는 정치 지도자도 나타났다. 이 과정에서 해상 루트의 발전으로 7~8세기 아시아 각지의 구법승 활동이 활발해지자, 외국인 승려들이나 현지의 승려들이 함께 구법 유학에 참여하게 되었고, 그 결과 9세기에 새로운 승단 무언통파가 등장할 수 있었다.

이 시기에 중국의 지배를 받고 있던 '베트남'은 교지, 교주, 애주, 일남 등으로 알려져 있었다. 이후 불교는 중국의 지배를 받는 후기 단계와 베트남이 독립하는 10세기까지 계속해서 베트남에 전파되었다. 그런데 이 과정에서 유입 경로가 바뀌기 시작했는데, 인도에서 직접 들어오는 서남 루트가 점점 사라졌다. 대신 불교의 새로운 조류는 중국의 다양한 선종을 포함하는 북방 루트를 통해 베트남에 유입되었다. 그리고 수나라와 당나라의 지배 유산으로 남겨진 비문을 통해 구진군과 현 하떠이성의 불교 발전 양상도 확인할 수 있었다. 그러면 이 과정에서 도래한 비니다류지파와 무언통파의 선불교는 베트남이 독립을 쟁취하면서 어떠한 과정을 거쳐 다시 새로운 모습으로 나타나게 되었을까?

3장

불교의 약진: 독립 이후 초기(10세기)

938년의 바익당(Bạch Đằng)강 전투에서 응오꾸옌(Ngô Quyền, 吳權)이 남한(南漢)의 군대를 격퇴한 이후에 응오(Ngô) 왕조[吳朝, 939~944]가 성립하였다. 한반도에서 고려가 건국된 지 20년이 지나서였다. 그러나 이 왕조는 5년밖에 버티지 못했고, 베트남은 바로 혼란의 십이사군 시대(945~966)로 접어들었다. 이후 966년에 딘보린(Đinh Bộ Lĩnh, 丁部領)이 베트남을 다시 통일하여 딘(Đinh) 왕조[丁朝, 968~980]를 세웠다. 고려가 유교적 정치 질서를 강화해 갈 무렵, 다시 레호안(Lê Hoàn, 黎桓)의 띠엔레(Tiền Lê) 왕조[前黎, 980~1009]가 등장했고, 11세기에 들어서는 리 왕조가, 13세기에는 쩐(Trần) 왕조[陳朝, 1225~1400]가 각각 건국되어 비교적 장기간 왕조 시대가 존속되었다. 10~14세기는 베트남의 불교가 발전한 시기였고, 이 종교는 국가의 중요한 정신적 지주로 자리 잡았다. 이러한 정치적 격변 속에서 독립 이후 베트남의 불교는 어떻게 전성기를 누리게 되었을까?

10세기에 새롭게 건설된 독립 국가들은 수도를 북쪽의 꼬로아(Cổ Loa, 古螺)에서 남쪽의 닌빈(Ninh Bình, 寧平)으로 옮기면서 외세 중국에 저항했고, 국내의 이견과 분열에 대처하기 위해 준비했다. 이러한 배경에서 폭력과 군대는 사회적·정치적 통제를 위한 국가의 첫 번째 수단이 되었다. 동시에 이 시기에 베트남의 불교가 확장할 수 있는 중요한 발걸음을 내디딜 수 있었다. 지도자들은 반대 세력을 위협하기 위해 안뜰에 기름이 끓는 가마솥을 놓고 우리에 맹호(猛虎)를 기르면서도[1] 어떻게 불교를 후원하게 되었을까? 이런 모순된 상황을 이해하기 위해, 10세기 베트남 불교의 성격을 파악할 필요가 있다.

이 베트남 불교의 성격을 이해하기 위해서는 먼저 외적 요인, 즉 인도의 불교 쇠퇴와 힌두교의 발전 양상을 고려할 필요가 있다. 기원 전후에 시작된 해양 팽창 시대 이후에 브라만적 힌두이즘(Brahminical Hinduism)의 부흥으로 지배 카스트들은 원양 항해를 꺼렸다. 인도 동쪽의 불교 순례자들은 여전히 북부 인도의 불교 성지를 찾아왔지만, 힌두교도들은 종교적인 이유로 거의 여행을 하지 않았을 뿐만 아니라 바다를 통한 여행도 금지되었다.[2] 그래서 중국 남부의 선불교가 베트남에 미친 영향력을 파악할 필요가 있다. 그리고 당시 다이비엣에 비교적 정기적으로 '조공'을 보내며 교류하던 참파와 캄보디아의 '선진적인' 불교가 베트남의 불교에 미친 영향력은 없었을까?

내적 요인으로는 다음과 같은 문제를 제기해 볼 수 있다. 독립 이후부터 14세기에 이르기까지 존속했던 베트남의 왕조들이 불교를 국가의 종교로 채택하여 적극적으로 장려한 이유는 무엇이었을까? 베트남 불교의 역사에서 종교적 정체성은 민족적 정체성과 긴밀히 연관되어 있었다고 하는데, 10세기의 민족 봉기에도 불교가 강력한 요인으로 작용했다. 이처럼 외세에 저항하며 종교적 민족주의가 발현되는 과정에서, 불교는 중국 지배가 종식될 때까지 사회 곳곳에 퍼지며 베트남 사람들의 마음에 점점 더 깊이 침투했다. 이렇게 형성된 정체성은 베트남이 독립을 회복한 이후에 민족 종교로서 불교를 채택하는 데 유리한 환경을 조성했다고 한다.[3]

베트남이 중국의 지배에서 독립한 이후에 불교가 비약적으로 발전하는 국면을 이해하기 위해서는 고려 시대의 상황과 비슷해 보이는 국가의 불교 지원과 승려들의 정치 참여를 통한 군주의 정통성 확보 및 중앙 집권화 과정, 그리고 통치 이념으로서 불교의 역할을 주목할 필요가 있다. 유교의 발전이 미약했고, 그 결과 문사 계층이 부족한 상황에서 새로운 독립 국가는 정치적 정당성을 뒷받침할 수 있는 지도 이념이 필요했다. 고려가 존속하던 동안 네 차례나 왕조가 교체된 베트남에서는 독립 이후 어떠한 과정을 거치며 불교가 황금기를 누리게 되었을까? 국가 지도자와 당시 지적 능력이 뛰어났던 국내 승려들의 역할을 중심으로 구체적인 관련 양상을 살펴보자. 아울러 국가의 지원으로 사원과 불탑 및 불상을 주조하고 불교 경전을 수입하거나 편찬하는 과정도 함께 살펴본다.

천도와 '남진(南進)', 즉 베트남의 영토가 남쪽으로 점차 확대되어 갈 때, 불교가 북부의 중심지 교주에서 호아르(Hoa Lư)로, 그리고 호아르에서 탕롱(Thăng Long)으로, 아울러 수도 이남의 호안쩌우(Hoan Châu), 타인호아(Thanh Hóa), 응에안(Nghệ An), 하띤(Hà

Tỉnh) 지역으로 확산되어 가는 양상과 '중국화'가 덜 진행되어 문화적으로 이질적이었던 지역에 정착하는 과정도 살펴본다.

1. 응오 왕조 시기(939~944)와 십이사군의 동란 시대(944~968)

승려들과 이들의 제자가 민족 해방과 독립을 위한 운동에 다른 사람들과 함께 참여했다고 하지만,[4] 단명으로 끝나버린 응오 왕조 시기의 불교 발전 양상을 확인하기는 쉽지 않다.

응오 왕조 이후에는 십이사군(十二使君)의 동란 시대(944~968)가 도래했다. 이 12명의 사군 가운데 응우옌코안(Nguyễn Khoan, 阮寬), 응우옌투띠엡(Nguyễn Thủ Tiệp, 阮守捷), 응우옌씨에우(Nguyễn Siêu, 阮超) 등은 베트남으로 이주해 온 중국 상인들의 후손이었다. 특히 응우옌투띠엡은 꼬로아의 동쪽에 있는 불교 중심지 띠엔주(Tiên Du, 仙遊)를 근거지로 할거했다.[5]

다만 무언통파 제3세 번퐁(Vân Phong, 雲峯, ?~956)[6]의 경우를 살펴볼 필요가 있다. 그는 빈크엉(Vĩnh Khương, 永康)군(郡)의 뜨리엠(Từ Liêm, 慈廉)[7] 출신으로, 성은 응우옌(Nguyễn, 阮)씨였다. 어머니가 그를 임신했을 때 육식을 삼가며 경전을 독송했고, 아들이 태어났을 때에는 신령한 광채가 방 안을 환하게 비추었다고 한다. 이처럼 신기한 일에 감복했던 부모는 자식의 출가를 허락하게 되었다.

번퐁은 장성해서 씨에우로아이(Siêu Loại, 超類)향에 있던 선회 선사의 입실(入室) 제자가 되어[8] 가르침을 받았다. 일찍이 스승과 제

그림 3-1 개국사
전경(前景)과 연좌육도보탑(蓮座六道寶塔, Bảo Tháp Lục Độ Đài Sen)

자 사이에는 다음과 같은 대화가 오갔다고 한다.

> 선회: 태어남과 죽음은 중대한 문제이니, 단박에 깨쳐야 하느니라.
>
> 번퐁: 태어남과 죽음이 오면 어떻게 피합니까?
>
> 선회: 태어남도 죽음도 없는 곳에 서면 피할 수 있느니라.
>
> 번퐁: 어떤 곳이 태어남도 죽음도 없는 곳입니까?
>
> 선회: 태어남과 죽음 한가운데서 깨쳐야만 얻게 되리라.
>
> 번퐁: 어떻게 깨달아 알아낼[了解] 수 있습니까?
>
> 선회: 나갔다가 해가 지거든 다시 오너라.

번퐁이 다시 찾아갔더니, 스승은 "내일 아침까지 기다리거라. 그러면 대중이 너에게 증명해 보일 것이다"라고 말했다. 이 말에 번퐁은 막힘없이 환하게[豁然] 깨치면서 일어나 절했다고 한다.

이러한 제자의 행동에 이어진 사제 간의 대화는 다음과 같다.

> 선회: 너는 어떤 이치를 보았느냐?
>
> 번퐁: 깨달았습니다.
>
> 선회: 어떻게?
>
> 번퐁: (주먹을 들이대면서) 이것만 못합니다.

이 대화에서 등장하는 새로운 화두는 대중이 증명해 보여주는 생사의 깨달음이라고 할 수 있다. 십이사군 시기에 생사의 문제에 직면한 대중의 모습은 구체적으로 제시되어 있지 않지만, 출가 수행자(비구와 비구니) 중심의 불교에 재가 수행자(우바새와 우바이), 즉 대중이 새롭게 결합하여 등장하는 현실적인 불교의 면모를 간접적으로 파악할 수 있다.

드디어 선회는 곧 제자를 내보냈고, 번퐁은 수도 탕롱[昇龍京]의 개국사(開國寺, Chùa Khai Quốc)[9]에 거처하다가 956년에 입적했다.

한반도에서 삼국 시대에 평민들이 잦은 전쟁 때문에 삶의 고통을 위로하고 내세를 기원하고자 점차 불교에 관심을 가졌던 것처럼, 이 십이사군 시기에도 창궐했던 무질서 때문에 베트남 사람들이 불교로 좀 더 가까이 다가서는 경향이 있었다고 한다. 지배 계층은 집단 학살을 명령하면서도 동시에 자신들의 죄를 용서받기 위해 부처에게 기도하게 되었다.[10]

딘 왕조와 띠엔레 왕조 시기에는 불교를 둘러싼 새로운 양상들이 나타나기 시작했다. 전통적인 불교의 중심지 박닌, 그리고 교주, 즉 다이라[Đại La, 이후에 탕롱(Thăng Long, 지금의 하노이)으로 불림] 이외에 딘 왕조와 띠엔레 왕조의 수도였던 닌빈(Ninh Bình) 지역의 호아르에서도 새로운 불교 중심지들이 생겨났다.[11] 두 왕조의 황제들은 불교를 존중하면서 사원을 조성하거나 후원했는데, 이 사원들의 유적이 오늘날에도 남아 있다. 먼저, 딘 왕조 시기의 상황부터 살펴보자.

2. 딘 왕조 시기(968~1009) 호아르의 불교

불교가 중요한 위치를 차지하게 된 이유는 우선 구법승들의 활동에서 알 수 있는 것처럼, 승려들이 인도, 동남아 도서부의 불교 중심지, 중국 등지에서 공부해서 언어(한문과 산스크리트어 등)를 포함한 다양한 지적 능력 때문에 지식인으로 인식되었기 때문이다. 과거 시험을 통해 관리를 선발할 수 있는 유학 시스템이 아직 발달하지 못했기 때문에, 이 시기의 승려들이 국내 정치와 대외 정책에서 지도자들에게 조언하는 역할을 맡았고, 이러한 역할은 승통(僧統)이나 승록(僧錄) 같은 승려들의 공적인 직책으로 반영되기도 했다. 이는 당시 불교가 성행했고, 조정 내에서도 상당한 영향력을 행사했다는 증거로 볼 수 있다.[12] 이하에서는 관련된 내용들을 시기에 따라 승려들의 활동, 사원·불상·불탑 조성, 경전의 유입 및 편찬 등을 중심으로 살펴본다.

1) 승려

딘보린(Đinh Bộ Lĩnh, 丁部領, 924~979)은 홍강 델타 남부의 닌빈성 자비엔(Gia Viễn, 嘉遠)현의 다이호앙(Đại Hoàng, 大黃)주(州) 호아르(華閭)동(động, 洞)에서 태어났다. 십이사군 시대의 혼란기를 다시 통일하며 딘 왕조(Nhà Đinh)를 개창했고, 나라 이름을 다이꼬비엣(Đại Cồ Việt, 大瞿越)이라 하면서 자신의 고향에 도읍했다. 독립 후 처음으로 황제(Đinh Tiên Hoàng, 丁先皇, 968~979 재위)를 칭하고 독자적인 연호를 사용하면서 중국의 천자와 대등함을 주장했다.[13] 딘보린은 국가의 기틀을 마련하고 사회 질서를 확립하기 위해 당시 사람들에게 신망 있던 불교 승려들에게 많이 의지하게 되었다.

딘보린은 971년에 문무백관 직제를 만들어 자신을 도운 공신들을 포상했다. 응우옌박(Nguyễn Bặc)을 정국공(定國公), 르우꺼(Lưu

Cσ, 劉基)를 도호부사사(都護府士使), 레호안을 십도장군(十道將軍)에 임명했다. 아울러 불승 및 도사(道士)의 품계(品階)를 도입했다.[14] 당시 승려와 국가의 관계에 대해 쿠옹비엣 대사(무언통파 제4세)[15]를 주목할 필요가 있다.

트엉락(Thường Lạc, 常樂)현(縣) 깟러이(Cát Lợi, 吉利)향(鄉, 지금의 하노이) 사람 쿠옹비엣의 이름은 응오쩐르우(Ngô Chân Lưu, 吳眞流)이다.[16] 그는 체격이 크고 외모가 빼어났으며, 뜻이 크고 기개가 높았다. 어렸을 때 유학을 배웠으나, 장성해서는 불교에 귀의했다. 그는 동학(同學) 쭈찌(Trú Trì, 住持)와 함께 개국사의 번퐁 선사에게서 구족계를 받으면서부터 불교 경전을 두루 읽었고, 선의 요체를 탐구하게 되었다.

쿠옹비엣의 명성은 나이 마흔쯤이 된 971년 무렵 조정에까지 알려졌다. 딘 왕조의 황제가 그를 불러 도에 대한 식견을 칭송하며 베트남 불교 역사상 최초로 승통에 임명했고, '쿠옹비엣(Khuông Việt, 匡越) 대사(大師, Thái Sư)'라는 법호를 하사했다.[17] 당시 무인 출신의 개국 공신 쯔엉마니(Trương Ma Ni, 張麻尼, ?~?)는 전국 승려의 두 번째 서열 승록에 봉해졌고, 도사(道士) 당후옌꽝(Đặng Huyền Quang, 鄧玄光)은 숭진위의(崇眞威儀)에 임명되었다.[18] 관직 수가 많지 않던 딘 왕조 초기에 승통, 승록, 도사 등의 직이 설치되었다는 사실에서 당시 베트남 사회에 불교와 도교가 보급되어 있었고, 또 조정 내에서도 영향력을 행사하고 있었을 뿐만 아니라 새로운 왕조를 안정시키기 위해 대중적인 두 종교를 적극적으로 수용하고자 했음을 알 수 있다. 특히 승려 응오쩐르우가 쿠옹비엣 대사, 곧 '비엣[越][19]을 바로잡을[匡] 대사'에 임명되면서 승려가 딘 왕조에서 정치적 권위와 역할을 부여받게 되었다고 판단할 수 있다.

이러한 상황에서 은거하던 승려의 모습도 살펴볼 수 있다. 꼬팝(Cổ Pháp, 古法)[20] 사람 티엔옹(비니다류지파 제11세) 수도자[道者][21]의 성은 르(Lư, 呂)씨이다. 그는 어려서는 속세를 돌아다녔으나, 후에 딘(Đinh, 丁) 장로(長老)[22]를 따라 출가하여 법을 전수했다. 티엔옹은 티엔득부(府) 푸닌(Phù Ninh, 扶寧, 하노이 자럼의 일부)향(鄉)의 쌍림사(雙林寺, Chùa Song Lâm)에 있었고, 979년에 78세의 나이로 입적했다.

2) 사원

표 3-1 딘 왕조 시기의 사원 창건

시기	이름	지역
968~979 (딘띠엔호앙 시기)	연녕사(緣寧寺, Chùa Duyên Ninh)	닌빈성, 호아르현의 경성(京城) 동북쪽 호앙롱(Hoàng Long)촌(thôn), 쯔엉옌(Trường Yên)사(xã),[23] 찌퐁(Chi Phong) 마을, 경도(京都)의 서성(西城) 쪽
	암선(동)사[庵仙(洞)寺, Chùa (Động) Am Tiên]	쯔엉옌사, 석회암 산의 동굴에 위치
	꼬암 사원(Chùa Cổ Am; Thiên Am Tự)	쯔엉옌사, 쯔엉썬(Trường Sơn)촌
971	동오사(侗午寺, Chùa Đồng Ngọ; Đồng Ngọ Tự)	하이즈엉(Hải Dương)성 띠엔띠엔(Tiền Tiến)사[이전에는 타인하(Thanh Hà)현], 껍녓(Cập Nhất)촌(thôn)
979	바응오 사원[Chùa Bà Ngô, 혹은 담르 사원(Chùa Đàm Lư)][24]	쯔엉옌사, 쯔엉옌 나루터와 깜그엄(Cẩm Gươm)산[25]에 가까움
984	일주사(壹柱寺, Chùa Nhất Trụ)	쯔엉옌사

〈표 3–1〉에서 보는 것처럼, 딘 왕조 시기에 연녕사, 암선사, 바응오 사원, 일주사 등이 창건되었다. 수도 호아르 경성(京城, kinh thành) 지역에 조성된 사원으로는 연녕사, 바응오 사원, 일주사 등이 있다.

연녕사와 암선사는 딘띠엔호앙(Đinh Tiên Hoàng) 시기(968~979)에 조성되었다. 연녕사는 현재 고도 호아르의 특별 유적으로 분류되며, 닌빈의 유네스코 세계 유산, 짱안 명승 단지(Quần Thể Danh Thắng Tràng An, Tràng An Scenic Landscape Complex)에 있다.[26] 이 사원은 띠엔레 시기의 금은사(金銀寺, Chùa Kim Ngân)와 함께 옛 경도의 서성(西城, Thành Tây)에 있고, 일주사와 마찬가지로 부처와 팝투언, 쿠옹비엣, 반하인 등과 같은 10세기의 승려들을 모셔놓았다.[27] 현재 연녕사의 동북 방향에는 정전(正殿), 냐또(nhà tổ),[28] 객

그림 3–2 닌빈성 호아르 서성 쪽의 연녕사

실, 식당, 탑 등이 있다. 구연사(求緣寺, Chùa Cầu Duyên)라고도 부르는 데서 알 수 있듯이, 베트남에서 '연분을 구하는(cầu duyên)' 사원으로 가장 유명해서 딘-띠엔레 왕조 시기의 공주들이 일상적으로 오가던 곳이었다고 한다.[29]

그림 3-3 암선동으로 들어가는 관문(關門)[30]

암선사는 "절정곡(絕靜谷, Tuyệt Tịnh Cốc)"으로도 불리는 암선동 (Động Am Tiên)에 있다.[31] 이 동굴은 딘띠엔호앙 황제의 사당 동문 쪽에서 짱안 방향으로 약 400m 떨어져 있고, 호아르 경도의 동성 (東城)과 가깝다. 싸오케(Sào Khê)강 변에서 마옌(Mã Yên)산과 마주 보는 암선동과 주변 지역은 대부분 침수된 계곡과 산모퉁이로 둘러싸여 있다. 이 구역에서 동굴로 들어가기 위해서는, 관문(〈그림 3-3〉)을 지난 후 다시 왼편의 아랫길로 내려가야 하는데, 매우 맑은

그림 3-4   관문에서 바라본 암선사 전경(前景)

그림 3-5   암선동 주변의 자이 연못(Ao Giải)

못의 가장자리에는 해초류, 연꽃, 수련, 나무오르기물고기(cá rô) 등이 있다. 사람들은 이곳이 옛날에 죄인을 벌하기 위해 악어를 기르던 연못(Ao Giải)이었다고 생각한다. 이 연못을 바라보는 암선동은 디아(Địa)산 허리에 있는데, 205개의 다릿돌을 올라서 모퉁이를 지난 후 지하도를 통과하면 이 동굴에 들어갈 수 있다. 용의 입 모양을 한 동굴은 용동(龍洞)이라고 부르는데, 이곳에 벼, 오렌지 나무, 연꽃 등을 닮은 종유석이 많이 있다.[32]

딘 왕조 시기의 암선동은 원래 죄인을 벌하기 위해 호랑이와 표범을 가두어 놓는 곳이었다. 제위에 오른 딘띠엔호앙은 무사(武師, võ sư)이자 승록이었던 쯔엉마니와 그의 아들이자 부마인 쯔엉마썬[Trương Ma Sơn, 혹은 쯔엉꾸안썬(Trương Quán Sơn)][33]이 호아르성 근처의 계곡 구역을 관할하도록 했다. 쯔엉씨 부자는 황제의 치국을 돕기 위해 이 위험 지역을 판결을 내리는[處案] 법장(法場, pháp trường, 사형장)으로 만들었다.[34] 현재 암선동은 부처와 응우옌민콩[Nguyễn Minh Không, 1065~1141, 일명 리꾸옥쓰(Lý Quốc Sư, 李國師)] 선사를 숭배하는 석사(石寺, chùa đá)이면서, 대신(大臣) 쯔엉마니와 쯔엉마썬 부자, 공주 딘푸중(Đinh Phù Dung), 딘-레 왕조 교체기에 두 명의 황제(즉, 딘띠엔호앙 및 레다이하인)와 결혼하여 황태후이자 황후였던 즈엉번응아(Dương Vân Nga, 楊雲娥, 952~1000) 등과 같은 딘 왕조 시기의 위인들을 숭배하는 사당이기도 하다.[35]

대승명황후(大勝明皇后, Đại Thắng Minh Hoàng Hậu) 즈엉번응아도 말년에 암선사에서 출가수행을 했는데, 법명은 바오꽝(Bảo Quang)이다. 암선사의 벽에 새겨진 구전 시 한 편은 황후의 삶을 다음과 같이 알려준다.[36]

그림 3-6　호앙롱강을 바라보는 바응오 사원과 내부

양어깨는 두 황제를 짊어졌고,

두 왕조[兩朝]의 황후는 암선사에서 수행한다.

남편을 따라 송나라를 쳤고, 참파를 평정했다.

나라에는 공(功)이 있지만, 속세의 삶과는 연(緣)이 없구나.

특이한 사례는 동오사이다. 이 사원은 국사 쿠옹비엣이 딘띠엔
호앙의 명을 받아 971년에 기존의 불교 중심지 박닌이나 닌빈이 아
니라 지금의 하이즈엉시에 창건했다고 한다.[37] 현지인들은 사원이
위치한 촌의 이름을 따라 보통 껍녓 사원(Chùa Cập Nhất)이라고 부
르고, 베트남식 한자로 쓰인 놈(nôm) 이름은 펌 사원(Chùa Phẩm)
이다. 고문헌에는 린응 사원(Chùa Linh Ứng) 또는 린응동응오 사원
(Chùa Linh Ứng Đồng Ngọ)으로 등장한다.[38]

호아르의 특별 국가 유적 구역에 있는 바응오 사원은 딘 왕조 시
기인 979년에 조성되었다.[39] 이 사원은 호앙롱(Hoàng Long)강 둑
오른편에서 가까운데, 호아르 고성의 외성(外城, ngoại thành)에 있
다. 바응오 사원의 조성은 응오 부인(Ngô phu nhân, 吳夫人)과 관련
이 있다. 남떤브엉(Nam Tấn Vương, 南晉王) 응오쓰엉반(Ngô Xương
Văn, 吳昌文, 934~965)은 쿠옹비엣 대사 응오쩐르우의 조언에 따라
이 여인[실제 이름은 호앙티티(Hoàng Thị Thi)]을 아내로 맞았지만, 일
찍 죽었다. 그녀의 아들이자 응오꾸옌의 6촌 응오녓카인(Ngô Nhật
Khánh, ?~979)은 응오 왕조의 발상지 드엉럼(Đường Lâm)[40]에서 '안
브엉(An Vương)'을 칭하며 십이사군 중에서 강력한 지도자가 되어
응오 왕조를 부흥하고자 했다. 딘띠엔호앙은 드엉럼에서 계속 저항
하던 응오녓카인을 회유하기 위해 딸 펏낌(Phật Kim, 佛金)을 그에

게 출가시켰고, 녓카인의 딸을 장남 딘리엔(Đinh Liễn, 丁璉)과 결혼시켰다. 황제 자신도 40세에 가까운 녓카인의 어머니를 아내로 맞아 황후(hoàng hậu)에 봉했고, 덕행을 갖춘 배우자를 존중해서 이름을 부르지 않고 항상 '응오 부인'으로 불렀다고 한다.[41] 전설에 의하면, 응오 부인은 계승 문제를 둘러싼 정치적 격변을 겪은 이후에 바응오 사원을 창건하여 그곳에서 100세까지 수행했다고 한다.[42]

984년에 창건한 국보 일주사(壹柱寺, Chùa Nhất Trụ 혹은 Chùa Một Cột)는 암선사(Chùa Am Tiên), 금은사, 꼬암 사원, 연녕사와 함께 딘-레 시기의 고찰이며, '정(丁, đinh)' 자(字) 형을 따라 정서향으로 건설되었다.[43] 사원은 호아르 경성 구역 내 동성(東城, thành Đông) 중심에 위치한다. 팝투언, 쿠옹비엣, 반하인 등과 같은 10세기의 승려들이 이곳에서 수행하고 국정을 논의했다고 한다.

가장 주목할 만한 유물은 사원의 안뜰에 있는 석주(石柱)로, 995년경에 세워졌고, 유네스코 세계 문화유산 후보에 올라 있다.[44] 국보 일주사의 팔각 석주에는 『능엄경(楞嚴經, Kinh Lăng Nghiêm)』의 주문과 게송이 새겨져 있다. 팔면(八面)의 몸체에는 2,500자 정도의 한자가 새겨져 있지만, 판독이 가능한 글자 수는 1,200자 정도이다. "제자태평황제사조(弟子太平皇帝寫造, Đệ Tử Thăng Bình Hoàng Đế Tả Tạo)" 등과 같은 문구가 확인된다.[45]

딘띠엔호앙 시기의 논느억 사원[Chùa Non Nước, Sóc Thiên Vương Thiền Tự(朔天王禪寺), 탕롱]은 고도 110m 이상에 위치한 쏙(Sóc) 사당(Đền) 유적 구역에 있다. 왕좌에 앉은 사람과 비슷한 형상의 이 사원은 아치 모양의 산맥 한가운데에 있고, 맑은 못 지대와 베린(Vệ Linh)촌[46]의 인구가 많고 부유한 마을들을 내려다보고 있다. 이 사원을 관리하던 초기의 선사는 응오꾸옌의 조력자, 쿠옹비엣이었다.

그림 3-7　일주사 입구의 삼관(三館, Tam Quan)문과 안뜰의 석주(石柱, Cột kinh)

3) 경전

중국이 베트남을 지배할 때, 한역된 불경들이 베트남에 수입된 것으로 보인다. 딘 왕조(968~980)와 띠엔레 왕조(980~1009) 시기에 송나라 때 편찬한 불교 경전이 유입된 사실에 주목할 필요가 있다.

딘띠엔호앙의 장자이자 969년 5월에 남월왕(南越王, Nam Việt Vương)에 봉해진 딘리엔은 973년에 초기 대승 경전 중에서 중요한 『묘법연화경(妙法蓮華經, Diệu Pháp Liên Hoa Kinh)』(또는 『법화경(法華經)』)을 간행하기도 했다.[47]

딘보린은 용맹한 장수이자 유능한 지도자였지만, 자신의 통일 사업에서 중추적인 역할을 했던 장자 딘리엔을 무시하고 막내아들 딘항랑(Đinh Hạng Lang, 丁項郎, 975~979)을 총애하여 후계자로 삼으면서 왕조의 종말을 자초했다. 불만을 품은 딘리엔은 권력을 잡기

그림 3-8 딘리엔이 간행한 『묘법연화경』

위해 979년 봄에 항랑을 암살했다.[48]

그런데 이 과정에서 '양심의 가책'을 느낀 딘리엔은 속죄하고 '구원'받기 위해 호아르에 100개의 석주(石柱)를 제단 앞에 세우라고 명령했다. 팔면의 이 석주(石幢)에는 『불정최승다라니경(佛頂最勝陀羅尼經, Usnisavijaya Dharani, Phật Đỉnh Tối Thắng Đà La Ni)』[49]이라는 밀교 경전의 보편적인 주문이 새겨져 있다. 당나라의 인도 승려 삼장(三藏) 지바가라(地婆訶羅, Divākara, 613~687)가 이 경전을 한역(漢譯)했는데, 이 다라니경(陀羅尼經)을 매일 독송하면 온갖 고난이 사라지고 공덕을 얻게 되며 나아가 청정한 불국토(佛國土)에 태어나 열반에 이르게 된다는 내용이다.[50]

석주에 새겨진 어떤 비문에는 다음과 같이 기록되어 있다.

> 내[딘리엔] 동생과 동생의 죽음 전후에 저세상으로 간 사람들이 지옥의 시련과 심판을 벗어나 자신들의 영혼이 즉시 구제되기를 기도했다. 그리고 무엇보다 짐은 왕 대승명(大乘明, 아버지 딘보린)이 왕좌에서 남국(南國)을 영원히 통치하기를 기원한다.[51]

무자비한 권력 투쟁 이후에 동생을 구원하고 아버지에게 간접적으로 속죄하는 이 기도문을 통해서 볼 때, 딘리엔은 동생의 영혼에서 벗어나 자신의 미래 권력을 보장받기 위해 주력(呪力)에 의존하고 있었음을 알 수 있다. 8~9세기부터 중국, 한반도, 일본 등의 많은 지역으로 전파된 당나라의 불정존승다라니(佛頂尊勝陀羅尼) 신앙이 베트남의 불정다라니(佛頂陀羅尼) 팔면(八面) 석당(石幢) 조성에도 영향을 미쳤다.[52] 불교의 주요한 갈래였던 밀교도 선종과 동시대에는 아니더라도 오래지 않아 역시 출현했음을 알 수 있다. 그러나 딘리엔도 결국 979년 10월에 아버지와 함께 기후내인(祇候內人) 도틱(Đỗ Thích, 杜釋)에 의해 궁정에서 살해되고 말았다.[53]

4) 민간 신앙과 밀교

불교는 초기부터 항상 현지의 민간 신앙과 긴밀히 섞였다. 불교는 발상지(original centers)에서 멀리 전파된 이후에도 여전히 일상에서 오래된 토착 민간 신앙을 수용하고 적응해 나가며 혼합적(syncretistic)인 성격을 유지했다.[54] 따라서 이 과정에서 나타난 현지의 민간 신앙과 밀교가 불교에 미친 영향을 고려할 필요가 있다. 고

그림 3-9 옹떠와 바응우엣(베트남 민간 판화)

구려, 백제, 신라는 왕권을 강화하고 중앙 집권제를 확립하는 과정에서 불교를 수용했다. 불교는 도입 초기에 토착 민간 신앙과 마찰을 빚었는데, 조상에게 복을 비는 장례나 주술적 의례 등과 같은 토착 신앙을 받아들이면서 점차 뿌리내렸다. 종래의 신성한 장소에 세워진 사원이 민간 신앙의 역할을 대신하는 경우도 있었다.

그러면 베트남의 경우는 어떠했을까? 비니다류지파는 수행과 수계의 전통을 세웠는데, 10~11세기에 독립 왕조의 팝투언, 반하인 등과 같은 승려는 비니다류지파의 영향을 받았다. 당시의 불교는 홍강 델타의 평민들 사이에서도 퍼지기 시작했는데, 비니다류지파가 민간 신앙을 수용하고 있었기 때문이다.[55] 10세기 호아르의 역사적, 고고학적 증거를 통해서도 불교가 민간 신앙에 깊숙이 스며들고 있었음을 확인할 수 있다.[56]

전설에 의하면, 사람들은 연녕사에서 인연을 구하고자 했고(cầu duyên), 바응오 사원에서는 수명을 구하고자 했고(cầu thọ), 일주사에서는 명성을 구하고자 했고(cầu danh), 암선사에서는 재물을 구하고자 했고(cầu tài), 금은사에서는 녹(祿)을 구하고자 했고(cầu lộc), 꼬암 사원에서는 복을 구하고자 했다(cầu phúc).

연녕사는 부처 이외에도 대단히 많은 신선(神仙) 제위(諸位)를 모셨다. 남녀의 인연을 맺어주는 남녀 노인 신, 즉 옹떠(Ông Tơ)와 바응우엣(Bà Nguyệt), 그리고 생육(生育)을 관리하는 여신 껌호아타인머우(Kim Hoa Thánh Mẫu) 등을 숭배했다.

그림 3-10 구연사에 안치된 낌호아타인머우(가운데)[57]

3. 띠엔레 왕조 시기(980~1009) 호아르의 불교

응오 왕조와 딘 왕조에 이어서 새로운 왕조를 세운 인물은 아이
쩌우(Ái Châu, 愛州)[58] 출신의 무인 레호안(941~1005)이다. 그의 어
머니 당(Đặng, 鄧)씨는 대승 불교의 보살을 상징하는 연꽃을 낳는
태몽을 꾸었다고 하는데,[59] 결국 레호안은 980년에 다이하인(Đại
Hành, 大行) 황제를 칭하며 제위에 올라 띠엔레(980~1009) 왕조의
문을 열었다. 연꽃 태몽을 배경으로 황제가 된 레호안 시기의 불교
는 어떠한 형태로 나타났을까?

1) 승려

먼저, 띠엔레 왕조 시기 승려들의 활동을 중심으로 살펴본다. 레다이하인[黎大行] 황제 시기(980~1005)에 활동한 승려로는 비니다류지파의 ① 팝투언(제10세), ② 반하인(제12세)과 무언통파의 ③ 쿠옹비엣(제4세) 등을 들 수 있다.[60]

팝투언(Pháp Thuận, 法順, 914~990)[61] 선사의 성은 도(Đỗ, 杜)씨인데, 고향은 알 수 없다. 그는 어린 나이에 출가하여 용수사(龍樹寺, Chùa Long Thụ)의 푸찌(Phù Trì, 扶持, 비니다류지파 제9세로 추정) 선사를 스승으로 모셨다. 박학하면서도 시를 잘 지었던 팝투언은 왕을 보좌할 수 있는 재주를 지녔으며, 당시 시대의 일[當世之務]도 환히 알고 있었다. 그래서 그는 띠엔레 왕조의 창업 초기에 방책을 짜고 정책을 결정하는 일에 참여할 수 있었다. 레다이하인 황제가 일찍이 팝투언에게 국운에 대해 물었을 때, 그는 다음과 같이 대답했다고 한다.

> 나라의 운수는 등나무처럼 얽혀 있는데,
> 남쪽 하늘[南天]에는 태평이 있구나.
> 무위(無爲)하며 전각(殿閣)에 머문다면,
> 곳곳에서 전쟁[刀兵]이 그칠 것이다.

딘 왕조가 980년 여름에 송나라의 침입에 대처하는 과정에서 제위에 오른 레호안은 981년 봄에 전투에서 승리했고, 송나라도 거란의 위협 때문에 계속 전쟁을 수행할 수 없었기 때문에, 두 나라의 우호 관계가 성립되었다. 이처럼 평화가 다시 찾아온 후에 팝투언은 봉작(封爵)도 상도 받으려 하지 않았는데, 이 일로 황제는 더욱 팝투언을 공경했고 이름 대신에 '도(Đỗ, 杜) 법사(法師)'라고 부르며 글을 짓는 소임[文翰]을 맡겼다.

꼬팝 사람 반하인(萬行, Vạn Hạnh, ?~1025)의 성은 응우옌(Nguyễn, 阮)씨이다.[62] 벼슬과 명예에 초연했던 그는 스물한 살 때 출가하여 딘후에(비니다류지파 제12세)와 함께 티엔득부(府) 직방(Dịch Bảng, 驛倣)향(鄕)에 있는 육조사의 티엔옹을 섬겼고, 맡은 소임을 다한 후에는 피로도 잊은 채 학문에 힘썼다.

일찍이 도응언(Đỗ Ngân, 杜銀)이라는 간특한 자가 반하인을 해치려고 시도한 적이 있다. 선견지명이 있던 반하인은 이 계획을 미리 알고 그에게 게송을 한 수 지어 보냈다.

흙(土)과 나무(木)는 서로를 낳고, 금(金)과 간(艮)은 반절을 이루는데,
어찌하여 나를 해칠 꾀를 마음에 품었나?
그때의 내 근심[五口秋心][63] 이미 사라졌나니,
참으로 미래에도 원한은 없어라.

이 게송에서 토(土)와 목(木)은 '두(杜)'를, 금(金)과 간(艮)은 '은(銀)'을 이루어, 도응언[杜銀]을 암시한다. 이렇게 자신의 계획이 들통 나자 도응언은 두려워서 그만두었다고 한다.

980년에 송나라의 태상박사(太常博士) 후인보(候仁寶)가 교주로전운사(交州路轉運使)가 되어 난릉단련사(蘭陵團練使) 손전흥(孫全興)과 함께 군대를 이끌고 이듬해 3월 산등성이로 둘러싸인 랑썬(Lạng

Sơn, 浪山)을 침략했다. 진흠조(陳欽祚)는 떠이껫(Tây Kết, 西結)[64]으로, 유징(劉澄)은 바익당(Bạch Đằng, 白藤)강으로 침략해 들어왔다. 그때 황제가 반하인을 불러 승패 여부를 점쳐달라고 부탁하자 반하인은 "21일이 지나기 전에 반드시 물러갈 것입니다"라고 대답했는데, 이후에 과연 그의 예상이 적중했다. 982년에 레다이하인 황제가 남쪽의 참파를 정벌하려고 신하들과 의논하면서 아직 결정을 내리지 못하고 있을 때, 반하인은 기회를 놓치지 말라고 아뢰었는데, 황제는 전쟁에서 결국 승리했다. 이처럼, 그가 때때로 한 예언이 적중했기 때문에 레다이하인 황제는 그를 깊이 존경했다고 한다.[65]

레다이하인 황제가 더욱더 예와 공경을 다했던 쿠옹비엣(무언통파 제4세)도 딘 왕조에 이어서 띠엔레 왕조 조정의 군사(軍事) 및 국정(國政)에도 참여했다.

일찍이 빈로(Bình Lỗ, 平虜)군[66]의 베린[衛靈]산에서 노닐던 쿠옹비엣은 이곳의 빼어난 경치를 사랑하여 암자를 지어 살고자 했다. 그런데 어느 날 밤 꿈에 황금 갑옷을 입고, 왼손에는 금으로 만든 창을 들고, 오른손에는 절에 있는 탑, 즉 보탑(寶塔)을 든 신인(神人)이 종자 10여 명을 거느리고 가히 두려워할 만한 모습으로 다가와서 말했다.[67]

나는 비사문천천왕(毗沙門天王, Vaiśravaṇa)[68]이고, 종자들은 모두 야차(夜叉, yakṣa)[69]들이오. 천제께서 나에게 명령하시기를, 이 나라에 가서 국토를 보호하고 불법을 일으켜 성행하게 하라 하시었소. 그대와 인연이 있어 이렇게 와서 일을 부탁하는 것이오.

쿠옹비엣이 놀라 깨어났을 때, 산중에서 크게 호령하는 소리가 들려와서 마음속으로 기이하게 여겨, 날이 밝자 산으로 들어갔다. 열 길은 되어 보이는 큰 나무의 줄기와 가지가 아주 무성했으며, 상서로운 구름이 그 위를 덮고 있었다. 쿠옹비엣은 일꾼을 시켜 나무를 베게 했고, 꿈에서 본 모습대로 불상을 조각하여 사당에 모셨다.

981년 3월에 송나라 군대가 침입해 왔을 때, 이 불상에 관한 이야기를 전해 들었던 레다이하인 황제는 쿠옹비엣에게 사당에 가서 적을 물리칠 수 있도록 기도하라고 명했다. 적군이 놀라 닌(Ninh, 寧) 강으로 후퇴하였으나 그곳에서 거센 바람과 거친 파도, 솟구쳐 오르는 교룡(蛟龍)을 만났다. 결국 송나라 군대는 패하여 달아났다고 한다.[70]

띠엔레와 송나라의 전쟁 이후, 986년에 송나라의 사신이 베트남의 지도자를 책봉하기 위해 방문했을 때에도, 팝투언과 쿠옹비엣의 활동을 확인할 수 있다. 베트남 정복에 실패한 송나라가 레호안을 정해군절도사(靜海軍節度使)에 봉하려고 파견한 사신이자 국자감박사(國子監博士)인 이각(李覺, 947~993)이 986년 10월에 예물을 가지고 찾아왔을 때,[71] 황제는 팝투언에게 나루터 뱃사공으로 변장하여 이 사신의 거동을 엿보도록 명했다. 두 사람이 배를 타고 있을 때, 마침 거위 두 마리가 강 한가운데에 떠 있었다. 이 광경을 본 이각이 장난삼아 이렇게 읊조렸다.

거위야, 거위야, 한 쌍의 거위야[鵝鵝兩鵝鵝]
고개 들어 천자를 쳐다보는구나[仰面向天家][72]

노를 쥐고 있던 팝투언은 다음과 같이 차운(次韻)했다.[73]

흰 깃털이 푸른 물 위에 펼쳐졌고[白毛鋪綠水]
붉은 노는 파아란 물결을 가르는구나[紅棹擺靑波]

이각은 송나라의 천자를 향한 베트남 기러기 한 雙을 읊었지만,
자신의 시구와는 상관없이 이 기러기들의 자연 그대로의 모습과 배
의 풍경을 담담하게 묘사한 팝투언의 차운을 들으면서 기이하게 생
각했고, 숙소로 돌아온 후에는 다시 화답하는 시를 지어 보냈다고
한다. 그런데 이 시에 얽힌 후속 일화가 『대월사기전서』 정해(丁亥)
8년(987)의 두 번째 기사와 『선원집영』의 쿠옹비엣 전기에는 다음과
같이 소개되어 있다.[74]

987년 봄에 이각이 책강사(册江寺, Chùa Sách Giang)[75]에 도착했을 당
시 법사 도투언(Đỗ Thuận, 杜順), 즉 팝투언(비니다류지파 제11세)[76]의
명성이 높아서, 황제는 그가 강을 관리하는 관리[江令]로 변복하여 강
가에서 사신을 맞이하도록 했다. 그런데 이각은 이 하급 관리가 문학
과 응대에 능숙하다는 점을 알아차리고, 다음과 같은 시를 한 수 지어
서 주었다.[77]

다행히 평화로운 세상을 만나 도리(道理)를 성대하게 하는 일을 도우니,
이 한 몸이 두 번 교주에 사신으로 왔구나.
동도(東都)에서 이별하는 두 사람의 마음이 더욱 간절한데,
남월(南越)을 그리워하는 마음은 거듭거듭 그치지 않는구나.

말은 구름처럼 피어나는 연기를 밟으며 물결과 돌을 뚫고,

수레는 둘러싸인 푸른 산봉우리를 지나 긴 물결로 흐르는구나.

하늘 밖에 또 하늘이 있으니, 응당 멀리서 비추어 보리라.

시내와 못의 물결이 고요하니, 가을밤에 뜬 달을 본다.

팝투언은 이 시를 황제에게 바쳤고,[78] 황제는 이 시를 다시 쿠옹비엣에게 보여주었다. 쿠옹비엣 대사가 "이 시는 폐하를 높이어 그 임금(송나라 황제)과 다름이 없다는 것을 뜻하는 것입니다"라고 대답했다.[79] 그러나 사실 송나라 사신의 시는 "남월을 그리워하는 마음"으로 '다이하인 황제'를 칭한 레호안에게 경고했다고 볼 수 있는데, 쿠옹비엣은 이러한 중국 측의 경고를 직접 전달하기보다는 이각의 시가 베트남 군주에 대한 존경심을 드러낸 것으로 풀이하여 한시(漢詩)에 미숙한 자국 황제를 안심시키면서 국가 간의 마찰 요인을 무마하려고 했던 것 같다.

쿠옹비엣은 이각이 돌아갈 즈음에 「옥랑귀(玉郞歸, Ngọc Lang Quy)」라는 노래를 지어 송별했는데, 그 내용은 다음과 같다.

상서로운 햇빛에 좋은 바람, 비단 돛이 오르고,

신선은 다시금 황제의 고향[帝鄕]으로 돌아가는구나.

물결 일렁이는 만 리 푸른 파도 넘어

구천(九天)[80]으로 돌아가는 길, 멀기만 하네.

이별 술잔 마주하니 가슴이 미어지고,

사모하는 마음에 그대 붙들고 싶어라.

그대 깊은 뜻으로 남쪽 나라[南强][81]를 위해준다면,

분명히 우리 황제[我皇]께 [그 마음을] 아뢰리.[82]

"황제의 고향"으로 돌아가는 송나라 사신에게 "사모하는 마음"으로 화답하는 쿠옹비엣의 시는 남쪽에 있는 황제의 나라를 위해 중국 측에 사정을 잘 전달해 달라는 마음을 표현하고 있다.

이상의 986년 일화에서 주목할 점은 적대적 관계에 있던 송나라의 사절 이각을 환송할 때 승려 팝투언과 쿠옹비엣을 보내어 격식과 의전을 갖추려고 노력했다는 사실이다.[83] 대외 관계에서 승려들이 활약하게 된 배경은 조정의 관리들 중에서 이러한 역할을 담당할 만한 자격을 갖춘 문사 계층이 아직 형성되어 있지 않았다는 점에서 찾을 수 있을 듯하다. 승려들은 자신들의 지적 능력을 바탕으로 조정에서 영향력을 행사할 수 있었다고 판단할 수 있다. 아울러 다이하인 황제는 베트남의 새로운 선종 무언통파 출신으로 딘 왕조의 승통이기도 했던 쿠옹비엣뿐만 아니라 기존의 선종 비니다류지파의 팝투언도 함께 중용함으로써 불교의 어떤 특정 세력에 의존하지 않으면서 두 종파를 고르게 국정에 활용하여 불교 세력의 화합도 도모하고자 했다고 볼 수 있다.

2) 사원

표 3-2 띠엔레 왕조 시기의 사원 조성[84]

시기	이름	지역
980~999 (레다이하인 시기)	금은사[혹은 응언 사원(Chùa Ngân)]	닌빈시 호아르현 쯔엉옌사(xã) 찌퐁 마을. 옛 경도(京都)의 서성(西城) 쪽에 위치

그림 3-11 박닌의 반하인 선사상[86]

닌빈시에서 짱안대로나 국도 38B를 지나 약 11km 떨어져 있는 금은사는 꾸엔부옹(Quèn Vuông)[85]과 가깝고, 딘띠엔호앙 황제의 사당 바로 근처에 있는 다이번(Đại Vân)산 측면에 있다. 동남향 사원에는 현재 정전(正殿), 냐또, 객실, 식당, 탑 등이 있다.

호아르 옛 경도의 서성에 있는 금은사는 암선사, 연녕사, 꼬암 사원, 일주사와 함께 딘-레 시기의 고찰이고, 현존한다. 일주사와 마찬가지로, 금은사는 부처와 팝투언, 쿠옹비엣 및 반하인과 같은 10세기의 승려들을 숭배한다.

3) 경전

띠엔레 왕조 시기에 주목할 만한 사안은『대장경』의 수입이다. 송
나라 태조가 971년에 고품(高品) 장종신(張從信) 등을 촉(蜀)의 익주
(益州)에 보내 판각하게 한『인성대장경(印成大藏經)』은 12년이 걸
려 983년에 완성되었다.[87] 이『대장경』이 이웃 나라 고려에 도입되
었고, 989년에는 고려 승려 여가(如可)가 송나라에 와서『석씨대장
경(釋氏大藏經)』을 요청해서 국내로 가져왔다고 한다.[88] 2년 후에도
『대장경』이 고려에 도입되었다고 하는데, 두 나라의 정사에 모두 등
장하는 사례는 후자의『대장경』도입이다.

『송사(宋史)』의「고려전(高麗傳)」을 보면, 991년에 고려의 사신 한
언공(韓彦恭, 940~1004)이 성종의 희망에 따라『인성불경(印成佛經)』
을 요청해서, 송나라는『대장경』과 함께『어제비장전(御製秘藏詮)』,
『소요영(逍遙詠)』,『연화심륜(蓮華心輪)』도 주었다고 한다.[89] 아울러,
『고려사(高麗史)』의「열전(列傳)」에서도 한언공이『대장경』을 하사해
줄 것[賜給]을 주청하여 481함 2,500권과『어제비장전』,『소요영』,
『연화심륜』을 송에서 얻어 돌아왔으며, 임금이 이 자료들을 내전으
로 맞아들여 스님들을 모아 독경했다고 한다.[90]

『대장경』의 베트남 유입은 띠엔레 왕조 시기에 확인할 수 있다.
『안남지략』에 의하면, 1005년 1월 레호안이 송나라에 사절을 파견
하여『대장경』을 보내달라고 요청하자, 송나라 진종(眞宗)이 이 요
청을 받아들였다고 한다.[91] 이 내용으로 볼 때, 고려의 경우와 마찬
가지로, 송나라의『대장경』이 베트남에도 유입되었음을 알 수 있다.

승려를 통해서도 경전의 학습이나 불교 관련 저작물을 확인할 수

있다. 예를 들면, 대대로 불법을 신봉했던 집안에서 자란 반하인은 어렸을 때부터 남달라 삼학(三學), 즉 도학, 유학, 불학을 두루 잘 알았으며, 『백론』도 연구했다. 팝투언이 지은 『보살호참회문(菩薩號懺悔文, Bồ Tát Hiệu Sám Hối Văn)』은 당시 광범위하게 현지 사회에 전파되었다고 한다.

4) 민간 신앙과 밀교

띠엔레 왕조의 레다이하인 시기에 금은사가 벼슬을 구하는 '구록(求祿, cầu lộc)'에 효험이 있었다는 사실을 고려할 때[92] 이전 시기와 마찬가지로 사원을 통해 복을 구하는 민간 신앙의 영향력이 있었음을 확인할 수 있다.

스승 티엔옹이 입적한 후에 반하인은 오로지 총지삼매만을 익혔고, 이러한 수행 방식을 자신의 소임으로 여겼다고 한다. 비니다류지파의 밀교적 수행 방식, 즉 진언을 염송하는 '총지삼매'가 제12세 반하인에게도 여전히 계승되고 있었음을 알 수 있다.

5) 응오아찌에우 시기

1272년에 『대월사기(大越史記)』를 편찬한 레반흐우(Lê Văn Hưu, 黎文休)는 레다이하인 사후 1005년 3월에 권력을 폭력적으로 장악한 레롱딘(Lê Long Đĩnh, 黎龍鋌, 986~1009)에 대해서, "아들은 불초하고 이를 보필할 유신들도 없었다"라고 한탄했다.[93] 그러면 과연 띠엔레의 마지막 황제 응오아찌에우(Ngoạ Triều, 臥朝, 1005~1009 재

그림 3-12 호아르의 띠엔레 왕조 사당에 안치된 레롱딘

위),[94] 즉 레롱딘은 어떻게 황제의 지위에 올랐으며, 불교에 대해서는 어떠한 태도를 취했을까?

1005년 3월 다이하인 황제가 장춘전(長春殿, Điện Trường Xuân)에서 붕어하고 쯔엉안(Trường An, 長安)주(州)에서 장례가 끝나자, 레롱비엣(Lê Long Việt)은 이복동생 두 명, 즉 동타인브엉(Đông Thành Vương, 東城王) 레롱띡(Lê Long Tích, 黎龍錫, ?~1005), 쭝꾸옥브엉(Trung Quốc Vương, 中國王) 레롱낀(Lê Long Kính, 黎龍鏡, ?~1005)과 동복동생 카이민다이브엉(Khai Minh Vương, 開明王) 레롱딘과 함께 권력을 다투다가 결국 제위에 올랐다.[95] 그런데 레롱딘은 형이자 황제였던 레롱비엣, 즉 레쭝똥(Lê Trung Tông, 黎中宗)을 즉위 3일 만에 시해하며 제위에 올라 4년 동안 통치하게 되었다.[96]

1006년 레롱딘은 관제와 문무 관리 및 승도(僧道)의 조복(朝服)을 송나라식으로 개편했다.[97] 그리고 계승 과정의 문제를 의식해서였는지, 1007년 7월에 레롱딘은 동생 레민빈[Lê Minh Vinh, 黎明昶 혹은 레민쓰엉(Lê Minh Xưởng)]과 장서기(掌書記) 호앙타인냐(Hoàng Thanh Nhã, 黃成雅)를 송나라에 파견하여 흰 코뿔소 뿔[犀牛]을 송나라 황제에게 정중하게 선물하면서 구경(九經)뿐만 아니라 『대장경』을 요청하도록 했다. 이들은 1009년 중국 황제가 하사한 관련 자료를 가지고 베트남에 돌아왔다.[98] 베트남 사절단이 최초로 불경을 수입한 사례이다.

그런데 이러한 불경 도입에도 불구하고, 국가와 사회에서 중요한 위치를 차지했던 불교의 위상은 띠엔레 왕조 말기에 달라졌던 것 같다. 레다이하인 황제의 아들이자 대단히 잔인했던 응오아찌에우 레롱딘은 기행(奇行)을 낙으로 삼았을 뿐만 아니라, 승려들에 대해서도 이전의 지도자들처럼 호의적이지 않았다.

『대월사기전서』 1009년 7월의 기록은 아래와 같다.[99]

황제의 성격은 살생을 좋아한다. 어떤 사람을 사형에 처할 경우에, 풀로 이은 노끈으로 몸을 묶어 거의 죽을 때까지 불로 태운다. 그리고 송나라 광대[優人] 요수심(廖守心)을 시켜, 단도와 둔도(鈍刀)로 사람을 잘게 썰어나가면, 내버려두어도 금방 죽을 수 없었다. 그 사람이 슬프게 부르짖으며 고통을 호소하면, 요수심은 "죽음을 받아들이는 데 익숙하지 않구나"라며 놀렸고, 황제는 크게 웃었다. 그리고 황제는 정벌(征伐)에서 잡힌 포로들이 다양한 방식으로 잔인하게 죽는 광경을 직접 보면서 즐거움을 느꼈다. 일찍이, 사람들을 포박해 놓은 배가 뱀이 많은 닌(Ninh, 寧)강[100] 중류를 왕래하다가 뒤집히면, 뱀이 그 사람들을 해치도록 내버려두었다. 그리고 무릇 희생 제물을 바치려는 경우에는 황제가 먼저 손수 그 제물을 칼로 찌른 후에 부엌에 들여놓기도 했다. [...] 혹은 연회 때 여러 왕에게 고양이 고기를 나누어 주고, 식사를 마친 후에 고양이 머리를 보여주니, 이 왕들이 모두 두려워하는 모습을 보고 기뻐했다. 조정에서 정사를 볼 때마다 반드시 광대들을 좌우에 대동했는데, 황제가 말하면 즉시 재잘거리며 웃어서, 집정하는 봉사자들이 곤란한 처지에 빠졌다. 또한, [황제는] 도마뱀도 회 쳐서 광대들이 서로 다투며 먹게 하곤 했다.

정사에 보이는 레롱딘의 기행은 띠엔레 왕조를 '찬탈한' 리꽁우언을 옹호하는 후대 역사가들의 평가일 수도 있다. 레롱딘의 기행은 승려에 대해서도 마찬가지였다. 일찍이 레롱딘은 승려 꾸아익응앙(Quách Ngang, 郭昂)의 머리 위에 사탕수수[甘蔗]를 올려놓고 칼로 껍질을 벗기다가 실수하는 척해서 칼이 승려의 머리를 스쳐 피가 흐르자 크게 웃으며 즐거워했다.[101] 꾸아익응앙을 조롱하는 듯한 레롱딘의 무례한 행동은 독립 이후 베트남에서 국가가 불교와 승려를 적극적으로 지원하던 모습에서 완전히 벗어난 것으로 평가할 수 있다. 아버지 레다이하인과는 달리 응오아찌에우는 승려들을 무시하며 놀려먹었고, 그 결과는 불교 세력의 황실에 대한 지지 상실로 이어졌을 것이다. 다른 한편으로, 띠엔레 말기에 형제들과의 권력 투쟁을 통해 즉위한 레롱딘은 반대 세력의 도전을 제압하는 데 많은 노력을 기울였는데, 이 과정에서 조정의 불교 세력이 그에게 적대적이었을 가능성도 배제할 수 없다.

이상에서 살펴본 것처럼, 건국 5년 만에 단명으로 끝나버린 응오 왕조 시기의 불교 발전 양상을 확인하기는 어렵다. 십이사군 중에서 화교 후손 응우옌투띠엡은 전통적인 불교 중심지 띠엔주를 근거지로 할거했지만, 불교와 관련된 구체적인 활동 양상은 알려지지 않았다. 다만, 번퐁의 사례에서 십이사군 시기에 불교와 더욱 밀착된 대중의 모습을 확인할 수 있다. 딘 왕조와 띠엔레 왕조 시기에는 박닌과 다이라 이외에 수도 호아르에서도 새로운 불교 중심지들이 생겨났다. 두 왕조의 황제들은 불교를 존중하면서 사원을 조성하거나 후원했다. 딘보린은 국가의 기틀을 마련하고 사회 질서를 확립하기 위해 당시 사람들에게 신망이 있던 승려들에게 많이 의지했다. 당시 지적 능력이 뛰어난 승려들은 황제의 조언자로 승통이나 승록을 맡았다. 이 시기에 연녕사, 암선사, 바응오 사원, 일주사 등이 창건되었다.

딘 왕조와 띠엔레 왕조 시기에는 송나라 때 편찬된 불교 경전도 유입되었다. 10~11세기에 독립 왕조의 팝투언, 반하인 같은 승려들은 비니다류지파의 영향을 받았다. 당시 불교는 홍강 델타의 평민들 사이에서도 퍼지기 시작했는데, 비니다류지파가 민간 신앙을 수용하고 있었기 때문이다. 한반도가 삼국 시대에 율령을 반포한 후 불교를 공인한 사례를 고려한다면, 1002년 3월에 율령을 정한[102] 띠엔레 왕조는 각종 정책을 통해 불교를 공인하는 단계를 밟아나가려고 했지만, 마무리 짓지 못했다고 볼 수 있다.

2부

리 왕조
초반 불교의
역할과 발전

4장

불교 위에 세운 국가:
리 왕조의 창건과 리타이또 시기(1009~1028)

    리 왕조와 이후의 쩐 왕조 시기에는 출가한 황제가 8명이나 될 정도로 불교가 국가를 대표하는 종교로 자리 잡게 되었다. 10세기와 11세기 초 사이에 단명한 응오 왕조, 딘 왕조, 띠엔레 왕조에 비해 리 왕조(Nhà Lý, 李朝)가 비교적 장기간 존속할 수 있었던 이유는 무엇일까? 일종의 통치 이념으로 등장한 불교가 새로운 국가를 건설하여 지도자의 정치적 기반을 다지고 사회적 영향력을 확산하는 데 기여한 측면을 고려할 필요가 있다.

    리 왕조는 11세기 후반부터 유교 이념을 수용하면서도 여전히 10세기 이래의 불교 전통을 이어나갔다. 이는 승려 지원과 관련 제도 정비, 사찰과 불탑의 건설 및 보수, 불경 수입 및 현지 승려들의 저술 활동, 제3대 선종 초당파(草堂派)에 대한 전폭적인 지원 등을 통해 확인할 수 있다. 이러한 불교 관련 활동을 군주권의 정통성을 확립해 나가면서 중앙 집권화를 강화해 나가는 과정으로 파악하고자 한다.

1. 리꽁우언의 등장과 리타이또

리 왕조를 건국한 리꽁우언(Lý Công Uẩn, 李公蘊, 974~1028)은 원래 성이 응우옌씨[阮氏]이고, 박장(Bắc Giang, 北江)의 꼬팝[1]주(州)[2] 출신이다.[3] 그의 출생과 관련해서는, 다음과 같은 이야기가 전한다.

어머니 팜티(Phạm Thị, 范氏), 즉 팜티응아(Phạm Thị Ngà)[4]가 안퐁(An Phong, 安豊)현 초산사(焦山寺, Chùa Tiêu Sơn)에서 유람할 때 어떤 신인(神人)과 교제하다가 아이를 잉태하여, 딘 왕조 시기 974년 2월 12일에 리꽁우언을 낳았다고 한다.[5] 당시 어떤 일화는 꼬팝향(혹은 꼬팝주) 응천사[應天寺, Chùa Ứng Thiên, 혹은 응천심사(應天心寺, Chùa Ứng Thiên Tâm)] 감선원(感選院, Viện Cảm Tuyển)의 개가 하얀 새끼 한 마리를 낳았는데, 등에 난 검은 털이 '천자(天子)'라는 두 글자를 써놓은 듯했다고 전하며[6] 새로운 황제의 출현을 암시하기도 한다.

18세기의 문장가 응오티씨(Ngô Thì Sĩ, 吳時仕, 1726~1780)의 『월사표안(越史標案, Việt Sử Tiêu Án)』(1775)에 의하면, 리꽁우언은 불문(佛門)에서 성장했는데, 카인번(Khánh Vân)의 양육과 반하인의 교육으로, 리꽁우언의 마음에 인과설이 마음에 뿌리 깊게 자리 잡았다고 한다. 어머니가 꼬팝 지역 사원[7]의 승려 리카인반(Lý Khánh Vân, 李慶文) 집안에 세 살 난 아들을 맡겼는데, 이 총명한 아이가 장성하여 '리'씨 성을 갖게 되었다고 한다. 이 과정에서 리꽁우언은 6~7세에 육조사[六祖寺, Chùa Lục Tổ, 혹은 낌 다이 사원(Chùa Kim Đài)]에서 유학(遊學)하며 반하인에게 사사했고, 성장하면서 경사(經史)를 섭렵했다. 반하인은 비상한 능력을 가진 제자가 장차 세상을 구제

하고 백성을 편안하게 하는 천하의 군주가 될 것이라고 평가했고, 이러한 후원은 이후에도 계속되었다.[8]

쿠옹비엣의 제자인 다바오 선사와 리꽁우언의 인연도 살펴볼 필요가 있다. 다바오(무언통파 제5세)는 고향과 성씨가 알려져 있지 않다. 쿠옹비엣 대사가 개국사에서 설법하고 있을 때, 다바오는 그의 제자가 되었다. 대사는 다바오가 어떠한 상황에서든 통찰력을 발휘하고 일을 신중하고 충실하게 처리하는 모습을 보고 가상히 여겨서, 제자들 중에서 다바오만 입실 제자로 받아들였다. 다바오는 호리병 하나와 바리 하나만을 들고 물외(物外)의 세계를 소요하다가 마침내 띠엔주 푸동(Phù Đổng, 扶董)향[9]의 건초사에 머무르게 되었다.[10]

리꽁우언(1009~1028 재위)이 아직 즉위하기 전, 건초사의 다바오 선사는 그의 모습을 보고 "이 아이의 골상(骨相)이 범상치 않구나. 훗날 반드시 황제가 되어 남면(南面)하리로다"라고 말했다. 리꽁우언은 너무나 놀라서, "지금 성상께서 위에 계시고 온 나라가 태평한데, 스님께서는 어떠한 연고로 우리 일족을 멸할지도 모르는 말씀을 하십니까?"라고 물었다. 다바오는 "천명은 이미 정해져 있으니 피하려 한들 어찌 피할 수 있겠나? 만일 내 말대로 된다면, 나를 내치지나 마시게"라고 대답했고, 리 왕조가 8대 이후 몰락할 것이라는 예언을 게송으로 남겼다.[11]

이러한 게송의 내용은 다른 승려와의 일화에서도 확인할 수 있다. 리꽁우언이 지위가 미천했을 때, 자오투이(Giao Thủy, 膠水)강에서 고기잡이를 하다가 상서로운 커다란 옥[大圭]을 그물로 끌어올렸는데, 이 옥은 뱃머리에 부딪혀서 한쪽 모서리가 없어진 상태였다. 이날 밤 그는 교영사(膠水寺, Chùa Giao Thủy)에서 묵었는데,

옥을 생선 광주리 밑에 숨기고 다음 날 생선을 팔려고 했다. 그런데 리꽁우언이 깊은 잠에 들었을 때 광주리에서 이상한 빛이 나자, 절의 승려가 이유를 물었다. 리꽁우언은 사실대로 이야기하면서 그 옥을 보여주었다. 승려가 "당신은 다른 날 대단히 부귀해지겠지만, 안타깝게도 복이 길지는 않겠습니다"라고 탄식하면서 말했다고 한다.[12]

장성한 리꽁우언은 군대에 들어갔다. 띠엔레 왕조 황제들의『옥보(Ngọc Phả)』와 수도 호아르의 자료에 의하면, 그는 호아르성에서 매년 반하인을 따라 레다이하인을 시중들었다. 그는 황제의 허락으로 수도에 머무르며 병법을 익혔고, 황제의 장녀 레티펏응언(Lê Thị Phất Ngân, 黎氏佛銀) 공주와 결혼했다. 리꽁우언은 1005년에 벼슬을 얻어 호아르성의 전전근위(殿前近衛, Điện Tiền Cận Vệ)에 봉해지면서 레쭝똥(레호안의 3남, 제2대 황제)을 모시게 되었다.[13]

레다이하인의 계승자가 정해졌지만, 그의 아들들 사이에서 제위를 두고 다툼이 일어났다. 1005년 10월 제위에 있던 레쭝똥이 3일 만에 레롱딘에 의해 죽자 신하들은 모두 달아났지만, 디엔띠엔꾸언(Điện Tiền Quân) 리꽁우언만이 홀로 시신을 안고 통곡했다고 한다. 응오아찌에우(1005~1009 재위)로 즉위한 레롱딘은 그의 충성심을 가상하게 여기며 죄를 묻지 않았고, 오히려 중용하면서 사상군부지휘사(四廂軍副指揮使, Tứ Sương Quân Phó Chỉ Huy Sứ), 좌친위전전지휘사(左親衛殿前指揮使, Tả Thân Vệ Điện Tiền Chỉ Huy Sứ) 등의 벼슬을 내렸다.[14]

이미 언급한 것처럼, 당시 응오아찌에우는 매우 포악하여 "하늘도 사람도 그를 싫어했다"고 한다. 4년 동안 통치하던 그도 호색, 음탕, 주색의 결과로 1009년 10월 24세의 젊은 나이로 세상을 떠났다.[15] 장남 레까오싸(Lê Cao Sạ)는 여전히 열 살 정도로 어렸기 때문에 황제의 친족은 정치적 음모를 꾸미기 시작했다.[16] 이때 리꽁우언은 우전전지휘사(右殿前指揮使, Hữu Điện Tiền Chỉ Huy Sứ) 응우옌데(Nguyễn Đê, 阮低)와 함께 각각 수룡병(隨龍兵) 500명을 얻어 숙박하며 호위했다.[17] 선황의 동생 레민데(Lê Minh Đề, 黎明提)와 레민쓰엉이 권력을 다투었지만, 친위전전지휘사(親衛殿前指揮使, Thân Vệ Điện Tiền Chỉ Huy Sứ) 리꽁우언에게 살해당하고 말았다.[18]

그런데 리꽁우언이 황제로 즉위하기 3개월 전에 이상한 조짐이 보이기 시작했다고 한다. 아버지 현경왕(顯慶王, Hiển Khánh Vương)의 무덤에서 일어난 이 사건의 경과는 『선원집영』에 다음과 같이 소개되어 있다.[19] 반하인이 밤에 선정(禪定)에 들었을 때, 무덤 사방에서 각기 다른 독송 소리가 들렸다. 동쪽에서는 이런 소리가 났다.

경만(慶萬), 상암(祥巖), 그리고 계봉(桂峯)에는,
양의 창자와 용의 형세가 서로 돕는 듯 따른다.
동쪽에는 조공 바치는 자 300이 늘어섰고,
여섯 오랑캐는 하늘을 마주했네.

남쪽에서는 이런 소리가 났다.

남쪽 푸닌(Phủ Ninh, 扶寧)은 집 지키는 신인데,
영화로운 세상에서 온 남녀들이 많구나.
티엔득부의 부귀는 집과 성을 가득 채웠고,
팔방(八方)에서는 여인을 만나러 임금이 나오네.

서쪽에서는 이런 소리가 났다.

　서쪽으로 멀리 천주산(天柱山)을 바라보니,
　고세(古世)[20]의 남녀들이 상장성(上將星)[21] 머리에 있구나.
　티엔득부는 변세(邊世)처럼 부유하고,
　임금의 수명은 아흔아홉이구나.

북쪽에서는 이런 소리가 났다.

　북쪽 부금(扶琴)은 백호(白虎)를 마주했고,
　안락국(安樂國)의 남녀에게는 고통이 없구나.
　티엔득부는 대대로 장수의 즐거움을 누렸고,
　세세로 임금들은 육조사(六祖寺)에 빌었네.

　사람들에게 동서남북의 소리를 받아 적게 한 반하인은 이 소리의
내용을 무덤의 표지로 삼았다. 이후에 그는 여기에 와서 표지의 내
용을 보고 다음과 같은 게송을 지었다.

　동쪽에는 무롱(武龍) 거리가 있고,
　남쪽에는 무롱(武龍) 제방이 있으며,
　서쪽에는 학림사(鶴林寺)가 있고,
　북쪽에는 진해(鎭海) 연못이 있구나.

　그러고는 잠시 있다가, 다음과 같이 말했다.[22]

석 달 내에 친위(親衛)가 등극할 것이니, 그리하면 온 나라가 평안해 지고 국(國) 자가 찍히리라. 경(磬)쇠 열 개가 물 밑바닥에 가라앉으면 성자는 꼬팝을 티엔득이라 하리라.

여기에서 성자는 리꽁우언, 즉 리타이또(Lý Thái Tổ, 李太祖, 1009~ 1028 재위)를 가리키고, 이후 실제로 리타이또가 꼬팝을 고쳐 티엔 득이라 하였으니, 반하인이 예상한 대로 실현되었다.[23] 무언통과 티엔옹 등이 거처했던 쌍림사의 용목(榕木)[24] 껍질을 벌레가 파먹었 는데, '국(國)' 자가 새겨진 일 등이 일어났다. 『선원집영』은 현경왕 의 무덤 주변에서 일어난 이 사건들을 모두 띠엔레 왕조가 몰락하 고 리 왕조가 흥할 조짐으로 이해하고 있었다.

이후 리꽁우언은 승려들과 관리들의 지지를 받아 제위에 올랐는 데, 이 과정에서 크게 활약한 두 인물이 승려 반하인과 하급 관리 다오깜목(Đào Cam Mộc, 陶甘沐, ?~1015)이다. 이 두 사람의 역할을 이해하기 위해서는 우선 목면수(木綿樹)에 얽힌 일화를 살펴볼 필요 가 있다.

이전에 리꽁우언이 머무르던 꼬팝주 지엔우언(延蘊)향(鄉)[25]에 천 둥 벼락이 쳤는데, 벼락을 맞은 목면수에는 그 흔적이 "수근향향(樹 根杳杳), 목표청청(木表靑靑), 화도목락(禾刀木落), 십팔자성(十八子 成), 동아입지(東阿入地), 목이재생(木異再生), 진궁견일(震宮見日), 태궁은성(兌宮隱星), 육칠년간(六七年間), 천하태평(天下太平)"과 같 이 글자로 새겨져 남아 있었다고 한다.[26] 비니다류지파로 1025년에 입적할 때까지 베트남 조정과 긴밀히 연결되어 있던 반하인은 리 왕조의 흥기를 예언하며,[27] 다음과 같이 참문을 풀이했다.

'수근향향(樹根杳杳)'. 근(根)은 본(本)이고, 본(本)은 군(君)과 같다. 묘요(杳夭)는 동음(同音)이니, 묘(杳)는 당연히 요(夭)이다. '목표청청(木表青青)'. 표(表)는 말(末)이고, 말(末)은 신(臣)과 같다. 청청(青青)은 소리가 서로 가까우니, 청(青)은 당연히 청(菁)이고, 성(盛)이다. 화도(禾刀)는 연결하면 여자(黎字)이다. 십팔자(十八子)[28]는 이자(李字)이다. 동아(東阿)는 진씨(陳氏)이다. 입지(入地)는 북인(北人) 구(寇)이다. 목이재생(木異再生)은 여씨(黎氏)의 재생(再生)이다. 진궁견일(震宮見日)은 진동방(震東方)이고, 현출(見出)이니, 천자와 같음을 이른다. 태궁은성(兌宮隱星)은 태서방(兌西方)이고, 은(隱)은 몰(沒)과 같고, 성(星)은 서인(庶人)과 같다. 임금이 어리니 신하는 성(盛)하고, 여(黎)가 떨어지고 이(李)는 흥기하고, 천자(天子)가 동방(東方)에서 나니 서방(西方)에 서인(庶人)이 사라지고[西方沒庶人], 6~7년이 지나 천하가 편안해짐을 말한다.

반하인은 곧 리꽁우언에게 다음과 같이 말했다.

요즈음 신(臣)이 부양지이(符讓之異)[참기(讖記)]를 보니, 레는 망하고 반드시 이씨(李氏)가[29] 장성(壯盛)하여 흥업(興業)할 것을 알겠습니다. 지금 천하의 성(姓)을 보니, 리(李)가 가장 많은데, 친위(親衛, 즉 리꽁우언)만큼 너그럽고 자애롭고 어질고 너그러운[寬慈仁恕] 자가 없으니, 사람들의 마음을 두루 얻을 수 있고, 병권을 장악하고 있으니, 만민(萬民)의 종주인데, 친위를 내버려두면[捨], 그 누가 감당하겠습니까? 신의 나이는 70이 넘었으니, 바로 죽지 않고 여유롭게 죽으면서[願斯須勿死] 덕화(德化)가 어찌 되는지 보고 싶으니, 진실로 천재일우의 기회입니다.

리꽁우언은 이 말이 새어나갈까 봐 두려워서, 반하인을 띠에우(Tiêu, 蕉)산[30]에 숨어 있게 했다. 그런데 이 일을 계기로 "자신의 능력을 믿게 되어[自負] 기회를 엿보는 신기(神器)한" 마음이 싹트기 시작했고, 사람들 또한 그를 따랐다. 응오아찌에우는 일찍이 별 모양의 과일[五廉]을 먹다가 이 과일에서 자두나무의 씨를 얻었는데, 참어(讖語)라고 생각해서 몰래 리씨족(李氏族)을 찾아내어 죽였다. 리꽁우언이 바로 곁에 있었지만, 끝내 이 사실을 깨닫지는 못했다고 한다.[31]

다음으로, 당시 기후(祇侯, Chi Hhậu) 다오깜목의 역할을 살펴볼 필요가 있다. 다오깜목의 고향은 분명하지 않은데, 16세기에 쓰인 (19세기에 다시 필사됨) 동해사(東海寺, Chùa Đông Hải)[32]의 『사보(寺譜, Tự Phả)』에 의하면, 다오깜목은 어려서부터 이 사원에서 수행하며 성장했다고 한다.[33] 미미한 관직을 맡았던 그는 비밀리에 승려 반하인 및 몇몇 다른 대신들과 함께 친위(Thân Vệ) 리꽁우언을 새로운 황제로 옹립할 기회를 엿보았다.[34]

응오아찌에우가 죽었을 때 후계자는 여전히 어렸다. 당시 36세의 리꽁우언이 수룡병을 데리고 숙직하며 그를 지킬 때, 다오깜목은 리꽁우언이 임금의 자리를 물려받기를 원하고 있다고 짐작했기 때문에, 마침내 그를 슬쩍 떠보면서 다음과 같이 격한 어조로 말했다.[35]

요즈음 주상은 혼미하며 폭력을 일삼았고, 많은 행동이 의롭지 않았으니, 하늘이 그 모습을 싫어해서 천수를 다할 수 없었습니다. 어린 계승자는 많은 어려움을 아직 감당할 수 없습니다. 어려운 여러 세상 일이 번거롭고 요란스럽고, 온갖 신령[百神]도 의지하지 않고, 세상 사람들이 원망하며 와글와글 떠들고, 그 [새로운] 참 주인[眞主]을 구 하고자 합니다. 친위는 바로 이때에 뛰어난 계략을 내고 슬기롭게 생 각하여, 멀리는 탕무(湯武)의 자취를 보고, 가까이는 딘-레의 소행을 살펴서, 위로는 천심에 순응하고, 아래로는 사람들의 소망을 따라야 하는데, 어찌 구차한 작은 절개를 지키려 하십니까?

리꽁우언은 다오깜목의 말을 듣고 속으로는 기뻤지만, 그의 간계 를 의심하여 겉으로는 꾸짖으면서, "그대는 어찌하여 감히 이런 말 을 하는가! 나는 반드시 그대를 잡아서 관에 이송하겠다"고 말했다. 다오깜목과 리꽁우언 사이에 다음과 같은 대화가 이어졌다.[36]

다오깜목: (천천히 말하기를) 신은 천시(天時)와 인사(人事)를 이와 같이
　　보았으므로, 감히 말했을 뿐입니다. 지금 저를 관에 보내어 조사
　　하려고 한다고 해도 정말로 죽음을 마다하지 않을 것입니다.
리꽁우언: 내가 어찌 차마 당신을 고소하겠나? 다만 말이 새어 함께
　　죽을까 봐 경계할 뿐이오.
[후일] 다오깜목: 나라 사람들은 모두 리씨 성[李姓]이 크게 일어나서
　　레를 대신하기를 바라고, 도참도 이미 출현했으니, 지금은 숨길
　　수 없는 전화위복의 시기입니다! 기한이 조석에 달려 있고, 이 상
　　황은 천재일우의 기회인데, 친위께서는 오히려 무엇을 의심하십
　　니까?
리꽁우언: 나는 뭇사람의 생각을 분명히 이해한다. 내가 볼 때, 그대

의 뜻이 반하인과 다르지 않으니, 진실로 이와 같이 말하면, 장
차 어떠한 계획을 낼 생각인가?

다오깜목: 친위께서는 공정하고, 관후하며 너그럽고 어질어서, 사람
들이 마음으로 더욱 따릅니다. 요즘 백성들은 피폐하고, 사람들
이 운명을 감당하지 못하니, 친위께서 만약 은덕으로 어루만지
면, 그들이 반드시 일제히 따를 것은 물이 아래로 흐르는 것과 같
으니, 누가 막을 수 있겠습니까?

사태가 긴박해졌음을 인식한 다오깜목도 변이 생길까 두려워해
서 조정의 고관대작과 관리들에게 알리니, 그날 즉시 모두 조당에
모였다. 그중 누군가가 이야기를 꺼냈다.[37]

지금 수많은 백성이 다른 마음[異心]이고, 상하가 불화 반목하고, 사
람들은 선제(先帝)의 가혹한 학대를 원망하고, 계승한 군주를 따르려
고 하지 않으니, 모두 친위를 추대하려는 마음이 있습니다. 우리가
이때를 이용해서 친위를 천자로 삼지 않으면, 갑작스럽게 변고가 생
길 때 그 수령을 보호할 수 없지 않겠습니까?

이때 모두 리꽁우언을 정전(正殿)에 오르게 하여 천자로 세우니,
백관이 모두 만세를 불렀다.[38] 이렇게 천둥과 벼락이 남겼다는 참문
은 반하인이 새로운 군주의 등장을 예언하는 근거가 되었고, 이 승
려의 도참 해석을 바탕으로 다오깜목은 리꽁우언을 설득하여 리 왕
조가 개창하는 계기를 마련하게 되었다.

아울러 리타이또가 즉위하던 날에도 반하인은 티엔득부 직방향

(鄉)의 육조사에 있으면서, 이 사실을 먼저 알고 리꽁우언의 백부와 숙부에게 이렇게 말했다.

천자께서 이미 붕어하셨습니다. 친위인 리공(李公)은 집에 있다가 성내에 이르러 수천 명을 거느리고 밤을 새웠습니다. 오늘 중에 리공은 반드시 천하를 얻을 것입니다.

그리고 사방으로 통하는 길에 다음과 같은 방(榜)을 써 붙였다.

남가새[蒺藜][39]는 북쪽 바다에 가라앉고,
자두나무[李子樹][40]는 남쪽 하늘 아래서 자라는구나.
사방에서 전쟁이 멈추니,
사람들은 태평을 경축하네.

두 왕은 이 말을 듣고 너무 두려워서 사람을 보내 살펴보게 하니, 과연 반하인이 말한 그대로 상황이 전개되고 있었다. 1009년 11월 21일, 리꽁우언은 황위에 올랐고, "하늘의 뜻을 따른다"는 의미에서 연호를 순천(順天, Thuận Thiên)으로 정했다. 그는 아버지를 현경왕(顯慶王, Hiển Khánh Vương)으로, 어머니를 명덕태후(明德太后, Minh Đức Thái Hậu)로, 숙부를 무도왕(武道王, Vũ Đạo Vương)으로, 친형을 무위왕(武威王, Vũ Uy Vương)으로, 친동생을 익성왕(翊聖王, Dực Thánh Vương)으로 추봉(追封)했다. 리꽁우언은 9명의 황후를 세웠고, 장자 리펏마(Lý Phật Mã, 李佛瑪)를 태자로 삼았으며 다른 아들들도 왕에 봉했다. 이처럼, 반하인과 다바오로 대표되는 승

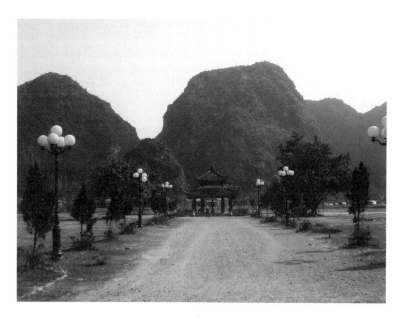

그림 4-1 리타이또가 천도 조서를 발표한 곳. 비문이 남아 있다.

皇越文選卷之五

詔制册

徙都昇龍詔 李文

李太祖順天元年庚戌以丁黎猶都華閭城卑陋
手詔徙都大羅城及御舟泊城下有黃龍之瑞因改
其城曰昇龍

昔商家至盤庚五遷周室逮成王三徙豈三代之數君徇于
己私妄自遷徙以其圖大宅中爲億萬世子孫之計上謹天
命下因民志苟有便輒改故國祚延長風俗富阜而丁黎二
家乃徇己私忽天命罔蹈商周之迹常安厥邑于茲致世代
弗長算數短促百姓耗損萬物失宜朕甚痛之不得不徙況
高王故都大羅城宅天地區域之中得龍蟠虎踞之勢正南
北東西之位便江山向背之宜其地廣而坦平厥土高而爽
塏民居蔑昏墊之困萬物極繁阜之豐遍覽越邦斯爲勝地
誠四方輻輳之要會爲萬世帝王之上都朕欲因此地利以
定厥居

皇越文選 卷之五 存庵家藏

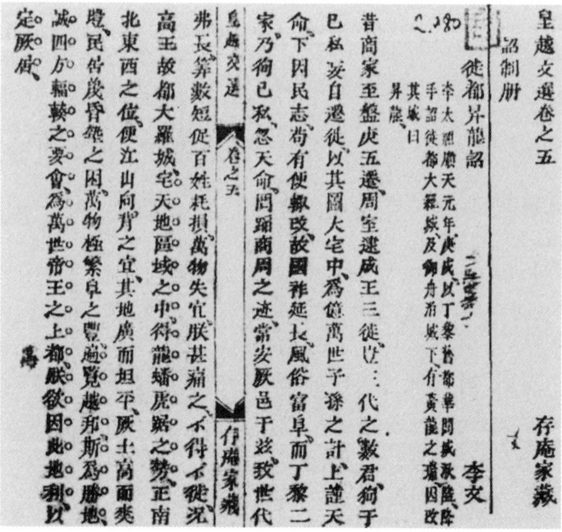

그림 4-2 부이후이빅(Bùi Huy Bích, 裴輝璧), 『황월문선(皇越文選, Hoàng Việt Văn Tuyển)』, 권지오(卷之五), 「조제책(詔制册)」, 사도승룡조(徙都昇龍詔), 1ab.

려 그룹과 다오깜목이 선동한 관료들이 전전지휘(殿前指揮) 리꽁우언을 지지했고, 새롭게 등장한 이 지도자는 응오아찌에우가 세상을 떠나는 기회를 이용하여 정권을 장악하며 새로운 왕조의 기틀을 다졌던 것으로 보인다.[41]

리 왕조 창건 이후에는 천도와 대외 관계가 중요한 사안으로 다가왔다. 리타이또는 호아르의 싸오케강 변에서 천도 조서를 발표한 후, "용이 서리고, 호랑이가 웅크린[龍蟠虎踞]" 다이라(Đại La, 大羅)성으로 천도했다. 홍강 델타의 동남쪽 옆에 위치하며 돌산으로 둘러싸여 수세적인 지세로 이루어진 수도 호아르는 협소하고 지대도 낮아 딘 왕조와 띠엔레 왕조가 일찍 멸망해 버린 불길한 곳이라고 판단했기 때문이다. 천도가 진행될 당시 다이라성 아래에서 용이 하늘로 올라갔다고 해서, 성의 이름도 탕롱(Thăng Long, 昇龍)[42]으로 바꾸었다.[43]

베트남 황제는 송나라와 평화로운 관계를 유지하기 위해 노력했다. 리타이또는 1010년에 르엉념반(Lương Nhậm Văn, 梁任文)과 레따이응이엠(Lê Tái Nghiêm, 黎再嚴)을 보냈고, 권력 찬탈을 못마땅하게 여기던 송나라 진종(眞宗, 997~1022 재위)은 결국 베트남의 새로운 지도자를 교지 군왕 겸 정해군 절도사(Giao Chỉ Quận Vương Kiêm Tĩnh Hải Quân Tiết Độ Sứ)에 봉했다.

이처럼, 천도 이후에 송나라와의 관계를 안정시키려던 리타이또는 사신을 파견하여 교류하는 과정에서도 불교에 대한 관심을 놓지 않았다. 예를 들면, 리타이또는 1012년 4월에 리년미(Lý Nhân Mỹ, 李仁美)를 송나라에 보내 금은, 얇은 비단, 무소의 뿔, 상아 등의 물건을 숭정전(崇政殿)에 바쳤다. 그는 여러 사찰과 도관[諸寺觀]에 가

서 향을 사르며 예배했고, '천축국'이 선물한 사자를 보여달라고 요
청하여 허락을 받았다.[44] 리타이또는 자국의 사신을 통해 송나라의
사찰 및 도관과 인도와의 교류 상황을 간접적으로 파악할 수 있었
을 것이다. 이하에서는 리타이또의 불교 정책을 승려, 사원, 경전
등을 중심으로 살펴본다.

2. 승려

우선 리타이또는 1009년 10월 호아르에서 승려와 도사에게 각각
의 신분에 맞는 의복(승복과 도복으로 추정)을 하사했다.[45] 일단 의복
을 지급한 이후에 등장한 모습은 승려의 현실 정치 참여를 합법적
인 제도로 보장하며 지원하는 양상을 통해 확인할 수 있다.

리 왕조는 띠엔레의 관제를 계승했는데,[46] 딘 왕조의 승통 쿠옹
비엣, 승록 쯔엉마니와 띠엔레 왕조의 승통 꾸아익응앙의 경우처
럼, 리 왕조도 승려들의 관직을 규정하는 승관제(僧官制)를 두었고,
이러한 관직은 이전 시기에 비해 다양한 형태로 나타나기 시작했
다. 조정이 승려에게 내린 관직, 즉 승관은 보통 법령(法令), 수계(授
戒), 관정(灌頂) 등의 의식이나 사원의 운영을 맡아보는 승려의 벼슬
이다.[47] 리타이또 시기에는 승통, 승록 이외에도 1014년 5월 당시
우가승통(右街僧統) 텀반응우옌(沈文苑, Thẩm Văn Uyên)의 사례를
확인할 수 있다.

1010년부터는 백성들이 승려가 되도록 장려했는데,[48] 1016년 3월에
경사(京師) 사람 1,000여 명이 도첩을 발급받아 승려와 도사가 되었

다.[49] 이후 1019년 1월에도 도첩을 주어 승려가 되기를 장려하는 조서를 내렸는데, 대상은 '천하의 인민[天下人民]'으로 확대되었다.[50] 이처럼 도첩의 대상이 수도에서 전국으로 확대되었다. 그 대상도 도교에서 불교로 집중되면서 전국 차원에서 승려를 양성하는 업무가 중요한 사안으로 떠오르고 있었음을 알 수 있다. 실제로 1011년부터 1015년까지 리타이또 조정이 관할하던 영역은 남쪽의 아이쩌우와 지엔쩌우(Diễn Châu, 演州)[51] 등지로, 북쪽의 뛰엔꽝(Tuyên Quang, 宣光)과 하장(Hà Giang, 河楊) 등지로 확장되었다.[52] 리타이또는 새로운 영역을 안정적으로 관리하기 위해 승려들의 역할을 기대했던 것 같다.

아울러, 1014년 5월에는 우가승통 팀반응우옌이 탕롱성 내에 1011년에 조성한 만세사(萬歲寺, Chùa Vạn Tuế)에 계(戒)를 받는 장소, 즉 계장(戒場)을 세워 승도에게 수계(受戒) 의식을 진행하라고 주청했고, 황제가 이 주청을 받아들여 시행하게 되었다.[53] 이렇게 국가가 승려의 지위를 적극적으로 보장하던 상황에서, 다음과 같은 승려들의 활동을 살펴볼 수 있다.

1) 쿠옹비엣(무언통파 제4세)

딘 왕조와 띠엔레 왕조 시기에 조정에서 적극적으로 활동한 쿠옹비엣(Khuông Việt, 匡越, 933~1011)은 1011년 당시 트엉락(Thường Lạc, 常樂)현의 깟러이(Cát Lợi, 吉利, 지금의 하노이)향에 있던 불타사(佛陀寺, Chùa Phật Đà)에 있었다. 1011년 2월 15일 쿠옹비엣이 입적할 때가 되자, 제자 다바오에게 다음과 같이 게송을 들려주며 가부

좌를 튼 채 세상을 떠났다고 한다.[54]

불은 본래 나무 속에 있었나니,
본래의 그 불이 다시 살아날 뿐.
만약 본래부터 불이 없었다고 한다면,
나무를 비빌 때 어떻게 불이 일겠는가?

이처럼 쿠옹비엣은 리 왕조 시기에 나이 혹은 건강 때문인지 별다른 활동을 보이지 않고 입적했다.

2) 반하인(비니다류지파 제12세)[55]

티엔옹의 제자 반하인(Vạn Hạnh, 萬行, ?~1025)은 띠엔레 말기와 리 왕조 초기 사람으로, 1025년 8월 세상을 떠났다. 그는 죽기 직전에 다음과 같은 게송을 읊었다고 한다.

몸은 번개와 같아서 나타났다가 사라지는 것,
온갖 나무 봄엔 꽃 피우나 겨울에 다시 시들지.
성쇠(盛衰)는 되는대로 맡겨두고 두려움 갖지 말라,
성쇠란 풀잎에 맺힌 이슬과 같은 것이니.

또 제자들에게 "너희들은 어디에 머물려 하느냐? 나는 머무는 바로써 머물지 않았고, 머묾이 없음에 의지하지 않으면서 머물렀노라"고 말한 후, 잠시 후에 세상을 떠났다.[56] 그는 사망 당시에 병에 걸리지 않은 채로 죽었다고 해서, 당시 사람들이 반하인을 화신(化身)이라고 일컬었다고 한다.[57] 리타이또와 사인(士人)들, 그리고 백성들이 모여 다비를 행했고, 거둔 사리는 탑을 세워 안치하고 향화(香火)를 올렸다.[58]

3) 다바오(무언통파 제5세)[59]

리꽁우언은 황제로 즉위하자 다바오(Đa Bảo, 多寶)를 자주 궁궐로 불러들여 선의 요체에 대해 물었고, 그에 대한 두텁고 은혜로운 정 때문에 때때로 후하게 상도 내렸다. 또한 리타이또는 조정의 정사(政事)에 관해서도 대부분 다바오에게 물어서 결정했다. 그러나 이후에 다바오가 언제 어디서 입적했는지는 아무도 모른다고 한다.

4) 마하(비니다류지파 제10세)[60]

마하마야(摩訶摩耶)[61]라고도 불렸던 마하(Ma Ha, 摩訶, ?~1029) 선사의 선조는 특이하게도 참파 사람이었는데, 사연은 알 수 없으나 베트남에 와서 얻은 성은 즈엉(Dương, 楊)씨였다.[62] 산스크리트어 불경을 번역하던 마하는 고산사의 [도(Đỗ, 杜)] 팝투언을 따라 가르침을 받으며 오로지 참회하는 데에 힘썼고, 또 '대자심주(大慈心注)'를 3년 동안 외우면서 잠시도 쉬지 않다가 눈이 멀었다. 관음 대사라는 승려가 나타나 버드나무 가지에서 뽑은 맑은 물을 정수리에 붓고 얼굴에도 뿌리자, 눈이 다시 환해졌으며 마음도 더욱 청정해졌다고 한다.[63]

마하가 3년간 줄곧 외던 불경의 내용은 『천수경(千手經)』과 관련이 있는 듯하다. 서인도 출신의 승려 가범달마(伽梵達磨, Bhagava-ddharma)가 당나라 때 번역한 『천수경』은 천수관음(千手觀音)[64]의 유래, 발원, 공덕 등을 담고 있으며, 주로 선종과 밀교에서 독송되었다. 특히 마하가 "오로지 참회하는 데에 힘썼고"에서 알 수 있듯이, '대자심주'는 "계수관음대비주(稽首觀音大悲呪)"로 시작하는 『천수경』의 '천수천안(千手千眼) 관자재보살(觀自在菩薩) 광대원만(廣大圓滿) 무애대비심(無崖大悲心) 대다라니(大陀羅尼經) 계청(啓請)' 부분을 말하는 것 같다. 오늘날 한국에서도 가장 대중적인 독경 경전 중의 하나가 『천수경』인 이유는 바로 이 경전이 참회 사상과 참회 진언 수행법을 담고 있기 때문이다.[65]

1014년에 마하는 쯔엉안(Trường An, 長安)부(府)의 다이번(Đại Vân, 大雲)봉(峯)으로 거처를 옮겼고, 이곳에서서 날마다 수행에 힘써 총지삼매 및 여러 환술(幻術)[66]을 얻었다. 사람들이 그의 능력을 헤아릴 수 없을 정도였다고 한다. 이 소문을 들은 리타이또[67]가 세 번이나 불러서 마하는 어쩔 수 없이 궁궐로 들어갔다. 황제가 불법에 대해 물었으나, 마하는 합장하며 머리를 조아릴 뿐이었고, 다시 두 번 묻고 세 번째 묻자, 비로소 "관애사(觀愛寺, Chùa Quan Ái)의 미친 중이오!"라고 대답할 뿐이었다. 이러한 태도에 크게 분노한 황제는 그를 황성 내의 만세사에 가두어 버렸다. 그런데 다음 날 새벽에 마하는 승방(僧房) 밖에 있는데 문의 자물쇠는 그대로 잠겨 있었다고 한다. 이 모습을 매우 기이하게 여긴 황제가 그를 풀어주어 원하는 대로 가게 했다고 한다.

마하는 남쪽의 아이쩌우로 갔다가 싸당(Sa Đãng, 沙蕩)진(鎭)[68]에 이르렀는데, 그곳 사람들은 귀신 섬기기를 좋아했으며 살생을 생업으로 삼았다. 마하가 그들에게 육식을 금하라고 권하자, 다음과 같은 대화가 이어졌다.

> 어떤 사람: 우리 천신(天神)은 화복(禍福)을 주시는 분이니, 감히 어길 수 없소.
> 마하: 그대들이 진실로 그릇된 것을 버리고 좋은 것을 따른다면, 설혹 재앙이 생기더라도 이 노승이 감당하겠소이다.
> 마을 사람들: 이곳에서는 오랫동안 문둥병으로 죽은 사람이 많은데, 의원도 무당도 손을 쓰지 못하고 있소. 당신이 이 병자들을 치료할 수 있다면, 반드시 그대가 권하는 대로 따르겠소.

마하가 병자들에게 주문을 불어 넣으며 내뿜으니, 병이 금방 나았다고 한다. 이 일로 마을 사람들이 깊이 감동하기는 했으나, 오래도록 젖어 있던 습성이 별안간에 바뀔 수는 없었다. 마을의 부호 응오(Ngô, 吳)씨가 술을 마시다가 취기가 오르자, 술과 고기를 마하 앞으로 내밀며 이렇게 대화를 나누었다.

> 응오씨: 화상께서 이 즐거움을 누리신다면, 우리도 마땅히 그 가르침을 따르겠소이다.
> 마하: 내 감히 사양치는 않겠으나, 다만 배가 아플까 걱정이오.
> 응오씨: (농담조로) 배가 아프게 되면, 제가 대신 받겠습니다.

마하는 그 말을 받아들여 술을 마시며 고기를 먹었고, 잠시 후에 배가 부풀어 오른 것처럼 꾸며 창자에서 꾸르륵 소리가 날 때, 숨을 헐떡거리며 "응오(吳) 군, 대신 받게나!" 하며 소리를 크게 질렀다. 응오씨가 당황하며 어찌할 줄을 모르고 허둥대자, 마하는 합장하고 "부처님께 귀의하옵고, 법에 귀의하옵고, 승가(僧伽)에 귀의하오니, 부디 저를 살려주십시오!"라고 염불했다. 잠시 후, 마하가 "구토하면서 내뱉은 고기는 짐승이 되어 달아났고, 물고기는 다시 산 물고기가 되어 뛰어오르고, 술은 녹청색 즙이 되었다"고 한다. 모여 있던 사람들이 크게 놀라며 두려워하자, 마하가 "너희들 병든 자는 나로 인하여 나았으나, 너희는 내 복통을 대신하지 않았다. 이제 너희는 내 가르침을 따르겠는가?"라고 말했다. 그러자 천신을 믿던 사람들이 신통력에 감화하여 모두 절을 하며 가르침을 따르겠다며 불교에 귀의했다.

리타이또가 세상을 떠난 이듬해인 1029년에 도위(都尉) 응우옌 꽝러이(Nguyễn Quang Lợi, 阮光利)가 마하에게 타이빈(Thái Bình, 太平)부(府)의 개천사(開天寺, Chùa Khai Thiên)에 거하기를 청했고, 그의 요청을 받아들인 마하는 이 사원에 머물다가 1033년에 호안쩌우(Hoàn Châu, 驩州)로 갔다고 하는데, 이후의 행적은 알 수 없다.[69]

참파에서 온 이주자 마하 등과 같은 승려의 사례를 볼 때, 참파 출신의 승려가 불교에 호의적이었던 리 왕조의 황제와 적대적인 관계를 형성한 경우를 확인할 수 있다. 아울러, 중국 남부의 선종이 자리를 잡기 시작한 이후에도 산스크리트어 경전을 통해 인도 불교의 영향이 지속되고 있었으며, 밀교와 절충된 선종이 승가(僧伽) 집단 상가(sangha)와 민간 사회에 여전히 유행하고 있었음을 알 수 있다.

3. 사원

리타이또의 황후 레티펏응언은 1010년 무렵 호아르의 연녕사에 와서 수행하며 아버지 레다이하인 황제의 묘를 지켰다고 한다. 전설에 의하면, 이 사원의 황후 덕분에 많은 남녀가 짝을 찾았다고 하며, 이때부터 연녕사는 사랑이 이루어지기를 기도하며 인연(因緣)을 구(求)하는(cầu duyên) 사원이 되었다. 승려들을 포함한 불교 세력의 지원으로 리 왕조를 창건한 리타이또는 사원 건설과 관련해서 어떠한 정책을 펼쳤을까?

〈표 4-1〉[71]을 통해 알 수 있는 것처럼, 정사에 나타난 리타이또의 사원 조성은 천도 이후부터 1024년까지 진행되었다. 우선, 황제는 1010년 7월에 고향 박닌 티엔득부의 부전(府錢) 2만 민(緡)을 거두어 사원 8개를 지으며 각각의 공덕비를 세웠다. 이러한 작업은 황성이 건설되면서 탕롱성 내외에서도 동시에 진행되었다. 성안에는 오봉성루(五鳳星樓, Tinh Lâu Ngũ Phượng)와 함께 홍천(어)사와 성 밖의 남쪽에는 승엄사가 세워졌다.[72] 1011년에는 성내 왼쪽에 도교 사원 태청궁[太淸宮, Cung Thái Thanh, 혹은 대청궁(大淸宮, Cung Đại Thanh)],[73] 진복장(鎭福藏, Kinh Trấn Phúc) 등이 건설될 때, 성내 오른쪽에 만세사가 조성되었고, 성 밖에는 사(대)천왕사, 의금사, 용구성수사 등이 조성되었다.

1016년 3월에는 리타이또가 천광사와 천덕사를 탕롱성 밖에 조성했고, 사천제상(四天帝像, tượng Tứ Thiên Đế, 사천왕상으로 추정)도 제작했다.[74] 1024년 9월 황제가 진교선사를 탕롱성 내에 마련하여 자신이 오가며 경전을 보고 암송[觀誦]할 수 있는 편의를 도모했다.[75]

표 4-1 리타이또 시기의 사원 건설

시기	이름	지역
1010.07 (10곳)	8개 사원	고향 티엔득부, 즉 이전의 꼬팝주
	흥천(어)사[興天(御)寺, Chùa (Ngự) Hưng Thiên]	탕롱성 안
	승엄사(勝嚴寺, Chùa Thắng Nghiêm)	탕롱성 밖 남쪽
1011 (5곳)	만세사(萬歲寺, Chùa Vạn Tuế)	탕롱성 안 오른쪽. 태화전(太和殿, Điện Thái Hòa) 근처
	사(대)천왕사[四(大)天王寺, Chùa Tứ (Đại) Thiên Vương]	탕롱성 밖
	의금사[衣錦寺, Chùa Y Cẩm, 『대월사략』에서는 금의사(錦衣寺, Chùa Cẩm Y)]	탕롱성 밖
	용구성수사(龍具聖壽寺, Chùa Long Cụ Thánh Thọ) 혹은 성수사(聖壽寺, Chùa Thánh Thọ)	탕롱성 밖
	용흥사(龍興寺, Chùa Long Hưng)	탕롱성 밖
1016.03	천광사(天光寺, Chùa Thiên Quang)	탕롱성 밖
	천덕사(天德寺, Chùa Thiên Đức)	
1024.09	진교(선)사[眞教(禪)寺, Chùa Chân Giáo]	탕롱성 안

이처럼 리타이또는 자신의 고향과 새로운 수도 탕롱성을 중심으로 사원을 건설했다. 전국적으로는 약 300개의 사원을 조성했다고 한다.[76] 특히 황성(皇城) 내에 흥천사, 진교선사와 같은 사원이 자리 잡은 사례는 베트남 역사에서 리타이또 시기가 처음이었던 것 같다.

새로운 사원을 건설하는 일뿐만 아니라, 기존의 사원을 보수하는 문제도 리타이또의 관심 대상이었다. 1010년 7월에 황제는 여러 향읍이 소유한 사원과 도관(道館)에 무너진 곳이 있으면 모두 다시 보수하라고 명령했다.[77] 이 명령으로 리 왕조의 창건에 공헌한 다바오가 머물던 건초사가 혜택을 받았고,[78] 현재도 이 사원은 리타이또를 모시고 있다.

사원이 조성되고 보수되는 과정에서 종도 제작되었다. 1010년 7월에는 부은(府銀) 1,680량(兩)을 거두어 큰 종[洪鐘]을 주조하여 대교사(大敎寺, Chùa Đại Giáo)에 두었다.[79] 또한, 1014년 9월에는 부금(府金) 310량을 모아서 주조한 종이 탕롱성 내 흥천사에 안치되었고, 한 달 후에는 부은 800량을 거두어 만든 종 두 개를 탕롱 외성 남쪽의 승엄사와 성내의 오봉성루에 각각 두었다.[80]

그림 4-3 건초사에 모신 리타이또

4. 경전

불경 수입은 이전 시기처럼 사신 파견을 통해 계속되었다. 1014년 8월에 리타이또는 송나라에 방물(方物)을 바치면서 갑옷과 투구 이외에도 『대장경』을 달라서 요청해서 가지고 왔다.[81] 1018년 6월에는 원외랑(員外郞) 응우옌다오타인(Nguyễn Đạo Thanh, 阮道清)[82]과 팜학(Phạm Hạc, 范鶴)이 송나라에 사신으로 파견되면서 삼장경(三藏經, Kinh Tam Tạng, Tripitaka)을 구해 오는 임무를 맡았다.[83] 1020년 9월 응우옌다오타인이 삼장경을 얻어서 돌아오자, 리타이또는 승통 피찌(Phí Trí, 費智)더러 광주에 가서 그를 맞이하게 했다.[84] 황제는 1023년 9월에 삼장경의 사본을 대흥장(大興藏, Kho Đại Hưng)에 보관하도록 했고,[85] 1027년 8월에는 사본 한 부를 더 만들도록 지시했다.[86] 삼장(三藏)은 불교의 경장(經藏, 불경), 율장(律藏, 계율을 모은 책), 논장(論藏, 불법을 논한 책)의 세 가지 불서(佛書)를 통틀어 이르는 말이므로, 삼장경을 요청했다는 사실에서 리타이또가 경 이외에 율과 논에도 관심을 갖게 되었음을 알 수 있다. 아울러, 당시 목판본 제작 기술이 없던 상황에서, 리 왕조의 조정은 필사본 형태로 삼장경의 사본을 만들어 두었을 것이다.[87]

베트남에 유통된 불교 경전은 중국에서 들여온 한문 경전 외에도, 이미 산스크리트어 경전이 있었을 가능성도 배제할 수 없다. 참파 출신 승려 마하의 아버지 보이다(Bối Đà, 貝陀)는 불교 경전[貝書][88]에 밝았으며, 이미 띠엔레 왕조에서 벼슬을 얻어 패장(貝長)[89]을 지냈다. 뛰어난 식견으로 사물을 통찰한 마하는 한문과 산스크리트어를 공부했고, 24세에 아버지의 일을 이어받아 꼬미엣(Cổ

Miệt, 古蔑)[90] 지역 다오자(Đào Gia, 陶家)향(鄕)의 관애사에서 불경 (貝經, kinh Lá Bối)을 번역하는 작업을 했다.

당시 어떤 호법선신(護法善神)이 나타나 "어찌하여 이런 외학(外學, 불교 이외의 학문)에 힘쓰는가? 그것으로는 이치를 통달할 수 없어!"라고 꾸짖었다. 이 일로 시력을 잃게 된 마하는 자신의 허물을 깊이 뉘우치며 연못에 뛰어들어 죽으려 했다고 한다. 이때 동림원 (東林遠)이라는 사람이 "아서라, 아서!" 하고 말렸고, 이 말에 마하는 의심이 확 풀렸다고 한다.[91] 호법선신의 비판보다는 한문과 산스크리트어에 능통했던 마하가 아버지의 직업을 계승하여 불경 번역에 몰두하다가 시력을 잃었다고 보는 것이 타당하다.[92] 이제 마하의 관심은 산스크리트 경전 번역에서 개인적인 선불교 수행으로 바뀌어 가고 있음을 알 수 있다.

5. 민간 신앙과 불교

리타이또 시기 민간 신앙의 영향은 전통적인 수호신 용 토템을 통해 확인할 수 있다. 리 왕조에 관한 기본 사료『대월사략(大越史略, Đại Việt Sử Lược)』에는 용과 관련한 기사가 59번 정도 등장하는데, 이 기사들은 리 왕조를 신성한 대상으로 파악하여 기술하고 있다. 특히 호아르에서 탕롱으로 천도할 당시 새로운 수도는 "용이 서리고 범이 웅크린 듯한[龍蟠虎踞]" 땅이었다.

이렇게 용 토템을 수용한 리타이또가 토착 민간 신앙에 관심을 갖고 있던 상황은 정사『대월사기전서』의 기록과 설화집『영남척괴열전』의 전설을 통해 알 수 있다. 『대월사기전서』에 의하면, 훙브엉 (雄王) 제6세[93] 때 무녕부(武寧部) 부동향(扶董鄉)에 살던 부유한 집 안의 늙은이에게 아들이 하나 생겼다. 이 아이는 세 살 정도 되었 을 때, 음식으로 비대해져서 말하지도 웃을 수도 없게 되었다. 마침 당시 나라에는 전쟁이 일어나서, 왕은 '적'을 물리칠 수 있는 사람 을 구하도록 했다. 이날, 그 어린아이가 돌연 말할 수 있게 되면서, 부모에게 천사(天使)를 맞이하여 오라고 알렸다. 아이는 왕에게 "검 하나와 말 한 필을 얻기를 원하니, 걱정할 필요가 없다"고 말했다. 왕이 검과 말을 하사하니, 아이는 즉시 말을 질주하여 검을 휘두르 며 앞으로 나아갔다. 그러자 관군(官軍)이 뒤를 따르며 무녕산(武寧 山) 기슭에서 '적'을 격파했다. 자중지란에 빠진 적이 서로를 공격 하니 죽은 자들이 대단히 많았고, 나머지 무리는 늘어서서 함께 절 하며 아이를 천장(天將)이라 부르짖으며 모두 항복했다. 그러자 아 이는 말을 질주하여 하늘로 올라가 버렸는데, 그 공로를 가상히 생 각한 왕으로서는 보답할 방법이 없었다. 웅왕은 아이를 높여 부동 천왕(扶董天王)[94]이라고 추존했고, 아이가 거처하던 원택(園宅)에 묘 (廟)를 세워 때마다 제사를 지내도록 했다.[95]

『영남척괴열전』은 『대월사기전서』가 특정하지 않았던 '적'을 중국 의 '은나라'로 언급했고, 훙브엉이 전답 100경(頃)을 하사하여 새벽 과 황혼에 제사 지내게 했다는 내용을 덧붙였다. 아울러, 이후 은나 라는 27명의 왕이 644년 동안 나라를 이어갔지만, 감히 훙브엉의 나라를 침략하지 못했으며 주변의 나라들이 이 사실을 전해 듣고 모두 이 나라를 섬기고 훙브엉에게 복종했다고 한다.[96]

이러한 민간 전설과 이 전설에 기반한 민간 신앙의 상황을 알고

있던 리타이또는 결국 부동천왕을 다시 충천신왕(沖天神王, Xung
Thiên Thần Vương)에 봉했다. 아울러, 황제는 이 신왕을 모시는 사
당을 푸동(Phù Đổng, 扶董)향(鄕) 건초사 옆에 두었을 뿐만 아니라
신왕의 상(像)을 위령산(衛靈山)에 빚어놓고 봄가을에 제사를 지냈
다고 한다.[97] 리타이또는 민간의 신왕을 불교와 연계하여 국가가 공
식 인정하고 보호함으로써 새롭게 등장한 다이비엣(Đại Việt, 大越)
사람들의 지지를 얻고자 했음을 알 수 있다.

　불교적 환경에서 태어나고 성장한 리꽁우언은 응오아찌에우의
실정(失政)과 승통을 조롱하는 조정의 분위기를 경험했다. 띠엔레
왕조의 멸망으로 황제에 등극한 리타이또는 호아르에서 탕롱으로
천도했고, 송나라와 책봉 문제를 해결한 후 내치에 힘을 기울이는
과정에서 불교를 적극적으로 지원했다. 다양한 일화에서 보듯 그
는 치세 동안 비니다류지파의 승려 반하인과 무언통파의 승려 다바
오 같은 영향력 있는 두 불교 지도자로부터 모두 지지를 받았다. 그
래서 즉위한 직후부터 통치가 끝날 때까지 불교의 발전에 우호적인
정책들을 내놓았다. 이 과정에서, 송나라에 파견된 베트남 사신의
현지 불교 시찰, 승려들에게 승복 지급, 승려 관련 관직의 다양화,
백성들의 출가 장려, 탕롱성 내 만세사에 계장 설치, 고향과 탕롱
성 내외에 사원 건설과 기존 사원 보수, 주조한 종들의 사원 안치,
송나라로부터 경전 수입, 사본 제작, 수장고 설치 등이 진행되었
다. 그리고 산스크리트어 경전이 유통되고 한역되고 있었음을 확인
할 수 있다. 아울러, 참파 출신 승려 마하의 사례는 '대자심주(大慈
心注)' 독송에서 보이는 선종과 밀교의 절충과 참회 진언 수행법, 그

리고 민간을 대상으로 신통력으로 불법을 전하는 방식 등도 보여준다. 또한 '부동천왕' 이야기를 통해, 국가가 민간 신앙을 불교의 영역으로 끌어들이려는 모습을 확인할 수 있다.

5장

불교의 주재자: 리타이똥 시기(1028~1054)

리타이똥부터 리년똥까지의 치세(1028~1128)는 리 왕조가 왕성하게 발전한 시기여서, '백년성세(百年盛世)'로 불린다. 그러면 이 시기 동안 불교는 어떠한 형태로 발전하게 되었을까? 우선, 리타이또의 계승자 리타이똥 시기의 상황을 살펴보도록 한다.

1. 리타이똥의 불연(佛緣)과 현실

리타이또의 첫 번째 황후는 럽자오(Lập Giáo, 立敎) 황후이다. 럽자오 황후는 이미 언급한 것처럼 야사(野史)에서 보통 레티펏응언으로 등장한다. 그녀는 레호안의 딸이고, 리타이또의 적장자이자 미래의 리타이똥(Lý Thái Tông, 李太宗)인 리펏마(Lý Phật Mã, 李佛瑪)[1]의 어머니이다.[2]

응언 공주와 재상(相公, tướng công) 리꽁우언이 연녕사에서 백년 가약을 맺었다. 리타이또가 여전히 띠엔레 왕조 시기의 관리였던 1000년 7월 26일 리펏마가 쯔엉안부의 호아르 서성(西城) 쪽의 이 사원에서 태어났다고 한다.[3] 리타이똥이 불교와 맺은 인연은 이렇게 시작되었다.

1009년 10월에 장자 리펏마는 황태자에 봉해졌고, 1012년 4월에 황태자는 개천왕(開天王, Khai Thiên Vương)에 책봉되어 성 밖의 용덕궁(龍德宮, Cung Long Đức)을 관리하고 그곳에 머물면서, 민간에 관한 일[民事]을 폭넓게 알고자 했다.[4]

1028년에 들어 리타이또의 건강이 이미 좋지 않았는데, 결국 3월 31일 황제는 재위 19년 만인 54세의 나이로 융안전(隆安殿, Điện Long An)에서 세상을 떠났다. 리타이또의 장례가 아직 끝나지도 않았을 때, 세 왕자 삼왕(三王)[5]이 함께 봉기하여 태자를 공격했다. 이 '삼왕의 난'을 진압한 리펏마는 결국 리 왕조의 두 번째 황제로 등극했다.[6]

리타이똥의 어려움은 계속 이어졌다. 리 왕조 초기에는 많은 지방의 권력자들이 여전히 황제에게 복종하지 않았다. 그래서 리타이또와 리타이똥은 여러 차례에 걸쳐 지방의 저항을 진압하는 작전을 펼쳤다. 이 과정에서 리 왕조의 제2대 황제도 남쪽의 아이쩌우(1029, 1034~1035, 1043)와 호안쩌우(1031), 서북쪽의 눙똔푹(Nùng Tồn Phúc, 儂存福, 1038~1039), 동북쪽의 반쩌우(Văn Châu, 지금의 랑썬 지역, 1042~1043) 등을 평정해야만 했다.[7] 아울러, 남쪽의 참파(1043~1044)와 서쪽의 아이라오(Ai Lao, 哀牢, 1048)도 원정의 대상이었는데, 1044년에는 많은 참파인이 희생되기도 했다.[8]

이처럼 초기의 계승 분쟁을 해결한 황제는 지방 세력이나 주변 나라들을 정벌해야 했다. 특히 1035년 10월 아이쩌우에서 반란이 일어나자 리타이똥은 친정에 나서서 이 지역을 평정했고, 탕롱에 돌아온 황제는 그동안 수도에서 모반을 일으킨 정승대장(定勝大將, Định Thắng Đại Tướng) 응우옌카인(Nguyễn Khánh, 阮慶)과 이 모반에 가담한 승려 호(Hồ, 胡)씨를 잡아 서시(西市, Chợ Tây)에서 '잘게 썰고 뼈를 발라내어[切肉剉骨]' 죽였다.[9] 리타이똥의 마지막 치세 10년 동안(1044~1054)은 국내외로 비교적 평온을 유지했다고 볼 수 있다. 이렇게 승려가 모반에 가담한 현실에 직면했고, 정무를 보다가 여가 시간에는 참선의 즐거움도 누렸다는[10] 황제는 아버지의 불교 정책을 어떻게 이어나갔을까?

2. 승려

리타이똥은 1028년 11월에 승려와 도사의 품계를 설치하여[11] 승관제를 더욱 체계적으로 정비하고자 했다.

리타이또와 비니다류지파 승려 마하의 관계는 불편했지만, 리타이똥은 다음과 같은 게송을 지어(정확한 시점을 알 수 없다) 비니다류지 선사를 추모하고자 했다.

그대 처음 남쪽 나라에 왔을 때,
오래도록 선을 수행했다고 들었소.
여러 부처에 대한 믿음을 열어주어,

후손들도 일심(一心)의 근원과 하나 되었소.

능가(楞伽)[12]의 달은 밝게 빛나고,

반야(般若)의 연꽃은 향기 짙구나.

언제나 얼굴 마주 보며,

함께 현묘한 도를 이야기할거나?

리타이똥은 이러한 추모 게송 이외에도 비니다류지 선사에게 별도의 봉호(封號)도 내렸다고 한다.[13] 그러면, 리타이똥 당시에 활동했던 비니다류지파 승려들은 어떤 사람들이었을까?

1) 비니다류지파

① 쑹팜(비니다류지파 제11세)[14]

쑹팜(Sùng Phạm, 崇範, 1004~1087)의 성은 머우(Mâu, 牟)씨이다. 그는 풍채가 기이할 정도로 컸으며 귓불이 어깨에 닿았다고 한다.[15] 속세를 떠난 그는 향성사(香城寺)의 보응아이(Vô Ngại, 無碍, 비니다류지파 제10세) 밑에서 참구(參究)했고, 심인을 얻은 후에는 인도를 두루 돌아다니며 식견을 넓혔다. 그렇게 9년을 보내고 돌아온 쑹팜은 계율과 선정에 모두 정통했고, 이후 롱비엔(Long Biên, 龍編) 꼬쩌우(Cổ Châu, 古州)향의 법운사(저우 사원)에서 가르쳤는데, "두 법문(法門)의 학인들"이 마치 "집으로 돌아가듯" 몰려들었다고 한다.[16] 여기서 "두 법문"은 비니다류지파와 무언통파를 말하는 듯한데, 두 선파의 수행자들이 모두 쑹팜의 영향을 받았다고 볼 수 있다.

② 딘후에(비니다류지파 제12세)[17]

티엔득부 안찐(An Trinh, 安貞)향의 광흥사(光興寺, Chùa Quang
Hưng)에 있는 딘후에(Định Huệ, 定惠, ?~?) 선사는 퐁쩌우(Châu, 峯
州)[18]의 깜디엔(Cẩm Điền, 錦田) 사람이며, 성은 쿡(Khúc, 曲)씨이다.
처음에 그는 반하인과 함께 티엔옹을 모셨고, 이 스승에게서 심인
을 받았다. 딘후에가 입적할 즈음, 그 법을 제자 럼후에씬(Lâm Huệ
Sinh, 林惠生)에게 전해주었다.

③ 후에씬(비니다류지파 제13세)[19]

동푸리엣(Đông Phù Liệt, 東扶列)[20] 사람 후에씬(Huệ Sinh, 惠生,
?~1063)의 이름은 럼쿠(Lâm Khu, 林樞)이다. 그는 부안(Vũ An, 武安)
짜썬(Trà Sơn, 茶山) 지역 사람 럼푸(Lâm phú, 林富)의 후손이다. 아
버지 럼코앙(Lâm Khoáng, 林曠)은 승록 꾸아익(Quách, 郭)씨의 딸과
혼인한 이후 푸리엣(Phù Liệt, 扶列)으로 옮겨와서 살았다. 럼코앙에
게는 아들 둘이 있었다. 장남 싸인(Sanh, 栍)은 벼슬하여 상서(尚書)
와 병부원외랑(兵部員外郎)을 지냈다. 차남 후에씬은 기골이 장대했
고, 그의 변론은 물이 흐르는 듯이 유창했다고 한다. 후에씬은 문사
(文詞)에도 능했고, 글씨와 그림에도 뛰어났다. 후에씬은 유학(儒學)
을 공부한 후에 여가에 불서(佛書)도 널리 탐구하여 온갖 경전과 논
서를 두루 읽었고, 글을 읽을 때마다 불법의 종지가 중요한 곳에 이
를 때면 개탄하며 눈물을 흘리지 않은 적이 없었다고 한다.

후에씬은 19세[21]에 속세를 버렸으며, 학림사(鶴林寺, Chùa Hạc
Lâm)[22]의 팝통(Pháp Thông, 法統)과 광흥사의 딘후에를 스승으로 섬
겼다. 그의 "현묘한 학문"이 날로 진전을 보이자, 딘후에는 그를 아

껴 법기(法器)로 삼았다.[23] 이때부터 후에씬은 선의 참맛을 느끼기 위해 총림(叢林)[24]을 여기저기 돌아다녔는데, 우선 짜썬의 보리봉 (菩提峯)에 가서 머물렀다. 그가 한번 선정에 들면 닷새 동안 깨어나지 않았는데, 당시 사람들은 그를 '육신(肉身) 대사'라고 불렀다.

그러면 리타이똥과 이상에서 소개한 비니다류지파 승려들과의 관계는 어떠했을까?

④ 리타이똥과 비니다류지파의 승려들

리타이똥[25]은 쏭팜을 자주 궁궐로 불러들여서 불교의 현묘한 종지를 물으며 깊게 연구했고, 또 예로써 대우하고 후한 상도 내렸다.[26] 후에씬에 대한 소문을 들은 황제는 칙사를 보내어 그를 불러들이려고 했다. 후에씬은 리타이똥의 칙사에게 다음과 같이 말하며 굳이 사양하고 따라가지 않았다.

그대는 희생(犧牲)당하는 짐승을 보지 못했는가? 처음에 수놓은 비단 옷을 입고 맛있는 푸른 풀을 먹다가, 곧 태묘(太廟)로 끌려 들어갈 즈음에는 외로운 짐승이 되기를 바라나, 그조차 될 수 없게 된다. 하물며 그보다 더한 일임에랴![27]

그러나 리타이똥이 거듭 불러서 할 수 없이 궁궐로 갔다. 후에씬을 대면하여 문답을 주고받은 황제는 대단히 기뻐하며 그를 내공봉(內供奉)[28] 승려로 삼으며 탕롱성 내 만세사의 주지로 임명했다.

어느 날 궁중에서 재회(齋會)[29]가 열렸을 때, 리타이똥이 승려들에게 다음과 같이 말했다.

짐은 오로지 부처와 조사의 마음의 근원에 대해 생각하는데, 학자들은 서로 헐뜯으며 비방을 일삼고 있음을 보았소. 그러나 여기에 모이신 여러 덕이 높은 승려들께서는 각자 자신의 견해를 피력하여 그 마음 씀이 어떠한지 보여주기를 바라오.

후에씬은 이에 응하여 다음의 게송을 지었다.

> 법(法)은 본래 법이 없음과 같나니,
> 있음도 아니요 공(空)도 아니라.
> 비록 이 법을 알고자 하나,
> 중생과 부처는 하나일 뿐.
> 능가(楞伽)에 뜬 달은 고요하기만 하고,
> 바다 건너는 배는 텅 비었네.
> 공(空)을 알면 있음을 깨달을지니,
> 삼매에 들어 어디든 갈 수 있으리라.

밀교의 영향을 받던 비니다류지파의 후에씬은 인도 중관파(中觀派, Madhyamika sect)의 '공(空, Sunyata)' 사상을 황제에게 소개하며 선불교적 관점을 제시했다. "중생과 부처는 하나일 뿐"에서 알 수 있는 것처럼, 『능가경』의 여래장사상, 즉 모든 인간은 여래와 같은 본성을 구비하고 있다는 견해를 밝혔다.

리타이똥은 후에씬을 칭송하며 도승록(都僧錄)에 임명했다.[30] 봉알(奉軋, Phụng Yết) 천왕(天王),[31] 태자 부우위(Vũ Uy, 武威)[32]·히뜨(Hỷ Từ, 喜慈)·티엔후에(Thiện Huệ, 善惠)·찌에우카인(Chiêu Khánh,

昭慶)·히엔민(Hiển Minh, 靈明) 등, 상장(上將, Thượng Tướng) 브엉
따이(Vương Tại, 王扥),[33] 태사(太師) 르엉니엠반(Lương Nhiệm Văn,
梁任文),[34] 태보(太保) 다오쓰쭝(Đào Xử Trung, 陶處忠),[35] 참정(參政)
끼에우봉(Kiều Bồng, 喬蓬) 등 당시 황제와 가까운 친족과 고관들 모
두 그에게 와서 제자의 예를 갖추고 도에 대해 물었다.[36]

이처럼 또 비니다류지파의 제11세 승려 쑹팜은 리타이똥의 환대
를 받으며 궁궐로 초대되어 황제에게 불교의 가르침을 전했고, 제
13세 승려 후에씬도 마찬가지였다. 후에씬은 황제의 명을 받들어
띠엔주산의 천복사(天福寺), 천성사(天聖寺), 개국사(開國寺), 부닌
[武寧]산[37]의 묘엄보덕사(妙嚴報德寺) 등의 비문(碑文)을 짓기도 했
다.[38] 특히 만세사의 주지가 된 후에씬은 승관에 임명되며 선불교를
주제로 리타이똥과 견해를 나누었으며, 황친들과 조정의 고관들로
부터 존경을 받았다.[39] 이어서 리타이똥 당시 무언통파 승려들의 상
황과 황제와의 관계를 검토하도록 하자.

2) 무언통파

① 딘흐엉(무언통파 제6세)[40]

쩌우민(Châu Minh, 朱明)[41] 사람 딘흐엉(Đinh Hương, 定香, ?~
1051)의 성은 라(Lã, 呂)씨이다. 그의 집안은 대대로 불도를 청정하
게 닦았다. 그는 어릴 때부터 건초사의 다바오 선사를 따랐고, 24
년 넘게 스승을 모셨다. 이 스승에게는 100여 명의 제자가 있었는
데, 그 가운데서 딘흐엉과 꾸옥바오호아(國抱和, Quốc Bảo Hòa)가
가장 뛰어났고, 딘흐엉은 스승의 심오한 경지를 깊이 체득했다.

어느 날, 딘흐엉과 다바오 선사 사이에 다음과 같은 대화가 오갔다.

딘흐엉: 어찌하면 진심(眞心)을 볼 수 있습니까?
다바오: 너 스스로 도달해야 하느니라.
딘흐엉: (그 뜻을 활연히 깨닫고) 일체가 다 그러하나, 저만은 그러하지
　　　못합니다.
다바오: 아직 요해하지 못했느냐?
딘흐엉: 제가 요해하였다 함은, 도리어 요해하지 못함과 같습니다.
다바오: 부디 이 마음을 잘 간직하거라.

문답이 끝나자, 딘흐엉은 귀를 막고 등을 돌렸고, 다바오는 소리를 내질렀다고 한다. 딘흐엉이 절하자, 다바오는 "앞으로 귀머거리가 된 듯이 사람을 대하거라"라고 말했다.

도장(都將, Đô Tướng)⁴² 겸 성황사(城隍使, Thành Hoàng Sứ) 응우옌뚜언(Nguyễn Tuân, 阮邨, 혹은 Lý Tuân)은 라딘흐엉(Lã Định Hương, 呂定香)의 덕망이 높다는 이야기를 전해 듣고 그를 티엔득 부(府) 바(Ba, 芭)산 감응사(感應寺, Chùa Cảm Ứng)로 모셔왔는데, 이후 학인들이 운집하게 되었다. 조정의 관리 응우옌뚜언이 딘흐엉을 대접하며 불교를 발전시키고자 했음을 알 수 있다.

1050년 3월 3일, 병세를 느낀 딘흐엉은 대중을 불러 모아 작별을 알리며 게송을 읊었다.

본래부터 머무는 곳 없으나,
머문 곳이 바로 참된 곳[眞宗]⁴³이로다.

참된 것은 이와 같이 헛되나니,

헛된 것 또한 공(空)이로다.

② 티엔라오(무언통파 제6세)[44]

속명과 생몰년이 불분명한 티엔라오(Thiền Lão, 禪老, ?~?)는 일찍부터 건초사의 다바오 선사에게 배워 마음의 요체[心要]를 깨쳤고, 이후 뜨썬[慈山]에 가서 머물렀다. 그는 항상 낡은 헝겊을 모아 기워 만든 옷을 걸치고 소나무 열매를 먹었으며, 산승(山僧) 민후에(Minh Huệ, 明惠)와 함께 세속을 벗어난 곳에 뜻을 두며 벗이 되었다. 사람들은 한산(寒山)[45]과 습득(拾得)[46]이 세상에 다시 태어난 것이라고들 하였다. 티엔라오의 선풍(禪風)이 날로 명성을 떨치자 수천 명의 학인이 모여들었고, 그의 절은 총림에서 가장 흥성한 곳이 되었다. 이 절은 띠엔주 티엔푹(Thiên Phúc, 天福)봉(峰)에 있는 중명사(中明寺, Chùa Trung Minh)로 보인다.

③ 비엔찌에우(무언통파 제7세)[47]

푹드엉(Phúc Đường, 福堂)의 롱담(Long Đàm, 龍潭)[48] 사람 비엔찌에우(Viên Chiếu, 圓照, 999~1090)의 이름은 마이쯕(Mai Trực, 梅直)이며, 리타인똥의 태후 린깜(Linh Cảm, 靈感, 이란 부인)의 조카(오빠의 아들)이다. 어려서부터 총명하여 배우기를 좋아했던 비엔찌에우는 고향의 밀엄사(密嚴寺, Chùa Mật Nghiêm) 장로가 관상을 잘 본다는 말을 듣고, 시험 삼아 찾아가 보았다. 장로가 자세히 보더니, "너는 불법에 인연이 있어! 만약 출가한다면, 반드시 사람들 가운데서 뛰어난 보살이 될 게다. 그런데 출가하지 않으면 오래 살기 어렵

겠어"라고 말했다. 깊이 깨달은 비엔찌에우는 부모를 하직하고 파초산(芭蕉山)[49]의 딘흐엉에게 의탁하여 가르침을 받았다. 그는 여러 해 동안 딘흐엉을 모시면서 선학(禪學)을 깊이 연구했는데, 항상 『원각경(圓覺經)』[50]을 지니고 다니면서 독송했고, 삼관법(三觀法)[51]에도 아주 밝았다고 한다.

비엔찌에우는 어느 날 저녁 참선 중에 문수보살을 보았다는데, 문수보살이 칼로 비엔찌에우의 배를 갈라 창자를 꺼내어 깨끗이 씻고는 다시 집어넣고 약을 발라주었다고 한다. 이 일이 있은 뒤로는 심중(心中)으로 익힌 것들이 마치 오랫동안 이치에 꼭 들어맞는 것처럼 생각되었고, 언어 삼매도 얻어 막힘없이 강설하게 되었다. 이윽고 탕롱의 동쪽으로 가서 절[아마도 길상사(吉祥寺, Chùa Cát Tường)]을 지어 머무르니, 학인들이 몰려들었다.

④ 끄우찌(무언통파 제7세)[52]

담(Đàm)씨 성을 가진 끄우찌(Cứu Chỉ, 究旨)의 생몰년은 불확실하다.[53] 쩌우민의 푸담(Phù Đàm, 扶譚) 마을 사람 끄우찌 선사[54]는 어려서부터 배우기를 좋아해서 유학과 불서(佛書)에 정통했는데, 어느 날 책을 읽다가 이렇게 탄식했다.

공자와 묵자는 있음[有]에 집착했고, 노자와 장자는 없음[無]에 빠졌으니, 세속의 언설은 해탈로 이끄는 가르침이 아니구나.
오직 부처의 가르침이 있을 뿐이니, 있음과 없음을 따지지 않으며 태어남과 죽음을 요해할 수 있음이라.
그러나 계율을 지키고 용맹 정진하여 선지식(善知識)의 인가를 받아야만 한다.

끄우찌는 비로소 속세에서 배운 것을 버리고 바산 감응사의 딘흐엉 장로를 찾아가 제자가 되어 가르침을 받았는데, 스승과 제자 사이에는 다음과 같은 대화가 오갔다.

딘흐엉: 무엇이 구경(究竟)[55]의 이치이냐?
끄우찌: 모르겠습니다.
딘흐엉: 나는 너에게 구경의 이치를 이미 주었느니라.
끄우찌: ….
딘흐엉: 이미 놓쳤구나.

이 말에 제자는 그 뜻을 궁구했고, 끄우찌[究旨]가 이름이 되었다. 이윽고 띠엔주산[56] 광명사(光明寺, Chùa Quang Minh)에 가서 두타행(頭陀行)[57]을 하면서 6년 동안 하산하지 않았다.[58]

⑤ 바오띤(무언통파 제7세)과 민떰(무언통파 제7세)[59]

티엔득부 소재 바산의 감응사(感應寺)에 있는 응이엠(Nghiêm, 嚴)씨 바오띤(Bảo Tính, 寶性, ?~1034)과 팜(Phạm, 范)씨[60] 민떰(Minh Tâm, 明心, ?~1034)은 모두 쩌우민 사람이다. 두 사람은 어려서부터 친했으며, 함께 출가해서 도반이 되었다. 처음에 바오띤과 민떰은 비엔찌에우와 딘흐엉을 스승으로 섬겨서 정수를 깊이 체득했고, 이후에 각자 스승으로부터 받은 심인을 지니고 곳곳을 돌아다니며 가르침을 폈고, 모두 총림의 수장이 되었다. 비엔찌에우는 일찍이 그

들 바오띤과 민뗌의 높은 뜻을 찬미한 노래와 시를 남긴 적이 있다고 한다.[61]

두 선사는 항상 『법화경』을 수지 독송했으며, 15년이 넘도록 잠시도 손에서 놓지 않았다고 한다. 「약왕품(藥王品)」[62]에 이를 때마다, 문득 눈물을 흘리며 이렇게 서로 말하곤 했다.

> 이 약왕보살은 깨달음의 결과[證果]를 얻을 만한 수행의 지위에 있으면서도 여러 겁의 세월 동안 대승심(大乘心)을 닦았고, 오히려 더욱 용맹정진하면서 신명을 아끼지 않고 있다. 하물며 우리들은 말법(末法) 시대에 초발심을 낸 사람[初發人][63]이니, 만약 이처럼 지극한 정성을 다하지 않는다면, 어찌 대보리(大菩提)라는 참된 대승심을 잠시나마 엿볼 수 있기를 바랄 수 있겠는가?

⑥ 리타이똥과 무언통파 승려들

리타이똥 시기의 무언통파 승려 티엔라오와 *끄우찌*는 띠엔주산에서 6년 내내 고행하며 하산하지 않았다고 한다.[64] 그런데 이 두 승려는 어떻게 해서 리타이똥과 인연을 맺게 되었을까?

티엔라오와 *끄우찌* 모두 리타이똥 시기에 유명해서 이들에 대한 소문이 탕롱성까지 퍼졌다. 황제도 이 승려들이 있는 사원을 직접 몇 차례 방문했는데,[65] 1034~1038년에 리타이똥은 중명사에 행차하여 선의 요체에 대해 티엔라오에게 물었다. 둘 사이에 다음과 같은 대화가 오갔다.[66]

> 리타이똥: 화상이시여! 이 산에 머문 지 얼마나 되셨습니까?

티엔라오: 오늘의 해와 달[67]을 알 뿐, 누가 지나간 봄과 가을을 기억
하겠습니까?[68]

리타이똥: 무엇을 하며 하루를 보내십니까?

티엔라오: 푸른 대와 노란 국화는 마음 밖에 있지 않으며, 흰 구름과
밝은 달은 진성(眞性)을 드러내는구나!

리타이똥: 무슨 뜻입니까?

티엔라오: 말이 많으면 이로울 것이 없습니다.

티엔라오가 선문답을 하며 황제에게 점잖게 면박을 주는 대화이
지만, 『선원집영』은 다음과 같이 소개하고 있다.[69]

티엔라오의 가르침이 바늘이나 송곳과 같아, 리타이똥은 활연히 깨
치는 바가 있었다고 한다. 티엔라오가 약간 내비쳤을 뿐인데도, 황제
의 머리에 시원한 바람이 통하는 것 같았다.

그 후, 리타이똥은 티엔라오를 궁궐로 맞아들여 조언을 얻고자
칙사를 보냈다. 그러나 선사는 이미 입적한 뒤였다. 황제는 너무도
비통해하며 손수 그를 애도하는 시[輓詩]를 지어 슬픔을 표했고, 또
칙사 편에 공양에 소용되는 물품도 넉넉하게 보냈다. 대중은 단을
세워 다비를 하고 사리를 거두어 산문(山門)에 탑을 세워 안치했다.
또, 리타이똥은 절을 확장하고 사람을 두어 향화(香火)가 끊이지 않
게 했다고 한다.[70]

끄우찌도 교화를 잘 편다는 명성이 궁중에까지 전해졌다. 리타
이똥이 여러 차례 불렀으나, 그는 이 부름에 응하지 않았다. 황제는

세 번이나 절에 행차하여 인사했고, 후에씬의 경우와 마찬가지로, 태사 르엉니엠반(Lương Văn Nhiệm, 梁文任)[71] 또한 끄우찌에게 공경과 예를 다했다고 한다.[72]

1034년에도 (응이엠)바오띤(Nghiêm Bảo Tính, 嚴寶性)과 (팜)민떰(Phạm Minh Tâm, 范明心)이 분신(焚身)하여 공양하려 할 때에 조정이 그들을 초청했다. 우선 경전을 강설하는 법회가 열렸고, 두 선사가 동시에 화광삼매(火光三昧)[73]로 남긴 유골은 모두 칠보(七寶), 즉 사리[74]가 되었다고 한다. 리타이똥은 조서를 내려 유골을 장성사(長聖寺, Chùa Trường Thánh)에 모셔두고 공양하게 했다. 황제는 그 신비한 이적을 상서롭게 여겨서, 유골이 안치된 사탑에도 연호와 같은 이름을 붙였다. 4월부터 연호를 '천성(天成)'에서 '통서(通瑞)'로 고쳤다.[75]

리타이똥은 전국의 덕망과 경험이 많은 원로 승려들을 불러 자신이 이해한 내용과 견주어 보고자 했다. 황제가 먼저 말했다.[76]

> 짐이 부처와 조사의 마음 근원을 헤아리다 보니, 자고로 성현들은 속된 무리의 헐뜯음을 피하지 못하였소. 하물며 후학들이야 말해 무엇하겠소! 이제 여러 높으신 스님들께 제 뜻을 간략하게 펼쳐 보이고자 하니, 여러분도 각자 게송을 지어주시길 바라오. 다른 게 아니라 마음 씀이 어떠한지를 보고자 할 뿐이오.

모두 두 번 절하고 그 명을 받든 스님들이 생각에 잠겨 있는 동안에, 리타이똥은 벌써 게송을 다 지었으니, 이 게송은 다음과 같다.

참으로 반야에는 밑동(근원)이 없나니,

남들도 텅 비고, 나 또한 텅 비었도다.

과거불, 현재불, 미래불이 있으나, 그 법성은 본래부터 같은 것.

『선원집영』은 "스님들이 모두 그 민첩함에 탄복하였다고들 한다"
고 당시의 장면을 묘사하고 있다. 1028년 11월에 승려들의 품계를
확립한 리타이똥이 법담(法談)과 삼세불(三世佛) 사상을 통해 탕롱성
에서 법장(法場)을 주재하고 있었음을 알 수 있는데, 이전 시기에는
보이지 않던 황제의 모습이다.

　　게송을 다 읊은 후, 리타이똥은 홀로 입적했다.

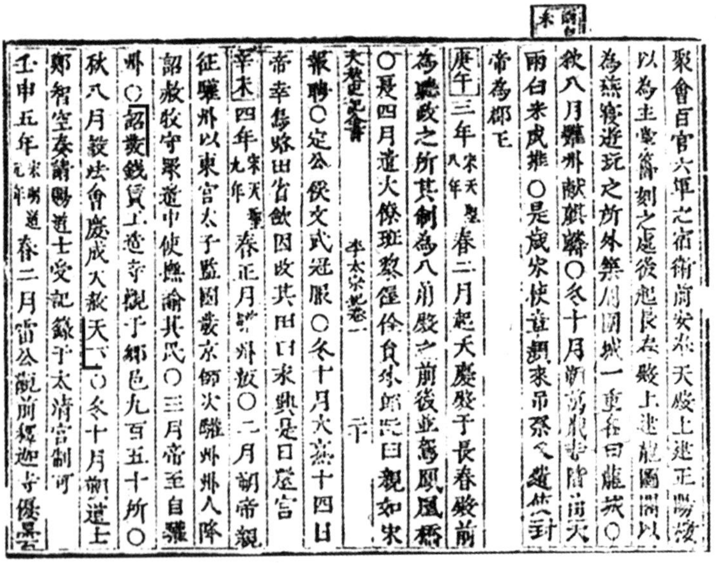

그림 5-1 『대월사기전서』, 「이태종기(李太宗紀)」 권일(卷一), 20b
Trung Tâm Lưu Trữ Quốc gia IV 소장, 목판본

3. 사원

1031년에 호안쩌우(Hoan Châu, 驩州)[77]의 반란을 평정한 리타이 똥은 3월에 탕롱으로 돌아와 국고로 장인(匠人)을 고용하여 8월에 향읍(鄕邑) 950곳에 사원과 도관을 조성했다.[78] 이 과정에서 리 왕조의 황친들이 수행할 수 있도록 저우 사원(Chùa Dầu)을 세웠다고 한다. 1034년 9월에는 황제가 띠엔주산 소재 중선사(重先寺, Chùa Trùng Tiên)에 가서 중흥전(重興殿, Điện Trùng Hưng)을 건설하게 했고,[79] 1038년 10월에는 중광사(重光寺, Chùa Trùng Quang)에 비(碑)를 세웠다.[80] 사원의 부대시설이 꾸준히 확충되고 있었음을 알 수 있다.

1041년 10월에도 황제가 띠엔주산에 가서 자씨천복원(慈氏天福院, Từ Thị Thiên Phúc Viện)을 조성했다. 탕롱에 돌아온 황제는 동 7,560근을 거두어 미륵불(彌勒佛, Phật Di Lặc), 해청(海淸, Hải Thanh) 보살, 공덕(功德, Công Đức) 보살 등의 조상(造像), 종 등을 만들어 자씨천복원에 두도록 했다.[81] 자씨천복원이 사원이었는지는 불분명하지만, 미륵불상, 보살상, 종 등이 안치된 사실을 볼 때, 사원과 비슷한 기능을 하던 승원(僧院)이었을 가능성이 크다.

1049년에 조성된 사원을 주목할 필요가 있다.

1049년부터 세속 일에 덜 관심을 갖게 된 탓이었을까? 어린 시절 10년 동안 호아르의 일주사를 보며 성장한 리타이똥은 연화대(蓮花臺)에 앉아 있던 관세음보살[觀音]이 자신을 끌어서 대(臺)에 오르게 하는 꿈을 꾸었다. 황제가 꿈에서 깨어 신하들에게 그 내용을 이야기해 주니, 어떤 관리는 상서롭지 못하다고 했지만, 승려 티엔뚜

그림 5-2 1049년에 리타이똥이 조성한 연우사(혹은 일주사)
현재의 모습과 연화대의 관세음보살

에(Thiền Tuệ, 禪慧)는 리타이뚱에게 사원을 조성하라고 권유했다. 그래서 땅속에 석주(石柱)를 세우고, 관음연화대(觀音蓮花臺)를 석주 위에 마련했는데, 황제가 꿈속에서 본 그대로였다. 승려들이 사원 주위를 빙빙 돌며 불경을 외우고 장수[延壽][82]를 빌었기 때문에, 1049년 10월에 조성된 사원의 이름은 '연우사(延祐寺, Chùa Diên Hựu)'가 되었다.[83] 음력 4월 8일이 되면, 리타이뚱 황제가 사원에서 욕불 의례[灌佛, Lễ Tắm Phật]를 했는데, 탕롱성의 승려들과 사람들도 참여했다. 욕불 의례가 끝나면, 방생 의례(Lễ Phóng Sinh)가 이어졌다. 황제가 연화대에서 새 한 마리를 하늘로 놓아주면, 참석했던

그림 5-3　박리에우(Bạc Liêu)의 남해관음상(Tượng Quan Âm Nam Hải)

사람들이 이어서 새를 날려 보냈다고 한다.[84]

'관음연화대'에서 '관음'은 관세음보살이고, 연화대는 연꽃 모양의 대(臺)이다. 비록 진흙탕 속에 몸을 담고 있지만, 진흙에 물들지 않은 아름다운 꽃을 피우는 연꽃은 혼탁한 세계에서 뒹굴지라도 중도의 길을 통해 연기법을 깨달을 수 있다는 희망의 상징이다. 칼라루치가 번역한 『법화삼매경』의 전파로 대자대비의 상징 관세음보살 신앙이 베트남에서 매우 일반화되었는데, 리타이똥은 사원 조성을 통해 기존의 관음 신앙을 국가적 차원에서 공인했다고 할 수 있다.

리타이똥 시기 불교를 둘러싼 다양한 축제를 살펴볼 필요가 있다. 1036년 1월에는 대원불(大願佛) 낙성(落成)을 기념하는 축제 대원불회(大願佛會)가 탕롱성 내 롱찌(龍墀, Long Trì)에서 열렸다.[85] 1037년 7월에 개황왕(開皇王, Khai Hoàng Vương)이 원수(元帥)가 되어 도낌(Đô Kim, 都金) 등지를 토벌했는데, 이 지역 오로(Ô Lộ, 烏路) 뽕나무밭[桑園]에서 옛 불상[古佛]이 발견되어 배 경주[競渡][86] 의례를 진행했다.[87] 또한 1040년에 리타이똥은 장인들에게 불상 1,000여 개, 불화(畫佛) 1,000여 점, 깃발[寶幡][88] 1만여 개 등을 만들게 했다. 관련 작업이 모두 끝나자 축하연으로 10월에 롱찌에서 나한회(羅漢會, Hội La Hán)를 열고, 사면도 단행했다.[89] 이렇게 축제의 중심 공간이 된 사원은 해당 장소와 주변 지역으로부터 많은 참가자를 끌어들였을 것이다.[90]

아울러, 대원불회나 나한회와 같은 불교 행사는 황실의 축제로만 머무르지 않았다. 원래 리 왕조 시기의 사면은 리꽁우언이 리타이또로 즉위했거나 그의 아들 리펏마가 태자에 봉해진 직후에 시행했다.[91] 그런데 리타이똥 시기에는 불교 행사와 연관된 새로운 형태의 사면이 등장하기 시작했다. 1031년 8월에는 사원이 조성되어 법회를 연 후에 전국의 죄수들을 대상으로 사면을 실시했다.[92] 그리고 이상에서 언급한 것처럼, 리타이똥은 롱찌에서 거행한 1036년 1월의 대원불회와 1040년의 나한회 직후에도 전국적인 사면을 단행했다.[93] 이처럼 불교 축제 이후 리타이똥의 관대한 법적 처분은 반란을 일으킨 북부 변경의 지도자 능찌까오(Nùng Trí Cao, 儂智高)나 대부분의 황자들을 용서하며 회유하려던 정책과도 맞닿아 있었다.[94]

4. 경전

1034년 8월 리타이똥은 띠엔주[僊遊]산에 위치한 중광사에 불경 수장고 중흥장(重興藏, Kho Trùng Hưng)을 세우게 했다. 사신 원외랑(員外郎) 하투(何授, Hà Thụ)와 도코안(Đỗ Khoan, 杜寬)을 파견하여 길들인 코끼리 두 마리를 송나라에 선물하고, 답례품으로『대장경』을 받았다. 1036년 2월에는 이『대장경』의 사본을 중흥장에 보관했다.[95]

이전 시기처럼, 불경 수입에 대한 언급은 리타이똥 시기에 보이지 않지만, 후에씬이 지은『법사재의(法事齋儀, Pháp Sự Trai Nghi)』및『제도장경찬문(諸道場慶讚文, Chư Đạo Tràng Khánh Tán Văn)』등 몇 권이 세상에 전해졌다고 한다.[96]

5. 민간 신앙과 신비주의

리타이또 당시에는 민간 신앙과 불교가 절충하는 모습을 보였는데, 리타이똥 시기에는 연우사의 조성 과정에서도 보는 것처럼, 신비주의적인 불교의 양상을 일종의 예지몽과 같은 사례를 통해서 확인할 수 있다.

태자 리펏마 시절 리타이똥은 1028년 삼왕의 반란이 일어나기 하루 전 꿈에서 동고(銅鼓, Đồng Cổ)라는 산신(山神)을 보았는데, 이 산신이 태자에게 부득, 동찐, 즉타인 삼왕이 반란을 일으킬 것이니, 속히 군대를 징발하여 토벌하라고 했다. 꿈에서 깨어난 태자는 즉시 삼엄하게 경비하라고 명령을 내렸는데, 효험이 있었다고 한다. 3월에 리펏마는 동고 산신을 왕작(王爵)에 봉했고, 유사(有司)에게 다이라성(Thành Đại La, 大羅城, 즉 탕롱성) 밖 오른편에 있는 성수사에 사당을 세우게 한 후, 시제(時祭)를 지내며 맹약의 의식[盟禮]을 거행하도록 했다. 이때 단을 쌓아 궁중의 깃발[旗幟]을 휘날리게 하고, 대오를 정비하여 신위(神位) 앞에 칼과 창을 매달아, "자식이 되어 불효하고, 신하가 되어 불충하면, 신명(神明)이 그를 죽인다"는 맹세의 글을 읽도록 했다. 그리고 신하들이 동문에서 들어와 신위를 지나며 피를 마시는 이날을 매년 정기적인 의례로 정했다.[97] 이 사례를 통해서, 민간 신앙과 절충되어 발전하던 불교에 신비주의적인 요소가 가미되고 있었음을 알 수 있다.

다음으로 사원에 나타난 '신인(神人)'의 경우를 살펴볼 필요가 있다. 1028년 4월에 쯔엉안(Trường An, 長安)부 개국왕의 반란을 진압한 리타이똥은 탕롱으로 돌아왔다. 이후 5월 6일에 성내 만세사에서 신인이 나타나자, 신하들의 간청으로 황자(皇子) 리녓똔(Lý Nhật Tôn, 李日尊, 1023년생)을 동궁 태자로 책봉했다.[98] 1029년 4월에는 신인이 천승사(天勝寺, Chùa Thiên Thắng)에 나타났다. 신인이 출현한 배경에는 황실 종친의 결혼, 반란 진압, 건원전(乾元殿, Điện Càn Nguyên) 터에 출현한 용, 탕롱성 조성 등과 같은 경사스러운 일이 있었다.[99] 1038년 9월에도 천승사에 신인이 출현했다고 하는데, 당시에도 보(Bố, 布) 해구(海口)[100]에서 리타이똥의 적전(籍田)[101] 행사, 8월에 함광전(含光殿)에서 황제의 배 경주[競渡]를 관람, 송나라 인종(仁宗)의 남평왕(南平王) 책봉, 참파 왕자 지파자(地婆刺, Địa Bà Thích)의 조공 등과 같은 경사가 있었다.[102]

그런데 유인선은 다음과 같이 주장했다.[103]

> 불교가 왕권의 절대적인 비호 아래에서 리 왕조의 정치계를 압도하고 있었지만, 타이똥 때부터는 유교의 영향 또한 서서히 나타나고 있었다. 제왕의 권위와 의식에 어긋나는 행위라고 조정의 신하들이 강력히 항의했음에도 불구하고, 1038년 타이똥은 중국식으로 토지나 오곡을 제사하는 사직단을 만들고 친경(親耕) 의식인 적전(籍田)의 예를 행했다. 이는 분명 유교의 왕권 개념에 따른 것으로, 조정 내부에 있는 유자(儒者)의 조언에 따라 행했을 것이다.

그러나 당시 "조정의 신하들이 강력히 항의했다"는 내용은 1차 자료 원문의 내용을 충분히 반영했다고 보기 어렵다. "좌우의 신하들이 신농(神農)에게 제사를 올린 황제의 적전을 말린" 가장 큰 이유는 "농부의 일"이었기 때문이다. 후대의 유교 사관 응오씨리엔(Ngô

Sĩ Liên, 吳士連)이 이러한 적전 행사를 유교적 관점에서만 해석하고 있었던 사정도 고려해야 한다.[104] 아울러 황제의 적전 사례는 이미 987년 레다이하인의 경우에서도 보이고, 사직단 조성도 1038년이 아니라 1048년이었기 때문에,[105] 1030년대 후반 당시 리 왕조에 대한 유교의 영향을 과도하게 강조할 필요는 없다.

사원의 자연 현상과 신비한 양상이 결합되어 나타나는 경우도 있었다. 예를 들면, 1029년 10월 탕롱성 안 만세사의 섬돌 앞[陛前]에 비가 쏟아졌는데, 백미가 되어 산더미같이 쌓였다는 것이다.[106] 겨울에도 풍작을 바라는 마음을 사원에 기원했던 것일까? 1032년 2월에는 뇌공관(雷公觀, Quán Lôi Công)[107] 앞에 있는 석가사(釋迦寺, Chùa Thích Ca)의 우담수(優曇樹)[108]가 개화했는데, 두 달 후 리타이똥이 도동(Đỗ Động, 杜洞)강에 가서 적전을 일군 후에 9종의 이삭과 벼[九穗禾]를 하늘에 바쳤고, 그 땅을 '하늘에 응한다'는 의미의 응천(應天, Ứng Thiên)으로 부르게 했다.[109] 석가사에 핀 꽃이 '하늘에 응하여' 선정에 앞장서려는 리타이똥의 마음을 담고 있었을까?

1034년 9월에는 꼬팝주(州) 법운사 승려 흐우(Hưu, 休)가 황제에게 글을 올렸는데, 사연은 아래와 같다.

사원 안에 빛이 여러 갈래로 비쳐서, 그 빛이 나오는 곳을 찾아 파내어 보니, 석함(石函) 하나가 있었습니다. 이 함 안에는 은함(銀函)이 있었는데, 은함 안에는 금함(金函)이, 금함 안에는 유리병(琉璃瓶)이 있었고, 이 병은 사리를 담고 있었습니다.

리타이똥은 이 석함을 궁궐로 가져오게 하여 살펴본 다음에 돌려

보냈다.[110] 보통 다비 이후에야 사리를 얻기 마련인데, 사리가 생성된 배경이 전혀 소개되어 있지 않다.

신비주의적인 불교는 각종 불구(佛具)를 통해서도 확인할 수 있다. 1035년 11월에 리타이똥은 동(銅) 6,000근을 거두어서 종을 주조하여 띠엔주산의 중광사에 두라고 지시했다. 종이 완성되자 사람들이 종을 끌어 옮기려고 했는데, 이 종이 사람의 힘 없이 스스로 움직여서 아주 짧은 시간에 중광사에 도달했다고 한다.[111]

참파의 '해적'을 정벌한 직후에 리타이똥은 1043년 4월 부닌[112]주의 송산(고)사[松山(古)寺, Chùa (Cô) Tùng Sơn]에 갔는데, 인적이 적막하면서 처연했고, 건축물의 터가 드러난 채로 석주가 기울어져 무너지려는 광경을 보았다. 황제는 개탄하며 그 돌기둥을 중수하고자 했다. 그런데 이러한 생각이 말로 나오기도 전에, 석주가 홀연히 다시 바로잡혔다고 한다. 이 상황을 이상하게 여긴 황제는 유학에 조예가 깊은 신하에게 명하여 부(賦)를 지어 그 일의 신령스럽고 이상함을 알리게 했다.[113] 이처럼, 이 고찰의 영이(靈異)한 어떤 석주의 신비로움이 유신(儒臣)에 의해 세상에 드러나고 있었다.

이후 1053년 1월 5일에는 세 차례 지진이 있었다. 10일에는 구름이 끼었지만 비는 내리지 않던 상황에서, 황룡(黃龍)이 단명각(端明閣, Đoan Minh Gác)에 나타났다고 한다. 신하들은 이 상황을 축하했지만, 오직 승려 팝응으(Pháp Ngữ, 法語)만이 "용이 하늘에서 나니, 지금 아래는 상서롭지 못한 것이 보인다"고 말했다.[114] 신비한 자연 현상으로 미래를 예측하는 팝응으의 평가는 곧 다가올 리타인똥의 죽음을 암시하고 있었던 것은 아닐까?

리꽁우언과 레티펏응언 공주가 연녕사에서 맺은 인연으로 이 절에서 태어났다고 하는 리타이똥은 황태자 시절부터 탕롱성 밖에 거주하며 백성들의 사정을 잘 알 수 있었다. '삼왕의 난'을 평정한 후에 황제로 등극한 리타이똥은 이어서 지방 세력이나 주변의 나라들을 정벌해 나갔다. 이 과정에서 황제는 승려의 품계를 마련하여 승관제를 더욱 정비했고, 기존의 비니다류지파 및 무언통파 승려들과 우호적인 관계를 형성했다. 승려에 대한 황제의 우호적인 태도에 영향을 받은 황친, 고관 등도 승려들을 환대했다. 불교의 주재자를 자처하려던 리타이똥은 많은 사원 이외에도 비구니들을 위한 일종의 승원(자씨희복원)도 조성했다. 이 과정에서 세워진 일주사와 이 사원의 의례를 통해 당시의 불교 행사와 국가가 후원하던 관음 신앙의 존재를 확인할 수 있다. 다채롭게 진행된 불교 축제 이후에는 대사면이 시행되었고, 불경 보존을 위한 수장고도 등장했다. 아울러, 기존 밀교의 영향 이외에도 신비주의적인 불교가 '신인'이나 신비한 자연 현상과 결합하여 나타나는 모습도 확인할 수 있다.

6장

불교 정책의 계승: 리타인똥 시기(1054~1072)

리 왕조의 제3대 황제 리타인똥 시기에 선조들의 불교 정책은 어떻게 계승되었을까? 통치 이념으로서의 불교는 여성들의 활약에서도 보이는데, 황제의 배우자 '관음녀'와 공주 출신의 비구니 지에우년을 통해서도 확인할 수 있다. 그리고 불교가 여전히 우위에 있던 국가와 사회에서 나타난 불교의 융합 현상도 주목할 만하다.

1. 리타인똥과 '관음녀'

리타인똥(Lý Thánh Tông, 李聖宗)은 리타이또 말기인 1023년 2월 25일 용덕궁에서 태어났다. 그의 실명은 리녓똔(Lý Nhật Tôn, 李日尊, 1023~1072)이고, 리타이똥과 마이(Mai, 梅)씨 린깜 황후의 셋째 아들이다. 두 형이 단명해서 태어나면서부터 장자가 되었고, 리타이똥이 제위에 오른 직후인 1028년 5월에 동궁 태자로 책봉되었다. 태자는 일찍이 경전에 숙달하며 음률(音律)도 이해했고, 군사력을 사용하는 계략에는 더욱 뛰어났다고 한다.[1] 1033년 8월에 리타이 똥이 그를 개황왕(開皇王, Khai Hoàng Vương)에 봉하면서 용덕궁이 태자의 거처가 되었다. 일찍부터 백성들과 접촉한 태자는 사람들의 어려움을 이해하게 되며 많은 일에 능숙해졌다.[2] 1037년 2월에 리 타이똥은 리녓똔을 대원수(大元帥, Đại Nguyên Soái)에 봉해 함께 럼떠이[Lâm Tây, 라이쩌우(Lai Châu)]의 반란군을 평정하러 나서서 승리를 거두었다.[3] 1054년 7월에 자신이 노쇠해졌음을 자각한 리 타이똥은 태자가 자신을 보좌하며 정사를 돕게 했다. 10월 1일, 리 타이똥은 장춘전(長春殿, điện Trường Xuân)에서 세상을 떠났다. 리녓똔이 제위를 이었으니, 즉 리타인똥(Lý Thánh Tông) 황제가 되었다.[4]

선친의 불교 장려 정책을 계승하며 1056년 천안전(天安殿, Điện Thiên An)에서 나한회를 연 리타인똥은 "성심(誠心)으로 사람들을 아꼈고, 농업을 중시했으며, 형벌을 신중하게 시행했을 뿐만 아니라 박사과(博士科)도 두었다."[5] 여기서 '박사과'는 유학을 진흥하기 위해 시행한 정책과 관련된 듯하다. 실제로 1070년 8월에 리타인똥은 베트남 역사상 최초로 탕롱성 남쪽에 문묘(文廟)를 세워 주공, 공자, 사배(四配),[6] 제자들[七十二賢]을 모시면서 사시[四辰]로 제사를 지내도록 했다.[7] 〈그림 6-1〉에서 보이는 것처럼, 문묘(文廟) 국자감에 안치되어 있는 황제의 오른손은 유교 의례를 나타내는 홀(笏)을 잡고 있고, 왼손은 부처의 손으로 보인다. 한 가지 주목할 만한 점은 왼손이 오른손보다 높게 위치한 모습이다. 불교 우위의 국가와

그림 6-1 문묘 국자감의 리타인똥상

사회에서 리타인똥 시기의 유교화 정책은 어떠한 의미를 담고 있었
을까? 후술할 1069년 초당파의 등장과 관련하여 주목할 만하다.

리타인똥 시기 불교 발전과 관련하여, 주목할 만한 또 하나의
사실은 고위층 여성의 역할이다. 황제는 8명의 황후가 있었지만,
1063년 당시 그의 "나이가 혈기 왕성한 사십이었을 때에도" 아
직 후사가 없었다. 황제는 기후(祇候) 내인(內人) 응우옌봉(Nguyễn
Bông, 阮芃)을 통해 성주사(聖主寺, Chùa Thánh Chúa)에서 대를 이
을 아들을 얻게 해달라고 기도했다. 이후에 리타인똥이 알게 된 이
란(Ỷ Lan, 倚蘭) 부인(1044~1117) 레(黎)씨 여인이 임신하여 황자 깐
득(乾德, Càn Đức, 미래의 리년똥)을 낳았다고 한다.[8]

여기서 등장하는 이란 부인은 과연 어떤 여성이었을까? 대대로
전해 내려오는 이야기는 다음과 같다.[9]

> 후사가 없던 황제는 사원과 도관[寺觀]을 두루 돌아다니며 기도했던
> 것 같다. 하루는 임금의 수레가 토로이(Thổ Lỗi, 土磊)향에 이르렀는
> 데, 남녀들이 그저 멀리서 우러러보기만 하며 바쁜 가운데 한가할 겨
> 를이 없었다. 오직 한 여자만 뽕나무 잎을 따다가, 난초 사이에 의지
> 하여 웅크리고 있었다[倚蘭]. 황제가 멀찌감치 바라보다가 궁으로 이
> 여인을 불러들이니, 그녀는 임금의 특별한 사랑을 받으며, 이란 부인
> 으로 불리게 되었다. 자식을 얻으려던 임금은 응우옌봉에게 성주사
> 에 향(香)을 바치며 기원하라고 명했다. 이 사원의 승려가 인간의 모
> 습으로 환생시키는 방법을 응우옌봉에게 가르치니, 응우옌봉이 따라
> 배웠다고 한다. 이 일이 발각되어, 응우옌봉은 사문(寺門) 앞에서 참
> 수당했다. 후대의 사람이 이곳을 봉원사(瓨原寺)라고 불렀다. 뜨리엠
> 현 직봉(Dịch Vọng, 驛望)사에 있는데, 봉원사는 [성주사의] 사문(寺門)
> 서쪽에 있고, 지금도 존재한다.

이 이야기는 리타인똥이 이란 부인을 만나게 된 경위, 아이를 가
지기 위한 과정에서 보이는 응우옌봉의 등장과 성주사 승려의 역
할, 응우옌봉의 죽음, 봉원사의 창건 등으로 구성되어 있다. 응우옌
봉의 죽음을 둘러싼 사건의 경위에 대해서는 설명이 불충분하지만,
그의 죽음으로 새롭게 지어진 봉원사의 내력과 주술까지 이용하면
서까지 후계자를 만들려는 지도자와 승려의 노력이 물거품으로 끝
나지 않을 것이라는 암시를 받을 수도 있다.

1065년 8월부터 대명전(大明殿, Điện Đại Minh), 회원전(會元殿, điện Hội Nguyên), 보하이(Bố Hải, 布海) 행궁 등에 황룡(黃龍)이 나타 났다는 『대월사략』의 기록이 있는데, 12월에는 황룡이 요령전(曜靈 殿, Điện Diêu Linh)뿐만 아니라 리타인똥의 정실 이란 원비(元妃)가 거처하는 유섬각(遊蟾閣, Gác Du Thiền)에도 나타났다고 한다.[10] 이 러한 상서로움이 전조였는지는 몰라도, 1066년 정월 25일 해시(亥 時)에, 황자 깐득이 태어났다. 깐득은 이후에 황태자가 되었고, 어 머니 이란 부인은 신비(宸妃, Thần Phi)에 봉해졌다.[11]

흥미로운 점은, 평민 출신으로 리타인똥의 총애를 받아 그의 첫 번째 자녀를 낳으며 황후의 지위에까지 오른 이란의 역할이 여기서 그치지 않는다는 사실이다. 1069년 2월에 참파를 친정하던 리타인 똥은 이란 부인이 "섭정으로 내치(內治)를 도와 민심을 교화하고 다 스려서 경내가 안정되었다"는 소식을 들었다. 특히 그녀가 불교를 존중하고 숭배하니, 민간에서는 그녀를 "관음녀(觀音女)"로 불렀다 고 한다. 이러한 소식과 평판에 분발한 리타인똥은 "그 일개 부인으 로 능히 이와 같으니, 나는 남자로서 무엇을 하겠는가?"라고 말하면 서, 참파와 싸워 이겨 군주 루드라바르만(Rudravarman) 3세[制矩]와 참파인 5만 명을 포로로 잡았다.[12] 이란은 리타인똥이 참파 원정으 로 수도에 부재한 시기인 1066~1068년 동안 섭정으로서의 역할을 훌륭히 수행했을 뿐만 아니라, 불교 발전에 커다란 역할을 해서 "관 음녀"란 호칭까지 세간으로부터 받았음을 알 수 있다.

2. 승려

리타인똥 시기의 승려들에 대해서는 무언통파와 비니다류지파, 그리고 새롭게 출현한 초당파를 중심으로 살펴본다.

1) 무언통파

① 끄우찌(무언통파 제7세)[13]

끄우찌(Cứu Chỉ, 究旨, ?~1059/1066)의 활동은 리타이똥 시기 이후 리타인똥 시기에도 이어졌다. 1054~1059년 당시 재상 즈엉다오자(Dương Đạo Gia, 楊道嘉)는 절을 지어 그에게 주지가 되어달라고 청했다. 끄우찌가 처음에는 거절했지만, 결국 재상의 요청을 받아들여 띠엔주산을 내려오게 되었다.[14] 그가 하산하면서 "내가 이곳을 다시 오지는 못할 것이다"라고 말했는데, 하산한 이후 1063년에 입적할 때까지 탕롱에서 계속 살았을 가능성이 높다.

수도에 머문 지 3년이 지난 1059~1060년 시기에 끄우찌는 제자들을 모아 본성, 법성(法性), 번뇌, 과보 등에 대한 게송을 전달했다. 그가 입적하자, 이날 정오에 다비가 진행되었고, 그의 영골(靈骨)을 거두어 탑에 안치했다.

② 꽝찌(무언통파 제7세)[15]

콩로(Không Lộ, 空路)산 관정사(灌頂寺, Chùa Quán Đảnh)[16]의 꽝찌(Quảng Trí, 廣智, ?~?)는 탕롱 사람으로 성은 안씨(顔氏)이고, 황비 쯔엉풍(Chương Phụng, 彰奉)의 오빠이다. 그의 도업(道業)은 "얼

음같이 맑았고, 화려함이나 아름다움을 좇지 않았다"고 한다. 꽝찌는 1059~1065년 당시에 속세를 떠나 띠엔주산의 티엔라오에게 가서 배움을 청했고, 스승 덕분에 선의 종지에 부합하는 생활을 하게되었다. 그는 자신을 연마하는 데에 힘쓰면서 오로지 선학(禪學)에 뜻을 두었고, 오래지 않아 명성이 널리 퍼졌다.

③ 만작(무언통파 제8세)[17]

안까익(An Cách, 安格)향(鄕)[18]의 룽찌엔(Lũng Chiền, 壟塵) 사람 만작(Mãn Giác, 滿覺, 1052~1096) 대사의 이름은 리쯔엉(Lý Trường, 李長)이고,[19] 아버지 리호아이또(Lý Hoài Tố, 李懷素)는 중서원외랑(中書員外郞, Trung Thơ Viên Ngoại Lang)을 지냈다. 리타인똥이 조서를 내려 명문가의 자제들이 입궐하여 곁에 있게 했는데, 당시 만작은 여러 책을 많이 읽었을 뿐만 아니라 기억도 잘했고, 유교와 불교에 모두 정통했기 때문에 입궐 자제로 뽑혔다. 궁궐에서 돌아온 후에는 항상 선정(禪定)에 힘썼다.

④ 통비엔(무언통파 제8세)[20]

썬떠이의 단풍(Đan Phụng, 丹鳳)현 사람 통비엔(通辨, Thông Biện, ?~1134) 국사의 성은 응오(Ngô, 吳)씨이다. 그의 부모는 불심이 깊었다고 한다. 통비엔은 총명하고 기민했으며, 계정혜(戒定慧) 삼학(三學)에 밝았다. 그는 처음에 길상사의 비엔찌에우 선사에게 배워 그 요체를 얻었다가, 이후에 수도 탕롱의 개국사에 거처하면서 스스로 '찌콩(Trí Không, 智空)'이라 했다.

1096년 봄 2월 15일에 부성영인(符聖靈仁, Phù Thánh Linh Nhân)

황태후[21] 이란이 개국사의 승려들을 위해 공양을 바치고, 여러 기숙(耆宿)들에게 다음과 같은 물음을 던졌다.

> 부처와 조사(祖師)의 의미는 무엇이며, 어느 것이 더 뛰어납니까? 부처는 어디에 머뭅니까? 조사는 또 어느 곳에 있습니까? 조사들은 언제 이 나라에 와서 이 도를 전해주었습니까? 그리고 누가 먼저 왔습니까? 부처님의 명호를 외고 조사의 마음을 통달하면 상도(相道)에 이른다는 말은 무슨 뜻입니까?

무리 가운데 누구도 대답하지 못하자 통비엔이 답했고, 황태후가 아주 기뻐했다. 그녀는 선사를 승록으로 삼으며 자의(紫衣) 가사를 하사했고, '통비엔 대사[通辨大師]'라는 칭호도 내리면서 후한 상과 함께 총애와 영예를 베풀었다. 이어서 황태후는 통비엔을 궁궐로 불러들여 국사(國師)로 삼았고, 또 선의 요체에 대해서도 물어서 그 종지를 깊이 체득하게 되었다고 한다.

만년에 통비엔 선사는 뜨리엠의 보녕사(普寧寺, Chùa Phổ Ninh)로 거처를 옮겼고, 여기에서 대법연(大法筵)을 열어 중생을 "위대한 불법[大法雨]"으로 흠뻑 적셨다. 통비엔은 1134년 2월 12일에 병세가 있음을 대중에게 알리면서 입적했다.

⑤ 콩로(무언통파 제9세)[22]

즈엉(Dương, 楊)씨 성의 콩로(Không Lộ, 空路, ?~1119)에 대해서는,[23] 그의 고향이 남딘성의 자오투이 마을이거나 하이타인(Hải Thanh, 海清)부[24]의 응이엠꽝(Nghiêm Quang, 嚴光)이라는 주장이 있다. 혹은 1016년 9월 13일 라이찌[Lại Trì, 타이빈성의 끼엔쓰엉(Kiến Xương)] 마을에서 태어났다고 하기도 한다. 그의 가족이 연안이나 강가에서 어업에 종사해서, 콩로도 자라면서 투망을 던지는 일을 낙으로 삼았고, 경치가 좋은 유명한 절을 여행하면서 즉흥시를 짓기도 했다.

이후 콩로는 리타이똥 시기인 1044년 29세에 가업을 버리고 불교에 귀의하기로 마음을 굳혔다. 처음에 그는 노안(Noãn, 卵) 거사를 따라 바오따이(Bảo Tài) 마을에서 공부했다. 콩로는 함께 도를 닦는 벗 작하이와 고향에서 멀리 떨어진 곳을 돌아다니다가, 드디어 1059년에 하택사(荷澤寺, Chùa Hà Trạch)[25]에 이르러 머물렀다. 이후에 그는 호싸 마을의 연복사(延福寺, Chùa Duyên Phúc),[26] 원광사 (圓光寺, Chùa Viên Quang),[27] 엄광사(嚴光寺, Chùa Nghiêm Quang), 축성사(祝聖寺, Chùa Chúc Thánh) 등지로 옮겨 다니며 수행했다.[28]

콩로는 이 과정에서 풀로 옷을 지어 입고 거친 밥과 나무 열매를 먹으면서 자신의 몸을 거의 잊어버린 경지에 이르렀고, 밖으로 치달리는 마음을 끊으며 안으로 선정(禪定)을 닦는 데 힘썼다. 그는 마음과 정신, 귀와 눈이 활짝 열리면서 상쾌해졌으며, 곧 "허공을 날고 물 위를 걷고 호랑이를 굴복시키고 용을 항복시킬 수 있었다"고 한다. 누구도 그의 이러한 신비하고 변화무쌍한 능력을 헤아릴 수 없었다.[29]

이윽고 콩로는 1063년에 고향 하이타인의 중뉴에(Dũng Nhuệ) 마을로 돌아가서 엄광사를 세웠다.[30] 그리고 다음과 같은 게송을 지었다.

용과 뱀이 살 만한 땅을 찾아내고는[選得龍蛇地可居]

시골다운 소박한 정취에 종일 즐거웠네[野情終日樂無餘]

때때로 외따로 떨어진 봉우리에 오르니[有時直上孤峯頂]

긴 휘파람 소리에 하늘이 차가워지네[長嘯一聲寒太虛]

이 게송은 콩로가 고향에서 적당한 땅을 골라 엄광사를 조성한 일을 즐거워하면서도 자신의 감정을 들뜨지 않게 하는 내용이다. 베트남의 마을 사람들에게 사원 건설은 항상 중요한 일이었는데, 첫 번째 단계는 보통 흙점으로 적당한 장소를 물색하는 일이었다. "용과 뱀이 살 만한 땅을 찾아내고는, 시골다운 소박한 정취에 종일 즐거웠네"라는 대목에서, 당시 베트남의 풍수지리로 사원 부지를 고르는 기준을 알 수 있다.[31]

62세이던 콩로가 어느 날 정좌하고 있는데, 시자(侍者)가 "제가 여기 온 후로 심요(心要)에 대해 가르침을 받은 적이 없습니다. 감히 게(偈) 한 수를 올립니다"라고 말했다.[32]

단련한 몸과 마음 비로소 맑아지니,

가지 빽빽한 곧은 나무 빈 뜰 마주하네.

누군가 공왕(空王)[33]의 법을 묻기에,

병풍에 비친 네 그림자라고.

콩로가 이 시를 읽고 다음과 같이 되물으며, 아주 크게 껄껄 웃었다.

네가 경전을 가져오면 내 너를 위해 그것을 받아 들었고, 네가 물을 떠오면 내 너를 위해 그것을 마셨다. 어디, 내가 너에게 심요(心要)를 가르치지 않은 적이 있더냐?[34]

꾸준한 수행 정진으로 성장한 제자와 격의 없이 대화를 나누는 스승의 진솔한 모습이 마치 현재 베트남의 사제 관계를 보여주는 것 같기도 하다.

⑥ 작하이(무언통파 제10세)[35]

하이타인[36] 출신 작하이(Giác Hải, 覺海, 1023~1138)의 이름은 응우옌비엣이(Nguyễn Viết Y) 혹은 응우옌꾸옥이(Nguyễn Quốc Y)이다. 그는 어려서부터 고기잡이를 좋아하여 항상 작은 배를 집으로 삼아 강과 바다를 두루 돌아다녔고, 25세가 되자 어업을 버리고 머리 깎고 승려가 되었다.[37] 처음에 그는 콩로와 함께 하짜익[荷澤]을 스승으로 섬기며 하택사에 있었는데, 나중에는 콩로의 법통을 이어받았다. 이후 작하이는 연복사에서 아무런 구속 없이 자유롭게 지내며 홀로 즐거워하면서 사람들에게 아무것도 구하지 않았으며, 수시로 절의 재산을 처분하여 부처에게 올리는 공양을 장만했다고 한다.[38] 연복사의 작하이는 대중의 보시를 받지 못했던 것으로 보이는데, 여기에서 '절의 재산'은 황실이나 국가 고위층이 보시한 사원전이나 기타 경제적 혜택을 가리키는 것 같다.

작하이가 콩로와 도반이 된 이후에는 옌랑(Yên Lãng) 출신의 승려 다오하인을 만나 모두 함께 서인도에 가서 공부하여 도를 이루었다고 한다. 그가 득도한 이후에는 자오투이에 돌아가서 엄광사[39]의 주지가 되었다.[40]

리년똥은 작하이와 콩로를 자주 궁궐로 불렀다. 어느 서늘한 저녁에 그들이 황제와 함께 앉아 있을 때, 갑자기 도마뱀 두 마리가 서로 화답하며 울어대어 몹시 시끄러웠다. 황제가 콩로에게 그 울음을 그치게 하라고 했는데, 콩로가 마음속으로 주문을 외니, (벽이나 천장에 붙어 있던) 한 마리가 떨어졌다. 그는 웃으며 작하이에게 "한 마리는 스님을 위해 남겨두었소!"라고 말했다. 작하이가 남은 한 마리를 응시하니, 잠시 후 그 도마뱀도 떨어졌다. 이 기이한 풍경을 본 리년똥은 다음과 같은 시를 지어 찬탄을 표했다.[41]

작하이[覺海]의 마음은 바다 같고,
통현(通玄, 콩로)의 도(道)는 현묘하구나.
신통(神通)과 변화(變化)가 무궁하니,
하나는 부처요, 하나는 신선이로다.

이 일로 작하이는 유명해졌고, 승려들과 속인들이 그를 찾아와 존경을 표했다. 리년똥은 항상 제자의 예를 갖추어 작하이를 대했으며, 하이타인의 행궁에 행차할 때면 반드시 먼저 작하이가 머무는 연복사부터 찾았다.

어느 날 리년똥이 작하이에게 "아라한[應眞][42]의 신족(神足)[43]에 대해 들을 수 있겠습니까?"라고 물었다. 작하이가 곧 변화를 부리니, 그의 몸은 허공으로 솟구쳐 땅에서 몇 길이나 떠올랐다가 잠시 후 다시 내려왔다. 황제와 신하들은 모두 손뼉을 치며 찬탄했다. 리년똥은 작하이에게 수레를 하사하여 궁궐 출입을 자유로이 하게 했다.[44]

⑦ 변재(무언통파 제9세)[45]

변재(辨才, Biện Tài, ?~?)는 중국 광주 사람이다. 리타인똥 때에 베트남에 와서 통비엔 국사의 법을 이었다. 이 승려가 수도 탕롱[昇龍京] 만세사에 거처했음을 고려한다면, 변재 선사는 후술할 초당 선사의 경우와 마찬가지로 리타인똥의 1069년 참파 원정 당시 포로로 잡혀 수도에까지 끌려왔을 가능성이 크다.

2) 비니다류지파

① 후에씬(비니다류지파 제13세)

후에씬(Huệ Sinh, 惠生, ?~1063)은 리타인똥 때에 좌가도승통(左街都僧統)에 올랐는데, 이 지위는 공후(公侯)와 같은 서열이었다.[46] 그는 1063년 임종에 즈음하여 제자들을 불러 모으고 게송을 읊은 이후에 목욕하고 향을 피웠고, 밤이 이슥해지자 조용히 세상을 떠났다.

② 쩐콩(비니다류지파 제16세)[47]

쩐콩(Chân Không, 眞空, 1046~1100)의 이름은 브엉하이티엠(Vương Hải Thiềm, 王海瞻)이다. 그는 띠엔주현의 푸동 마을의 한 고귀한 집안에서 태어났다. 아버지가 덕망 높은 스님이 석장(錫杖)을 주는 태몽을 꾸어서 승려가 되는 자식을 얻었다고 한다. 쩐콩은 어렸을 때 홀로 독서하며 탐구하는 데에만 열중하여 잡다한 일에는 마음 쓰는 법이 없었고, 15세에 이미 사적(史籍)을 두루 꿰뚫었다. 스무 살이 된 그는 심인을 전수해 줄 스승을 찾아 총림을 두루 돌아다녔고, 동끄우(Đông Cứu, 東究)[48]산 정려사(靜慮寺, Chùa Tĩnh Lự)에 이르러 타오녓(Thảo Nhất, 草一) 선사[49]의 제자가 되어 6년 동안 공부하면서 드디어 심인을 받았다. 이후에 쩐콩은 뜨썬에 살면서 계율로써 자신을 단속했고, 20여 년 동안 산문(山門)을 내려오지 않았다고 한다. 그리고 이 시기 동안 확인된 쩐콩의 거처 중의 하나는 푸란(Phù Lan, 扶蘭)[50]채(寨, trại) 파라이(Phả Lại, 普賴)산의 축성사다.[51]

③ 지에우년(비니다류지파 제17세)[52]

비구니 지에우년(Diệu Nhân Ni Sư, 妙因尼師, 1042~1113)은 리 왕조의 공주이다. 원래 이름은 리응옥끼에우(Lý Ngọc Kiều, 李玉嬌 혹은 리티응옥끼에우, 李氏玉嬌)이며, 봉건왕(奉乾王, Phụng Kiền Vương) 리녓쭝(Lý Nhật Trung, 李日中)[53]의 장녀이다. 그녀는 자질이 정숙하고 단정했으며, 언행에 법도가 있었다. 응옥끼에우는 리타인똥의 친딸이 아니라 조카였지만, 황제가 그녀를 중궁(中宮)에서 길러 공주에 봉했다. 공주가 결혼할 나이가 되자, 1058년 무렵 쩐당(Chân Đăng, 眞登)주[54]의 목사(牧師, Châu mục) 레(Lê, 黎)씨에게 시집갔다. 그런데 남편이 죽자, 공주는 청상과부로 남겠다고 스스로 맹세하며 의리를 지켜 재가하지 않았다.

어느 날, 그녀는 "내 세간을 잘 살펴보니, 일체의 법이 모두 꿈같고 환영 같구나. 하물며 이 덧없는 세상 영화를 믿을 수 있겠는가?"라고 탄식하며, 경대(鏡臺) 등을 버리고 보시하며, 머리 깎고 출가하여 비구니가 되었다. 박닌성 띠엔주현[55] 푸동향의 쩐콩에게 가서 보살계를 받았고, 마음의 요체에 대해 묻고 탐구했다. 쩐콩은 지에우년[妙因]이라는 이름을 주면서 비구니들이 사는 이원[尼院, 향해원 (香海院), Ni Viện Hương Hải]의 주지를 맡겼고, 그녀는 계율을 지키고 참선하면서 삼마지(三摩地, Samādhi)를 얻었다. 지에우년은 걸출한 능력으로 비구니들 가운데 종장(宗匠)이 되어 비니다류지파 제 17세의 선두 주자가 되었다.

배움을 구하러 오는 자가 있으면, 지에우년은 반드시 대승(大乘)의 요체를 익히게 했고, 아울러 "오로지 자성(自性)을 그 근원으로 되돌리기만 하면, 돈오(頓悟)든 점오(漸悟)든 자유롭게 깨달음을 얻게 되리라"고 말했다. 지에우년이 단번에 깨닫는 '돈오'나 점점 깊이 깨닫는 '점오' 어느 한쪽에 치우치지 않고 불법을 깨우치는 방편을 알리고자 했음을 알 수 있다. 이 시기에 재가 수행자이란 부인 이외에 여성 출가 수행자가 베트남 역사에 본격적으로 등장하고 있었다.

3) 초당파의 등장

리타인똥 시기에 활약한 상가 중에서 기존의 비니다류지파나 무언통파 이외에 새로운 제3의 선종 계열 초당파(草堂派)도 베트남의 불교 무대에 등장했다. 중국인 승려 초당[草堂, 베트남어로 타오드엉 (Thảo Đường), 997~?]은 원래 중국 절강성(浙江省)의 설두산(雪竇山)에 있던 중현(重顯, 980~1052)의 제자였다. 설두 선사로도 불리던 중현은 북송(北宋) 운문종(雲門宗)의 제4세였다.[56] 초당은 어떤 스승을 따라 베트남 남쪽의 참파에 가서 거주했다. 그런데 1069년 리타인똥의 참파 원정 때 포로가 되어 탕롱으로 잡혀 왔지만, 초기에는 누구도 그의 정체를 알지 못했다. 황제는 이 포로들을 관아의 노비로 배치했는데, 초당은 조정에서 일하던 어떤 승록의 일을 돌보는 하인 일을 맡게 되었다.

어느 날, 이 승록이 선학(禪學)에 대한 어록을 작성하다가 책상 위에 두고 나갔는데, 이 글에 많은 오류가 있음을 알아차린 초당은 즉시 붓을 들어 고쳐버렸다. 승록이 돌아와서 수정된 어록을 발견하고 크게 감탄했고, 이 하인을 이상하게 생각해서 리타인똥에게 알렸다. 황제는 이 하인을 불러서 물어본 후에 그가 참파에 전법(傳法)하러 왔다가 포로로 붙잡힌 중국 출신의 초당 선사라는 사실을 알게 되었다.

이 선사와 교류한 리타인똥은 초당에 대해서 "덕행이 있고, 불교 경전에 숙달하여, 스승이 될 만하다"고 평가하며 그를 국사(國師)에 봉했고, 탕롱 개국사(Chùa Khai Quốc)[57]의 주지로 모셨다. 이렇게 해서 초당 국사는 개국사에서 활약하며 베트남의 세 번째 선종인 초당파를 개창하게 되었고, 이후에 초당 선파는 5대(1069~1205)에 걸쳐 전승되었다.[58] 관련 자료가 부족하지만, 초당 선사의 계승자들을 정리하면 〈표 6-1〉[59]과 같다.

표 6-1 『선원집영』에 등장하는 초당(草堂) 선사의 계승자들

초당 선사	
제1세(3인)	1° 리타인똥(Lý Thánh Tông, 李聖宗, 1054~1072 재위) 황제
	2° 밧냐(Bát Nhã, 般若) 선사(성은 응우옌 씨), 자광복성사(慈光福聖寺, Chùa Từ Quang Phúc Thánh)에 거처함[60]
	3° 거사(居士) 응오싸(Ngô Xá, 遇赦), 롱쯔엉(Long Chương, 龍彰) 바오따이(Bảo Tài, 保財)향 출신

제2세(4인)	4° 참정(參政) 응오익(Ngô Ích, 吳益), 리타인똥을 이음
	5° 호앙민(Hoằng Minh, 弘明) 선사, 빈흥(Vĩnh Hưng, 永興) 안랑(An Lãng, 安朗)향 출신, 밧냐의 제자
	6° 콩로(Không Lộ, 空路, 1016~1094) 선사, 하이타인 엄광사(嚴光寺, Chùa Nghiêm Quang)[61]에 거처함
	7° 딘작(Định Giác, 定覺, ?~?) 선사, 작하이(覺海)라고도 함
제3세(4인)	8° 태부(太傅) 도부(Đỗ Vũ, 杜武, ?~?)[62]
	9° 팜엄(Phạm Âm, 梵音) 선사, 안라(An La, 安羅) 타인오아이(Thanh Oai, 靑威)[63]향 출신, 호앙민 선사를 이음
	10° 리아인똥(Lý Anh Tông, 李英宗, 1138~1175 재위) 황제
	11° 도도(Đỗ Đô, 杜都, 1042~1170) 선사, 도호는 닷만(Đạt Mạn), 고향은 하이즈엉의 호앙장(Hoàng Giang)진(鎭)
제4세(4인)	12° 쯔엉땀땅(Trương Tam Tạng, 張三藏) 선사, 팜엄 혹은 콩로, 혹은 딘작을 이었다고 함
	13° 쩐후옌(Chân Huyền, 眞玄) 선사
	14° 태부(太傅) 도트엉(Đỗ Thường, 杜常)
	15° 『선원집영』에 구체적인 인물이 등장하지 않음
제5세(4인)	16° 하이띤(Hải Tịnh, 海淨, ?~?) 선사
	17° 리까오똥(李高宗, Lý Cao Tông, 1175~1210 재위) 황제
	18° 창아관갑(倡兒管甲) 응우옌특(Nguyễn Thức, 阮識, ?~?)
	19° 팜풍응으(Phạm Phụng Ngự, 范奉御)

『선원집영』에 보이는 초당파 계승자들 19명 중에서, 선사는 9명, 황제는 3명, 관리는 4명, 거사는 1명, 기타는 1명, 익명의 어떤 사람은 1인이었다.

선사 9명은 제1세의 ① 밧냐, 제2세의 ② 호앙민, ③ 콩로, ④ 딘작, 제3세의 ⑤ 팜엄과 ⑥ 도도, 제4세의 ⑦ 쯔엉땀땅과 ⑧ 쩐후옌, 제5세의 ⑨ 하이띤 등이었다. 이 중에서 도우(道友)였던 콩로와 딘작(작하이)은 각각 무언통파 제9세와 제10세에도 속하고 있었다. 특히 도도는 1066년에 송나라의 승과, 즉 백련과시(白蓮科試, khoa thi Bạch Liên)에 참여하여 수석으로 합격했다고 한다. 리타인똥은 귀국한 도도에게 문관직 위대부(衛大夫, Vệ Đại Phu)를 수여하고 법호 닷만(Đạt Mạn)을 내렸다. 이후에 도도는 황제에게 제2의 고향 응와이랑(Ngoại Lãng) 마을[64]에서 복승사[福勝寺, Chùa Phúc Thắng, 랑 사원(Chùa Lạng)]를 조성하여 수행할 수 있기를 청했다.

그런데 초당파에는 기존의 비니다류지파나 무언통파와는 달리 승려 계층 이외의 사람들도 포함되어 있었다. 예를 들면, 제1세의 리타인똥, 그리고 이후에는 제3세의 리아인똥, 제5세의 리까오똥 황제들이 초당파의 일원이었다. 리타인똥은 초당 국사의 제자가 되었고, 스승으로부터 깨달음을 얻었다는 증명[印可]을 받은 후에는 제1대 시조가 되어 법사로서 지도하기도 했다.[65] 제2세의 참정 응오익, 제3세의 태부 도부, 제4세의 태부 도트엉, 창아관갑 응우옌특 등은 관리였던 것 같다. 황제와 측근 관리들의 종교적 유대감이 초당파의 구성에 반영된 듯하다. 아울러 제1세의 거사 응오싸, 신분 미상의 팜풍응으, 익명의 1인 등도 포함되어 있었다. 이처럼, 소규모의 초당파에는 출가 수행자뿐만 아니라 고위층의 재가 수행자가 궁정을 중심으로 함께 활동했음을 알 수 있다.

초당이 활약하며 승려와 재가불자를 교화했던 개국사는 원래 번퐁, 쿠옹비엣, 통비엔 등과 같은 무언통파 승려들이 활동하던 장소였다. 초당은 스승 중현 선사의 게송을 담은 어록[66]을 이 사원에서 여러 번 강설했다고 한다.[67] 이 강설의 내용은 무엇이었을까?

초당은 주로 "설두백칙(雪竇百則)"을 중심으로 선정일치(禪淨一

致), 즉 선종의 수선(修禪)과 정토종(淨土宗)의 염불(念佛)이 서로 동시에 실행되어야 한다는 점을 전달했다고 한다.[68] 그리고 초당이 썼다고도 추정되는 「치소경책(緇素警策, Truy Tố Cảnh Sách)」[69]을 통해 정토종의 영향을 가늠해 볼 수 있다. 그는 염불 수행과 직관에 의한 깨달음을 권장하였는데, 이 글의 요지는 염불을 계속하면 아미타불을 만나서 정토에 이른다는 내용이다.

아울러 유불 융합을 주장한 중현은 송나라 초기의 국가 이념인 유교주의를 불교에 절충한 선사이다.[70] 그는 선학(禪學)을 유가(儒家)에게도 널리 전파하여, 불교와 친숙해진 유학자가 불자로 거듭나기를 희망했다. 바로 이러한 유불 융합 경향은 송나라 초 중국 사상을 지배했다.[71] 스승의 이러한 경향을 이어받은 초당의 사상적 관점이 유교를 발전시키고자 했던 리타인똥의 정책과 맞물리며 출가하지 않은 조정 내의 관리들이나 유교 지식인들의 호응을 이끌어 냈을 가능성이 있다.

또한 초당파의 승려들이 밀교 수행자였을 가능성을 배제할 수 없다. 사실 "변화무쌍한 신이한 능력"을 발휘하는 콩로와 "무궁한 신통과 변화"를 일으키는 딘작은[72] 무언통파 출신이면서도 비니다류지파의 밀교적 수행을 통해 양대 선파의 수행을 오가며 아우르고 있었던 듯하다. 이 두 선사들의 융합적 경향은 리타인똥이 불교 사회에 유교를 들여오고자 했을 때에도 주목할 만한 능력이었을 수 있다. 그래서 황제는 1070년부터 유교화 정책에 본격적으로 착수하기 이전에 자신의 유불 융합 정책을 지지해 줄 수 있는 승려, 관리, 기타 재가 수행자들을 중심으로 초당파를 건설하지 않았을까?

3. 사원

리타인똥(1054~1072 재위)도 사원과 불탑을 조성하는 데 관심이
많았는데, 관련 활동에 대해서 살펴보도록 하자.

1055년 10월에는 동림사(東林寺, Chùa Đông Lâm)와 동끄우산의
정려사(靜慮寺, Chùa Tĩnh Lự)가 조성되었다.[73] 이듬해 4월 탕롱의
바오티엔프엉(phường Báo Thiên, 報天坊)[74]에 조성된 숭경보천사(崇
慶報天寺, Chùa Sùng Khánh Báo Thiên)는 동 1만 2,000근으로 홍종
(洪鍾)을 주조했고, 황제가 친히 이 종에 명문(銘文)을 써서 새겼다.

그림 6-2 현재는 주로 바다 사원으로 불리는 숭경보천사 사원 내의 석비(石碑)
비액(碑額)에는 '영광사비기(靈光寺碑記, Linh Quang Tự Bi Ký)'라고 쓰여 있다. 도시 한복
판에 있는 바다 사원은 사면이 건축물로 촘촘하게 둘러싸여 있다. 사원의 정면은 냐터 거리로 통
하는 작은 골목이어서, 발견하기가 쉽지 않다.

이 사원은 리 왕조에서 쩐 왕조까지 400년 동안 수도에서 나라를 대표하는 사원이었다.[75]

1057년에는 박닌성 띠엔주현 호앙프엉(Phượng Hoàng)의 펏띡산 혹은 란카(Lạn Kha)산 남쪽에 불적사[佛跡寺, Chùa Phật Tích][76]가 조성되었다.[77] 리타인똥은 12월에 천복사(天福寺, Chùa Thiên Phúc)와 천수사(天壽寺, Chùa Thiên Thọ)를 세우면서 황금으로 범왕상(梵王像, tượng Phạn Vương, Brahma)[78]과 제석상(帝釋像, tượng Đế Thích, Indra)[79]을 주조하여 두 사원에 안치하도록 했다.[80] 이렇게 범왕과 제석이 11세기 중엽의 베트남 불교에 등장하게 되었고, 캄보디아의 앙코르(Angkor) 왕국이나 미얀마의 버강(Bagan) 왕국에서처럼 힌두교적 요소가 황실의 불교 의례에 가미되고 있었음을 확인할 수 있다.[81]

그런데 중국의 '천(天)'은 보통 유교의 비인격적인(impersonnel) 하늘을 가리키면서 강한 도덕적 함의를 갖고 있었지만, 리 왕조와 이후 쩐 왕조 시기의 '천(Thiên)'은 오히려 힌두불교(hindoubouddhiste)의 하늘과 관련되어 있었다. 특히 황실의 인드라 의례는 대우주와 소우주 사이의 '병행론(parallélisme)'을 근거로 지방의 종교 의례를 흡수했고, 땅의 왕을 천왕(天王)과 연결하고 군주와 민의 긍정적이고 강력한 관계를 만들어 내면서 사회 질서를 유지하고 번영 및 다산을 가져오기를 희망했다.[82] 인드라를 매개로 등장한 상징적인 의례가 군주권을 강화하기 위해 동원되는 시점이었다고 볼 수도 있다. 더군다나 1086년 2월 당시에 "공물을 바치러 온 진랍(眞臘)의 사신들 중에는 바라문(婆羅門)이 2명 있었으니",[83] 이들의 구체적인 역할이 『대월사략』에는 설명되어 있지 않지만, 베트남 불교의 힌두화에 이웃 나라 캄보디아의 영향력도 배제할 수 없을 것이다.

1059년 3월에는 리타인똥이 랑쩌우(Lạng Châu, 諒州) 남빈(Nam Bình, 南平)강에 사냥하러 갔다가 부마(駙馬) 턴까인응우옌(Thân Cảnh Nguyên, 申景元)[84]의 집을 방문한 후, 박닌 보닌(Võ Ninh, 武寧)주의 띠엔주산에 숭엄보덕사(崇嚴報德寺, Chùa Sùng Nghiêm Báo Đức)를 세웠다.[85] 1061년에는 타이빈성 부트(Vũ Thư)현에 신광사[神光寺, Thần Quang Tự 혹은 깨오 사원(Chùa Keo)]가 조성되었다. 또한 1063년 6월에 궁궐[大內, Đại Nội] 동쪽에 세워진 동선궁(洞仙宮, Cung Động Tiên)에서 백구(白龜)를 바치니, 리타인똥은 띠에우(芭, Tiêu)산[86]에 사원을 세워 후사를 기원하도록 했다.[87] 1070년 9월에는 동남이천왕사(東南二天王寺, Chùa Đông Nam Nhị Thiên Vương)가

그림 6-3 숭경보천사와 대승자천보탑이 있었다고 추정되는 구역
출처: Lê Quang Vịnh, "Chùa Báo Thiên Ở Hà Nội Xưa"

탕롱에 조성되었다.[88]

리타인똥 황제가 축조한 탑으로는 ① 대승자천보탑(Tháp Đại Thắng Tư Thiên, 大勝資天寶塔), 줄여서 보천탑(寶天塔, Tháp Báo Thiên, 1057년 3월), ② 도썬(Đồ Sơn, 塗山) 탑(1058년 9월), ③ 불적사 탑(Tháp Chùa Phật Tích, 1066년 9월) 등을 대표적으로 들 수 있다.

이 중 첫 번째로, 1057년 3월에는 숭경보천사에 12층(혹은 13층) 의 대승자천보탑이 참파 장인의 도움으로 세워졌는데, 높이는 수 십 장(丈, 혹은 20장, 약 60m)이었다.[89] 도리천(忉利天)[90]으로 여겨졌 던 탑정(塔頂)은 동(銅)으로, 아래층은 돌과 벽돌로 제작되었다. 화 전(花甎)으로 만든 탑신(塔身)에는 "이가제삼제용서태평제사년(李家 第三帝龍瑞太平第四年)"이란 글이 새겨져 있었고, 탑 내부에는 대단 히 정교한 석상(石像) 등이 안치되어 있었다고 한다.[91] 후대의 유교 사관이 "백성의 힘을 지치게 해서 보천지탑(報天之塔)을 쌓았다"고 평가할 정도였으니,[92] 리타인똥이 이 탑을 조성하는 데 많은 노력을 기울였음을 알 수 있다.

두 번째는 도썬(Đồ Sơn, 塗山) 탑이었다. 현재 하이퐁시 도썬꾸언 의 메(Mẹ)산, 즉 머우썬(Mẫu Sơn, 母山, 약 168m) 정상에는 아쇼까 탑이 있었는데, 파괴되었다고 한다. 그래서인지 1058년 9월에 리 타인똥이 바로(Ba Lộ, 波路) 해구(海口)[93]에 갔던 김에 도썬에 들러서 탑을 세웠다.[94] 이후 이듬해 8월에 황제는 도썬 탑에 상룡탑(祥龍塔, Tháp Tường Long)이라는 이름을 하사했다.[95]

1066년 9월에 리타인똥은 낭장(郎將, lang tướng) 꾸아익만(Quách Mãn, 郭滿)이 띠엔주산에 탑을 쌓도록 했는데, 이 탑이 바로 불적사 의 탑이다. 특히 이후에 사고로 무너진 탑에서 리 왕조 최대의 석조

그림 6-4 현재의 불적사와 역사박물관의 불상

1. 불적사의 탑과 불상
2. 하노이 베트남 역사박물관(Viện Bảo Tàng Lịch Sử Việt Nam)의 리 왕조 전시실에 안치된 아미타불상(Tượng Phật A Di Đà)이 연화좌(蓮花座)에 앉아 있다(높이는 292cm, 폭은 174cm). 원본 불상은 불적사에 있다.

아미타불상이 발견되었다.[96] 서방 정토의 아미타불은 대승 불교 정토교의 중심을 이루는 부처이고, 모든 중생을 제도하겠다는 대원

(大願)을 품고 성불하여 극락에서 교화하고 있다고 한다. 이 부처를 염하면 죽은 뒤에 극락에 간다는 정토종의 염불 수행과 선정(禪淨) 일치를 추구하던 초당파의 목표가 아미타불상으로 재현되었다고 볼 수 있다. 마찬가지로, 리타인똥이 창건한 원광사의 비문에 의하면, 본존 아미타불과 뒤편에 세워진 선종 조사들의 상은 도솔천의 정토를 연상시킬 정도였다고 한다.[97] 중국이나 한반도에서처럼 정토 신앙과 선종의 융합 현상도 나타나고 있었음을 알 수 있다.

1058년 6월에는 탕롱성 내에 세워진 영광전(靈光殿, điện Linh Quang) 앞에 연꽃 모양의 독주육각연화종루(獨柱六角蓮花鐘樓)를 조성하기도 했다.[98] 이후 1071년 정월에는 황제가 '불(佛)'이란 글자를 비(碑)에 썼는데, 길이가 1장 6척(약 5m)이었다. 그런데 봄부터 여름까지 비가 내리지 않아서, 이 비를 선유사(僊遊寺, Chùa Tiên Du)에 두었다고 한다.[99]

4. 경전

통비엔은 항상 『법화경』으로 수행하고 가르쳤으므로, 당시 사람들이 그를 '오법화(吳法華)'라고 불렀다.[100] 쩐콩도 타오넛 선사의 법회에서 『법화경』 강설을 듣다가 활연히 깨치게 되었고, 이 일을 계기로, "눈먼 거북이 바다를 떠다니다가 나무판의 구멍으로 머리를 내미는" 것처럼, 그는 이 강설이 자신의 기회와 인연[機緣]에 부합한다는 점을 알았다고 한다.[101] 그리고 콩로는 절에서 항상 다라니문(陀羅尼門)[102]을 암송하여 "허공을 날고 물 위를 걷고 호랑이를 굴복시키고 용을 항복시킬 수 있었다"고 한다.[103] 『법화경』은 무언통파 통비엔(제8세)과 비니다류지파 쩐콩(제16세) 모두를 깨달음으로 인도하고 불법을 전하는 중요한 경전이었다. 콩로의 경우에서도 알 수 있는 것처럼, 비니다류지파의 밀교적 다라니 수행 방식이 무언통파 제9세 승려에게도 영향을 미치고 있었다.

지에우년의 경우도 흥미롭다. 항상 침묵을 지켰던 그녀는 소리, 형체, 언어를 싫어했다. 어떤 학인과 지에우년 사이에 다음과 같은 대화가 진행되었다.

> 어떤 학인: 일체 중생이 아픈 까닭에 나도 아프구나라고 하는데, 어찌하여 매양 소리와 형체를 싫어하십니까?
> 지에우년: 만약 형체로 나를 보고 음성으로 나를 구한다면, 이 사람은 삿된 길[邪道]을 따를 뿐, 여래를 볼 수 없느니라.

이 대화에는 『유마힐소설경(維摩詰所說經)』과 『유가사지론(瑜伽師地論)』의 내용이 등장한다. 구마라습(鳩摩羅什)이 번역한 『유마힐소설경』은 유마(維摩)[104]가 병문안을 온 문수보살과 문답한 내용을 기록한 대승 불교의 경전이고, 『유가사지론』은 인도 대승 불교 유가행파(瑜伽行派)의 기본 경전이다. 이 대화에 등장한 어떤 학인은 "일체 중생이 아픈 까닭에 나도 아프구나[以一切衆生病, 是故我病]"라는 『유마힐소설경』 권중(卷中)의 내용을 인용하며 이야기를 시작했다. 지에우년은 "만약 색(色)으로써 아(我)를 헤아리고, 음성(音聲)으로써 아(我)를 찾으면서, 욕탐(欲貪)에 집지(執持)된 자는, 아(我, 부처)를 알 수 없느니라[若以色量我, 以音聲尋我, 欲貪所執持, 彼不能知我]"라고

『유가사지론』[19권 '습(習)']의 구절에 근거해서 답했다.

변재(제9세)는 조칙을 받들어『조대록(照對錄, Chiếu Đối Lục)』을 편수했다. 그의 스승 통비엔은『조대본(照對本, Chiếu Đối Bản)』이라는 불교 관련 서적을 지었는데, 제자의『조대록』은 리타인똥의 명으로 스승의『조대본』을 수정하여 이루어진 작품이라고 한다.[105]

경전, 음악, 계략 등에 뛰어났던 리타인똥은 선조들의 불교 장려 정책을 계승했다. 불교는 이전과 다름없이 통치 이념의 역할을 하며 정치를 지배했고, 나한회와 같은 불교 축제도 계속되었다. 황제뿐만 아니라 '관음녀'로 불리던 배우자 이란 부인의 역할도 불교의 지속적인 성장에 영향을 미쳤다고 볼 수 있다. 문묘가 베트남에서 최초로 세워졌지만, 유학의 보급은 아직 초기 단계에 머물렀고, 불교 우위의 국가와 사회는 여전했다. 상가는 이전처럼, 무언통파와 비니다류지파로 구성되었는데, 비니다류지파의 지에우년과 같은 비구니의 출현이 돋보인다. 특히 지에우년은 '돈오'나 '점오'에 치우치지 않으면서 양자를 융합하는 수행 방식을 취했는데, 이러한 방식이 후대에도 계속 영향을 끼쳤다. 아울러 천수사와 천복사의 사례에서 보듯이, 주변 동남아 국가들과 유사한 힌두불교 현상도 나타났다. 베트남 불교의 융합 경향은 1069년의 참파 정벌로 더욱 두드러졌다. 당시 포로로 잡힌 중국인 승려 초당은 참파 출신의 승려 마하나 중국인 승려 변재 이외에도 정토종의 영향을 받은 선불교를 베트남 불교에 전파했다. 베트남의 '남진'이 진행될 때, 새로운 불교의 '북진' 현상이 불교 우위의 유불 융합으로 나타나고 있었음을 확인할 수 있다.

3부

리 왕조
중후반 불교의
균열과 몰락

7장

지원과 반란: 리년똥 시기(1072~1128)

리타인똥 이후는 제4대 황제 리년똥, 제5대 황제 리턴똥, 제6대 황제 리아인똥 등으로 이어진다. 이 지도자들도 모두 불교를 발전시키는 데 큰 힘을 쏟았다는 평가를 받는다. 이하에서는 리년똥 시기의 불교에 대해서 먼저 살펴본다. 이란 부인의 효자 리년똥은 다양한 불교 정책을 진행하면서도 부친 리타인똥보다 더욱 여러 방면에서 유교화 정책을 시도했는데, 이 과정에서 나타난 불교계의 반응도 주목할 만하다. 그리고 승려의 저술 활동을 통해 베트남 불교 토착화의 단초도 확인할 수 있다.

1. 황제

1072년 1월에 8세의 나이로 즉위한 리년똥은 귀인의 상으로 음률에 매우 정통했는데, 악공이 연습하는 가곡은 모두 황제가 직접 지은 작품이었다고 한다. 적모(嫡母)[1] 즈엉(Dương, 楊)씨 트엉즈엉 (上陽) 태후(太后)는 황태후(皇太后)가 되어 섭정했고, 생모 이란 원 비는 황태비(皇太妃)가 되었다.[2] 그런데 "질투가 심했다"는 이란은 자신이 정치에 참여할 수 없게 되자, "타고난 자질이 어질고 효성스러워 성덕(盛德)이라 칭해졌던" 황제에게 하소연하며 다음과 같이 말했다.

> 노모가 고생해서 오늘날이 있게 된 것이다. 그러나 이제 타인이 부귀 를 누리니, 장차 노모를 어디에 두려고 하느냐.

황제가 이내 즈엉 황태후와 시녀 76명을 상양궁(上陽宮, Cung Thượng Dương)에 유폐했고, 결국 이들은 리타인똥의 능(陵, lăng Thánh Tông)에 순장되었다.[3] 1073년 1월 이란 황태비는 린년(Linh Nhân, 靈仁) 황태후(皇太后)로 추존되어 섭정하게 되었다.[4] 이렇게 해서 그녀는 리년똥이 통치하는 기간 동안 한 번 더 영향력을 행사할 수 있었는데, 특히 송나라와 전쟁 이후 1085년 당시 세상이 안정되면서부터 산천을 유람하면서 사원과 탑을 세우는 일에 의욕을 보이게 되었다.[5]

〈그림 7-1〉에서 볼 수 있는 것처럼, 리년똥은 아버지 리타인똥과 달리 오른손에 홀만 들고 있어서 유교화에 치중했을 것으로 추론할 수 있다. 실제로 리년똥 시기에는 유교화 정책을 더욱 다양한 방면으로 진행했던 것 같다.

예를 들면, 1072년 7월 글을 쓰는 데 능숙한 조정의 서기[書家]

그림 7-1 문묘 국자감의 리년똥상

에 결원이 생긴 경우에는 일찍이 시(詩)를 바친 승관(僧官)들 중에
서 글자를 아는 자 여러 명을 신중히 골라서 그 직무에 보충하도록
했다.[6] 그런데 1075년 2월에는 도교 시험 이외에도 최초의 과거를
3단계[三場]로 실시하여 10여 명의 합격자를 배출했다. 과거가 없
던 당시에는 총명하고 명민한 사인[聰敏之士]일지라도, 불교와 도교
를 이해해야 조정의 관리 선발 대상이 될 수 있었다.[7] 이 사인들 중
에는 유교적 지식 이외에도 불학이나 도학을 공부한 이도 적지 않
았지만, 이제는 유학자들에게도 과거를 통해 조정에 진입하는 길
이 열리기 시작했다. 이듬해 4월에는 국자감(國子監, Quốc Tử Giám)
이 설치되어 유학 교육이 이루어졌고, 1086년 8월에는 전국에서 교
양 있는 사람[文學之士]을 한림학사(翰林學士)와 같은 한림원(翰林院)

의 관리로 충원하기도 했다.[8] 이러한 과정을 거쳐 결국 1089년 3월
에는 문무(文武), 종관(從官), 잡류(雜流) 등으로 분류한 관직과 관직
명이 정해졌다.[9] 이처럼, 베트남 유학과 관료제의 기초를 다지기 시
작한 리년똥의 경연(經筵)과 개방적인 언로(言路) 정책은 16세기 전
반 당시에도 긍정적인 평가를 받았다.[10] 이러한 유교화 정책이 진행
된 이유는 중국의 텍스트를 이해하고, 대외 관계에 필요한 중국식 의
례를 진행하는 데 유교적 소양을 지닌 관리가 필요했기 때문이다.

사실 리 왕조 시대의 과거 제도는 미숙한 초기 단계였음을 인정
하지 않을 수 없다. 과거가 리년똥 시기에는 1075년과 1086년 두
번 치러졌을 뿐이고, 리 왕조 전 기간에도 여덟 차례밖에 실시되지
않았다. 이러한 상황이었기 때문에 합격자 수도 적었다.[11] 게다가
과거에 합격한 소수의 유교 관리가 맡았던 권한과 역할도 수도에
국한되었다. 이처럼 불교적 지적 배경을 가진 소규모의 유교 관리
집단은 조정의 유교식 제사를 유지하는 종교적 기능을 하기는 했지
만, 행정적 역할을 통해 정치 세력으로 발전하지는 못했다.[12] 이러
한 상황에서 리년똥은 불교와 어떠한 관계를 형성하고 있었을까?

즉위 직후인 1072년 4월 8일에 리년똥은 초파일에 불상을 목욕
시키는 욕불(浴佛) 의례를 거행하며 타이똥과 타인똥의 선례를 계승
했다.[13] 그리고 나라에 장마가 지속되자, 7월에 황제는 법운불(法雲
佛, Phật ở Pháp Vân)을 탕롱으로 모셔와서 날이 개기를 기원하는 기
청제(祈晴祭)를 지냈다.[14] 같은 달 15일에는 군신(群臣)이 중원절(中
元節, Tiết Trung Nguyên)을 축하하는 글[賀表]을 올렸다.[15]

'중원'은 원래 도교에서 '백중날'을 이르는 말인데, '우란분절(盂蘭
盆節)'이라고도 한다. 이 '우란분(盂蘭盆, 산스크리트어로 ullambana)'

은 부처의 제자 중 신통력이 가장 뛰어났다는 목련존자(木連尊者)가 아귀도(餓鬼道)에 떨어진 어머니를 구하기 위해 부처의 가르침을 받아 베푼다는 의미의 '재(齋)' 자를 써서 '우란분재'나 '백중재'라고 한다. 지은 죄를 참회하고, 가난한 자를 위해 베풀고, 부처님의 법문을 들어서 법을 깨치는 것이 백중재에 해야 할 일이었다. 불교가 융성했던 신라와 고려 시대에는 이날 일반인까지 참석하여 우란분절을 열었는데, 베트남의 리 왕조에서는 이 의례가 우선 조정에서 진행되었음을 알 수 있다. 원래는 인도의 풍습에서 기원한 백중이 불교와 융합하여 현지화하는 모습도 보인다.

1073년 당시에는 농작물에 해로운 장마[淫雨 혹은 霖雨]가 있어서, 리년똥은 법운사[16]의 불상[법운불(法雲佛, Phật Pháp Vân[17])]을 탕롱으로 모셔와서 날씨가 개기를 기원했고, 썬떠이(山西)성 벗밧(Bất Bạt, 不拔)현 딴비엔(傘圓, Tản Viên)산 정상에 있는 신사(神祠)의 신에게도 제사를 지냈다.[18]

1075~1086년 동안 두 차례의 과거를 실시한 이후에 흥미로운 현상이 나타났다. 불교를 존중하고 승려를 존경했던 리년똥은 1088년 1월에 승려 코더우(Khô Đầu, 枯頭)[19]를 국사(國師)에 봉해서 매번 국가의 일에 자문을 받았는데, "레다이하인이 응오(吳) 쿠옹비엣[匡越]에게 한 것과 같았다"고 할 정도였다.[20] 예를 들면, 코더우가 수기(手旗)나 부월(斧鉞) 모양의 절월(節鉞)을 쳐들고 고관들과 함께 전각(殿閣)이나 궁전(宮殿)의 자리 위에 서서, 천하의 사무와 민사 관련 소송을 결정했다고 한다.[21] 과거를 실시하고 유교화 정책을 진행했지만, 1088년 당시에도 여전히 승려 코더우와 같은 불교계의 지도자는 황제의 지원을 받으며 조정에서 막강한 권력을 행사하

고 있었음을 알 수 있다.

이처럼 불교 세력에 대한 리년똥의 강력한 지원이 과거로 선발된 유교 관리의 반발을 불러일으키게 된 것일까? 1075년 2월에 베트남 최초의 과거에 합격한 레반틴(Lê Văn Thịnh, 黎文盛)은 병부시랑(兵部侍郎, 1076), 병부낭중(兵部郎中, 1084), 태사(太師, 1085) 등을 역임했다.[22] 그런데 1096년 3월[23] "오랫동안 간계를 꾸며왔던" 레반틴이 "모반(謀反)"을 감행했다. 당시 상황을 조금 더 구체적으로 살펴보면 다음과 같다.

> 황제는 점담(Dâm Đàm, 霪潭)[24] 호수에서 작은 배를 타고 물고기를 감상하고 있었는데, 옆에서 호위하는 규모는 대단히 적었다. 그런데 갑자기 안개가 일어나자 낮인데도 어두워졌고, 잠시 후 어두운 아지랑이 속에 배가 다가오는 소리가 났다. 노 젓는 소리가 주룩주룩 들리자, 무언가 잘못되고 있다고 생각한 황제는 그곳으로 창을 던졌다. 잠시 있다가 창을 따라 안개가 흩어졌는데, 살인 흉기로 무장한 그 배에는 호랑이와 레반틴이 있었다. 사람들이 두려워서 얼굴색이 변하며 "일이 급박합니다"라고 말하니, 어부 막턴(Mạc Thận, 穆慎)이 그물을 호랑이에게 던졌고, 그다음에는 레반틴을 잡았다. 황제는 이 대신이 자신을 도운 공이 있어 차마 죽이지 못했고, 대신 타오장(Thao Giang, 洮江)[25]의 군영 근방[寨頭]으로 귀향 보냈다. 막턴에게는 상으로 관직과 재물을 주었고, 떠이호(Tây Hồ, 西湖)의 땅을 식읍(食邑)으로 하사했다. 원래 레반틴에게는 대리국(大理國) 출신의 종이 있었는데, 이 종은 기이한 요술을 부릴 수 있었다고 한다. 그래서 그는 종의 재주를 배워서 임금을 죽이려고 했던 것이다.

후대의 유교 사관 응오씨리엔은 "임금을 섬기며 벼슬하는 사람이 임금을 죽이려 했지만 면죄되었으니, 형사에 관한 행정이 잘못되었구나. 황제가 숭불(崇佛)한 게 과오이다"라고 평가했다.[26] 이처럼, 유교 관리 레반틴의 갑작스러운 '모반'과 황제의 관대한 태도를 어떻게 이해해야 할까? 유교화 정책의 실적이 미진한 상황에서, 유교 지식인 레반틴은 병부시랑, 병부낭중, 태사 등을 역임하면서 주로 중국과의 변경 문제나 참파와의 대외 관계 등을 담당했다. 그러나 아쉽게도 레반틴이 모반을 일으킨 정확한 이유는 알 수 없지만, 단순한 고문 역할을 넘어 정권의 권력 행사에 직접 참여한 불교 세력과 이 세력을 비호하는 황제에 대한 급진적인 정치적 행동은 아니었을까? 다만, 이러한 모반도 관대하게 처리한 리년똥의 태도는 응오씨리엔이 지적한 것처럼 살생을 금하는 불교의 영향력이었다. 다른 한편으로 레반틴의 사례는 조정에서 유교의 영향력이 확대되는데에 부정적인 요소로 작용했으리라 추론할 수 있다.

그래서인지는 몰라도, 1105년 9월부터는 황제가 직접 매달 초하루와 보름에 복을 비는 불교 의례와 4월 8일의 욕불 의례를 진행했는데, 이후에는 정례화되었다.[27] 불교 행사가 정기적으로 진행되기는 했지만, 자기 수행과 중생 구제보다는 현세적 복을 비는 기복 불교의 성격도 강화되었다. 그런데 풍년이었던 1123년 10월에는 황제가 응퐁(Ứng Phong, 應豊)에 가서 벼 수확 상황을 살핀 이후 11월에 환궁하자, "유도석(儒道釋)" 모두 시를 지어 바치며 축하하는 광경이 벌어졌다.[28] 1101년 2월의 응퐁 시찰[29]과는 달리, 정권의 도교와 불교 세력 이외에 아마도 소수의 미약한 유교 집단도 나라와 조정의 경사에 함께 참여하면서 존재감을 드러내고자 한 것은 아니었을까?

2. 승려

1) 무언통파

① 꽝찌(무언통파 제7세)

리타인똥 시기 꽝찌(Quảng Trí, 廣智, ?~?)의 명성은 널리 퍼졌다고 하지만, 주목할 만한 활동은 보이지 않는다. 그런데 1075년 당시에 이르면, 공부상서(工部尙書) 도안반컴(Đoàn Văn Khâm, 段文欽, 1020~1134)은 그를 매우 존경했다는 사실을 확인할 수 있다. 이 관리는 꽝찌에게 다음과 같은 시를 주었다고 한다.

> 위태로운 봉우리에 주장자 걸치고 육진(六塵)[30]을 떨어내셨는데,
> 그저 몽환(夢幻)에 잠겨 있는 나는, 떠도는 구름에게 묻고 있소이다.
> 애를 썼으나, 불도징(佛圖澄)이나 구마라집(鳩摩羅什)과 함께 공부할
> 길은 없고,
> 벼슬길에 매인 이 몸은 해오라기 떼 속에 있을 뿐이오.

이처럼 관직에 얽매여 불법을 공부하기 힘들었던 도안반컴은 1085~1091년 당시 꽝찌가 열반하자, 통곡하며 애도했다.

② 비엔찌에우(무언통파 제7세)

탕롱의 길상사에 있던 비엔찌에우(Viên Chiếu, 圓照, 999~1090)는 1090년 9월 대중에게 다음과 같이 게송을 말했다.

내 몸의 뼈와 마디, 힘줄, 핏줄은 모두 사대(四大)의 조합이니, 무상(無常)한 것일 뿐이다. 비유하자면 집이 무너질 때, 마룻대와 평고대가 모두 내려앉는 것과 같다. 너희에게 작별한다.[31] 나의 게송을 들어라.

비엔찌에우는 게송을 다 읊은 후에 단정하게 앉은 채 92세의 나이로 세상을 떠났다. 승려가 된 이후부터 헤아리는 나이인 법랍은 쉰여섯이었다.

선황 때부터 활동하던 무언통파 제7세의 선사들 꽝찌와 비엔찌에우는 이렇게 입적했다. 다음에는 새로운 세대의 활동을 살펴보도록 하자.

③ 만작(무언통파 제8세)[32]

리년똥은 즉위하자, 잠저(潛邸) 때부터 존경했던 만작(Mãn Giác, 滿覺, 1052~1096) 대사에게 '호아이띤(Hoài Tín, 懷信)'이라는 이름을 하사했다. 1076~1084년 당시 그는 출가를 청하는 표를 황제에게 올렸다. 만작은 관정사의 꽝찌 선사로부터 심인을 얻은 후, 바라와 석장만 들고 구름처럼 떠돌며 도반을 구하러 다녔다. 그가 이르는 곳마다 학인들이 몰려들었다고 한다.

리년똥과 황태후는 이름을 부르지 않고 항상 '장로(長老)'라고 부르면서 만작 대사를 존중했다. 그리고 만작이 조칙을 받들어 내도량(內道場)[33]에 들어가자, 리년똥이 '자대사문(紫大沙門)'이라는 칭호를 하사하면서 삼사공사(三司公事)라는 직책도 제수했다.

어느 날 만작이 리년똥에게 다음과 같이 말하면서, 닦음도 없고

깨달음도 없는[無修無證] 조사의 신임을 전수해 주었다.[34]

> 보살은 몸을 드러내면, 반드시 중생을 구제하는 데에 힘씁니다. 그들
> 에게는 온전하게 갖추지 아니한 행업(行業)이 없으며, 수행하지 않은
> 일도 없습니다. 그들에게는 선정과 지혜의 힘만이 아니라, 부처를 찬
> 양하고 세속적 삶을 거부한 공덕도 있으므로 마땅히 공경으로써 따라
> 야 합니다.

이 가르침은 만작이 세속적인 기복 불교를 추구하던 리녀똥에게
부처 당시의 근본 불교 정신, 즉 자기 수행과 중생 구제에 힘쓸 것
을 강조한 것으로 보인다.

만작은 스승 꽝찌의 심인을 반띤에게 전했다. 1096년 11월 그믐
에 만작은 병세가 있음을 알리고 제자들에게 밤에 피는 매화를 노
래하는 유게(遺偈)를 보여주었다.

> 봄이 가니 온갖 꽃이 지고[春去百花落]
> 봄이 오니 온갖 꽃이 피네[春到百花開]
> 일은 차례대로 눈앞을 지나가고[事逐眼前過]
> 늙음은 머리에서부터 오네[老從頭上來]
> 봄이 갔다고 꽃이 다 졌다고 말하지 말라[莫謂春殘花落盡]
> 어젯밤 뜰 앞엔 매화 한 가지가 피었나니[庭前昨夜一枝梅]

이 게송에서 흥미로운 점은 한동안 같은 시대를 살았던 비니다류
지파 제16세 쩐콩과 만작의 상호 영향 가능성이다. 쩐콩은 어떤 승

려와의 대화에서 "봄이 오고 봄이 가니 다하였다고 생각하느냐? 꽃이 지고 피니 이게 봄이로다!"라고 말했는데,[35] 만작도 입적하기 직전의 유게에서 "봄"과 "꽃"을 모티브로 자신이 깨달은 내용을 전달하고 있었다. 무언통파와 비니다류지파의 종교적 교류는 문학적 교감을 통해서도 이루어졌음을 추론할 수 있다.

이날 저녁, 만작은 가부좌를 튼 채로 세상을 떠났는데, 나이는 마흔다섯, 법랍은 열아홉이었다. 리년똥은 두터운 예로 송별했으며, 공경 대신들도 향을 바쳤다. 다비한 후에 거둔 사리는 안까익향(鄕)의 숭암사(崇巖寺)에 세운 탑에 안치했고, 또한 황제는 '만작(滿覺)'이라는 시호를 내렸다.[36]

④ 응오언(무언통파 제8세)[37]

낌바이(Kim Bài, 禁牌)향의 뜨리(Tư Lý, 思理) 사람 응오언(Ngô Ấn, 悟印, 1020~1088)은 담키(Đàm Khí, 譚棄)로 불렸다. 그의 어머니 꾸(Cù, 瞿)씨는 혼인하기 전에 묘림(墓林) 근처에서 살았다. 일찍이 그녀는 주살을 맞아 둥지에서 떨어지는 새를 보고, "차라리 선을 행하다 죽을지언정, 내 목숨을 도모하기 위해 악한 짓을 하지는 않으리라!"고 맹세했다.

그런데 어느 날 꾸씨가 길쌈을 하고 있는데, "커다란 원숭이가 숲속에서 나오더니 등 뒤에서 그녀를 종일 껴안은 채로 있다가 떠나버렸고", 구씨는 이 일로 잉태하게 되었다고 한다. 그녀는 출산한 아기를 싫어해서 수풀 속에다 버렸다. 그 마을에 살고 있던 참파 출신 승려 담씨가 이 아기를 거두어 길렀고, 이 때문에 이름을 '키[棄]'라고 했다.

이 아기가 열 살이 되면서 유학을 공부하기 시작했는데, 학문이 나날이 발전하게 되었다. 특히 담씨의 영향 때문인지는 몰라도, '키' 는 한문뿐만 아니라 산스크리트어에도 밝았고, 열아홉 살에 출가하여 구족계를 받았다. 이후 관정사의 꽝찌에게서 심인을 얻은 후, 곧장 닌(Ninh, 寧)산으로 들어가 띠집을 지어 살면서 스스로 '응오언[悟印]'이라 했다.

69세의 응오언은 응티엔(Ứng Thiên, 應天)부 닌산의 융은사(隆恩寺)에서 편안한 모습으로 세상을 떠났고, 제자들은 3년간 상복은 입지 않되 상제(喪制)와 같은 마음으로 근신했다.

⑤ 콩로(무언통파 제9세)

1072년에 콩로(Không Lộ, ?~1119)는 작하이와 함께 리년똥이 도마뱀을 무서워하는 병을 치유했고, 이후에 국사(Quốc sư)에 봉해졌다. 그는 1094년 6월 3일에 79세의 나이로 입적했다.[38]

⑥ 띤저이(무언통파 제10세)[39]

띤저이(Tịnh Giới, 淨戒, ?~1207)의 이름은 쭈하이응웅(Chu Hải Ngung, 朱海顒)이고, 로하이(Lô Hải, 瀘海)[40] 응웅(Ngung, 顒)강의 마오흐엉(Mão Hương, 卯香) 사람이다. 그는 한미한 집안에서 태어났지만, 성품과 행실은 온화하고 성실했다. 7~8세 때부터 유교를 배워 그 가르침을 따랐다.

26세에 중병을 앓았던 띤저이는 천인(天人)이 자신에게 약을 건네는 꿈을 꾸었는데, 깨어나면서 금세 나았다. 그는 이 일을 계기로 출가를 결심했고, 고향에 덕망과 경험이 많은 노인에게 의탁하여 구족계를 받은 후에 계율을 익히는 데 전념했다. 그는 랑(Lãng, 浪)산이 은둔하며 지내기 좋은 곳이라는 말을 듣고, 석장을 짚고 동쪽으로 길을 떠났다. 띤저이는 7년 동안 돌아다니며 배움을 구하다가 원명사(圓明寺, Chùa Viên Minh)의 바오작(Bảo Giác, 寶閣)을 만났고, 바오작의 가르침으로 깨달음을 얻었다.

2) 비니다류지파

① 쑹팜(비니다류지파 제11세)

일찍이 리년똥은 다음의 게송을 지어 1018년에 입적한 반하인을 추모했다.[41]

> 반하인은 삼제(三際, 과거, 현재, 미래)를 꿰뚫었나니,
> 그의 예언은 그대로 맞았구나.
> 그의 고향은 이름하여 꼬팝[古法],
> 석장으로 왕의 땅을 지켰도다.

마찬가지로, 1087년에 쑹팜[崇範, 1004~1087]이 84세의 나이로 입적하자, 리년똥은 게송을 지어 그를 추모했다.[42]

> 쑹팜 선사는 남쪽 나라[43]에 있다가,
> 마음 텅 비우고 급제하여 돌아왔네.
> 긴 귀는 상서로운 자질을 드러내더니,
> 모든 법이 형상을 떠나 미묘함을 알았네.

② 투언쩐(비니다류지파 제12세)[44]

트엉응이(Thượng Nghi, 上議) 떠이껫향의 화광사(華光寺, Chùa
Hoa Quang)에 있는 투언쩐(Thuần Chân, 純眞, ?~1101) 선사는 떼
(Tế, 泟)강[45]의 끄우옹(Cửu Ông, 九翁) 사람으로, 성은 다오(陶, Đào)
씨이다.

투언쩐은 어렸을 때 이미 경사(經史)에 밝았고, 가는 곳마다 학
자들이 그와 사귀려 했다. 이후에 그는 광정사(光淨寺, Chùa Quang
Tịnh)의 팝바오(Pháp Bảo, 法寶)를 만났는데, 이 승려의 한마디에 종
지를 깨쳤고, 드디어 이전에 배웠던 것을 모두 버리고 팝바오를 따
랐다. 몇 년 지나지 않아서 투언쩐은 모든 장애를 "전광석화와 같이
깨부수었고", 묻는 사람과 그 상황에 따라 가르침을 주고 법을 전파
하기를 마치 "귀머거리를 이끌고 눈먼 자를 인도하는" 것과 같이 온
정성을 다하여 행했다.

1105년 2월에 투언쩐은 세상을 떠났다.

③ 다오하인(비니다류지파 제12세)[46]

다오하인(Đạo Hạnh, 道行, 1072~1116)의 이름은 뜨로(Tự Lộ, 徐路)
이고, 속명은 득타인랑(Đức Thánh Láng, 德聖瀧)이다. 아버지 뜨빈
(Tự Vinh, 徐榮)은 일찍이 안랑향에서 공부하다가 이 마을 땅(Tăng,
曾)씨 집안의 딸과 혼인하여 가정을 이루었고, 벼슬길에 나아가 승
관(僧官)인 도안(都按)을 지냈다.

다오하인의 삶은 신비롭고 허구적인 성격의 이야기로 가득하
다.[47] 그는 유생(儒生)이면서 퉁소 부는 것을 좋아했고, 젊었을 때
협객 기질이 있어서 임협(任俠)의 무리와 잘 어울렸고, 기개가 높고

뜻이 컸다. 다오하인은 유자(儒者) 피씬(Phi Sinh, 費生), 도사(道士) 레또안응이아(Lê Toàn Nghĩa, 黎全義), 악공 비엇(Vi Ất, 微乙) 등과 벗이 되어 항상 함께 놀러 다니면서 낮에는 공을 찼으며 도박도 즐겼다고 한다. 아버지는 "언행이 거칠고 게으른" 아들을 항상 나무랐다. 그러나 밤이 되면, 서책에 둘러싸인 다오하인은 희미한 등불 아래에서 책 읽기에 몰두했고, 책상에 기대어 졸면서도 손에서 책을 놓지 않았다고 한다. 등불이 다 타버리면, 그는 다시 등잔에 기름을 채워 독서를 계속했다. 아버지도 질책을 곧 멈추었고, 사람들은 기개가 높고 대의를 품었던 다오하인의 자질과 언행을 헤아릴 수 없었다고 한다.[48]

얼마 후 아버지가 요사스러운 술법을 부렸다가 도사 연성후(延成候)의 미움을 사게 되었다. 이 도사는 법사 다이디엔(Đại Điên, 大顚)의 힘을 빌려 법술(法術)로 그를 죽인 후에 시신을 또릭[蘇歷]강에 던져버렸다. 강물에 떠내려가던 시신은 연성후 저택 근처의 결교(結交) 다리에서 "갑자기 벌떡 일어나 손가락으로 저택을 가리키면서 하루 종일 떠나지 않았다"고 한다. 연성후는 두려워서 다이디엔에게 달려가 이 일을 알렸고, 연성후의 집에 도착한 다이디엔이 "승려의 원한이란 밤을 넘겨서는 아니 되는 법이거늘!"이라고 시신을 향해 소리치자, 이 소리를 들은 시신은 곧 떠내려갔다고 한다.[49]

다오하인은 아버지의 원한을 갚고자 여러 가지를 궁구해 보았지만, 도무지 계책이 떠오르지 않았다. 하루는 그가 외출하던 다이디엔을 엿보다가 죽이려고 했는데, 바로 그때 공중에서 "그만둬!"라는 소리가 들려왔다. 놀라움과 두려움에 휩싸인 다오하인은 몽둥이를 내팽개치고 달아났다. 인도에 가서 신령한 법술을 배워 와서 다이디엔과 싸워야겠다고 생각한 그는 금치만(金齒灣)을 지나 인도에 가려 했는데, 길이 너무 험해서 되돌아왔다. 다오하인은 곧장 뜨썬으로 가서 바위굴에 은거했다.[50]

그는 비로소 자신의 도법(道法)이 원숙해져 아버지의 원한을 갚을 수 있을 정도가 되었다고 생각했고, 직접 결교에 가서 시험 삼아 주장자(拄杖子)[51]를 급류 가운데에 던져보았다. 주장자는 마치 용이 물을 거슬러 오르는 것처럼 흐르더니, 서양교(西陽橋)에 이르러서야 멈추었다. 다오하인은 기뻐하며 "내 법술이 다이디엔의 도술을 이길 수 있겠구나!"라고 소리쳤고, 곧바로 그의 처소로 갔다. 다이디엔이 다오하인을 보자 "너는 일전의 일을 기억하지 못하느냐?"라고 말했고, 다오하인은 허공을 올려다본 후 다이디엔을 몹시 두들겼다. 다이디엔이 발병하여 죽자, 드디어 오랜 원한은 눈 녹듯 사라졌고, 속세에 대한 미련도 재처럼 싸늘하게 식어버렸다고 한다.[52]

이후 다오하인은 총림을 두루 돌아다니며 부처의 심인[佛印]을 얻으려 애썼다. 그는 빈호아(Bình Hóa, 平化)도(道)의 끼에우찌후옌(Kiều Trí Huyền, 喬智玄)이 태평사(太平寺, Chùa Thái Bình)에서 가르치고 있다는 소식을 듣고 곧장 찾아갔지만, 아무것도 깨치지 못했다고 한다. 결국 그는 법운사의 쑹팜에게 가서 다음과 같이 대화했다.[53]

다오하인: 참된 마음이란 무엇입니까?

쑹팜: 참된 마음 아닌 건 무엇이냐?

다오하인: (환하게 깨달으며) 어떻게 지켜야 할까요?

쑹팜: 배고프면 먹고, 목마르면 마셔라.

이렇게 깨달음을 얻은 다오하인은 절하고 물러나 법운사를 떠났다. 이때부터 그의 법력(法力)은 날로 더해졌고 선으로 체득한 마음의 작용[禪緣]도 더욱 무르익어 "산의 뱀과 야수들이 떼로 몰려와 그에게 순종했다"고 한다. 또한 다오하인이 "손가락을 태우며" 기도하면 비가 내렸고, 주문을 불어 넣은 물로 환자를 치료하면 병이 나았기 때문에, 그가 하는 일은 모두 효험이 있었다고 한다.[54]

어떤 승려가 "다니고 머물고 앉고 눕는 일, 이 모든 것이 부처의 마음이라 하는데, 그렇다면 부처의 마음이란 무엇입니까?"라고 물으니, 다오하인은 다음과 같이 답했다.[55]

> 있다고 하면 티끌 하나 모래 한 알도 있음이요,
> 공(空)하다고 하면 일체가 모두 공이로다.
> 있음과 공은 물에 비친 달 같으니,
> 있음에 집착하지 말며 공에 집착하지 말라.

④ 찌밧 선사(비니다류지파 제12세)[56]

떤짜이(Tân Trại, 新寨) 다이꾸(Đại Cù, 大呌)향 타익텃(Thạch Thất, 石室)산의 조풍사(祖風寺, Chùa Tổ Phong)에 있던 찌밧(Trì Bát, 持鉢, 1049~1117) 선사는 루이러우(Luy Lâu, 羸樓) 사람이며, 성은 반(Vạn, 萬)씨이다. 그는 어린아이였을 때부터 불법을 흠모했고, 약관의 나이가 되자 법운사의 쑹팜에게 의탁하여 머리를 깎고 구족계를 받았다. 쑹팜은 그가 근면하고 적극적으로 일을 처리하는 것을 보고, 드디어 심인을 전하면서 '찌밧[持鉢]'이라는 법호도 주었다.

쑹팜이 입적한 후, 찌밧은 각지의 선사(禪師)를 돌아다니며 기숙

(耆宿)들에게 선의 종지에 대해 물으며 배웠다. 이윽고 조풍사에 이르렀고, 그곳에 머물면서 강설과 연구에 전념했다. "율사(律師)" 찌밧은 "서방 극락세계의 아미타불을 암송하면서, 도속(道俗)을 두루 권하며[普勸], 대법장(大法場)을 세우고, 그 상(像)을 만들고자 했다." 그는 선(禪)·정(淨)·율(律) 세 부분을 겸하는 수행자로 평가받았다.[57]

1117년 2월 입적할 때 단정하게 앉은 채 69세의 나이로 세상을 떠났다. 제자 띤하인(Tịnh Hạnh, 淨行), 팝냔(Pháp Nhãn, 法眼), 투언쩐(Thuần Chân, 純眞) 등이 다비를 행하고 사리를 거두었다.

⑤ 민콩(비니다류지파 제13세)[58]

민콩(Minh Không, 明空, 1065~1141)은 닌빈성[寧平省] 쯔엉안부 다이호앙[Đại Hoàng, 大黃, 즉 자비엔현의 담싸(Đàm Xá, 譚舍)]향 사람으로, 이름은 응우옌찌타인(Nguyễn Chí Thành, 阮至誠)이다. 그는 일찍부터 돌아다니며 공부하다가 천복사의 다오하인 선사를 만났다. 다오하인은 그를 급시(給侍)[59]로 삼았고, 민콩은 19년간 그의 밑에서 배웠다. 다오하인은 민콩의 뜻을 가상히 여겼고, 이윽고 심인을 전하면서 '민콩(明空)'이라는 법호를 지어주었다.[60]

1116년에 다오하인이 천복사에서 세상을 떠난 후, 민콩은 고향으로 돌아가 농사를 지었다. 이후 20여 년 동안 그는 명성이나 입신(立身)에 관심을 두지 않았다. 그는 신통력을 부릴 수 있어서, 장마와 가뭄으로 농작물에 피해가 있으면, 그때마다 기도로 대처했다고 한다.[61]

⑥ 티엔냠(비니다류지파 제13세)[62]

민콩과 같은 시대를 살았던 티엔냠(Thiền Nham, 禪巖, 1093~1163)
은 롱비엔 꼬쩌우 사람이고, 이름은 크엉통(Khương Thông, 姜通)이
다. 그의 집안은 대대로 승관(僧官)을 지냈다. 티엔냠의 정신은 밝
고 자태가 빼어났으며, 범패(梵唄)할 때의 목소리는 참으로 맑고 고
왔다고 한다.

1092~1110년 당시에 티엔냠은 『법화경』과 『반야경』에 관한 어
시(御試)에 응시하여 모두 갑과(甲科)로 합격했다. 이후 그는 성도사
(成道寺, Chùa Thành Đạo)[63]에 있던 팝이(Pháp Y, 法醫)의 한마디에
깨달음을 얻고 심인을 받아서 비로소 출가했고, 띠엔주산의 천복사
(天福寺, Chùa Thiên Phúc)에 머물렀다. 그의 계행(戒行)은 맑고 엄격
했으며, 보리를 구하는 마음은 넓고도 컸다. 티엔냠은 6년 동안 나
무 열매를 먹고 시냇물을 마시면서 수행했다.

⑦ 쩐콩(비니다류지파 제16세)[64]

쩐콩(Chân Không, 眞空, 1046~1100)은 만년에 고향으로 돌아갔
고, 1100년 11월 초하루 밤 자시(子時)에 "나의 도는 이미 이루어졌
고, 나의 가르침은 이미 행해졌으니, 이제 나는 돌아가리라"고 말한
후에, 가부좌를 튼 채 쉰다섯의 나이(법랍은 서른여섯)로 입적했다.

황태후 이란과 티엔타인(Thiên Thành, 天城) 공주, 그리고 제자
들과 비구니 지에우년 등은 모두 재회(齋會)를 이틀 동안 열어 선사
에 대한 예를 다했다. 대명사(大明寺, Chùa Đại Minh)의 응이아하이
(Nghĩa Hải, 義海) 대사는 자줏빛 가사를 바쳤고, 사문 팝타인(Pháp
Thành, 法成)은 제자들을 거느리고 와서 예를 갖추어 장례를 치르

고 재당(齋堂)[65] 밖에 탑을 세웠다.[66] 학사(學士) 응우옌반끄(Nguyễn Văn Cử, 阮文擧)는 조서를 받들어 탑의 명문(銘文)을 지었고, 공부상서(工部尙書) 도안반컴은 추도시를 지었다. 출가 수행자뿐만 아니라 재가 수행자 관리들도 쩐콩의 죽음을 애도했음을 알 수 있다.

⑧ 지에우년(비니다류지파 제17세)

1113년 6월 초하루에 병이 심해지자 지에우년(Diệu Nhân, 妙因尼師, 1042~1113)은 제자들에게 게송을 보였다.

나고 늙고 병들고 죽는 것, 예부터 변함없이 그러했지.
거기서 벗어나려고, 묶인 걸 풀려 하면 더 옥죄지.
헤맬 때에만 부처 찾고, 어지러울 때에만 좌선하는군.
좌선도 않고 부처도 찾지 않고, 나는 그저 입 다물고 말 않네.

지에우년은 병의 악화로 꾸준하게 수행하지 못했음을 반성하고 있다. 72세의 그녀는 머리를 깎고 목욕한 후에 가부좌를 튼 채로 세상을 떠났다.[67]

⑨ 비엔통(비니다류지파 제18세)[68]

비엔통(Viên Thông, 圓通, 1080~1151)은 남딘의 꼬히엔(Cổ Hiến, 古賢)[69]향 사람이고, 이름은 응우옌응우옌윽(Nguyễn Nguyên Ức, 阮元億)이다. 그는 후에 탕롱의 타이바익(Thái Bạch, 太白)프엉(phường, 坊)으로 이사하여 살았다. 그의 집안은 대대로 승관을 지냈는데, 아버지 후에죽(Huệ Dục, 惠昱)은 리년똥 때에 좌우가승록도(左右街僧錄道)를 지냈으며, 바오작(Bảo Giác, 寶覺) 선사[70]라고 불렸다.

비엔통은 천품이 명민하고 남달랐으며, 공부도 세세한 부분까지 이르렀다. 그는 어렸을 때에 이미 속세를 떠날 뜻을 품었고, 일찍이 안국사(安國寺, Chùa An Quốc)의 비엔혹을 만나 그의 가르침을 따랐다.

1097년에[71] 비엔통은 (유불도) 삼교시(三敎試)에 응시하여 갑과[72]에 합격했고, 대문(代聞)이란 직책에 임명되었다.[73] 1108년에는 조정이 천하의 뛰어난 인재를 발탁하면서 승도의 결원을 메웠는데, 그는 이때에도 가장 먼저 뽑혔다. 리년똥이 비엔통을 더욱 기특하게 여겨서 "권세(權勢)"를 주려고 했지만, 비엔통은 군이 사양하며 받지 않았다. 황제는 그를 내공봉(內供奉) 및 전강(傳講) 법사에 임명했고, 비엔통은 상황에 따라 불교의 중요한 교의를 사람들에게 설명하면서 의혹을 풀고 어리석음을 경계하고, 아무것에도 집착하지 말라고 가르쳤다. 그의 가르침을 배우면서 이해한 자는 모두 당시에 이름을 떨쳤다고 한다.

3. 사원

리년똥 시기에도 많은 사원과 탑이 전국에 세워졌는데 어떤 탑은 여러 해에 걸려서야 완성되었다.[74] 이 시기의 사원과 탑 조성은 어떠한 배경에서 진행되었을까? 그리고 리타인똥 시기부터 불교를 지원하는 데 관심이 많았던, 리년똥의 어머니 린년 황태후의 역할은 어떠했을까?

리 왕조 초기 세 명의 황제를 거치며 수도와 주변 지역에 많은 사원이 조성되어서인지, 리넌똥 시기에 사원이 조성된 첫 번째 사례는 약간 특이하다. 1073년에 태사(太師) 리다오타인(Lý Đạo Thành, 李道成, ?~1081)은 좌간의대부(左諫議大夫, Tả Gián Nghị Đại Phu)로 응에안주의 지주(知州)가 되었다. 그는 이 지역의 왕성묘(王聖廟, Miếu Vương Thánh)에 지장원(地藏院, Viện Địa Tạng)[75]을 세워 불상(佛像)과 리타인똥의 작위와 명호[位號]를 안치했고, 새벽과 황혼에 받들어 섬겼다.[76] 황실이 아니라, 지방에 파견된 관리의 주도로 조성된 사원이 악도(惡道)에 떨어져 헤매는 중생을 구제하기 위해 불상을 모시면서 선황(先皇) 리타인똥의 존재도 응에안의 현지인들에게 알리고자 했던 것 같다.

다음의 경우도 주목할 만하다. 대송(對宋) 항전 이후에, 다오중(Đạo Dung) 선사는 1077년에 태위(太尉) 리트엉끼엣(Lý Thường Kiệt, 李常傑, 1019~1105)의 지원을 받던 속관(屬官) 르우카인담(Lưu Khánh Đàm, 劉慶覃, ?~1136)의 도움으로 타인호아의 향엄사(香嚴寺, Chùa Hương Nghiêm)를 보수할 수 있었다.[77] 이처럼, 1070년대 당시 리트엉끼엣[78]은 중요한 보시자들 중 한 사람이었다.[79]

리트엉끼엣과 다른 관리들의 불사(佛事) 활동은 계속 이어졌던 것 같다. 비니다류지파 제12세 승려 찌밧은 리트엉끼엣과 같은 단주들이 제공한 보시를 모두 불사를 위해 사용했는데, 이 과정에서 법운사, 선거사(禪居寺), 서심사(栖心寺), 광안사(廣安寺) 등이 중수되었다.[80] 쩐꽁의 명성이 널리 퍼지자, 이 명성을 들은 리넌똥은 그를 궁궐로 불렀다. 1082~1085년 당시 리트엉끼엣, 랑쩌우의 자사(刺史),

상국(相國) 턴브우(Thân Vưu, 申公) 등이 특히 쩐콩을 공경하여 섬겼으며, 항상 재물을 보시했다고 한다. 그 덕에 쩐콩도 보시로 받은 재물을 사원을 수리하고, 탑을 건설하고, 대종(大鐘)을 주조하고, 나라를 지키는[鎭護] 데에 사용할 수 있었다.[81]

리타이또 시기부터 '남진'의 대상이었던 아이쩌우는 당시 수도에서 멀리 떨어진 남쪽 영토였다. 리년똥은 1076~1078년 동안 송나라 토벌에 공을 세운 리트엉끼엣이 지구진군청화진제주사(知九眞郡淸化鎭諸州事)로서 이 지역을 1082년부터 1101년까지 관리하도록 했고, 식읍(食邑) 1만 호를 제공하며 경제적 지원도 약속했다. 리트엉끼엣은 승려인 장로(長老) 쑹띤(Sùng Tín, 崇信)과 함께 탕롱에서 출발하여 아이쩌우 빈록(Vĩnh Lộc)현의 응오싸 마을[82]에 자신의 거처를 마련했다. 그리고 현지의 사정이 안정되자, 1085년부터 1089년에 걸쳐 이 지역의 응으엉썬(Ngưỡng Sơn, 仰山)산[83]에 타인호아 최초의 사원 영칭사(靈稱寺, Chùa Linh Xứng)를 조성했고, 사원 뒤편에는 9층의 찌에우언 탑(Tháp Chiêu Ân)을 세웠다. 사원과 탑이 완성된 이후에 참배자는 참파[環邦]와 진랍 등지에서도 왔다고 한다.[84] 또한 1099~1100년에는 보은사(報恩寺, Chùa Báo Ân)가 리트엉끼엣의 주도로 타인호아 타싸(thị xã, 市社)에서 2km 떨어진 안호악(An Hoạch, 安穫)산[속칭 뇨이(Nhồi)산]에 조성되었다.[85]

리트엉끼엣이 탕롱으로 돌아간 이후에 1115년부터 타인호아를 통치한 사람은 끄우쩐[九眞]군 통판(通判) 쭈(Chu, 周)공(公)이었다. 이듬해에 리년똥의 순행(巡幸)이 아이쩌우에 이르자, 쭈공은 군내의 부로(父老) 및 관원과 논의한 후에 이 방문을 기념해서 사원을 세우기로 결정했다. 1118년에 숭엄연성사(崇嚴延聖寺)가 타인호아성 허우록(Hậu Lộc, 厚祿)현 유정사(維精寺, Chùa Duy Tinh)[86]에 조성되었다. 또한 동 3,000근으로 홍종과 삼여래(三如來, 즉 釋迦牟尼·迦葉·彌勒)상(像)을 주조했고, 벽에는 인과도(因果圖)를 그렸다고 한다.[87] 1125년에는 향엄사가 토쑤언(Thọ Xuân, 壽春)부 로이즈엉(Lôi Dương, 雷陽)현의 지엔하오(Diên Hào, 延豪)총 지엔하오(Diên Hào, 延豪)촌에 조성되었다.[88] 리타이또가 새로운 영역을 안정적으로 관리하기 위해 불교 승려들의 역할을 기대했던 것처럼, 리넌똥 시기에 불교가 아이쩌우 지역에 스며들고 있었음을 알 수 있다.

아울러 사원을 관리하려던 승려들의 개인적인 역할도 살펴볼 필요가 있다. 예를 들면, 1095년 8월 10일에 작하이는 콩로의 장례를 치르고 비문을 새기기 위해 사리를 모아 엄광사에 모시면서 탑을 세웠다.[89] 1100년 무렵 쩐콩은 만년에 고향으로 돌아가 보감사(寶感寺, Chùa Bảo Cảm)를 중수하기도 했다.[90] 이후에는 티엔냠도 고향 롱비엔 꼬쩌우로 돌아가 팝디엔(Pháp Điện, 法電)을 모시는 지과사(智果寺, Chùa Trí Quả[91] 혹은 Chùa Dàn)를 중수하고 주지가 되었다.[92]

사원 중수와 관련된 활동은 국가의 주요 정책으로 진행되는 경우도 있었다. 1101년과 1104~1105년 동안 탕롱의 연우사는 다시 정비되었는데, 우선 사원의 정원 앞에는 보탑(寶塔), 즉 백자탑(白瓷塔) 두 개가 조성되었다.[93] 준설을 마친 푸른 못[碧池], 즉 연화대(蓮花臺)의 연못(Hồ Liên Hoa Đài)은 영소지(靈沼池, Hồ Linh Chiểu)라고 불렸고, 여기에 연꽃도 심었다. 사원 주위에는 행랑이 설치되었고, 높은 다리[飛橋]가 놓여 연못과 행랑을 연결했다. 그리고는 매월 초하루와 보름에 리넌똥의 수레가 연우사에 왔다고 한다.[94]

당시 선학(禪學)에 관심이 많던 리년똥과 린년 황태후는 1096년 무렵 경흥궁(景興宮)[95] 곁에 교원사(敎源寺, Chùa Giáo Nguyên)를 세웠는데, 도에 관해 언제라도 묻기 위해 만작을 이 사원으로 청하여 머물게 했다.[96] 특히 이듬해에는 "천하가 풍년이어서", 황태후는 불교 사원을 많이 세웠다고 한다.[97] 1099년 9월에는 안라오(An Lão, 安老)산[98]의 사원이, 1100년 4월에는 띠엔주산의 영복사(永福寺, Chùa Vĩnh Phúc)가 각각 조성되었다.[99] 흥미롭게도 옹주(邕州) 출신의 중국인 후예이자 리트엉끼엣 송나라 정벌군의 일원이었던 "하공(何公)"[100]이 1107년에 뛰엔꽝성 찌엠호아(Chiêm Hóa, 霑化)현의 안응우옌(An Nguyên, 安元)사에 보녕숭복사(保寧崇福寺, Chùa Bảo Ninh Sùng Phúc)를 세웠다.[101] 제2의 천복사[天福寺, Thiên Phúc Tự, 속칭은 터이 사원(Chùa Thầy, 紫寺)]도 1109년에 하떠이성 꾸옥오아이(Quốc Oai, 國威)현[102]의 투이쿠에(Thụy Khuê, 瑞珪)사 펏딱산 아래에 조성되었다.[103]

1115년 1월에 란아인(Lan Anh, 蘭英), 컴티엔(Khâm Thiên, 欽天), 쩐바오(Chấn Bảo, 震寶) 등 세 명의 후비와 궁인(宮人) 36명이 선발되었다. 당시 자식이 없던 리년똥은 새로운 여인들을 통해서라도 후사를 볼 수 있기를 애타게 기원했기 때문에 제사를 자주 지냈다. 황태후도 불교 사원을 100여 곳에 조성하여[104] 황실의 계승 작업에 힘을 보탰던 것 같다. 1127년 7월에는 중흥연수사(重興延壽寺, Chùa Trung Hưng Diên Thọ)가 조성되자, 리년똥의 명으로 비엔통이 비문을 짓기도 했고, 경찬회도 함께 열렸다.[105]

1070년대부터 12세기 초까지 새로 조성되거나 중수된 사원이나 탑 이외에도, 종의 주조 혹은 축제와 관련된 일화도 살펴볼 필요가

그림 7-2　현재 하노이 외성에 있는 터이 사원(천복사)

있다. 1514년 당시에 어떤 유교 사관의 평가에 의하면, "리년뚱은 승니(僧尼)가 아첨하는 그럴듯한 말에 빠져서 구전종을 주조했고, 남산연을 열어서 모후(母后)가 즐겁게 놀 수 있도록 해주었는데, 이러한 일들은 잘못이었다."[106] 리년뚱은 구전종이나 남산연과 어떠한 관계가 있었기에, 후대에 이처럼 비판을 받게 된 것일까?

1080년 2월[107]에 탕롱의 연우사가 중수될 때, 홍종(洪鐘)도 주조되었다. 그런데 종을 쳐도 울리지 않았지만, 이미 완성된 물건[成器]이라 녹여서 없앨 수 없었기 때문에 사원의 논에 내버려두었다. 그런데 이 논의 바닥이 낮고 습기가 많아서 거북이 많이 나왔다고 한다. 그래서 사람들은 이 종을 구전종(龜田鍾, Chuông Quy Điền)이

라고 불렀다.[108]

　"남산연"과 관련 있는 (대)남산사[(大)覽山寺, Chùa (Đại) Lãm Sơn]는 1086년 8~11월에 다이람(Đại Lãm, 大覽)산에 조성되기 시작했다.[109] 1057년에 조성된 불적사처럼 산에서 두옹강을 바라보는 이 사원의 위치는 박닌성 꾸에즈엉(Quế Dương, 桂陽)현의 람썬(Lãm Sơn, 覽山)사였다.[110] 이듬해 1087년 10월에는 황제가 건설 중인 남산사(覽山寺, Chùa Lãm Sơn)를 방문하여 밤에 신하들에게 연회를 베풀면서, 직접 「남산야연(覽山夜宴, Lãm Sơn Dạ Yến)」이란 시를 짓기도 했다.[111] 이 연회가 바로 "남산연(覽山宴)"이다. 1086년에 시작된 남산사 조성은 결국 1094년 9월에 마무리되었다. 리년똥은 이 사원에 경륭동경사(景隆同慶寺, Chùa Cảnh Long Đồng Khánh)란 이름을 하사하면서 자신이 전자(篆字)로 현판의 제액(題額)을 썼다.[112] 1088년 10월부터 조성되기 시작한 남산사의 탑은 1094년 4월에 완성되었고, 1105년 9월에는 세 개의 석탑이 추가로 조성되었다.[113]

　1109년에 다오하인은 "지위가 높은 집[朱門]뿐만 아니라 초라한 초가집[白屋]이" 보시한 적동(赤銅) 2,000근으로 홍종을 주조하여 천복사[香海院]에 매달아 놓고, 염불과 독경으로 수행했다.[114] 1118년 2월에는 진랍과 참파의 '조공' 사절단이 베트남을 방문하여 조정에 나아가 리년똥을 예방했고, 이 방문을 축하하는 연회가 벌어졌다. 이때 마침 칠보탑(七寶塔) 경찬회가 있어서, 모든 사신이 의장(儀仗)을 갖추어 세운 영광전(靈光殿, điện Linh Quang)으로 초대되어 이 행사를 참관했다.[115]

4. 경전

리년똥 시기 중국에서 불교 경전을 수입한 사례를 다시 확인할
수 있는데, 1081년의 사신 르엉중루엇(Lương Dụng Luật, 梁用律)
과 1098년의 사신 응우옌반띤(Nguyễn Văn Tín, 阮文信)의 경우이
다. 1081년 11월에 리년똥은 삼주(三州), 즉 흠주(欽州), 염주(廉州),
옹주(邕州) 사람들을 송나라에 돌려보냈고, 송나라 역시 꽝응우옌
(Quảng Nguyên, 廣源) 등의 주(州)를 리 왕조에게 반환했다. 그리고
원외랑 르엉중루엇은 송나라에 파견되어 『대장경』을 요청하라는 임
무를 받았다.[116] 1098년 9월에는 원외랑 응우옌반띤도 삼장경을 구
하기 위해 송나라에 사신으로 갔다.[117] 이미 언급한 것처럼, 『대장
경』이나 삼장경과 같은 불경은 띠엔레 왕조와 리 왕조 초기부터 들
어왔는데, 리년똥이 이 불경들을 다시 들여오고자 했음을 알 수 있
다. 1075~1078년 동안 다이비엣과 송나라의 전쟁 이후, 양국은 포
로 송환이나 영토 반환을 통해 관계를 정상화하기 위해 노력했는
데, 당시 리 왕조가 송나라에 요청한 불경 수입은 평화를 회복하려
는 화해의 제스처였다고도 볼 수 있지 않을까?

이러한 양국 관계의 진전과 송나라의 『대장경』, 삼장경 등의 수입
으로 베트남 사회에 인쇄본 혹은 필사본 형태의 불경 전파가 촉진
되었던 것 같다.[118] 그 덕에 만작과 같은 승려는 『대장경』을 열람하
면서 "스승 없는 지혜[無師智]"[119]를 얻어 당시 법문의 영수가 되었
다. 그리고 응오언은 『원각경』과 『법화경』에 전념하며 그 의미를 정
밀하게 탐구했다.[120] 쩐콩도 『법화경』을 강설해서 법문을 듣는 자들
이 모두 "바람에 풀잎이 쓰러지듯" 감화되었다고 한다.[121]

다오하인은 매일 『대비심다라니(大悲心陀羅尼)』[122]만 외워 그 횟수가 무려 10만 8,000번에 이르자, 어느 날 신인(神人)들이 나타나 "우리는 사진천왕(四鎭天王)[123]인데 경전을 수지 독송하는 스님의 공덕에 감응하여 이렇게 온 것이니, 스님은 뜻대로 행하시오"라고 말했다고 한다. 그래서 그는 살해당한 아버지의 원수를 갚고, 기우제를 지내고, 병자를 치료하는 법력을 발휘할 수 있었다.[124] 티엔냠도 항상 다라니를 익혔으며, 한 자도 빠뜨리지 않고 외워 낭송할 수 있었다고 한다.[125]

비엔찌에우의 저술 활동은 주목할 만하다. 그는 『십이보살행수증도량(十二菩薩行修證道場, Thập Nhị Bồ Tát Hạnh Tu Chứng Đạo Tràng)』, 『약사십이원문(藥師十二原文, Dược Sư Thập Nhị Nguyên Văn)』, 『찬원각경(讚圓覺經, Tán Viên Giác Kinh)』, 『참도현결(參道顯決, Ham Đồ Hiển Quyết)』 등을 지었다.[126]

『찬원각경』은 돈오에 이르는 수행을 소개하는 『원각경』의 세 가지 명상 방법, 즉 사마타(奢摩他, samatha), 삼마발제(三摩跋提, samapati), 선나(禪那, dhyana)를 다루었다.[127] 특히 비엔찌에우는 『약사십이원문』을 지어 리년똥에게 올렸는데, 황제는 이 글을 중국에 가는 사신을 통해 송나라 철종(哲宗, 1086~1100 재위)에게 보냈다. 이 글을 받은 철종은 상국사(相國寺)의 고좌(高座)[128] 법사를 불렀고, 이 글을 살펴본 법사는 합장하고 절하며 다음과 같이 아뢰었다.

남방에 육신(肉身) 대사[129]가 태어나 경전의 가르침을 참 잘 풀이했습니다. 이 보잘것없는 중이 어찌 감히 더하거나 뺄 수 있겠습니까?

철종은 한 부 더 필사하게 하고, 원본은 사신 편으로 보내주었다. 사신이 이 일을 리년똥에게 아뢰자, 황제는 매우 기뻐하며 비엔찌 에우에게 후한 상을 내렸다.

이란 부인의 아들로 8세에 즉위한 리년똥은 아버지 리타인똥보다 더욱 다양한 방면으로 유교화 정책을 진행했다. 그런데 불교의 유산은 여전히 초파일, 기청제, 중원절 등을 통해 계속 이어졌을 뿐만 아니라, 코더우 국사와 같은 사례는 불교계의 강력한 지도자가 황제를 지원하고 있었음도 보여준다. 이때 레반틴과 같은 유교 관리의 저항이 있었지만, 오히려 불교 정책의 가속화만 조장할 뿐이었다. 승려들은 여전히 무언통파와 비니다류지파가 중심이 되어 활동했다. 특히 비니다류지파의 찌밧은 선(禪)·정(淨)·율(律) 세 영역에서 고루 뛰어난 수행자였다. 티엔냠과 비엔통의 경우에서 보는 것처럼, 일종의 승과시(僧科試)도 시행했던 것 같다. 만작과 쩐꽁의 사례를 통해, 무언통파와 비니다류지파의 종교적 교류는 문학적 교감을 통해서도 이루어졌음을 알 수 있다. 리년똥 시기에도 많은 사원과 탑이 전국에 세워졌고, 어떤 탑은 여러 해에 걸려서야 완성되었다. 특히 리 왕조 초기 세 명의 황제가 수도와 주변 지역에 많은 사원을 조성해서인지, 리년똥 시기에는 사원 창건이 새로 개척한 남쪽이나 북쪽의 지방으로까지 확장된 듯하다. 1073년에 응에안에 사원이 조성되었고, 1085~1089년 타인호아 지역에 영칭사가 조성되었다. 특히 이 영칭사와 사원의 탑이 완성된 이후에는 참파와 진랍의 참배자가 이곳을 방문했다는 점도 주목할 만하다. 옹주 출신의 화교이자 리트엉끼엣의 송나라 원정에도 협력한 '하공(何公)'이

12세기 초 뛰엔꽝에 사원을 조성하기도 했다. 아울러 리 왕조가 송나라에 요청한 불경 수입은 평화를 회복하려는 화해의 제스처이기도 했다. 그리고 비니다류지파의 승려들은 무언통파의 많은 승려가 공부했던 『원각경』을 공부하지 않았음을 알 수 있는데, 예를 들면 무언통파의 승려들 중에서 비엔찌에우(제7세), 응오언(제8세), 민찌(제10세), 띤훅(제10세), 띤륵(제10세)과 같은 무언통파 승려들을 들 수 있다. 그리고 비엔찌에우의 저술 활동은 베트남 불교가 본격적으로 토착화되어 발전하기 시작하는 출발점이라고도 볼 수 있다.

8장

황제로 환생한 승려: 리턴똥 시기(1128~1138)

불교를 후원하고 승려를 지원하던 리 왕조의 황실에서 황제의 위상은 어떠한 변화를 겪었을까? 리턴똥의 출생에 얽힌 신비로운 이야기를 정사와 민간 전설의 내용으로 접근하여 승려가 환생한 황제의 출현을 확인해 본다. 그리고 신비한 황제 리턴똥의 현실적인 국정은 어떠한 과정을 거치며 성군이 되기 위한 시도로 이어졌을까? 이 과정에서 나타난 황제에 대한 유교적 승려들의 조언도 흥미롭다.

1. 황제

묘호(廟號) '턴똥[神宗]'을 통해서도 예상할 수 있는 것처럼, 리턴똥(Lý Thần Tông, 李神宗)의 출생과 황제 등극에 대해서는 이전에 보이지 않던 새로운 형태의 신비로운 이야기가 전해 내려오고 있다.

먼저 중국 측 자료 『안남지략』에 의하면, 리년똥[李王]이 후사가 없어서, 명승(名僧)들에게 대를 잇는 자식을 빌어달라고 명했다. 그러나 승려들은 한 명도 참여하지 않으면서 술수를 부릴 뿐이었다고 한다. 황제는 경내(境內)의 승려들을 모두 잡아서 하옥했다. 종가(宗家)의 맏아들[宗子], 즉 어떤 황자는 감옥에 간 승려 다오하인이 이 난국을 벗어날 수 있도록 애썼다. 황자와 다오하인 사이에 다음과 같은 대화가 이어졌다.

> 황자: 나 또한 후사가 없으니, 스님이 나를 위해 기도해 주기를 청합
>   니다.
>
> 다오하인: 부인(夫人)을 욕실(浴室)로 들여보내시오.

승려가 실외(室外)를 지났고, 황자의 부인은 감응해서 아이를 임신했다. 출산이 다가오자, 황자는 승려를 불렀는데, 그는 이미 앉아서 왕생한 상태였다. 부인이 이내 자식을 낳았고, 이 자식이 뛰어나게 훌륭해서 리년똥의 후계자가 되었다고 한다.[1] 이 황자는 누구였을까? 이 이야기에 불현듯이 등장하는 승려 다오하인의 역할은 무엇이었을까? 또한 이 승려의 죽음은 어떠한 의미가 있을까?

베트남의 정사와 민간 전설 등의 내용으로 이 이야기를 재구성해 보면 다음과 같다.[2]

1112년 초 당시 리년똥은 나이가 많았지만, 아직 후사가 없었다. 이에 황제는 종실(宗室)의 아들 중에서 골라 후계자로 세우게 했다. 그랬더니 2월에 타인호아의 어떤 사람이 다음과 같이 보고했다.

해변에 이상한 아이가 있는데, 세 살 나이에 언어를 이해하고, 황제의 아들이라고 하면서 자신을 작호앙(Giác Hoàng, 覺皇)이라고 합니다. 무릇 폐하께옵서 하신 일을 모르는 게 없습니다.

리년똥이 내시를 보내어 확인하게 했더니, 과연 그 말 그대로였다. 황제는 아이를 수도로 데려와 보천사(報天寺, Chùa Báo Thiên)에 머물게 했는데, 신령스럽고 색다른 그 아이에 대한 사랑이 더욱 극진해졌다. 당시 리년똥은 후사가 없어서, 이 아이를 태자로 삼으려 했지만 신하들이 반대했다. 신하들 중 한 명이 "저 아이가 정말 신령하다면, 반드시 황실에 다시 태어난 이후에야 가능할 것입니다"라고 아뢰었다. 황제는 이 말을 따랐고, 드디어 대법회(大法會)가 개최되어 이레 밤낮으로 탁태법(托胎法)[3]이 진행되었다.

펏띡산[4]에서 이 소문을 들은 다오하인은 다음과 같이 혼자 중얼거렸다.

저 요망한 아이는 사람을 대단히 미혹하게 하는구나. 내 어찌 가만히 앉아서 저 아이가 사람들의 마음을 속이고 위협하면서 정법(正法)을 어지럽히는 짓을 막지 않겠는가?

그는 자신의 누이 뜨(Tự, 徐)씨를 시켜 그 법회를 관람하는 체하며 엿보도록 하면서, 자신이 인계(印契)를 맺고[結印][5] 힘을 불어 넣은 구슬 몇 개를 주며 처마에 매달아 두라고 은밀히 당부했다.

법회를 시작한 지 사흘이 지났을 때, 갑자기 영아 열병에 걸린 작호앙은 주변 사람들에게 "탁생(托生)하고자 하나, 온 나라가 철망(鐵

網)으로 뒤덮여 있어서 도무지 길이 없습니다"라고 말했다. 법회에서 숨겨진 구슬을 찾아낸 리년똥이 주문으로 탁태법을 방해했다고 의심하던 다오하인을 투옥하자, 결국 다오하인은 사실대로 자백했다. 황제가 그를 흥성루(興聖樓)에 가둔 후에 신료들을 불러 모아 어떻게 처리할지 의논했다. 마침 리년똥의 아우 숭현후(崇賢侯, Sùng Hiều hầu)가 입조(入朝)할 때 흥성루 앞을 지나가자, 다오하인은 그에게 울면서 부르짖었다.

부디 저 빈승(貧僧)을 도와주십시오. 제가 다행히 풀려나면, 훗날에 반드시 그대의 자식으로 태어나 그 공덕을 갚겠습니다.

당시 아직 후사가 없던 숭현후는 그를 돕겠다고 약속했다. 조정에서 회의가 열렸을 때 모두가 다음과 같이 아뢰었다.

폐하께옵서는 후사가 없는 까닭에 탁생법(託生法)에 의지하셨습니다. 그런데 다오하인이 망령되게 주문을 걸어 망쳤으니, 마땅히 극형에 처해서 천하에 그 본보기를 보여야 하옵니다.

그러자 숭현후가 천천히 나서며 다음과 같이 말했다.

작호앙이 만약 신령한 힘을 지녔다면, 비록 100명의 다오하인이 주문을 건다고 한들 어찌 그를 해칠 수 있었겠사옵니까?[6] 그런데 오히려 그 반대로 되었으니, 이는 다오하인의 법력이 작호앙을 훨씬 앞선다는 것을 보여주는 것이옵니다. 신이 비록 어리석으나 한 말씀 올리오니, 저 다오하인의 죄를 용서하시고 그에게 탁생법을 행하도록 맡기심이 좋을 듯합니다.

결국 리년통은 다오하인을 용서했고, 다오하인은 숭현후의 저택으로 가서 후사를 기원하는 일을 논의했다. 숭현후의 부인 도(杜, Đỗ)씨가 목욕하고 있었는데, 다오하인은 가까이서 그 모습을 뚫어져라 바라보았다. 분노한 부인이 이 일을 남편에게 알렸지만, 숭현후는 이미 이유를 알고 있었으므로 전혀 나무라지 않았다. 이 사건으로 부인에게는 태기가 있었고, 다오하인은 "아이가 태어날 때가 되면, 반드시 사전에 알려주십시오. 산신에게 기도하겠습니다"라고 숭현후에게 당부해 두었다.

해산일이 되자, 이 소식이 다오하인에게 전달되었다. 그는 목욕재계하고 옷을 갈아입은 후, 제자들에게 일렀다.

> 내 오랜 숙연(宿緣)[7]을 다하지 않은 까닭에 다시 세간에 태어나 잠시나마 제왕이 될 것이니라. 그 후 목숨이 다하게 되면, 삼십삼천(三十三天)의 천자(天子)[8]로 다시 태어날 것이다. 만약 그때 내 진신(眞身)이 썩어 없어지는 것을 보게 되면, 내가 열반에 들어 더 이상 생멸(生滅)의 윤회에 머물지 않게 되었음을 알라.

이 말을 들은 제자들이 감격하며 울었고, 이어서 다오하인은 단정한 모습으로 입적했다고 한다.[9] 1116년 6월 당시 그의 시신은 타익텃(Thạch Thất, 石室)[10]산의 사원에[11] 버려졌는데, 이 일을 이상하게 여긴 마을 사람들은 다오하인의 시신을 감실(龕室)[12]에 봉안하

그림 8-1 터이 사원의 상사(上寺), 대웅보전(Đại Hùng Bảo Điện). 앞쪽에는 다오하인의 상

여 받들었다.[13] 바로 이때 숭현후의 부인은 아들 즈엉호안(Dương
Hoán, 陽煥)을 낳았는데, 『대월사략』과 『대월사기전서』는 "승려 다
오하인의 화신(化身)"이자 미래의 리"턴똥[神宗]"이라고 기록하고
있다.[14]

　1117년 7월에 린년 태후가 세상을 떠났고, 다음 달에는 장례식이
거행되었다.[15] 10월에는 숭현(崇賢)·성경(成慶)·성광(成廣)·성소(成
昭)·성흥(成興) 등 황자들의 아들들은 번갈아서 궁중에 들어와 가르
침을 받으라는 조서가 내려왔다. 숭현후의 아들은 당시 두 살이었
는데, 리년똥은 그를 총애해서 11월에 태자로 삼았다.[16] 1127년 12월

에 리년똥이 세상을 떠나자 결국 태자 즈엉호안이 즉위했다. 민간 전설도 황제로 즉위한 이 태자가 곧 리턴똥이고, 리턴똥은 뜨로, 즉 다오하인의 환생이었다고 이야기한다. 매년 봄 3월 7일, 남녀가 사원에서 회합을 가졌는데, 이후에는 사람들이 바로 이날이 다오하인의 기일이라고 잘못 생각할 정도였다고 한다.[17] 이처럼 승려 다오하인은 숭현후의 아들로 환생한 후에 리턴똥이 되었다. 황제는 불교나 승려를 후원하던 지위에서 더 나아가 승려가 환생한 화신으로까지 평가받게 된 것이다.

리턴똥의 초기인 1128년 2월에 진랍인 2만여 명이 응에안(乂安)을 노략질하자, 황제는 태부(太傅) 응우옌꽁빈(Nguyễn Công Bình, 阮公平)에게 토벌하라고 명했다. 응우옌꽁빈이 파두보(波頭步)에서 승리하여, 진랍의 장졸 169명을 잡아서 돌아왔다. 이에 황제가 친히 탕롱성 내의 태청궁(太淸宮)·경영궁(景靈宮) 및 여러 사원과 도관에 가서 "모르는 사이에 받았던 불도(佛道)의 도움으로[冥祐 혹은 默相] 생각해서" 응우옌빈꽁이 진랍인을 물리친 은혜에 삼가 뜻을 표했다.[18] 대외 관계에서 일종의 호국 불교가 발현하는 시점이었다.

불교에 의존하는 리턴똥의 모습은 다음과 같은 일화에서도 확인할 수 있다. 리턴똥은 평소에 기이한 물건을 몹시 좋아했기 때문에, 흰 사슴[白鹿]·검은 사슴[玄鹿]·흰 참새[白雀]·흰 거북[白龜] 등을 바치는 사람들이 있었다. 1131년 12월에는 좌무첩병(左武捷兵) 도카인(Đỗ Khánh, 杜慶)이 황색 병어[鯧]와 참게[鮭]를 바쳤는데, 황제는 상서롭다고 생각해서 신하들이 칭찬하도록 했다. 그런데 합문사(閤門使) 리풍언(Lý Phụng Ân, 李奉恩)이 "이 생선들은 미물인데, 폐하께서 상서로운 기린과 봉황처럼 생각하시니, 장차 어찌하시렵니까?"라고 말하자, 리턴똥은 이내 그만두었다. 당시 좌흥무병(左興武兵) 브엉끄우(Vương Cửu, 王玖)가 거북을 바쳤는데, 거북 등딱지에 글이 있었다. 황제는 굳이 학사(學士)와 승도(僧道)에게 분별하게 했는데, "천서하시(天書下示) 성인만세(聖人萬歲)"라는 여덟 글자가 있었다고 한다. 1121년 3월 당시 승려 브엉아이(Vương Ái, 王愛)가 바친 빈랑을 "상서롭기에 부족하다"는 신하의 의견을 수용하여 선물을 받지 않은 리년똥에 비하면, 선물에 대한 유학자와 도사뿐만 아니라, 승려의 판단은 황제 자신을 집요하게 "성인"의 반열에 올려놓기 위해서는 중요한 기준이었던 것 같다.[19]

내정에 불리한 자연 현상에 대해서도 불교를 통해 해결하려는 움직임이 나타나기 시작했다. 리턴똥이 즉위한 후 약 10년 동안 가뭄이 들지 않은 해가 없었다. 특히 1128~1132년 동안[20] 가뭄이 들었을 때에는 조정에서 티엔냠(비니다류지파 제13세)[21] 선사에게 조서를 내려 궁궐에 들어와 기우제를 지내라고 명했다. 그가 비를 빌었더니 효험이 있었고, 리턴똥은 그를 명승으로 높이고 좋은 옷을 하사했다. 이후 국가가 주관하는 기도 행사는 모두 티엔냠이 주관했다고 한다. 1137년 3월에도 비가 내리지 않자, 리턴똥은 보천사에서 직접 빌었는데, 이날 저녁에 비가 내렸다고 한다.[22] 마찬가지로, 1138년 6월 역시 황제는 좌사낭중(左司郎中, Tả Ty Lang Trung) 응우이꾸옥바오(Nguy Quốc Bảo, 魏國寶)에게 명하여 군신(群臣)을 회의에 불렀다. 팜띤(Phạm Tín, 范信)이 리턴똥에게 우단(雩壇, đàn vu)[23]에서 기우제를 지내라고 청하자, 황제는 유사(有司)에게 우단과 보천사에서 기도하라고 명했다.[24] 기우제를 지내는 승려나 황제, 기우제가 진행된 보천사, 기우제를 담당하는 관리가 등장한 점으로 미루어 볼 때, 다오하인에서 보였던 개인적인 기우 능력이 기우제를 둘러싼 국가의 의례로 점차 정착되는 모습이 나타났음을 알 수 있다.

2. 승려

1) 무언통파

① 작하이(무언통파 제10세)

『안남지략』에 의하면(시기는 정확하게 밝혀져 있지 않음), 작하이는 콩로와 함께 중국에 가서 동으로 종을 주조하는 방법을 배운 이후에 고향에 돌아왔다. 두 사람은 결국 크고 작은 종 두 개를 보뢰산사(普賴山寺, Chùa Núi Phổ Lại)에서 주조했다. 이 종들을 칠 때마다, "소리가 중국에까지 전해졌다"고 한다. 얼마 되지 않아 그 큰 종은 바이남(Bài Nam, 排灘)이라는 곳에 들어왔는데, 폭우에 떠내려가 사라졌다. 작하이는 작은 종도 없어질 경우를 염려해서, 철로 못질을 해놓았다고 한다.[25]

리턴똥도 작하이 선사를 여러 번 불렀으나, 이 승려는 늙고 병들어서 나아갈 수 없다고 사양했다.[26] 작하이가 입적할 즈음에 이 사실을 제자들에게 알리자, 큰 별이 방장(方丈)[27] 동남쪽 모퉁이에 떨어졌고, 이튿날 아침에 그는 단정하게 앉은 채 세상을 떠났다.

2) 비니다류지파

① 지에우년(비니다류지파 제17세)

리턴똥은 지에우년(1042~1113)을 니사(尼師)로 추존했다.[28]

② 민콩(비니다류지파 제13세)[29]

리턴똥은 21세에 죽었으며, 11년간밖에 재위하지 못했다. 그런데 이러한 짧은 재위 기간과 관련된 배경도 다오하인과 민콩(Minh Không, 明空, 1065~1141)을 둘러싼 이야기에서 찾을 수 있다. 다오하인은 세상을 떠날 즈음에 제자 민콩에게 이렇게 말했다.[30]

옛날 우리 세존께서는 원만한 깨달음을 얻은 후에도 칼과 창의 과보에서 자유롭지 못하였느니라. 하물며 말법 시대에 그대는 미약하기 그지없는데, 어떻게 자신을 지킬 것인가? 나는 이제 세간의 왕으로 다시 태어날 것이다. 그러나 나는 업보로 인해 내세에 병을 얻을 것인데, 이를 피하기가 어려울 것이다. 나는 너와 인연이 깊으니, 서로 기대며 구해주기를 바라노라.

전하는 이야기에 의하면, 다오하인이 장차 시신으로 변하기 전에, 주술과 주문으로 병자를 치료하는 방법을 제자에게 전수해 주었다고 한다. 20년이 지난 후에, 응우옌찌타인, 즉 민콩은 기이한 병에 걸린 황제 리턴똥, 즉 환생한 스승을 알현하는 기회를 만나게 된다.[31]

당시 리턴똥은 심신(心神)이 혼미해지며 몹시 분한 듯이 으르렁거리는 소리를 내서, 듣기가 힘들 정도였다. 천하의 뛰어난 의원들이 어명을 받아 왔으나, 모두 손을 쓰지 못했다. 그러는 사이에 민간의 아이들 사이에는 "임금님이 아프시면, 응우옌민콩을 찾아야지"라는 동요가 떠돌았다. 조정에서 사람을 보내 민간을 뒤지다가 드디어 민콩을 찾았다.[32] 『대월사기전서』에 의하면, 1136년 3월 리턴똥의 병이 위독했는데 의술로 병을 치료해도 효험이 없었다. 그런데 교수사(膠水寺, Chùa Giao Thủy[33])의 승려 민콩이 치료해서 나으니, 황제는 민콩에게 국사(國師)의 칭호를 하사했다.[34]

다음과 같은 일화에서는 당시 탕롱에서 일어났던 일을 보다 자세히 전달하고 있다. 민콩이 수도에 이르렀을 때 각지의 뛰어난 승려가 이미 궁중에서 자신들만의 법술을 행하고 있었다. 그들은 촌스럽고 남루해 보이는 민콩을 업신여기며 예도 표하지 않았는데, 그는 앞으로 나아가 길이 다섯 치(약 15cm) 정도 되는 큰 못을 전각(殿閣)의 기둥에 박으면서 "누구든 이 못을 뽑는 자가 먼저 이 일을 맡을 것이오"라고 소리쳤다. 민콩이 몇 번이나 말했지만, 감히 나서는 자가 없었다. 그는 다시 왼손의 두 손가락으로 그 못을 집어 쉽게 뽑아 버렸다. 결국 사람들이 모두 놀라며 복종하게 되었다고 한다.[35]

민콩은 리턴똥을 보자 성난 목소리로 "대장부로서 귀하게 되어 사해(四海)를 얻은 자가 어찌하여 이토록 미쳐 날뛰는가?"라고 꾸짖었다. 크게 놀란 황제는 온몸을 떨었고, 민콩은 커다란 솥을 가져오게 하여 물을 부어 끓였다. 물이 펄펄 끓자, 민콩은 손으로 서너 번 휘휘 젓더니 리턴똥을 솥에 들어가게 해서 목욕시켰다. 그러자 리턴똥의 병은 곧 나았다. 이 사건으로 황제는 민콩을 국사로 삼으며 자신의 성을 주어 리꾸옥쓰(Lý Quốc Sư, 李國師)라고 불렀다.

③ 저이콩(비니다류지파 제15세)[36]

저이콩(Giới Không, 戒空, ?~?)은 탑발향사(塔鉢鄉寺, Chùa Làng
Tháp Bát)가 있는 만더우(Mān Đấu, 滿斗)군 사람이다. 지체 있는 집
안의 아들로 태어난 그는 이름이 응우옌뚜언(Nguyễn Tuân, 阮珣)이
고, 어려서부터 불교를 좋아했다.

저이콩은 처음에 쩐마(Chân Ma, 眞磨)산 원화사(元和寺, Chùa
Nguyên Hòa)의 꽝프억(Quảng Phước, 廣福)을 좇아 출가하여 구족계
를 받아 여러 해 동안 그를 섬겼고, 종지를 얻은 후에는 릭(Lịch, 歷)
산으로 가서 암자를 지어 살았다. 그는 5년 동안 오로지 선정에 드
는 데에만 힘썼고, 이윽고 석장을 짚고 하산하여 곳곳을 다니면서
교화를 펴며 중생을 이끌었다. 저이콩은 그렇게 다니다가 하이즈
엉의 남싸익(Nam Sách, 南柵)에 이르자 성주암(聖主庵, Hang Thánh
Chúa)으로 들어가 머물렀고, 6년간 암굴에서 꼼짝 않고 두타행을
닦아서 "귀신을 물리치고, 거친 짐승을 길들일 수 있을 정도가 되었
다"고 한다.

리턴똥이 저이콩을 여러 번 궁궐로 불렀지만 거듭 사양하다가 결
국 나아갔다. 1135년 큰 역병이 돌았을 때 저이콩이 마침 궁궐에 당
도하자, 황제는 그에게 조서를 내려 역병을 다스리게 했다. 저이콩
이 가림사(嘉林寺, Chùa Gia Lâm)에서 주문을 불어 넣은 물로 역병
을 치유해서, 매일 완쾌되는 병자의 수가 수천 명이었다고 한다.

어느 날, 저이콩은 제자들을 불러 게송으로 가르침을 준 후에 크
게 한 번 소리 내어 웃더니 합장한 채 세상을 떠났다. 문인(門人)인
목사(牧使) 레끼엠(Lê Kiếm, 黎劍)과 방알사(防遏使) 한딘(Hán Đinh,
漢丁)이 다비를 거행하고, 사리를 거두어서 탑을 세워 봉안했고, 저

이콩의 상을 만들어 향화(香火)하며 기렸다.

④ 비엔통(비니다류지파 제18세)

비엔통(Viên Thông, 圓通, 1080~1151)은 1130년 리턴똥의 부름을 받고 숭윤전(崇潤殿)에 들어갔다. 황제가 천하의 치란(治亂)과 흥망(興亡)의 이치에 대해 묻자 비엔통은 다음과 같이 대답했다.

> 천하란 하나의 그릇과 같습니다. 안전한 곳에 두면 안전하고, 위험한 곳에 두면 위험합니다. 모든 것은 임금이 어떻게 하는가에 달려 있습니다. 생명을 아끼는 [임금의] 덕이 민심에 부합한다면, 백성은 그가 어버이인 듯이 사랑할 것이며, 해와 달인 것처럼 우러러볼 것입니다. 이것이 천하를 안전한 곳에 둔다는 것입니다.

여기에서 "생명을 아끼는 [임금의] 덕이 민심에 부합한다면(好生之德이 洽于民心)"이라는 구절은 『서경(書經)』[권2 대우모(大禹謨)]에서 인용한 듯하다.

계속해서 이렇게 말했다.[37]

> 치란(治亂)은 관리들에게 달려 있으니, 그 사람을 얻으면 다스려지고, 그 사람을 잃으면 어지러워집니다. 전대의 역사를 두루 살펴보건대, 군자(君子)를 등용함으로써 흥하지 않은 제왕이 없었고, 소인(小人)을 등용함으로써 망하지 않은 제왕이 없었습니다. 어째서 그렇게 되었나 추론해 보니, 하루 아침 하루 저녁에 일어난 일이 아니라 서서히 그렇게 되어온 것이었습니다. 하늘과 땅은 갑자기 추위를 내거나 더

위를 내지 않고, 반드시 봄과 가을을 거쳐 서서히 변하게 합니다. 마찬가지로 임금은 갑자기 흥하거나 망하지 않습니다. 반드시 그가 한 좋은 일과 나쁜 일을 통해 흥망은 서서히 옵니다. 옛 성왕(聖王)은 이와 같은 줄 알았기 때문에 하늘을 본받아 하늘의 덕으로써 자신을 닦기에 여념이 없었고, 땅을 본받아 땅의 덕으로써 사람들을 편안케 하기에 쉼이 없었습니다. 자신을 닦는다는 것은 삼가는 마음이 있어 얇은 얼음 위를 걷는 것처럼 조심한다는 것이요, 사람을 편안하게 한다는 것은 마치 낡은 고삐를 쥐고 말을 모는 것처럼 두려워하며 아랫사람을 공손하게 대한다는 것입니다. 만약 이와 같이 한다면 흥하지 않을 수 없고, 이에 반한다면 망하지 않을 수 없습니다. 흥망이 서서히 오는 이유는 바로 여기에 있습니다.

여기에서 "하루 아침 하루 저녁에 일어난 일이 아니라, 서서히 그렇게 되어온 것이었습니다[非一朝一夕之故, 其所由來者漸矣]"라는 구절은『주역』「곤(坤)」, '문언(文言)']에 등장한다.

승려 비엔통은『서경』과『주역』의 내용을 인용하며 천하의 치란과 흥망의 이치가 민심의 추이, 군자의 등용, 성왕의 도리에 있다는 유교적 내용으로 황제에게 설명했고, 리턴똥은 이 설명을 칭찬하면서 비엔통에게 우가승통(右街僧統)·지교문공사(知敎門公事)를 제수했다. 황제는 자신을 조용히 위엄 있게 대했던 비엔통이 아뢰는 잠언을 항상 칭찬했다. 얼마 후 비엔통은 칙명을 받들어 서양관(西陽館)으로 가서 왕후의 잉태[聖胎] 보호를 위한 기도를 행하여 효험을 얻었다. 이 일을 계기로 황제는 더욱 그를 공경했고, 조알(朝謁)[38]이라는 직책을 하사하여 태자와 같은 반열에 두었다.

1137년 리턴똥이 세상을 떠나기 전에 비엔통은 미리 임금의 고명(顧命)을 받았는데, 이때에 이르러 황제의 유조(遺詔)와 책략, 당부한 일 등을 받들어 행했다고 한다.

3. 사원

1129년 1월에는 믿기 어려운 8만 4,000개의 보탑(寶塔)이 완성되자,[39] 천부각(天付閣, Gác Thiên Phù)에서 보탑회(寶塔會)가 열렸다. 이때 리턴똥은 아버지 숭현후와 어머니 도씨도 각각 태상왕(太上王)과 태후로 추존하면서 부모를 동인궁(洞仁宮, Cung Động Nhân)으로 모셨다.[40]

1130년대에 리턴똥은 자신의 나병을 치료한 승려 응우옌민콩에게 깨오 사원을 하사했다.[41] 1131년 5월에는 민콩[明空] 대사의 집이 조성되었는데,[42] 바로 리꾸옥쓰(Lý Quốc Sư) 사당(Đền) 혹은 리꾸옥쓰 사원(Chùa Lý Quốc Sư 혹은 李國師寺, Lý Quốc Sư Tự)의 기원이었던 듯하다. 현재의 위치는 하노이시 호안끼엠꾸언(quận Hoàn Kiếm)의 항쫑프엉(phường Hàng Trống), 리꾸옥쓰 거리(phố Lý Quốc Sư) 50번지이다. 이곳은 리턴똥의 병을 치료한 국사 응우옌민콩을 모셨고, 민콩이 입적하자 마을 사람들은 사당을 세워 리꾸옥쓰사라고 불렀다.

1135년 이후에 저이콩은 늘그막에 고향으로 돌아가서, 폐사(廢寺) 95곳을 중수했다. 1136년에는 닌빈에 패정사(沛嶺寺, Chùa Bái Đính)가 조성되었다.

그림 8-2 패정사

1136년 1월에는 박닌의 라인낀(Lãnh Kinh, 泠涇)향에 연광원(延光
園, Vườn Diên Quang)이 열렸는데, 옛 홍종(洪鍾)이 발견되었다.[43]
그리고 이전과 마찬가지로, 광엄자성사(廣嚴資聖寺, Chùa Quảng
Nghiêm Tự)가 완성되어 법회가 열렸고, 1137년 9월에 영감사(靈感
寺, Chùa Linh Cảm)가 조성되었을 때도, 사면이 함께 단행되었다.[44]

리턴똥 시기에 세워진 경림사(瓊林寺, Chùa Quỳnh Lâm 혹은
Quỳnh Lâm Tự)는 꽝닌성 동찌에우(Đông Triều) 시사(市社, thị xã)
의 짱안프엉(phường) 언덕에 있는데, 현재의 하롱(Hạ Long)시에서
83km 떨어져 있다. 이 사원 조성에 공이 큰 사람은 민콩(Nguyễn
Minh Không, 1076~1141) 국사였는데, 그의 도움으로 안남사대기
중의 하나인 높이 6장(약 20m)의 청동 아미타(Di Lặc) 조상(彫像)이

그림 8-3 경림사

주조되었다.

『대월사략』과 『대월사기전서』는 숭현후와 부인 도씨의 아들 즈엉 호안이 "승려 다오하인의 화신"이자 미래의 리 "턴똥[神宗]"이라고 기록하고 있다. 불교를 후원하고 승려를 지원하던 리 왕조의 황실에서 이제는 승려가 환생한 리턴똥이 등장한 셈이다. 진랍과의 갈등 속에서 일종의 호국 불교가 발현되기도 했다. 황제 개인의 기호를 "성인"의 반열에 올려놓기 위해서는 승려의 판단도 중요한 기준이었다. 그리고 내정에 불리한 자연 현상을 해결하는 과정에서 보천사의 기우제가 국가의 의례로 점차 정착되는 모습이 나타났다. 리턴똥 시기에는 비니다류지파 승려들의 활약이 두드러졌다. 다오하인과 리턴똥의 기연(奇緣)은 민콩에까지 이어졌고, 비엔똥은 『서경』이나 『주역』 등의 내용에 기반한 유교적 교훈을 황제에게 전달하며 성군이 되는 길을 조언했다. 1129년 1월에 8만 4,000개의 보탑을 조성했다고는 하지만, 사실 믿기는 어렵다. 리턴똥의 병을 치료한 국사 응우옌민콩을 모신 사당은 리꾸옥쓰사로 불리면서, 사당이 사원으로까지 발전한 최초의 사례라고 볼 수 있다.

9장

호국 법회의 개최: 리아인똥 시기(1138~1175)

리년똥(6세에 즉위) 시기부터 시작된 '태후 정치'는 리턴똥(11세에 즉위) 시기를 거쳐 리아인똥(3세에 즉위) 시기에도 계속되었다. 1세기부터 호국에 적극적으로 참여한 베트남 여성들의 '호전성'이 리턴똥의 호국 불교를 거쳐 리아인똥의 인왕회로 순화되어 갔던 것일까? 선불교 내의 융합 경향도 돈오와 점오를 통해 계속되었던 것 같다. 특히, 유교적 소양을 겸비한 비엔똥의 활약상은 주목할 만하다.

1. 황제

리아인똥(Lý Anh Tông, 李英宗, 1138~1175)은 1149년 4월에 인왕회(仁王會)를 롱찌에서 열면서 죄인을 사면했다.[1] '인왕'은 불법을 수호하는 신으로서 사원 문 좌우에 안치된 금강역사(金剛力士)의 상(像)이고, '인왕회'는 조정에서 호국을 염원하기 위해『인왕경(仁王經)』[2]을 독송하던 법회였다. 이 경전은 인덕(仁德)이 있는 제왕(帝王)이 반야바라밀(般若波羅蜜)의 도를 행하면 만민이 안락하고 국토가 안온하다는 내용을 담고 있다. 1169년 3월에는 월식으로 바다에 사는 물고기가 많이 죽자, 리아인똥은 여러 사원과 도관의 승려와 도사가 경전을 암송하며 기도하라고 명하기도 했다.[3] 이처럼 황제에게는 불교가 여전히 일상에서 중요한 정신적 근간이 되는 종교였다.

다른 한편으로 리아인똥은 초당파 제3세로서 유교의 보급에도 관심을 가졌다. 1150년 혹은 1152년 10월에 전시(殿試)가 실시되었지만,[4] 당시 과거에 관한 규칙은 아직 일정한 방식을 갖추지 못한 상황이었다. 당시의 전시는 "온 천하의 사인이 전정(殿庭)에서 직접 시험을 치른 데 불과했을" 뿐이다.[5] 리 왕조 초에 주공과 공자를 문묘(文廟)에 합사(合祀)했는데, 1156년 12월에는 황제가 공자묘(孔子廟)를 따로 세우자는 또히엔타인(Tô Hiến Thành, 蘇憲誠)의 요청을 받아들여 탕롱성 남쪽에 공자묘를 세웠고,[6] 1171년 2월에 공자묘를 중수했다.[7]

2. 승려

1) 무언통파

① 다오후에(무언통파 제9세)[8]

느응우엣(Như Nguyệt, 如月)의 쩐호(Chân Hộ, 眞護)[9] 사람 다오후에(Đạo Huệ, 道惠, ?~1173)의 성은 구씨(歐氏)이며, 용모는 단정했고 목소리는 맑고 호탕했다. 25세에 보녕사의 오법화 통비엔에게 귀의하여 머리를 깎았고, 이 스승에게 현묘한 도를 묻고 배워서 그 핵심을 깊이 체득했다. 이후 띠엔주[10] 티엔푹산의 광명사에 거처를 정한 다오후에는 계율의 교의(敎義)를 탐구하고 실천하면서 선정과 지혜를 닦았고, 6년 동안 눕지 않으며 삼관(三觀)[11] 삼마지(三摩地), 즉 삼매(三昧)를 깊이 체득했다. 그의 제자는 1,000여 명을 헤아렸고, 밤낮으로 이어지는 독경 소리는 온 산중을 감동시켜 "원숭이들이 떼를 지어 와서 독송을 들을 정도였다"고 한다. 결국 그의 명성은 궁궐에까지 전해졌다.[12]

1151년 서명(瑞明) 공주가 병에 걸렸을 때, 리아인뚱은 다오후에에게 사신을 보내 병환을 살펴달라고 부탁했다. 다오후에가 산을 떠날 즈음에 "원숭이들이 마치 슬픔과 그리움을 아는 듯이 서럽게 울부짖었다"고 한다. 이윽고 다오후에가 궁궐에 이르러 공주의 침실 문 밖에 서 있었을 뿐인데도, 공주의 병은 씻은 듯이 나았다고 한다. 리아인뚱은 크게 기뻐하며 다오후에를 보천사에 머물게 했다.

불과 한 달도 지나지 않아 그를 흠모하는 공경대부들과 승려들이 이루 헤아릴 수 없을 정도로 몰려들었기 때문에, 다오후에는 법당을 열어 설법으로 교화했으며, 그의 법을 이은 제자들로 인해 그 일문(一門)은 융성해졌다.

1172년 8월 1일에 다오후에는 병색을 보이더니 공(空)에 대한 게송을 읊은 후, 이날 밤 삼경(三更)에 세상을 떠났다. 문인(門人) 꾸아익(郭) 승통이 예물을 갖추고 고향에서 다비를 거행했고, 심상(心喪)[13]이 끝나자 띠엔주산의 보감사(寶龕寺) 곁에 탑을 세워 사리를 안치했다.

② 반띤(무언통파 제9세)[14]

빈크엉의 푸지엔(Phù Diễn, 扶演) 사람 반띤(Bản Tịnh, 本淨, 1110~1176)의 성은 끼에우(Kiều, 喬)씨이다. 어려서부터 배우기를 좋아하여 불가(佛家)에서 말하는 생사의 현묘한 뜻을 꿰뚫었을 뿐만 아니라, 유학의 인의에 대해서도 깊은 뜻을 깨쳤다고 한다. 반띤은 교원사의 만작에게서 선의 종지를 얻은 후, 1141년에 뜨썬에 들어가 살았다.

우필(右弼)[15] 응우이꾸옥바오는 반띤의 덕을 흠모하여 제자의 예를 갖추어 그를 섬겼다. 이후 반띤은 수도에 사는 즈엉(Dương, 楊) 공(公)의 청을 받아들여 건안사(乾安寺, Chùa Kiền An)의 주지가 되었다가, 끼엣닥(Kiệt Đặc, 傑特) 찌린(Chí Linh, 至靈)산의 평양암(平陽庵, Hang Binh Dương)에서 77세의 나이로 세상을 떠났다.

③ 쯔엉응우옌(무언통파 제10세)[16]

띠엔주의 쯔엉응우옌[長原] 사람 쯔엉응우옌(Trường Nguyên, 長

原, 1110~1165)의 성(姓)은 판(Phan, 潘)씨이며, 그 선조는 중국의 패(貝) 땅[17] 사람이었다. 그는 처음에 출가하여 광명사의 다오후에 선사로부터 심인을 얻자마자, 뜨썬으로 들어가 은둔하며 풀로 옷을 지어 입고, 상수리 열매만 먹었다. 쯔엉응우옌은 하루 종일 냇물과 바위, 원숭이들을 벗하며 지냈으며, 몸과 마음을 집중해서 잘 정돈하고 경전 독송에도 힘써서, 심신이 하나가 되었다. 이렇게 5~6년이 지나는 동안 그의 그림자조차 본 사람이 없었다고 한다.

풍문으로 쯔엉응우옌의 도를 전해 듣고 흠모하는 마음이 생긴 리아인똥이 한번 만나려 했으나, 쯔엉응우옌이 거절했다. 이에 황제는 이 승려의 오랜 벗인 번신(藩臣) 레호이(Lê Hối, 黎晦)에게 명하여 선사를 궁궐로 모셔오게 했다. 두 사람은 궁궐로 오는 도중에 향찰사(香刹寺, Chùa Hương Sát)에서 하룻밤을 머물렀다. 이때, 쯔엉응우옌은 자신의 판단을 후회하며 몰래 산으로 되돌아갔고, 문인들에게 이렇게 말했다.

대저 마른 나무 같은 몸과 차가운 재 같은 마음을 지닌 자[18]는 세간의 부박(浮薄)함과 거짓에 흔들리지 않는 법인데, 아직 내 마음가짐과 수행이 순일하지 않아서 거기에 거의 사로잡혀 곤란을 겪을 뻔했다.

그는 문인들을 대상으로 다음과 같은 게송을 들려주었다.

원숭이는 새끼를 안고 푸른 산으로 돌아가고,
예부터 성현의 경지는 헤아릴 수 없었도다.
봄이 오면 꾀꼬리 지저귀고 온갖 꽃 만발하나,

가을 오고 국화꽃 피니 그 꽃들 간 데 없구나.

또 일찍이 사람들에게 이렇게 말한 적도 있다.

기이하도다, 기이하도다! 중생들은 어찌하여 여래의 지혜를 갖추고
서도 어리석음과 미혹에 빠져 진실을 보지도 못하고 알지도 못하는
가? 내 항상 도(道)로써 가르침을 베풀어 그들로 하여금 망령된 생각
과 집착에서 영원히 벗어나 여래의 광대한 지혜의 이익과 안락(安樂)
을 깨닫게 하려 하였노라.

빈로티(Bình Lỗ Thị, 平虜市) 베린산의 삭천왕사(朔天王寺, Chùa
Sóc Thiên Vương)에 있던 쯔엉응우옌은 1165년 6월 7일에 병으로
자리에 누워 56세의 나이로 입적했다.

2) 비니다류지파

① 민콩(비니다류지파 제13세)

닌빈 쯔엉안부의 국청사(國淸寺, Chùa Quốc Thanh)에 있던 민콩
(Minh Không, 明空, 1065~1141) 국사는 1141년 8월에 76세의 나이
로 세상을 떠났다.[19]

② 반띡(비니다류지파 제13세)[20]

반띡(Bản Tịch, 本寂, ?~1140)[21]은 떠이껫 사람이며, 성은 응우옌
(Nguyễn, 阮)씨이다. 띠엔레 왕조 때에 내공봉(內供奉)과 도위(都尉)

를 지낸 응우옌카(Nguyễn Kha, 阮軻)의 후예이다. 그는 어렸을 때 이미 속세의 일을 무시하곤 했다. 반딱이 언젠가 낯선 승려를 만났는데, 이 승려가 기이하게 여기며 "이 아이의 골상(骨相)을 보니 범상치 않구나. 만약 출가한다면, 참으로 법통을 이어받을 인물이 되리로다"라고 말했다.

그는 자라자, 먼저 화광사 투언쩐에게 가서 배웠고, 이 스승에게서 구족계를 받았다. 투언쩐은 반딱이 선정에서 원만하고 계율에서도 결백하며 하나를 들으면 열을 아는 총명함을 지닌 것을 보고, 머리를 어루만지면서 "이 남쪽 나라의 정법은 너로 하여 널리 떨쳐질 것이다"라고 말했다.

이때부터 반딱은 있음과 없음에 매이지 않았고, 돈오(頓悟)와 점오(漸悟)를 모두 환하게 알았다. 그는 이르는 곳마다 널리 법우(法雨)를 베풀었고, 아무리 먼 곳이라도 현묘한 바람으로 감화했다고 한다. 이에 승려들, 속인들, 벼슬아치들 모두 그를 흠모하여 귀의했다.

빈냑(Bình Nhạc, 平樂) 응이아쭈(Nghĩa Trú, 義住)향의 축성사에 있던 반딱은 1140년 6월 14일에 제자들을 불러 모은 후 "일없다, 일없어!"라는 말을 마치자 입적했다.

③ 티엔냠(비니다류지파 제13세)[22]

1163년 2월 어느 날 한낮에 티엔냠(Thiền Nham, 禪巖, 1093~1163)은 향을 피우고 대중에게 마지막 가르침을 준 후, 꼿꼿하게 앉은 채 71세의 나이로 세상을 떠났다. 당시 사람들은 그를 '생불(生佛)'이라 불렀다.

④ 비엔통(비니다류지파 제18세)[23]

1138년에 리아인똥이 리턴똥의 뒤를 이어 즉위했고, 새로운 황제의 어머니 깜타인(Cảm Thánh) 태후 레씨[黎氏]가 임금을 대신하여 정사(政事)를 행했다. 태후는 선황의 유조를 받들어 비엔통(Viên Thông, 圓通, 1080~1151)에게 거듭 후한 상을 내렸다.

이윽고 비엔통은 고향 남딘 꼬히엔향으로 돌아가 국은사(國恩寺, Chùa Quốc Ân)를 세우고 그곳에서 노년을 보냈다. 또 리아인똥은 비엔통을 칭송하는 친필을 내렸다.

1143년 황제는 비엔통을 좌우가승통(左右街僧統)·내공봉(內供奉)·지교문공사(知敎門公事)·전강삼장(傳講三藏)·문장응제호국국사(文章應制護國國師)에 임명했고, '자의대사문(紫衣大沙門)'이라는 칭호도 내렸다. 그의 지위는 그렇게 높았고, 신료들도 그를 우러러보았으며, 조정과 재야에서도 한결같이 그를 숭앙했다.

1151년 윤4월 21일, 72세의 비엔통은 대중을 모아 이별을 알리고, 병 없이 세상을 떠났다.

3. 사원

1141년 8월 민꽁이 입적한 이후에 교수사(膠水寺, Chùa Giao Thủy), 보뢰사(普賴寺, Chùa Phả Lại) 등[24]은 모두 이 승려의 상(像)을 빚어놓고 모셨다.[25] 1145년 8월에는 영륭사(永隆寺, Chùa Vĩnh Long)와 복성사(福聖寺, Chùa Phúc Thánh)를 조성했다.[26] 1156년 2월에는 익명의 사원 하나가 세워졌다.[27] 아울러 남딘의 연복사는 밧즈

그림 9-1 랑 사원

하노이 동다꾸언의 랑 사원 거리(phố Chùa Láng) 112번지 랑트엉(Láng Thượng)프엉에 있다.

엉쓰언쯔엉(Bát Dương Xuân Trường)부[28]로 이전되어 이름도 원광사(圓光寺, Chùa Viên Quang)로 바꾸었다.

리아인똥 시기에 창건된 소선사[昭禪寺, Chiêu Thiền Tự, 랑 사원(Chùa Láng), Pagode des Dames]는 하노이 동다(Đống Đa)꾸언(quận) 랑트엉(Láng Thượng)의 랑(Láng) 마을에 있고, 리턴똥으로 환생했다고 하는 다오하인을 모시고 있다.

4. 경전

비엔통(Viên Thông, 1080~1151, 비니다류지파 제18세)은 조서를 받들어 『승가잡록(僧家雜錄, Tăng Gia Tạp Lục)』(50여 권), 『제불적연사(諸佛跡緣事, Chư Phật Tích Duyên Sự)』(30여 권), 『홍종문비기(洪鍾文碑記, Hồng Chuông Văn Bi Kí)』(50여 권) 등을 찬술했고, 또 시부(詩賦) 1,000여 수를 지었다. 모두 현존하지 않아서, 구체적인 내용은 알 수 없다.

1138년에 리아인똥이 리턴똥의 뒤를 이어 즉위했고, 새로운 황제의 어머니 깜타인 태후 레씨가 임금을 대신하여 정사를 행했다. 리년똥(6세에 즉위) 시기부터 시작된 '태후 정치'는 리턴똥(11세에 즉위) 시기를 거쳐 리아인똥(3세에 즉위) 시기에도 계속되었다. 이 과정에서 리턴똥의 호국 불교는 리아인똥의 인왕회로 발전했다. 무언통파의 승려 쯔엉응우옌은 중국인의 후손이었고, 비니다류지파의 반띡은 지에우년의 경우처럼 돈오와 점오 둘을 함께 중시했다. 태후는 선황의 유조를 받들어 비엔통에게 거듭 후한 상을 내리면서 다양한 승관도 맡겼다.

리아인똥 시기에 사원의 조성이나 중수와 관련해서 언급할 만한 사실은 보이지 않지만, 비엔통의 활약상은 주목할 만하다. 그는 대대로 승관을 지낸 집안 출신으로 승려 바오작의 아들이었는데, 리년똥 시기부터 조정에서 일종의 승과시를 통해 관리와 법사로 활동하기 시작하면서 황제의 명으로 비문을 짓기도 했다. 비엔통은 유교 경전의 내용으로 천하의 치란과 흥망의 이치를 리턴똥에게 설명하면서 인정을 받았다. 리아인똥 시기에도 그는 깜타인 태후의 신임을 받으며 정사에 간여했고, 황제로부터 여러 관직을 받으며 관리들의 존경도 받았다. 또한 비엔똥은 각종 저술을 통해 당대와 후대에 많은 영향을 끼쳤다.

10장

승려들의 타락과 리 왕조의 몰락: 리까오똥 시기(1175~1210)

제7대 황제 리까오똥 시기부터 불교계의 변화가 감지되는데, 과연 어떠한 현상들이 나타나게 되었을까? 리까오똥은 승관(僧官)의 자제가 불경을 암송하는 시험을 보도록 했지만, 무언통파 승려들의 밀교적 신통력은 사회에서 더욱 중요해졌다. 이러한 상황에서 리까오똥 말기에 보이는 승려들의 타락은 리 왕조의 몰락을 예견하고 있었을까? 아울러, 이 시기에 일어난 자연재해와 황제의 죽음은 향후 리 왕조의 불교에 어떠한 메시지를 던졌던 것일까?

1. 황제

리까오똥(Lý Cao Tông, 李高宗, 1175~1210 재위)은 동시대 앙코르 왕국의 군주 자야바르만 7세(Jayavarman VII, 1181~1218 재위)를 모

방한 듯이 자신을 부처로 부르게 했다.[1] 이웃 나라 앙코르 왕국의 불교에서는 군주가 힌두교의 시바(Siva) 신처럼 숭배되고 있었다. 데바라자 의식(devaraja, god-king cult)이 베트남의 군주에게도 영향을 미쳤던 것일까?[2] 야심만만한 군주들은 부처(buddha) 이외에 대승 불교의 다양한 보살(bodhisattva)들을 보면서 자신을 지혜와 자비로 충만한 우월한 존재들(supérieurs) 중의 하나라고 주장하며 군주권을 강화하려고 했을 수도 있다.

초당파 5세였던 리까오똥의 정책에서는 과연 어떠한 유산을 발견할 수 있을까? 1179년 5월에 리까오똥과 친모 도(Đỗ) 태후는 승관(僧官)의 자제가 『반야경(般若經, Kinh Bát Nhã)』을 암송하는 시험을 보도록 했다.[3] 1188년 5월 당시 가뭄이 들었을 때, 리까오똥은 법운사에 가서 직접 기도했고, 이 사원의 불상도 보천사에까지 모셔와서 기도를 계속했다.[4] 1195년 2월에는 황제가 참석한 가운데 대흥문(大興門, Cửa Đại Hưng)에서 광조등회(廣照燈會, Hội Quảng Chiếu Hoa Đăng), 즉 연등회가 열렸다.[5]

그런데 이 과정에서 1179년 10월에 유불도 삼교(三敎, Tam giáo)의 자제(子弟)는 숭장전(崇章殿)에서 고시(古詩) 및 부(賦)를 받아쓰고[辦寫], 시(詩), 경서의 뜻[經義], 계산[運籌] 등에 관한 과목을 시험 쳐야 했다.[6] 이듬해에 황제는 삼교가 궁궐의 관련 비문을 보수하게 했다.[7] 1195년 2월에는 사인들도 처음으로 삼교, 즉 유도석(儒道釋)의 내용으로 시험을 보았고, 합격한 사람들에게는 '출신(出身, xuất thân)'이라는 관직이 부여되었다.[8] 초당파 5세였던 리까오똥의 유불융합 정책이 진행되고 있었음을 알 수 있다.

그런데 1198년 1월에 황제는 태부(太傅) 담지몽(Đàm Dĩ Mông, 譚

以蒙)의 말을 따라 승려들[僧徒/僧人]을 선별하라고 명령했다.[9] 도대체 황제의 조정과 승려들에게 무슨 일이 있었던 것일까? 당시 담지몽은 황제에게 다음과 같이 말했다.

> 바야흐로 이제 승도(僧徒)는 자못 인부[役夫]와 서로 반씩 됩니다[相半]. 스스로 동료 관계[伴侶]를 맺고, 망령되게 사제 관계[師資]를 만들고, 무리를 모아 모여서 뭉쳐 살면서, 더럽고 추한 행동[穢行]을 많이 합니다. 계를 받는 곳[戒場]이나 정사(精舍)에서, 거리낌 없이 공공연하게 술을 마시며 고기를 먹고, 참선하는 방[禪房]과 절[淨院]에서 스스로 간음을 합니다. 낮에는 숨어 있다가 밤에만 길을 다니니, 마치 여우나 쥐와 같아서, 풍속을 해치고 가르침을 해치는 것이, 점점 널리 행해져서 풍속이 되었습니다. 이것을 금하지 않으니, 오래되면 반드시 더욱 심해질 것입니다.

황제가 이 말을 옳다고 생각해서, 담지몽을 시켜 나라의 승도를 소집하여 곡식을 넣어두는 창고[穀倉]에 머물게 했고, 그 이름이 알려진 자를 헤아리니 십수인(數十人)이 승려였다. 나머지는 모두 "손을 검게 물들인" 후에 환속시켰다.[10] 이러한 승려의 타락은 국가의 제재로 이어졌는데, 청정하지 못한 승려들은 다시 속세로 돌아가야 했다.

이후 1202년 8월에 황제는 악공에게 명령하여 참파 악곡(樂曲)을 만들었다. 이 악곡은 점성음(占城音)이라고 불렸다. 그 소리가 근심하고 원망하면서 슬프고 가슴 아파 듣는 자가 눈물을 흘렸다고 한다. 그런데 승부(僧副) 응우엔트엉(Nguyễn Thường, 阮常)이 『시경』의 「서(序)」를 언급하면서 다음과 같이 말했다.[11]

내가 들으니 나라를 어지럽히는 음악인데, 분노하면서 원망한다. 지금 주상(主上)이 무절제하게 이곳저곳에 돌아다니며 놀고 있으니, 조정의 기강은 문란하고, 민심이 날로 떠나고, 슬픈 소리는 사람의 마음을 움직이니, 이것은 패망의 조짐이다.

10월에 리까오똥은 하이타인 행궁에 가서, 점성 음악을 개작한 '점성곡(占城曲)'을 밤마다 들었다. 이 음악의 소리도 역시 구슬프고 애절해서, 좌우 사람들이 듣고 모두 눈물을 흘렸다고 한다.[12]

1198년 조정의 승려 집단 제재가 원인이었을까? 황제의 개인적인 기호에 대한 이 승려의 유교적 비판은 거침없었다. 리 왕조를 지탱했던 황제들과 상가의 협력에 균열이 생기기 시작했고, 국가의 '패망'이 예견되었다.

2. 승려

1) 무언통파

① 응우옌혹(무언통파 제10세)[13]

응우옌혹(Nguyên Học, 願學, ?~1175/1181)은 푸껌(Phù Cầm, 扶琴)[14] 사람이며, 성은 응우옌씨이다. 그는 어렸을 때 밀엄사(密嚴寺, Chùa Mật Nghiêm)[15]의 응우옌찌(Nguyên Trí, 圓智)를 좇아 불법을 배웠다. 응우옌혹은 스승으로부터 종지를 얻은 후에 처음에는 베린산[16]에 은거하며 범행(梵行)[17]을 닦으면서 12년을 보냈다. 그는 선관(禪觀)[18]

에 들 때마다 사흘이 지나서야 깨어났다고 한다.

응우옌혹은 항상 『향해대비다라니(香海大悲陀羅尼)』를 암송했는데, 이 다라니로 병을 치유하고 비를 내리게 하는 데에 효험을 보지 않은 적이 없었다. 리아인똥은 응우옌혹의 신이(神異)한 영험(靈驗)에 감동하여, 그가 궁궐을 마음대로 출입하면서 필요하면 언제나 주문(呪文)을 쓸 수 있도록 하는 조서를 내렸다.

이윽고 응우옌혹은 노환을 구실로 느응우옛 쩐호향의 광보사(廣報寺, Chùa Quảng Báo)로 돌아가 주지를 맡았는데, 그의 문도는 항상 100여 명을 넘었다고 한다. 1175년 6월 입적할 즈음 제자들에게 가르침을 준 후에 가부좌를 튼 채 세상을 떠났다.

② 민찌(무언통파 제10세)[19]

푸껌(Phù Cầm, 扶琴) 사람으로 처음에 티엔찌(Thiền Trí, 禪智)라 불렸던 민찌(Minh Trí, 明智, ?~1196)의 성은 또(Tô, 蘇)씨이다. 총명했던 그는 많은 서적을 두루 읽어서 지혜로웠고, 20세 즈음에 수행자 다오후에를 만나 속세의 인연을 끊고 승려가 되었다. 민찌가 강설을 통해 꾸준히 가르침을 베풀었기 때문에, 리까오똥은 그에게 '민찌(明智)'라는 시호를 내렸다.

1196년 민찌는 디엔라인(Điền Lãnh, 典冷)의 복성사에서 조용히 세상을 떠났다.

③ 띤저이(무언통파 제10세)[20]

1173년 10월 바오작이 입적하기 전에 "태어나고 늙고 병들고 죽는 것은 이 세상의 정한 이치이니, 어찌 나 홀로 피할 수 있겠느냐?"

라고 띤저이(Tịnh Giới, 淨戒, ?~1207)에게 말했다. 그리고 나서 스승은 인가(印可)의 증표로 법구(法具)를 제자에게 넘겨주었다. 이때부터 띤저이는 곳곳을 돌아다니며 교화를 펼쳤다. 이후 그는 응에안부[21] 비린(Bí Linh, 秘靈)산의 국청사에 머무르며 6년간 모든 외출을 금한 채 두타행만을 닦았으며, "용을 항복시키고 호랑이를 굴복시키는" 등 신과 같은 능력을 보였다고 한다. 이 지역의 목사(牧使)인 팜뜨(Phạm Từ, 范慈)는 띤저이의 높은 덕에 감화되어 예를 다하여 받들었으며, 큰 종을 주조하여 산문에 둘 것을 청하기도 했다.

1177년 여름에 가뭄이 들자, 리까오똥은 조서를 내려 천하의 명승들을 수도로 불러 기우제를 지내게 했지만, 아무런 효험이 없었다. 그러자 평소부터 띤저이의 명성을 들었던 황제는 사신을 보내 그를 탕롱의 보천사로 불러들였다. 깊은 밤, 띤저이가 뜰에 서서 향을 피우니, 곧이어 하늘에서 비가 내렸다고 한다. 이 일을 계기로, 리까오똥은 띤저이를 더욱 공경하고 총애했으며, 항상 '우사(雨師)'라 부르게 되었다. 또한 황제는 그를 편전(便殿)으로 불러들여 법의 요체에 대해 물으며 매우 후하게 상을 내리곤 했다.

세속에는 다음과 같이 전한다. 띤저이가 젊어서 출가할 때 관아에 세금을 내지 못한 상태였는데, 누이 쭈(Chu, 朱)씨가 해마다 대신 세금을 내주었다고 한다. 그는 누이에게 신세 진 것을 매번 생각했지만 갚을 길이 없었는데, 이때 조정에서 기우제를 지낸다는 조서를 내렸다는 말을 들었다. 띤저이는 누이의 집에 가서 후원 깊은 곳에 도량과 못을 파두도록 말해두었다. 밤이 이슥해졌을 때 그는 향을 피우고 기도했는데, 잠시 후 비가 내렸다고 한다. 집안사람들은 조정에 이 기이한 일을 아뢰었고, 리까오똥은 매우 기뻐하며 사신을 보내 띤저이를 탕롱의 보천사로 맞아들여서 선사를 승적(僧籍)에 올렸다.

비를 내리게 하는 띤저이의 능력은 이후 광성사(廣聖寺, Chùa Quảng Thánh)에서도 확인되었고, 그가 주조한 종이 13세기 후반에도 남아 있었다고 한다. 국청사로 되돌아온 띤저이는 제자들을 받아들이고 가르침을 베풀었다. 1207년 7월 그는 가부좌를 튼 채 세상을 떠났다.[22]

③ 꽝응이엠(무언통파 제11세)[23]

단풍 사람 꽝응이엠(Quảng Nghiêm, 廣嚴, 1122~1190)의 성은 응우옌(阮)씨이다. 그는 어려서 부모를 여의고 외숙인 바오냑(Bảo Nhạc, 寶嶽)을 따라 배우면서 발심(發心)했다. 외숙이 죽은 후에는 사방으로 돌아다니며 도를 닦으며 선굴(禪窟)[24]을 두루 찾아다녔다. 꽝응이엠은 찌티엔(Trí Thiền, 智禪)[25]이 디엔라인 복성사에서 교화를 펴고 있다는 소문을 듣고 달려가 그에게 몸을 의탁했다.

깨달음을 얻은 꽝응이엠은 처음에는 씨에우로아이(Siêu Loại, 超類)의 성은사(聖恩寺, Chùa Thánh Ân)에 가서 머물렀다. 그에 대해 듣고 존경하게 된 병부상서(兵部尙書) 풍장뜨엉(Phùng Giáng Tường, 馮降祥)이 그를 이 절로 모셨기 때문이다. 꽝응이엠은 이곳에서 선의 종지를 널리 전했다.

꽝응이엠은 1190년 2월 15일 단풍현 쯔엉까인(Trương Canh, 張耕)의 쭝투이(Trung Thụy, 中瑞) 마을에 있는 정과사(淨果寺, Chùa Tịnh Quả)에서 69세의 나이로 세상을 떠났다. 풍공(公)이 다비하고 탑을 세워 사리를 안치했다.

④ 트엉찌에우(무언통파 제12세)[26]

트엉찌에우(Thường Chiếu, 常照, ?~1203)는 푸닌향[27] 사람이며,
성은 팜(范, Phạm)씨이다. 리까오똥 시기에 벼슬하여 광자궁(廣慈
宮, Cung Quảng Từ)의 영도조(슈都曹)를 역임했다. 후에 관직을 버
리고 출세간의 법을 구했다. 트엉찌에우는 정과사의 꽝응이엠으로
부터 직접 그 종지를 얻었다.

트엉찌에우는 여러 해 동안 스승을 모신 후, 이윽고 옹막(Ông
Mạc, 翁莫)[28]의 방고사(坊古寺, Chùa Phường Cổ)에 머물면서 불법의
요지(要旨)를 널리 폈다. 그 후, 다시 옮겨 티엔득부의 육조사에 머
물렀는데, 문도들이 날마다 늘었다.

1203년 9월 가슴에 통증을 느낀 그는 대중을 불러 모아 게송을
다 읊은 후, 가부좌를 튼 채 세상을 떠났다. 턴응이(Thần Nghi, 神儀)
등 제자들이 다비했고, 거둔 사리는 탑을 세워 그 속에 안치했다.

리까오똥 시기에는 무언통파 승려와 비니다류지파 승려 이외에
서역 출신의 승려에 관한 일화도 등장한다. 1187년 4월 혹은 가을
에 "서역(西域)의 승려"가 조정을 방문했다. 황제가 어떠한 재능이
있는지 물으니, "호랑이와 대치해서 굴복시킬 수 있습니다"라고 말
했다. 이에 리까오똥은 기후봉어(祇侯奉御, Chi Hậu Phụng Ngự) 레
낭쯔엉(Lê Năng Trường, 黎能長)을 통해 이 승려를 관사에 머물게 했
고, 호랑이를 잡아 오게 해서 그 재주를 시험하고자 했다. 열흘 남
짓 지나자, 승려는 기후봉어에게 "호랑이를 굴복시킬 수 있습니다"
라고 말했다. 레낭쯔엉이 이 일을 황제에게 알리자, 리까오똥은 영
평각(永平閣, Gác Vĩnh Bình)에 우리를 지으라고 명했고, (우리가 완
성되자) 승려를 그 우리에 들어가게 했다. 서역의 승려는 이제 도교

의 의례 방식으로 걸으며[禹步] 주문을 외우면서 호랑이 앞으로 나아가 막대기로 그 머리를 두드리니, 호랑이가 맞서서 그 막대기를 낚아챘다. 승려가 "어떤 악인이 신의 주술을 없애버렸으니, 다시 부처의 힘을 빌리기 위해 기도[加持]한 연후에 다시 행하기를 청합니다"라고 황제에게 아뢰었다. 그러자 황제가 그 청을 받아들였고, 승려는 기도하기 시작했다. 기도한 지 오래되자, 리까오똥은 그의 재주를 끝까지 밝혀내고자 했다. 어느 날 황제가 승려에게 다시 우리에 들어가라고 명했는데, 호랑이는 거리낌 없이 함부로 날뛰고 있었다. 승려가 몹시 두려워해서 뒤로 물러나며 어찌할 바를 모르다가, 결국은 우리에서 죽고 말았다.[29] 이처럼, 서역에서 찾아온 승려는 자신의 능력을 입증하지 못한 상태로 불행한 종말을 맞고 말았다.[30]

3. 사원

1179년 5월에 진교사(眞敎寺, Chùa Chân Giáo)가 증수(增修)되었다. 리까오똥은 이 사원을 리아인똥의 기제사를 지내는 곳으로 결정했다.[31] 나라에서는 여러 기숙(耆宿)과 고덕(高德)이 경찬(慶讚)[32]에 참석하게 했다.[33] 당시 띤저이 또한 진교사의 경찬에 참석하라는 조서에 응하여 대궐에 들어가 소각(霄閣)에 머물고 있었다. 그때, 장맛비가 억수같이 쏟아져 내려 모든 길이 빗물에 잠겼는데, 이러한 기후는 무엇보다도 가을걷이에 해로웠다. 띤저이가 비가 개도록 기원하는 법회에서 기도했더니, 이레 만에 비가 정상적으로 내리기 시작했다고 한다. 그 후 다시 고향으로 돌아간 띤저이는 광성사(廣聖寺, Chùa Quảng Thánh)를 중수할 때 보시를 받아서 큰 종을 주조했다.

1183년 봄에 곤충이 이림사(二林寺, Chùa Nhi Lâm)에 보금자리를 만들었는데, 나무 색이 금은과 같았다고 한다.[34] 그래서인지 1194년 7월에는 금은으로 바른 범왕상(梵王像, tượng Phạn Vương)과 제석상(帝釋像, tượng Đế Thích)이 이사(二寺, Chùa Nhi)에 안치되었다.[35]

1206년 5월에는 성훈사(聖勳寺, Chùa Thánh Huân)가 조성되었고, 10월에는 진교사가 중수되었다.[36]

4. 경전

민찌는 『원각경(圓覺經)』, 『인왕경(仁王經)』,[37] 『법화경(法華經)』 등의 종지를 깨치면서 불교의 현묘한 요체를 체득했다.[38]

설두의 어록도 여전히 인기가 있었던 것 같다. 예를 들면, 꽝응이엠이 설두(雪竇)의 법문에 대한 민찌의 강의를 듣고 있다가,[39] "도오(道吾)와 점원(漸源), 두 존숙(尊宿)이 상가(喪家)에 가서 태어남과 죽음에 대해 이야기를 나누었다"는 부분에 이르렀을 때, 꽝응이엠은 깨친 바가 있었다고 한다.[40] 이렇게 초당파의 영향은 지속되었다.

꽝응이엠의 입실 제자 트엉찌에우가 『금강경(金剛經)』을 인용하며 물었다.[41]

트엉찌에우: '여래가 얻은 바의 법은 실하지도 않으며 허하지도 아니하리라'[42]고 하는데, 이 법은 무엇입니까?"

꽝응이엠: 너는 여래를 비방하지 마라.

트엉찌에우: 스승이시여! 경전을 비방하지 마십시오.

꽝응이엠: 누가 이 경전을 설했느냐?

트엉찌에우: 스승이시여! 저를 놀리지 마십시오. 부처가 설하지 않았습니까?

꽝응이엠: 만약 부처가 설한 거라면, 어찌하여 경전 가운데에 '만약 여래가 설할 바의 법을 가지고 있다고 말한다면, 이는 부처를 비방하는 것이다'[43]는 말이 있겠느냐?"

트엉찌에우는 대답하지 못했다.

변재의 『조대록(照對錄)』은 제12세 승려 트엉찌에우(1203년 입적)에게 전해졌는데, 그는 이 텍스트를 정성 들여서 『남종사법도(南宗四法圖, Nam Tông Tự Pháp Đồ)』(현존하지 않음)[44]로 만들었다. 『선원집영(禪苑集英)』은 여기에서 '남종'은 중국의 '북종선'과 '남종선' 가운데 '남종선'이 아니라, '베트남'의 선종을 가리키는 것으로 설명한다.[45] 이 책에는 베트남의 다양한 불교 종파들과 세대들을 소개하는 도표가 있었다고 한다.[46]

1179년 5월에 리까오똥과 친모 도 태후는 승관(僧官)의 자제가 『반야경(般若經)』을 암송하는 시험을 보도록 했다. 무언통파 승려 띤저이와 응우옌혹은 비니다류지파의 승려들처럼 신통력을 발휘해서 우사(雨師)로서의 능력을 발휘하거나 병자를 치료했다. 무언통파의 밀교적 성격이 두드러졌음을 알 수 있다. 아울러, 환속한 승려들이 많아서인지 비니다류지파의 활동은 포착되지 않는다. 이러한 상황에서, 리까오똥 말기에 청정하지 못한 승려들의 타락은 불교 세력의 지지로 창건되어 발전한 리 왕조의 몰락을 암시하고 있었다.

실제로 1210년 1월에는 지진이 발생하여 탕롱성 밖 승엄사의 땅이 갈라졌고, 같은 해 10월에는 리까오똥이 세상을 떠났다.[47] 그러면 이후 리 왕조가 멸망해 가던 후에똥과 찌에우호앙 시기에 불교는 어떠한 상황에 놓이게 되었을까?

11장

승려가 된 황제: 리후에똥 시기(1210~1224)와 리찌에우호앙 시기(1224~1225)

리까오똥 말기의 내란 상황은 리후에똥 시기까지 이어졌다. 힘을 잃어버린 리후에똥 시기의 불교는 어떠한 모습으로 남게 되었을까? 리찌에우호앙에게 선양하고 상황이 된 리후에똥는 무슨 연유로 베트남 역사상 첫 번째로 출가한 황제로 기억되고 있는 것일까? 그리고 정계와 사회에서 사라진 승려들은 나라의 멸망을 지켜보며 과연 어떠한 자각을 하고 있었을까? 아울러, 새로운 현실에 직면하게 된 사원의 역할은 어떻게 변해가고 있었을까?

1. 황제

제8대 황제 리후에똥(Lý Huệ Tông, 李惠宗, 1211~1224)은 리까오똥과 담씨 황후의 적장자였고, 1208년 1월 15세에 태자가 되었다.[1] 그런데 1208년 말 리 왕조는 응에안, 쾨이쩌우(Khoái Châu, 快州),

당쩌우(Đằng Châu, 藤州) 등 지방 세력의 반란으로 타격을 입으면서, 국내의 혼란이 시작되었다.

1209년 7월의 내란으로 황실은 피란을 가는데, 리까오똥은 꾸이호아(Quy Hóa, 歸化)로, 태자 쌈(Sảm, 旵)은 하이업(Hải Ấp, 海邑)으로 달아났다. 태자는 피신해 있는 동안 현지 세력가 쩐리[Trần Lý, 陳李, 혹은 쩐응우옌또(Trần Nguyên Tố, 陳元祖), 1151~1210]의 집에 머물렀는데, 이 인연으로 그의 딸, 즉 쩐티중(Trần Thị Dung)을 부인으로 맞아들였고, 쩐리와 그의 형에게 관직을 주었다. 쩐씨 형제가 군대를 이끌고 탕롱을 탈환할 때, 쩐리는 전사했고, 리까오똥은 다시 수도로 돌아왔다.[2]

1210년 초 리까오똥은 병이 심해지자 사람을 보내 태자 쌈을 수도로 데려왔다. 태자가 귀경한 지 1년 후인 10월의 어느 날, 여전히 건강이 좋지 않아 병석에 누워 있던 황제는 "푸른 옷을 입고 지팡이를 든 두 사람"이 옆에 서 있는 모습을 본 후에, 이날 밤 승수전(勝壽殿)에서 37세의 나이로 사망했다.[3] 그 후에 리후에똥이 제위에 올라 어머니 담씨의 영향을 받으며 정치를 했다. 황제는 피란 중 결혼한 쩐씨를 황후로 맞아들이려 했으나, 황태후가 그녀를 몹시 싫어하여 반대했기 때문에 한동안 뜻을 이루지 못했다.

리후에똥은 쩐리의 자식들, 쩐트어[Trần Thừa, 陳承, 이후 쩐타이또(Trần Thái Tổ, 陳太祖), 1184~1234]나 쩐뜨카인(Trần Tự Khánh, 陳嗣慶, 1175~1224) 등과 같은 쩐씨 세력에게 의존하고 싶지 않았다. 1212년 2월에 관군이 응우옌꾸옥(Nguyễn Cuộc, 阮局) 등과 같은 지방 세력과 대결했지만, 패배했다. 이에 황제는 랑쩌우로 가버렸다. 이 과정에서 리까오똥과 황태후는 성의궁(聖儀宮, Cung Thánh Nghi)

으로 거처를 옮겼고, 불상 앞에서 다음과 같이 맹세했다.

> 짐은 덕이 박해서, 나라를 욕되게 하면서 난리를 만났다. 이제 전세
> (前世)에 지은 선악의 업에 떨어지고 있으니, 임금의 수레가 누차 도
> 성을 떠나 피란하는 지경에 이르렀다. 이제 천자의 자리를 현명하고
> 덕이 있는 사람에게 양위하고자 한다.

이 말이 끝나자, 황제는 칼을 꺼내어 그 머리털을 자르고자 했다.
쩐뜨카인과 신하들이 모두 "머리를 조아리며 피를 흘리자[叩頭流
血]", 리후에똥이 그만두었다. 이러한 쩐뜨카인의 압력으로 황제는
환궁하고 말았다.[4] 이처럼, 황제의 입에서 '선양(禪讓)'이 언급되고
있었고, 이제 불상은 권력에 간접적으로 소심하게 저항하는 수단이
자 최후의 피신처가 되었다.

쩐씨의 세력이 강해졌다고 판단한 황제는 태후 담씨와 주변의 몇
몇 신하와 함께 쩐씨를 제거하고자 했다. 1213년 초 태후는 푸락
(Phù Lạc) 및 박장의 장군들과 쩐뜨카인을 협공하기로 약속했다. 그
러나 이 소식은 들은 쩐뜨카인의 반격으로 작전은 실패하고 말았
다. 리후에똥도 태사 담지몽과 함께 홍쩌우 군대로 쩐뜨카인을 공
격하기로 했지만, 쩐트어와 쩐뜨카인의 사촌 동생 쩐투도(Trần Thủ
Độ, 陳守度)의 군대를 만난 관군은 괴멸되었다. 세력을 잃은 리후에
똥은 이때 랑쩌우로 달아났다. 탕롱을 점령한 쩐뜨카인은 후에 리
후에똥을 환궁시키려 했지만, 황제가 거부했다. 쩐뜨카인은 1214년
3월에 리아인똥의 후손 혜문왕(惠文王, Huệ Văn Vương)을 새로운 황
제로 세웠다.[5]

원래 쩐뜨카인의 휘하에 있다가 반기를 든 응우옌논(Nguyễn Nộn, 阮嫩, 1160~1229)은 탕롱에서 그의 군대와 전투를 벌였고, 남싸익에서 수도로 돌아온 리후에똥과 태후도 새로운 도전자를 지지했다. 이때부터 새로운 국면이 조성되었는데, 국내의 북쪽에서는 응우옌논이, 동쪽에서는 도안트엉(Đoàn Thượng, 段尙)이, 남쪽에서는 쩐뜨카인 등이 할거했기 때문에 혼란한 상황이 지속되었다.

그런데 1216년부터 정세에 변화가 생기기 시작했다. 1216년 봄 리후에똥은 태후의 미움을 받아 임금을 모시는 궁녀, 즉 '어녀(御女)'로 강등되었던 쩐티중을 다시 순정(順貞, Thuận Trinh) 부인에 봉했다. 그러나 태후는 이 부인의 오빠 쩐뜨카인이 "두 마음을 품고 바른길을 좇지 아니하므로", 그녀를 '도둑 떼[賊黨]'로 자주 지목하여 제거하라고 황제에게 명했고, 그녀에게 사람을 보내어 "자결하라"는 말도 전했다. 하지만 리후에똥이 알고 막았다. 그리고 태후가 부인의 음식에 독을 넣었기 때문에, 황제는 식사할 때마다 부인에게 반을 나누어 주었고, 언제나 곁을 떠나지 못하게 했다. 태후가 다시 사람을 시켜 전달한 독배를 부인이 마시게 하니, 리후에똥이 제지했다. 결국, 황제는 밤에 몰래 쩐뜨카인의 군대로 갔고, 다음 날 안지엔(An Diên, 安沿)현에 있던 장군들의 도움으로 끄우리엔(Cửu Liên, 宪連)[6]에 가서 쩐뜨카인더러 이제 조정에 들어와서 자신을 도우라고 선언했다.[7] 쩐씨 세력이 공식적으로 조정의 정치 무대에 등장하게 되는 순간이었다.

결국, 1216년 12월에 순정 부인 쩐티중은 황후에 봉해졌다. 쩐씨 세력의 쩐뜨카인은 태위보정(太尉輔政)이 되었고, 그의 형 쩐트어는 내시판수(內侍判首)를 맡았고, 쩐뜨카인의 장남 쩐하이는 왕작(王爵)

에 봉해졌고, 쩐트어의 장남 쩐리에우는 관내후(關內侯)가 되었다. 아울러 쩐뜨카인의 군대도 보강되어, 세력이 점점 강해졌다.[8]

더군다나 당시 중풍에 걸려서 회복하지 못한 황제는 이듬해 3월에 점점 '발광(發狂)'하기 시작했다.

> 리후에똥은 자신이 하늘에서 내려온 천장(天將, Thiên Tướng)이라고 하면서, 아침 일찍부터 오후까지 손에는 방패를 들고 머리에는 작은 깃발을 꽂고 계속 놀면서 춤추었고, 다시 땀이 나면 술을 마시고 오래 잠들었다가, 다음 날이 되어서야 깨어났다. 그래서 정사(政事)가 결정되지 않았고, 천하의 일은 쩐뜨카인에게 위임되어 대권(大權)이 점점 옮겨지게 되었다.[9]

이제 쩐뜨카인은 황실을 지원한 지방의 할거 세력들을 진압하는 데 착수했는데, 1217년 4월에 실행에 옮겼다. 박장의 응우옌논, 홍 지역의 도안트엉 등이 첫 번째 대상이었다.[10] 1220~1223년 동안에는 꾸이호아, 트엉응우옌(Thượng Nguyên, 上源), 땀다이(Tam Đái, 三帶)강, 몽싸익(Mông Sách, 蒙柵) 등을 평정했다.[11] 1223년 12월 쩐뜨카인이 죽자 권력은 그의 형 쩐트어에게 잠시 넘어갔는데, 1224년 봄 쩐트어는 보국태위(輔國太尉)가 되었다.[12]

1224년 황제의 병은 점점 심해졌는데, 오래 치료해도 효험이 없었다.[13] 그런데 리후에똥에게는 아들이 없었고, 딸만 둘 있었다. 장녀는 투언티엔(Thuận Thiên, 順天) 공주였고, 차녀는 찌에우타인(Chiêu Thánh, 昭聖) 공주, 즉 펏낌이었다. 투언티엔은 쩐트어의 장남 쩐리에우(Trần Liễu, 陳柳)에게 이미 시집갔고, 황제는 둘째를 매우 아꼈다고 한다. 그래서 1224년 10월 재위 14년 만에 찌에우타인 공주에게 왕위를 넘겨주었다. 이렇게 공주는 7세의 나이로 찌에우호 앙(Chiêu Hoàng, 昭皇) 황제로 즉위하게 되었다.[14] 이제 상황은 출가 하여 탕롱성 내의 진교(선)사[眞敎(禪)寺, Chùa Chân Giáo (Thiền)]로 옮겨서 머물렀고, 후에꽝(Huệ Quang, 惠光) 대사가 되었다.[15]

1224년 10월 이후에 쩐투도[16]는 전전지휘사(殿前指揮使, Điện tiền Chỉ huy sứ)가 되어 전전(殿前)의 군대를 거느리고 궁정의 정원을 호 위하며 모든 정사를 듣고 재결(裁決)했다.[17] 이렇게 쩐투도는 금군 을 장악하고 권력을 잡았다. 그런데 1224년 12월에 외채(外寨) 펏떡 산이 30장(90m) 정도나 갈라지는 일이 발생했다.[18] 이후에 어떤 일 이 벌어질 전조였을까?

쩐투도는 당질인 8세의 쩐까인(Trần Cảnh, 陳煚)과 찌에우호앙을 결혼시켰고, 1225년 10월 21일에는 황제가 제위를 쩐까인에게 물 려주는 조칙을 내리도록 했다.[19] 1225년 12월 1일에 쩐까인이 임금 의 자리를 물려받으며 천안전(天安殿, Điện Thiên An)에서 즉위했고, 순정 황후는 태후가 되었고, 찌에우브엉은 찌에우타인 왕후가 되었 다. 리 상황[太上王]은 그 어머니 담 태후와 함께 궁을 나와서 부열 사(扶列寺, Chùa Phù Liệt)에 거처했고, 후에꽝 선사로 불리게 되었 다.[20] 이렇게 해서 8명의 황제를 거치며 216년 동안 존속한 베트남 최초의 장기 왕조는 종말을 고했다.

어느 날 리 상황이 진교사[21] 앞에 앉아서 풀을 뽑고 있었다. 쩐투 도가 지나가다 이 모습을 보고, "풀을 뽑을 때에는, 깊은 뿌리를 뽑 아야 합니다"라고 하니, 상황이 일어나서 손을 치켜 올리며 "네가 말한 바를, 나는 알고 있다"라고 말했다. 이후에 상황이 동시(東市,

Chợ Cửa Đông)에 나가서 노닐다가, 백성이 싸우는 광경을 보았는데, 상황을 알아보며 통곡하는 자가 있었다고 한다. 쩐투도는 인심이 옛 자취를 돌이켜 생각하여 변고가 생길까 염려해서, 더욱 비밀스럽게 상황의 동태를 살폈고, 결국 불전에 올리는 꽃과 향을 갖추어 오라고 명령하면서, "상보(尙父)[22]가 청이 있습니다"라고 상황에게 말을 걸었다. 리 상황이 성내며, "나는 통경(誦經)을 끝내면, 응당 자결할 것이다"라고 대꾸했다. 그러고는 침방에 들어와 기원하면서, "내 집안의 천하는 이미 너를 위해 있는데, 다시 나에게 해를 끼치는 것이니, 후일에 너의 자손 역시 응당 이와 같을 것이다"라고 말했다. 리 상황은 사원 후원에서 스스로 목을 매어 죽었다. 쩐투도는 백관(百官)이 조문하라고 명했고, 성 남벽(南壁)을 뚫어서 문(門)으로 삼고, 관(柩)을 안호아(An Hoa, 安花)프엉으로 옮겨서 화장하여 그 뼈를 안호아(An Hoa, 安華)부의 보광사(寶光寺, Chùa Bảo Quang) 탑에 모셨다. 1226년에 폐위된 33세의 리 상황은 8월에 쩐투도의 찬탈 과정에서 이렇게 절에서 자살을 강요받아 시해되었다.[23]

그런데 리 상황, 즉 후에꽝 선사의 기원은 리 왕조의 뒤를 이은 쩐 왕조가 존속한 170년 이후에 어떻게 되었을까? 1398년에 대신(大臣) 호꾸이리(Hồ Quý Ly, 胡季犛)는 황제 쩐투언똥(Trần Thuận Tông, 陳順宗)이 아들 쩐티에우데(Trần Thiếu Đế, 陳少帝)에게 황위(皇位)를 양위하고 도교 수행을 하도록 했다. 쩐투도가 리후에똥에게 자살을 강요한 것처럼, 1400년에 즉위한 이후에 호꾸이리는 투언똥(Thuận Tông)에게도 스스로 목숨을 끊도록 강제로 요구했던 것이다.

2. 승려

① 턴응이(무언통파 제13세)[24]

턴응이(Thần Nghi, 神儀, ?~1216) 선사는 변방 사람으로, 성은 꾸아익(郭)씨이다. 그의 집안은 대대로 범행(梵行)을 닦았다. 그가 처음으로 머리를 깎았을 때, 육조사의 트엉찌에우를 스승으로 섬겼다. 낌바이(Kim Bài, 金牌)[25] 티쭝(Thị Trung, 侍中)향의 승광사(勝光寺, Chùa Thắng Quang)에 있던 그는 1216년 2월에 입적했다.

② 히엔꽝(무언통파 제14세)[26]

옌뜨(Yên Tử, 安子)산의 히엔꽝(Hiện Quang, 現光, ?~1221)은 탕롱 사람으로 이름은 레투언(Lê Thuần, 黎純)이었다. 그의 목소리는 부드러웠고 외모도 아름다웠다고 한다. 히엔꽝은 어려서 부모를 여의고 고생을 많이 했다. 11세 때에 육조사의 트엉찌에우가 그를 보자마자 데리고 가서 제자로 삼았다. 히엔꽝은 묻고 배우는 것이 남보다 뛰어났으며, 매일 1만 자를 독송했다. 10년이 채 지나지 않아, 삼학(三學)을 두루 꿰뚫게 되었다. 그러나 선의 종지를 아직 완전히 궁구(窮究)하지 못했을 때, 스승 트엉찌에우가 갑자기 입적했다.

이후 히엔꽝은 누군가와 마음의 요체[心要]에 대해 논란을 벌이면, 이기지 못했다. 그럴 때마다 그는 항상 자신을 꾸짖으며 이렇게 말했다.

> 부모가 살아 계실 때에 교만과 사치가 이를 데 없다가, 돌아가시자 홀로 되어 어찌할 줄 모르고, 또 집 안에 보배가 어디에 있는지도 모르

는구나. 지금의 나는 끝내 궁핍한 지경에 이르게 된, 부잣집 자식과 같구나.[27]

히엔꽝은 총림을 두루 돌아다니며 스승을 찾아다녔는데, 성과사(聖果寺, Chùa Thánh Quả)의 찌통(Trí Thông, 智通)을 만나 스승으로 모시게 되었다. 그 후, 히엔꽝이 리아인똥의 딸 화양(華陽) 공주[28]로부터 보시를 받았다는 비방이 들끓었을 때, 이 비방을 전해 듣고 다음과 같이 말했다.

대저 세속에 매인 자는 반드시 욕을 먹기 마련인데, 이제 내 자신을 돌아보니 그렇게 되었구나! 게다가 보살의 길은 넓고 부처의 가르침은 헤아릴 수 없으니, 중용(中庸)의 선비는 더더욱 슬프고 괴롭구나. 그러니 만약 내가 깊이 반성하지 않고 인욕(忍辱)을 갑옷과 투구로, 용맹 정진을 창과 방패로 삼지 않는다면, 어떻게 마군(魔軍)을 공격하고 번뇌를 깨뜨려서 위 없는 보리[無上菩提]를 얻을 수 있겠는가?

히엔꽝은 곧장 응우옌쯩(Uyên Trừng, 淵澄)산으로 달려가 팝저이(Pháp Giới, 法界) 선사로부터 구족계를 받았다.

어느 날, 시자(侍者)가 쌀을 들고 가다 잘못하여 땅에 엎질렀다. 시자가 놀라서 황급히 주워 담으려 하였으나, 쌀은 이미 흙과 뒤범벅이 되어버렸다. 이 모습을 지켜본 히엔꽝은 스스로 뉘우치며, "내가 살면서 다른 사람에게 이익을 주지도 못하면서 헛되이 공양만 받다가 이 지경에 이르렀구나!"라고 말했다. 이때부터 그는 나뭇잎으로 옷을 해 입고, 먹는 것도 잊으면서 10여 년을 지냈다.

후에 히엔꽝은 암자를 지어 노년을 보낼 생각으로 뜨썬에 들어가서, 초가집을 엮어서 살았다. 그는 숲속을 산책할 때면 반드시 주장자에 포대 하나를 걸치고 다녔다. 이르는 곳마다 앉거나 누웠는데, "이 모습을 본 들짐승들은 저절로 길들여졌다"고 한다.

리후에똥은 그의 높은 자취를 흠모하여 여러 차례 예를 갖추어 맞으려 했다. 그러나 히엔꽝은 몸을 숨기고 시자를 내세워 사자(使者)에게 이렇게 말하도록 했다.

> 빈도(貧道)는 왕의 땅에서 태어나 왕의 녹을 먹으면서 이 산에 암자를 짓고 오래도록 부처를 받들었습니다. 하지만 이룬 공덕이 없어 심히 부끄럽고 송구할 따름입니다. 제가 폐하를 뵙더라도, 나라를 다스림에 아무런 도움이 되지 못할 뿐 아니라, 중생들로부터도 비방을 들을 것이옵니다. 더구나 지금 불법이 융성하고 있고, 불교의 빼어난 스님네들이 이미 궁궐에 모여 있사옵니다. 생각해 보시옵소서. 산속에서 불도를 닦으며 살고 있는 이 누추한 일개 미천한 승려가 어찌 그곳에 갈 수 있겠사옵니까?

그 후로 히엔꽝은 결코 산을 내려오지 않았다. 어떤 승려가 "화상께서는 이 산에 오신 후로 무엇을 하셨습니까?"라고 물었다. 히엔꽝은 "어찌 허유(許由)[29]의 덕에 비할 것이며, 몇 번의 봄을 보냈는지 또 어찌 알겠나? 무위(無爲)로써 허허벌판에 살며 소요(逍遙)하는 자재인(自在人)일 뿐이로다"라고 답했다.

1221년 봄 히엔꽝은 편안하게 세상을 떠났다. 문인 도원(道圓)이 장례 준비를 다 갖추고 뜨썬산 속의 동굴에서 장사 지냈다.

3. 사원

탕롱의 금련사(金蓮寺, Chùa Kim Liên)나 선복사[仙福寺, Chùa Phúc Tự, 혹은 바나인 사원(Chùa Bà Nành)] 등의 경우[30]를 제외하면, 국내의 혼란이 만연한 리후에똥 시기에 새로운 사원을 조성하거나 기존의 사원을 중수하는 활동은 거의 보이지 않는다. 대신에 사원의 역할과 기능에 새로운 변화가 일어나고 있었던 듯하다. 특히 응우옌논을 둘러싼 사원의 성격은 주목할 만하다.

응우옌논(Nguyễn Nộn, 阮嫩)[31]은 박장의 동끄우(Đông Cứu, 東究)와 홍(Hồng, 烘) 지역이 접경하고 있어서 홍 출신 사람들이 엄습할

그림 11-1 금련사(金蓮寺)

경우를 염려했고, 공격을 받았을 때 구하러 가도 제때에 도착하지 못하는 일도 생겼다. 그 때문에 그는 군졸들에게 주의를 주면서, "홍 사람들을 보면, 사원들의 종을 쳐서 위급한 상황을 알려라. 그러면 내가 이 소리를 듣고 와서 구하겠다"고 말했다. 1214년 3월에 홍 지역의 도안뉴옌(Đoàn Nhuyễn, 段軟)은 정려사가 있던 동끄우산을 공격했다. 방어 준비를 하지 못했던 이곳 사람들은 도안뉴옌의 대군(大軍)이 밀려온다고 생각했고, 결국 궤멸되었다. "평소에 날래고 사나웠던" 도안뉴옌은 이 승리로 더욱 교만해졌고, 집을 불사르며 닭과 개를 거의 모두 죽이고 약탈했다. 도안뉴옌은 갑옷을 벗고 산사(山寺)에 올라 종을 치는 것으로 낙을 삼았다. 당시 여러 사원을 지키던 경비병들도 모두 종을 쳤는데, 응우옌논도 이 종소리를 자신의 부하들이 친 종소리로 듣고 역공하면서 도안뉴옌 등을 죽였다. 승기를 잡은 응우옌논은 패잔병들을 추격하다가, 법교(法橋, Pháp Kiều) 아래에 매복해 있던 홍 지역의 사람 도안응이(Đoàn Nghi, 段宜)의 창으로 공격을 받았다. 이 창이 쇠붙이를 겉에 붙여 지은 갑옷을 뚫어 응우옌논은 등에 상처를 입고 후퇴해야 했다. 원래 응우옌논이 예상했던 작전과는 달리, 도안뉴옌의 병사들이 울린 사원의 종소리가 패배를 초래한 것이다.[32] 13세기 초반에 국내가 혼란한 상황에서, 동끄우의 사원들[33]은 군인들도 머무르며 군사 작전을 수행하는 공간으로 변하고 있었다.

응우옌논과 관련된 다음의 일화도 흥미롭다. 부동사(扶董寺, Chùa Phù Đổng)에 거사(居士)로 있던 응우옌논은 황금과 벽옥(碧玉)을 얻었지만, 조정에 바치지 않았다고 한다. 그 일로 1218년 8월 조정은 그를 잡아 오라는 명령을 내렸다. 10월에 꽝오아이(Quảng

Oai, 廣威)주에서 오랑캐[蠻]가 일으킨 반란을 토벌하러 나섰다가 실패한 쩐뜨카인은 1219년 2월에 응우옌논이 종군(從軍)하여 적을 토벌하여 속죄할 기회를 주자고 청했다.[34] 6월에 조정의 응우옌논 공격이 실패로 끝나자, 쩐뜨카인의 요청을 받아들인 황제는 10월에 응우옌논이 군대를 이끌고 오랑캐 꽝우이(Quảng Uy, 廣威)를 토벌하게 했다. 1220년 3월 응우옌논이 푸동향에 의지하며 회도왕(懷道王, Hoài Đạo Vương)을 칭했는데, 리후에똥에게 글을 올려 칭신(稱臣)했고, 난적(亂賊)을 평정하기를 청하며 속죄했다. 황제는 사람을 보내 조서를 전달하며 훈유(訓諭)를 백성(百姓)들에게 널리 공포했지만, 중풍으로 이 지역을 제어할 수는 없었다.[35] 어떠한 연유인지는 구체적으로 알려져 있지 않지만, 푸동향 부동사의 거사로 행사하던 응우옌논은 사원과 이 사원이 위치한 마을을 중심으로 자신의 활동 근거지를 구축할 수 있었던 것으로 볼 수 있다.

4. 경전

1203년 트엉찌에우가 입적할 즈음에, 제자 턴응이가 말했다.[36]

제가 스승을 섬긴 지 여러 해 되었습니다만, 이 도를 처음 전한 사람이 누구인지 모르고 있습니다. 부디 전법의 세계(世系)를 알려주시어, 제가 그 근원을 알도록 해주십시오.

스승 트엉찌에우는 제자 턴응이가 간절하게 청하는 것을 가상히 여겨, 통비엔의『조대본(照對本)』및 종파에 따라 법의 계통을 분석한『남종사법도(南宗嗣法圖)』가운데서 자신의 종파에 대한 내용을 보여주었다. 이 내용을 확인한 턴응이는 "응우옌다이디엔과 밧냐 두 파에 대해서는 누락되어 있는데, 왜 그렇습니까?"라고 물으니, 스승은 "통변 선사께서 서술하지 않은 데에는 그만한 이유가 있으니라"라고만 답했다.

1216년 2월 18일, 턴응이는 트엉찌에우가 전해준『남종사법도』와『조대록』을 제자 응언콩(Ẩn Không, 隱空)[37]에게 넘겨주면서 당부했다.

> 비록 지금이 혼란한 시기이기는 하나, 이를 잘 간직하여야 할 것이다. 조심해서 간직하여 병화(兵火)로 훼손되는 일이 없도록 해서 우리 조풍(祖風)이 사라지지 않도록 하여라.

이 말을 마치고 세상을 떠났다.

리까오똥 말기의 내란 상황은 리후에똥 시기까지 이어졌다. 리후에똥은 불상 앞에서 '선양' 문제를 언급함으로써 권력에 소심하게 저항하고자 했다. 1216년부터 쩐씨 세력이 공식적으로 조정의 정치 무대에 등장하면서, 1224년에 작은딸에게 제위를 넘긴 리 상황은 출가하여 탕롱성 내의 진교사로 거처를 옮기면서 후에꽝 대사가 되었다. 베트남의 황제가 승려가 된 첫 번째 사례다. 이후, 쩐까인이 황제가 되면서 리 상황은 담 태후와 함께 궁을 나와서 부열사에 거처하다가, 쩐투도의 압력을 받아 사원의 후원에서 자살했다. 화장한 그의 시신은 보광사(寶光寺) 탑에 안치되었다.

혼란한 리 왕조 말기에 활동한 승려들의 활동은 잘 보이지 않는다. 다만 "중용의 선비"에서 출가한 히엔꽝은 "내가 살면서 다른 사람에게 이익을 주지도 못하면서 헛되이 공양만 받다가 이 지경에 이르렀구나!"라고 자각했고, 리후에똥의 초대에도 불구하고 "왕의 녹을 먹으면서 이 산에 암자를 짓고 오래도록 부처를 받들었습니다. 하지만 이룬 공덕이 없어 심히 부끄럽고 송구할 따름입니다"라고 하며 조정에 나아가지 않았다. 히엔꽝에 의하면, "지금 불법이 융성하고, 불교의 빼어난 스님네들이 이미 궁궐에 모여 있"다고 평가했지만, 이 평가는 오히려 불법이 몰락하고 조정에서 승려들이 사라져 버린 당시의 현실을 암시하고 있는 듯하다.

응우옌다이디엔과 밧냐의 두 종파에서도 알 수 있는 것처럼, 비니다류지파, 무언통파, 초당파 이외에도 새로운 불교 종파가 이미 형성되었던 것 같다. 아울러 국내의 혼란이 만연된 리후에똥 시기에 이르면, 사원의 역할과 기능에 변화가 일어났다. 응우옌논의 사례에서 확인할 수 있는 것처럼, 사원의 다양한 역할도 주목할 만하다. 13세기 초반에 국내가 혼란하던 상황에서, 동끄우의 사원들은 군인들이 주둔하며 군사 활동을 수행하던 공간으로 변하고 있었다. 전통적으로 많은 승려를 배출하고 다양한 사원이 위치했던 푸동향의 부동사는 중앙의 위협에 저항하며 지방의 독자적인 활동 거점을 구축할 수 있었던 중심지로 발전한 것 같다. 리후에똥과 리찌에우호앙 호앙 시기는 기존의 베트남 불교가 쇠퇴의 길로 들어서는 국면이기도 했지만, 국가의 지원에만 의존하며 나태해졌던 분위기를 일신하는 계기가 되었을 수도 있다.

맺음말

현재의 베트남이 위치한 인도차이나반도의 동쪽은 인도와 중국의 사이에 있다. 그러므로 이곳에 인도의 불교가 상당히 일찍부터 전해졌을 가능성이 있다. 더군다나 기원전부터 인도에서 승려가 왔다는 전설이 있고, 이 전설과 관련된 유적과 유물이 남아 있기 때문에, 동북아 지역보다 일찍 불교가 전래되었을 수 있다.

기원후의 상황과 관련해서는 베트남 불교의 1세기 기원설을 주목할 필요가 있다. 1세기부터 불교의 베트남 전파는 인도 출신의 승려들, 중앙아시아 출신의 승려들, 중국 출신의 승려들, 그리고 인도나 중국에서 불교를 연구한 '베트남' 측 승려들의 공헌으로 이루어졌다. 모자, 강승회, 칼라루치, 마하지바카 등의 활동을 통해 당시 교지나 교주에는 불교가 지식인들 사이에 전파되었고, 이러한 경향의 불교는 중국 남부 지역에도 영향을 끼쳤음을 알 수 있다. 아울러 석혜승과 같은 교지 출신의 승려는 남조의 송나라와 제나라 시기에 현지에서 활동하며 불법을 전파했다. 그래서 '중심부 중국'의 불교가 '주변부 베트남'에 전파되었다는 선입견은 재검토되어야 한다. 더군다나 남종선의 시조라고 평가받는 육조 혜능은 당시의 당나라 승려들에게 오히려 '오랑캐'로 멸시당하지 않았던가?

초기의 전법 루트는 인도에서 교지와 교주, 그리고 교지와 교주에서 주변의 '중국 남부'로 이어지던 양상이 일반적이었다. 이후 중국에서 교지와 교주를 거쳐 인도로, 교지와 교주에서 인도로 구법을 떠나는 승려들이 출현하게 되었다. 해외 혹은 현지 승려들의 구법과 전법 활동으로 '베트남'의 불교는 더욱 활력을 띠었다. 대략 7세기부터 14세기에 이르기까지, '베트남'과 독립 베트남의 불교가 점점 성장해 나가는 과정이었다. 불교가 훨씬 광범위하게 전파되면서 각지에 사원이 세워지는 시기도 7~9세기였다. 아울러, '베트남' 현지의 승려들을 '베트남인'이라고 인식하기보다는 '교지인(交趾人)', '교주인(交州人)', '애주인(愛州人)' 등과 같은 지역적(local) 시각에서 접근하여 일국 중심의 제한된 민족주의적 성향의 불교 연구 틀에서도 벗어나 이해해야 한다.

불교가 최초로 도래한 이후에 중국의 선불교가 현재의 베트남 지역에도 들어오기 시작했다. 비니다류지파와 무언통파가 성립하여 발전하는 동안 거의 1,000년의 시간이 흘렀다. 이 과정에서 모자와 강승회에 이어 3세기 중반부터 5세기에 걸쳐 칼라루치와 도청, 마하지바카와 석혜승 등이 교주에서 활동했다. 유교나 도교가 정착하지 못한 상황에서, 6세기부터 비니다류지파와 같은 승단이 형성되기 시작하여 서서히 선종이 현지 사회에서 주류를 형성하게 되었고, 불교를 신봉하는 정치 지도자도 나타났다. 아울러, 해상 루트의 발전으로 7~8세기 아시아 각지의 구법승 활동이 활발해지자, 외국인 승려들이나 현지의 승려들이 함께 구법 유학에 참여하게 되었고, 그 결과 9세기에 새로운 승단 무언통파가 등장했다.

이 시기에 중국의 지배를 받던 '베트남'은 교지, 교주, 애주, 일남 등으로 알려져 있었다. 이후 불교는 중국 지배의 후기와 10세기에 베트남이 독립했을 때까지 계속해서 베트남에 전파되었다. 그런데 이 과정에서 인도에서 불교가 직접 들어오는 서남 루트가 사라졌다. 대신에 불교의 새로운 조류는 중국의 다양한 선종을 포함하는 북방 루트를 통해 베트남에 유입되었다. 그래서 수나라와 당나라의 지배 유산으로 남겨진 비문을 통해 구진군과 현 하떠이성의 불교 발전 양상도 확인할 수 있다.

건국 5년 만에 단명으로 끝나버린 응오 왕조 시기의 불교 발전 모습을 파악하기는 어렵다. 불교와 관련된 구체적인 활동 양상도 알려져 있지 않다. 다만, 번풍의 사례를 통해 십이사군 시기에 불교와 더욱 밀착된 대중의 모습을 확인할 수 있다. 딘 왕조와 띠엔레 왕조 시기에는 북쪽의 박닌과 다이라 이외에 남쪽의 새로운 수도 호아르에서도 새로운 불교 중심지들이 생겨났다. 두 왕조의 황제들은 불교를 존중하면서 사원을 조성하거나 후원했다. 딘보린은 국가의 기틀을 마련하고 사회 질서를 확립하기 위해서 당시 사람들에게 신망 있던 불교 승려들에게 많이 의지했다. 당시 지적 능력이 뛰어난 승려들은 황제의 조언자로 승통이나 승록을 맡았다. 이 시기에 연녕사, 암선사, 바응오 사원, 일주사 등이 창건되었다. 딘 왕조와 띠엔레 왕조 시기에는 송나라 때 편찬된 불교 경전도 들어왔다. 10~11세기에 독립 왕조의 팝투언, 반하인 등과 같은 승려들은 비니다류지파의 영향을 받았다. 당시의 불교는 홍강 델타의 평민들 사이에서도 퍼지기 시작했는데, 비니다류지파가 민간 신앙을 수용하고 있었기 때문이다.

불교적인 환경에서 자란 리꽁우언은 응오아찌에우의 실정과 불교를 조롱하는 조정의 운명을 경험했다. 띠엔레 왕조 멸망 이후의 리타이또는 호아르에서 탕롱으로 천도하며 내치에 집중하는 과정에서 불교를 적극적으로 지원하게 되었다. 그는 치세 동안 비니다류지파의 승려 반하인과 무언통파의 승려 다바오와 같은 영향력 있는 두 불교 지도자로부터 모두 지지와 영향을 받았다. 그래서 리타이또는 불교의 발전에 우호적인 정책들을 내놓았다. 이 과정에서, 송나라에 파견된 베트남 사신의 현지 불교 시찰, 승복 지급, 승려 관련 관직의 다양화, 일반 백성들의 출가 장려, 탕롱성 내 불교 관련 시설 확충, 사원 건설과 기존 사원 보수, 경전 수입, 사본 제작, 수장고 설치 등이 진행되었다. 산스크리트어 경전도 유통되어 한역되고 있었다. 아울러, 선종과 밀교의 절충, 참회 진언 수행법, 민간을 대상으로 발휘하는 신통력 등으로 불법을 전하는 방식 등도 확인할 수 있다.

'삼왕의 난'을 평정한 후에 황제로 등극한 리타이똥은 지방 세력이나 주변의 나라들을 정벌해 나가는 과정에서 승려의 품계를 마련하여 승관제를 더욱 정비했고, 기존의 비니다류지파나 무언통파의 승려들과 모두 우호적인 관계를 형성했다. 승려들에 대한 황제의 이러한 태도 때문에 황친, 고관 등도 승려들을 환대하게 되었다. 불교의 주재자를 자처하던 리타이똥은 많은 사원 이외에도 비구니들을 위한 불교 관련 시설도 조성했다. 일주사의 의례를 통해 당시 국가가 후원하던 관음 신앙과 불경 보존을 위한 수장고의 존재도 확인할 수 있다. 또한, 이 시기에는 기존 밀교의 영향 이외에도 신비주의적인 불교가 '신인'이나 신비한 자연 현상과 결합하여 나타나는 모습도 보였다.

선조들의 불교 장려 정책을 계승한 리타인똥 시기에 불교는 여전히 통치 이념의 역할을 하며 정치를 지배했고, 나한회와 같은 불교 축제도 계속되었다. 황제뿐만 아니라 배우자 이란 부인의 역할도 불교의 지속적인 성장에 긍정적인 영향을 미쳤다. 문묘가 베트남에서 최초로 세워졌지만, 불교 우위의 국가와 사회는 여전했다. 아울러, 비니다류지파의 지에우년과 같은 비구니의 출현이 돋보인다. 특히 지에우년이 '돈오'나 '점오' 양자를 융합하는 수행 방식은 후대에도 계속 영향을 끼쳤다. 주변 동남아 국가들과 유사한 힌두불교 현상도 나타났다. 베트남 불교의 융합 경향은 1069년의 참파 정벌 이후 포로로 잡혀 온 참파 혹은 중국 승려들의 활약으로 더욱 두드러졌다. 베트남의 '남진'이 진행될 때, 새로운 불교의 '북진' 현상이 불교 우위의 유불 융합으로 나타나면서 초당파가 형성되었다.

아버지보다 더욱 다양한 방면으로 유교화 정책을 진행한 리년똥 시기에도, 불교의 유산은 여전히 초파일, 기청제, 중원절 등을 통해 계속 이어졌다. 코더우 국사의 경우는 불교계의 강력한 지도자가 황제를 지원하고 있었다는 사실을 보여준다. 유교 관리들의 저항은 불교 정책의 가속화만 조장했다. 그래서 일종의 승과시도 시행되었던 것 같다. 무언통파와 비니다류지파의 종교적 교류는 문학적 교감을 통해서도 이루어졌다. 리년똥 시기에도 많은 사원과 탑이 전국에 세워졌는데, 사원 창건은 새로 개척한 남쪽이나 북쪽의 지방까지 확장되었다. 그리고 당시의 불경 수입은 불교를 연구하려는 목적 이외에도 평화를 회복하려는 화해의 제스처이기도 했다. 비엔 찌에우의 불교 관련 저술 활동은 베트남 불교가 본격적으로 토착화되어 발전하기 시작하는 출발점이라고도 볼 수 있다.

리턴똥은 "승려 다오하인의 화신"으로 받아들여졌다. 불교를 후원하고 승려를 지원하던 리 왕조의 황실에 승려에서 환생한 황제가 등장했다. 진랍과의 갈등 속에서 일종의 호국 불교도 발현되었다. 내정에 불리한 자연 현상을 해결하는 과정에서 보천사의 기우제가 국가의 의례로 점차 정착되는 모습이 나타났다. 이 시기에는 비니 다류지파 승려들의 활약이 두드러졌는데, 다오하인과 리턴똥의 기연(奇緣)은 민콩까지 이어졌고, 비엔통은 『서경』이나 『주역』 등의 내용에 기반한 유교적 교훈을 황제에게 전달하며 성군이 되는 길을 조언했다. 불교 우위의 정치와 사회에서도, 유교에 익숙한 승려들이 유학의 내용으로 황제를 설득하는 유불 융합의 장면이 다시 등장하게 되었다.

리년똥 시기부터 등장한 '태후 정치'는 리턴똥 시기를 거쳐 리아인똥 시기에도 이어졌다. 리턴똥의 호국 불교는 리아인똥의 인왕회로 발전했고, 돈오와 점오 양자를 융합하며 수행하는 방법도 계속되었다. 리아인똥 시기에 사원의 조성이나 중수와 관련해서 주목할 만한 사실은 보이지 않지만, 비엔통의 활약상은 주목할 만하다. 승관 집안에서 태어난 그는 승려 바오작의 아들이었는데, 리년똥 시기부터 조정에서 승과시를 통해 관리와 법사로 활동하기 시작하면서 황제의 명으로 비문을 짓고, 유교 경전의 내용으로 천하의 치란과 흥망의 이치를 리턴똥에게 설명하면서 인정을 받았다. 비엔통은 리아인똥 시기에도 태후의 신임을 받으며 정사에 간여했고, 황제로부터 여러 관직을 받으며 관리들의 존경도 받았다. 이러한 상황에서 비엔똥은 각종 저술을 통해 당대와 후대에 많은 영향을 끼쳤다.

제7대 황제 리까오똥 시기부터 불교계의 변화가 감지된다. 무언통파나 비니다류지파의 승려들이 신통력을 발휘해서 우사(雨師)로서의 능력을 발휘하거나 병자를 치료했다. 그리고 무언통파에는 밀교적 성격이 두드러졌다. 강제로 환속당한 승려가 많아서인지, 비니다류지파의 활동은 포착되지 않는다. 이러한 상황에서, 리까오똥 말기에 청정하지 못한 승려들의 타락은 국가 창건과 발전에 공헌한 불교 세력의 와해와 리 왕조의 몰락을 암시하고 있었다. 아울러, 리까오똥 말기의 내란 상황은 리후에똥 시기까지 이어졌다.

리후에똥 시기에 불상 앞의 기도는 할거 세력을 향해 간접적으로 소심하게 저항하는 방편일 뿐이었다. 1224년에 차녀에게 제위를 넘긴 리 상황은 직접 출가하여 탕롱성 내의 진교사로 거처를 옮기면서 후에꽝 대사가 되었다. 이후 쩐까인이 황제가 되자 리 상황은 담 태후와 함께 궁을 나와서 부열사에 거처하다가, 쩐투도의 압력으로 사원의 후원에서 자살했다. 혼란한 리 왕조 말기에 활동한 승려들의 활동은 잘 보이지 않는다. 다만 "중용의 선비"에서 출가한 히엔꽝은 이타 정신을 자각하면서 조정의 '속된' 부름에 응하지 않았다. 기존의 비니다류지파, 무언통파, 초당파 이외에도 새로운 불교 종파가 형성되고 있었다. 혼란한 위기 상황에서 불교의 기성 질서는 사원의 역할과 기능에도 영향을 미쳤다. 차츰 사원은 중앙의 보시나 지원에 의존하며 성장하는 존재가 아니라, 지방의 이익을 대변하며 중앙에 저항하는 공간으로 이행하고 있었던 듯하다.

1세기에 유입된 불교는 외부의 동력과 현지의 동력을 꾸준히 결합하며 국가 형성의 중요한 요인으로 작용했다. 이러한 불교의 역할은 응오 왕조, 딘 왕조, 띠엔레 왕조 등의 경험을 축적하며 리 왕조의 창건에 결정적인 역할을 했다. 하지만 6명의 황제를 거치며 조금씩 구축된 불교의 기성 질서는 리까오똥 시기부터 흔들리기 시작했고, 리후에똥과 리찌에우호앙 시기에 해체의 위기를 맞게 되었다. 이제 새롭게 등장한 쩐 왕조는 와해된 기존의 불교 질서에 외부적·내부적 동력을 융합하며 새로운 불교를 준비하고 통찰해야 하는 역할을 떠안게 된 것이다.

지은이 후기

외가가 불교와 인연이 있는 집안이라, 초파일에 어머니를 따라 절을 찾곤 했다. 그래서 어려서부터 접했던 불교적인 환경이 어색하지는 않았지만, 스스로 관심을 갖게 된 시점은 1993년부터였다. 대학 본부 '총장 잔디' 건너편의 등나무 벤치에 어떤 불교 단체를 홍보하는 녹색 포스터가 붙어 있었다. 실천적인 불교에 관한 내용이 었는데, 흥미로웠다. '이런 포교당이 도심에 있다니?' 하지만 이 단체의 위치인 홍제동이 집과 학교에서 너무 멀어 포기하고 말았다.

1995년 봄 대학원에 입학한 나는 석사 논문을 준비하기 위해 1996년 10월에 6개월 일정으로 처음으로 베트남의 하노이를 방문하여 현지어를 익히기 시작했다. 두 달이 지나면서, 기본적인 듣기·말하기·쓰기가 가능해졌다. 이듬해 설날이 지난 후 베트남어 수업에 들어갔더니, 응우옌티번(Nguyễn Thị Vân) 선생님이 정월 대보름날에 사원을 방문해 보면 어떻겠냐고 제안하면서 15세기에 세워진 관사사(舘使寺, Chùa Quán Sứ) 주소(꾸안쓰 거리 73번지)를 알려주었다. 그래서 오전에 이 절을 찾아갔더니, 사람들이 너무 많은 탓에 겨우 들어가서 대웅전에 자리를 하나 잡았다. 사정없이 피워놓은 향 연기가 너무 매워서 자리를 뜨려는 순간, 혁명 열사들을 모셔놓은 공간을 발견했다. 사회주의 국가에서 사원의 정월 대보름 행사가 이렇게 인기 있는 모습도 신기했지만, 대다수가 공산주의자인 혁명 열사들을 안치한 공간도 낯설었다. '불교와 공산주의의 결합?' 현지 조사가 마무리되던 시점에 하노이에서 호찌민시까지 여행을 떠났는데, 대도시뿐만 아니라 동네 곳곳에도 사찰이 하나씩은 꼭 있다는 사실을 알게 되었다. '이게 도대체 뭐지?' 베트남 불교에 대해 의문이 일어나는 순간이었다.

이후 1999년 중반부터 2007년 초반까지 파리에서 박사 과정 공부를 했다. 이때 학교 세미나에서 베트남의 후에에서 유학 온 스님 한 분을 알게 되면서, 이 스님이 거처하던 사원에도 가끔씩 놀러 갔다. 그리고 원불교 교도였던 어떤 선배의 권유로 파리 근교의 원불교 교당에 다니면서 간접적으로 불교를 접할 수 있었다.

1986년 말부터 시작된 개혁─개방이 진행되면서, 하노이의 풍경도 조금씩 바뀌어 나갔다. 경제적으로 여유가 생겨서인지, 우중충한 모양으로 눈에 잘 띄지 않던 사원들이 점차 모습을 드러내기 시작했다. 최근에는 개보수를 마친 화려한 사원들도 자주 보인다. 그래서 다시 떠오르는 생각이 '천년 수도 하노이에 이렇게 사원이 많았나?'였다. 서울과 비교해 보아도 너무나도 대조적인 모습이다.

베트남의 불교와 관련된 문제들을 풀어나가기에는 나의 일상이 여유롭지 못했지만, 50세가 되던 무렵부터 '타의 반 자의 반'으로 시간이 좀 생기면서 일종의 '귀향살이'를 시작했다. 베트남 불교뿐만 아니라 일반적인 불교에 대해서도 아는 것이 전혀 없었지만, 우연히 알게 된 동네 법당을 생일날 찾아가서 4년 정도 다녔고, 결국 오계도 받았다. 이 과정에서 불교를 공부할 때, 믿음 차원의 종교적인 접근법(신앙), 붓다의 담마를 학습하는 철학적 접근(사상)보다는, 붓다의 일생을 사회적·역사적 존재로 접근할 때 가장 많은 흥미를 느꼈다.

이 시기에 대우재단의 지원으로 그동안 품어왔던 베트남 불교에 대한 의문을 해소할 수 있는 기회를 잡았다. 애초에 계획했던 연구 계획은 오로지 내 자신의 부족함 때문에 실현되지 못했지만, 대우재단의 친절한 배려와 인내에 무한한 감사를 드린다. 미완의 연구는 베트남의 역사 시대를 내려가며 앞으로도 계속 이어질 예정이다.

붓다가 깨달은 핵심은 괴로움에서 벗어나는 것이었는데, 이 과정에서 새롭게 제시한 내용은 세계관으로서의 연기법(緣起法)과 실천관으로서의 중도(中道)이다.

무지에서 오는 괴로움에서 벗어나기 위해서는 '사실을 사실대로 아는 것'인데, 이 사실이 바로 연기이다. 모든 존재가 서로 연관되어 존재한다는 불교의 세계관은 독특한 것 같다. 이 연기법은 '이것이 있으므로 저것이 있고, 이것이 없으면 저것도 없다'는 공간적 연기와 '이것이 생겨남으로 저것이 생겨나고, 이것이 사라지면 저것도 사라진다'는 시간적 연기, 즉 원인과 결과(인연 과보)이다.

이 책을 준비하면서도 베트남 불교의 공간적 연기와 시간적 연기를 밝히기 위해 노력했다. '베트남'은 공간적 연기를 통해 인도, 소그디아나를 포함한 중앙아시아, 중국, 참파, 동남아, 신라 등과 상호 연결되어 있었다. 시간적 연기는 외부 세계의 영향을 받던 교지나 교주, 혹은 애주의 불교가 독립 이후 불교 외적인 요소가 가미되며 서서히 민간 신앙이나 유교와 융합하며 변화해 가는 모습으로 나타났다.

중도는 양극단에 치우치면 안 된다는 불교의 실천론이다. 붓다가 활동할 당시에는 많은 전쟁, 카스트 제도, 성차별 등이 존재했는데, 이러한 문제에 대한 붓다의 태도를 통해 실천적인 수행자의 삶을 볼 수 있다. 붓다는 죽림정사와 같은 절에 틀어박혀 목에 힘주거나 대접받는 삶을 살지 않았다. 베트남 리 왕조의 지원을 전폭적으로 받게 된 불교도 결국은 자생력을 잃어버리며 실천적인 청정함을 꾸준하게 유지하지 못했다고 할 수 있다.

그래서 이후의 나의 불교 연구도 베트남 불교의 공간적인 연기로서의 사회성과 시간적인 연기로서의 역사성에 주목하며 계속 진행될 것 같다. 유학 시절 지도 교수의 지도 교수이면서 퇴임 이후에 불교 공부를 시작하신 고(故) 랑글레(Philippe Langlet) 선생님이 자꾸만 떠오른다.

부록

1. 한서(漢書), 卷28, 지리지하(地理志下)

自日南障塞, 徐聞·合浦船行可五月, 有都元國; 又船行可四月, 有
邑盧沒國; 又船行可二十餘日, 有諶離國; 步行可十餘日, 有夫甘都
盧國. 自夫甘都盧國船行可二月餘, 有黃支國, 民俗略與珠厓相類.
其州廣大, 戶口多, 多異物, 自武帝以來皆獻見. 有譯長, 屬黃門, 與
應募者俱入海市明珠·璧流離·奇石異物, 齎黃金雜繒而往. 所至國皆
稟食為耦, 蠻夷賈船, 轉送致之. 亦利交易, 剽殺人. 又苦逢風波溺
死, 不者數年來還. 大珠至圍二寸以下. 平帝元始中, 王莽輔政, 欲燿
威德, 厚遺黃支王, 令遣使獻生犀牛. 自黃支船行可八月, 到皮宗; 船
行可八月, 到日南·象林界云. 黃支之南, 有已程不國, 漢之譯使自此
還矣.

2. 불교 관련 베트남 현지 명문(銘文) 목록[1]

시기	제명(題銘)	번호	장소
618	「大隨九眞郡寶安道場之碑文, Đại Tùy Cửu Chân Quận Bảo An Đạo Tràng Chi Bi Văn」	No. 1	타인호아성 동썬현 동민사쯔엉쑤언촌의 여옥사ℓ 완편
798	「青梅社鐘銘, Thanh Mai Xã Chung Minh」	No. 2	하떠이성 타인오아이현 타이마이사의 다이강 변의 등 둔덕
870	「天威徑新鑿派碑, Thiên Uy Kính Tân Tạc Phái Bi」	No. 3	미상, 『安南志略』에도 있음
948	「日早古鐘銘, Nhật Tảo Cổ Chung Minh」	No. 4	하노이 뜨리엠현 동응악사녓따오촌 진성묘
973	「佛頂尊勝加句靈驗陀羅尼, Phật Đỉnh Tôn Thắng Gia Cú Linh Nghiệm Đà La Ni」	No. 5	닌빈성 호아르현
979	「佛頂尊勝加句靈驗陀羅尼, Phật Đỉnh Tôn Thắng Gia Cú Linh Nghiệm Đà La Ni」	No. 6	닌빈성 호아르현
979	「佛頂尊勝加句靈驗陀羅尼」	No. 7	닌빈성 호아르현
979	「佛頂尊勝加句靈驗陀羅尼」	No. 8	닌빈성 호아르현
979	「佛頂尊勝加句靈驗陀羅尼」	No. 9	닌빈성 호아르현
1099	「阿彌陀佛訟, A Di Đà Phật Tụng」	No. 10	하떠이성 꾸옥오아이현 호앙응오사의 황금사(일명 첨사)의 아미타불상
1100	「安穫山報恩寺碑記, An Hoạch Sơn Bao Ân Tự Bi Ký」	No. 11	미상
1107	「保寧崇福寺碑, Bảo Ninh Sùng Phúc Tự Bi」	No. 12	뛰엔꽝성 찌엠호아현의 안응우옌사
1109	「天福寺洪鐘銘文, Thiên Phúc Tự Hồng Chung Minh Văn」	No. 13	하떠이성 꾸옥오아이현의 투이쿠에사 펏딱산
1118	「崇嚴延聖寺碑銘, Sùng Nhiêm Diên Thánh Tự Bi Minh」	No. 14	타인호아성 허우록현 유정(수학)사
1121	「大越國李家第四帝崇善延齡塔碑, Đại Việt Quốc Lý Gia Đệ Tứ Đế Sùng Thiện Diên Linh Tháp Bi」	No. 15	미상
1125	「乾尼山香嚴寺碑銘, Càn Ni Sơn Hương Nghiêm Tự Bi Minh」	No. 16	미상
1126	하이찌에우(Hải Chiếu, 海照) 대사 팝바오(Pháp Bảo, 法寶), 「仰山靈稱寺碑文」	No. 17	타인호아성 하쭝부 응오싸사

3. 불교 관련 베트남 현지 명문 출토 지역[2]

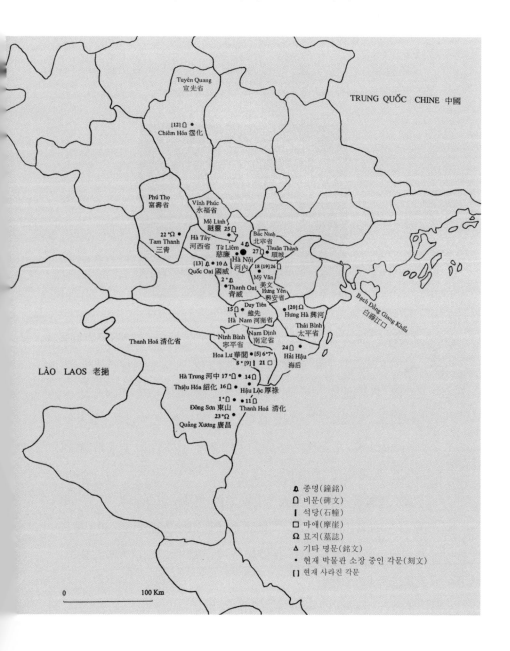

TRUNG QUỐC CHINE 中國

Tuyên Quang 宣光省

[12] 𝄞
Chiêm Hóa 霑化

Phú Thọ 富壽省

Vĩnh Phúc 永福省

Mê Linh 麊冷 25

Bắc Ninh 北寧省

22 °Ω
Tam Thanh 三青

Hà Tây 河西省

Từ Liêm 慈廉 4 Hà Nội 河內

Thuận Thành 順城

27

[13] 𝄞 10 𝄞
Quốc Oai 國威

18 [19] 26

Mỹ Văn 美文

2 °𝄞
Thanh Oai 青威

Hưng Yên 興安省

15 𝄞 Duy Tiên 維先

[20] Ω
Hưng Hà 興河

Hà Nam 河南省

Thái Bình 太平省

Thanh Hoá 清化省

Ninh Bình 寧平省

Nam Định 南定省

Bạch Đằng Giang Khẩu 白藤江口

Hoa Lư 華閭 ● [5] 6 °7 °

24 𝄞
Hải Hậu 海后

LÀO LAOS 老撾

8 ° [9] 21 𝄞

Hà Trung 河中 17 ° 14 𝄞
Thiệu Hóa 紹化 16 𝄞 Hậu Lộc 厚祿

1 ° 𝄞 11 𝄞
Đồng Sơn 東山 Thanh Hoá 清化
23 °Ω
Quảng Xương 廣昌

𝄞 종명(鐘銘)
𝄞 비문(碑文)
❙ 석당(石幢)
▢ 마애(摩崖)
Ω 묘지(墓誌)
▲ 기타 명문(銘文)
● 현재 박물관 소장 중인 각문(刻文)
[] 현재 사라진 각문

0 ————————— 100 Km

4. 1010년 리타이또 황제의 천도조(遷都詔, Chiếu Dời Đô)

『대월사기전서』, 卷之二, mặt khắc 2, 목판본(Trung Tâm Lưu Trữ Quốc gia IV 소장)

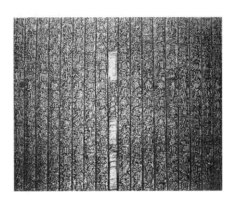

『황월문선(黃越文選, Hoàng Việt Văn Tuyển)』(卷之五)을 참고한 천도조의 내용

昔商家至盤庚五遷. 周室迨成王三徙. 豈三代之數君徇于己私. 妄
自遷徙. 以其圖大宅中. 爲億萬世子孫之計. 上謹天命. 下因民志. 苟
有便輒改. 故國祚延長. 風俗富卓. 而丁黎二家. 乃徇己私. 忽天命.
罔蹈商周之迹. 常安厥邑于茲. 致世代弗長. 算數短促. 百姓耗損. 萬
物失宜. 朕甚痛之. 不得不徙.

況高王故都大羅城. 宅天地區域之中. 得龍蟠虎踞之勢. 正南北東
西之位. 便江山向背之宜. 其地廣而坦平. 厥土高而爽塏. 民居蔑昏
墊之困. 萬物極繁卓之豐. 遍覽越邦. 斯爲勝地. 誠四方輻輳之要会.
爲萬世帝王之上都.

朕欲因此地利以定厥居. 卿等如何.

5. 『홍덕판도(洪德版圖, Hồng Đức Bản Đồ)』(1490), 중도(中都)[3]

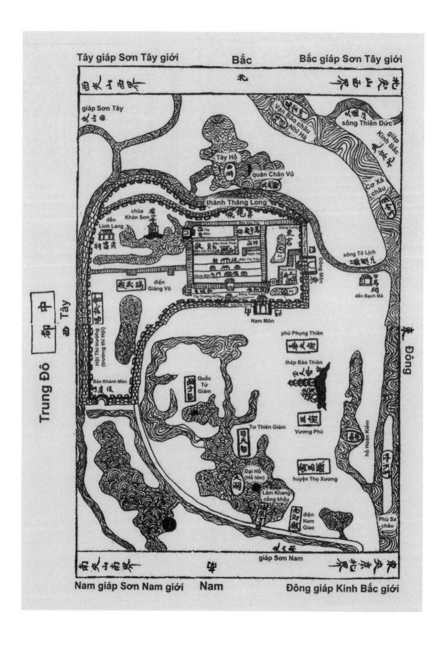

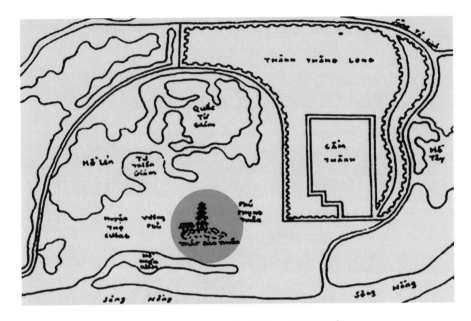

〈지도〉『홍덕판도』에 따른 탕롱성 보천탑의 위치[4]

6. 승려

이름	생몰년 또는 활동 시기	출신, 종파	비고
불광	B.C. 3~B.C. 2세기	인도(추정)	저동자와 만남
가라도리	사섭 시기	인도(추정)	복엄사의 주지
강승회	오나라 손권 (229~252 재위) 시기	교지	이루현과 오나라에서 전법, 역경
도청	255~256 전후(추정)	교주	
축도형	255~256 전후(추정)	동진(東晉)	
칼라루치	255~256	월지(月氏)	
무외삼장	285		
마하지바카	3세기 말		

이름	생몰년 또는 활동 시기	출신, 종파	비고
석혜승	5세기 전반~6세기 초	교지	
비니다류지	~574~580~	남인도	비니다류지파 개창
관연	?~?	법현에게 구족계를 줌	법운사에 기거
법현	560~626	비니다류지파 제1세	3조 승찬의 종파를 계승, 300여 명의 제자, 북부 및 북중부에서 사원 및 탑 조성, 천복산의 중선사에 거처
정등	?~?	비니다류지파(추정)	청변의 스승
혜엄	?~?	비니다류지파(추정)	숭업사에 거처, 청변의 스승
청변	?~686	비니다류지파 제4세	
목차제바	7세기	교주 출신	인도 구법승
규기	7세기	교주 출신	자바 구법승
지행	7세기	애주 출신	인도 구법승
대염	7세기	교주 출신	인도 구법승, 지행의 제자
혜승등	7세기	애주 출신	인도 구법승
남양	808 전후(추정)	?	정공의 스승, 비니다류지파 제7세(추정)
정공	730~808	고법 사람, 성은 완씨, 비니다류지파 제8세	남양의 제자
선	?~?	비니다류지파 제9세(추정)	정공의 제자
건통	?~826	광주 출신, 무언통파의 개창자	감성의 스승
감성	?~860	선유 출신, 무언통파 제1세	무언통의 제자, 건초사에 거처함
척	?~?	미상	선회의 초기 스승
선회	?~900	무언통파 제2세	전냉 마을 사람, 감성의 제자, 『경덕전등록』의 협산 선회(夾山善會) 선사의 전기
라꾸이	851/852~936	비니다류지파 제10세	티엔옹의 스승
마하아이	?~?	비니다류지파 제10세	향성사에 거처함, 쏭팜의 스승
클루엉	?~956	무언통파 제3세	빈크엉군의 뜨리엠 사람이며, 성은 응우엔씨, 선회의 입실 제자, 쿠옹비엣의 스승

이름	생몰년 또는 활동 시기	출신, 종파	비고
푸찌	?~?	비니다류지파 제9세(추정)	팝투언의 스승, 용수사에 거처
보이다	?~?	비니다류지파 제9세(추정)	마하의 아버지, 참파인, 불교 경전에 밝았음, 띠엔레 왕조의 패장
관음 대사	?~?	비니다류지파 제9세(추정)	선종 계열의 승려(추정), 마하의 시력을 회복시킴
팝투언	?/914~990	비니다류지파 제10세	푸찌의 제자, 마하의 스승, 띠엔레 시기 활동
마하	?~1029	비니다류지파 제10세	참파 사람, 팝투언의 제자
티엔옹	902~979	비니다류지파 제11세	은거승, 꼬팝 사람, 딘 장로·라꾸의 제자, 반하인·딘후에의 스승
쿠옹비엣	933~1011	무언통파 제4세	이름은 응오쩐르우, 고향은 트엉락현, 어려서는 유학을 공부, 번풍의 제자, 딘 왕조의 승통 및 대사 역임, 다바오의 스승
쭈찌	?~?	무언통파 제4세(추정)	쿠옹비엣의 동학, 번풍의 제자
쯔엉마니	?~?	?	승록 역임
쑹팜	1004~1087	비니다류지파 제11세	보응아이의 제자, 9년 동안 인도 체류, 법운사에서 가르침, 찌밧·다오하인의 스승
팝바오	1105 전후(추정)	비니다류지파 제11세(추정)	투언쩐의 스승
끼에우찌후옌	?~?	?	다오하인과 접촉함
반하인	938~1018	비니다류지파 제12세	성은 응우옌씨, 고향은 꼬팝, 불교 집안, 티엔옹의 제자, 딘후에의 도반
다바오	?~?	무언통파 제5세	쿠옹비엣의 입실 제자, 딘흐엉엔라오의 스승
딘후에	?~?	비니다류지파 제12세	성은 쿳씨, 고향은 퐁쩌우, 티엔옹의 제자, 반하인의 도반, 후에산의 스승
딘흐엉	1051 전후(추정)	무언통파 제6세	성은 라씨, 고향은 쩌우민, 다바오의 제자
꾸옥바오호아	?~?	무언통파 제6세(추정)	다바오의 제자

이름	생몰년 또는 활동 시기	출신, 종파	비고
티엔라오	?~?	무언통파 제6세	다바오의 제자, 꽝찌의 스승, 띠엔주 천복봉의 중명사에 거처, 리타이똥과 교류
밀엄사의 어떤 장로	?~?	무언통파 제6세(추정)	비엔찌에우의 관상을 봄
초당	997~?	초당파 개창	중국인, 북송 운문종 제4세 중현의 제자, 참파 방문, 1069년 전쟁 포로로 탕롱에 끌려옴, 국사 역임, 개국사 주지
비엔찌에우	999~1090	무언통파 제7세	이름은 마이쫑, 고향은 푹드엉, 리 왕조 린깜 태후 오빠의 아들, 딘흐엉의 제자, 통비엔의 스승
땀씨	~1020~	?	참파인, 낌바이 마을에 거처, 버려진 담기(응오언)를 거두어 기름
꾸찌	1028~1063	무언통파 제7세	고향은 티엔득부 쭈민, 딘흐엉의 제자, 재상 즈엉다오자와 교류
바오띤	?~1034	무언통파 제7세	성은 응이엠씨, 고향은 쭈민, 딘흐엉의 제자
밍떰	?~1034	무언통파 제7세	성은 응우이씨, 고향은 쭈민, 딘흐엉의 제자
꽝찌	?~?	무언통파 제7세	성은 냔씨, 고향은 탕롱, 황비 쯔엉풍의 오빠, 티엔라오의 제자, 뜨썬에 거처, 만작·응오언의 스승
후에	?~?	?	산승, 꽝찌의 벗
자오하인	1072~1116 또는 ?~1117	비니다류지파 제12세	부친은 뜨빈, 이름은 뜨로, 속명은 득타인랑, 고향은 옌랑, 쑹팜의 제자, 작하이·콩로와 함께 서인도 유학, 민콩의 스승
쑹팟	1049~1117	비니다류지파 제12세	성은 반씨, 고향은 루이러우, 쑹팜의 제자, 띤하인·팝냔·투언쩐 등의 스승
반껀쩐	?~1105	비니다류지파 제12세	성은 다오씨, 고향은 떼강의 끄우옹, 팝바오·찌밧의 제자
딘하인	?~?	비니다류지파 제12세(추정)	찌밧의 제자
프	?~?	비니다류지파 제12세(추정)	찌밧의 제자

이름	생몰년 또는 활동 시기	출신, 종파	비고
팝통	?~?	비니다류지파 제12세	후에씬의 스승
팝이	?~?	비니다류지파 제12세(추정)	티엔남의 스승
후에씬	?~1063	비니다류지파 제13세	성은 럼씨, 고향은 동푸리엣, 팝통·딘후에의 제자, 내공봉·도승록·승통·좌가도승통 역임, 만세사의 주지
브엉쩐	?~?	비니다류지파	투언쩐 혹은 쩐콩의 오기로 판단됨
티엔남	1093~1163	비니다류지파 제13세	이름은 크엉통, 고향은 롱비엔, 대대로 승관 집안, 『법화경』과 『반야경』 관련 어시에 합격, 팝이의 제자
민콩	1065~1141	비니다류지파 제13세	이름은 응우옌찌타인, 일명 리구옥쓰, 고향은 닌빈, 다오하인의 제자
반띡	?~1140	비니다류지파 제13세	성은 응우옌씨, 고향은 떠이깻, 내공봉·도위를 역임한 응우옌카의 후예
카인히	?~?	비니다류지파 제14세	승통
꽝프억	?~?	비니다류지파 제14세(추정)	저이콩의 스승
저이콩	?~?	비니다류지파 제15세	이름은 응우옌뚜언, 지체 있는 집안의 아들, 고향은 만더우, 꽝프억의 제자
통비엔	?~1134	무언통파 제8세	성은 응오씨, 고향은 썬떠이성의 풍, 불교 집안, 비엔찌에우의 제자, 찌콩·응오팝호아라고도 함, 황태이란의 총애, 승록·대사·국사임, 다오후에의 스승
팝중	?~1174	비니다류지파 제15세	
타오녓	?~?	비니다류지파 제15세(추정)	쩐콩의 스승
찌	?~?	비니다류지파 제16세	
응오언	1020~1088	무언통파 제8세	이름은 담기, 고향은 낌바이 마어머니는 구씨, 한문·산스크리트밝음, 꽝찌의 제자

이름	생몰년 또는 활동 시기	출신, 종파	비고
쩐콩	1046~1100	비니다류지파 제16세	이름은 브엉하이티엠, 고향은 띠엔 주현, 고귀한 집안 출신, 타오녓의 제자, 20여 년 동안 뜨썬에 거처, 지에우년의 스승
도도	1042~1170	초당파 제3세	고향은 하이즈엉의 호앙장, 도호는 닷만, 콩로 혹은 딘작의 제자, 1066년 송나라의 승과에 수석 합격
지에우년	1042~1113	비니다류지파 제17세	본명은 리응옥끼에우, 봉건왕 리녓 쫑의 장녀이자 리타인똥 시기의 공주, 남편 레씨의 사망 이후 출가, 쩐콩의 제자
작	1052~1096	무언통파 제8세	본명은 리쯔엉, 고향은 안까익향, 부친 리호아이또는 중서원외랑 역임, 리타인똥 당시 입궐 자제에 선발, 리년똥이 '회신'이라는 이름과 '자대사문'이라는 칭호를 하사, 꽝찌의 제자, 리년똥과 황태후 이란은 '장로'로 부름, 리년똥은 삼사공사를 제수하고 시호 '만작'을 내림, 반띤의 스승
타인똥	1054~1072 재위	초당파 제1세	초당의 제자
냐	~1054~1072~	초당파 제1세	초당의 제자, 호앙민의 스승
운	?~?	무언통파 제8세	바오잠의 스승
앙민	~1054~1072~	초당파 제2세	고향은 빈흥의 안랑향, 밧냐의 제자, 팜엄의 스승
이하짜익	?~?	무언통파 제8세(추정)	마이비엔찌에우 및 냔꽝찌와 동시대 인물, 콩로·작하이의 스승
우	~1088~	?	국사 역임
로	?~1119	무언통파 제9세 초당파 제2세	성은 즈엉씨, 고향은 하이타인 혹은 남딘의 자우투이 혹은 타이빈의 까엔 쓰엉, 어업 집안, 노안 거사와 로이하짜익의 제자, 도우 작하이·다오하인과 서인도 유학, 국사 역임
후에	?~1173	무언통파 제9세	성은 어우씨, 고향은 느응우엣, 통비엔의 제자, 민찌·띤혹·주에·다이싸·쯔엉응우옌의 스승

이름	생몰년 또는 활동 시기	출신, 종파	비고
비엔훅	1073~1136	비니다류지파 제17세	비엔통의 스승
쑹띤	~1082~ 1101~?	?	리트엉끼엣이 아이쩌우에서 활동할 당시의 조력자
반띤	1110~1176	무언통파 제9세	성은 끼에우씨, 고향은 빈크엉, 민 작의 제자, 뜨썬에 거처, 우필 응우이꾸옥바오가 그를 섬김
변재	?~?	무언통파 제9세	고향은 중국 광주, 리타인똥 때 베트남에 옴, 통비엔의 제자
바오잠	?~1173	무언통파 제9세	이름은 끼에우푸, 고향은 쭝투이, 공후사인 역임, 다번 보복사 주지의 제자
바오작	?~?	무언통파 제9세	띤저이의 스승
비엔 따이	?~?	무언통파 제9세	
응우옌찌	?~?	무언통파 제9세(추정)	응우옌훅의 스승
다오중	~1077~	?	
띤콩	1091~1170	무언통파 제10세	성은 오씨, 고향은 썬떠이의 띠퐁, 남강 공주의 스승
응이아하이	~1100~	?	황태후 이란, 티엔타인 공주, 비니 지에우년 등과 함께 쩐콩의 장식에 참석함
팝타인	~1100~	?	황태후 이란, 티엔타인 공주, 비니 지에우년 등과 함께 쩐콩의 장식에 참석함
쯔엉응우옌	1110~1165	무언통파 제10세	성은 판씨, 고향은 따엔주의 쯔엉응우옌, 선조는 중국인, 다오후에의 제자
띤륵	1112~1175	무언통파 제10세	성은 응오씨이고 이름은 담, 고향은 부빈의 깟랑
응우옌훅	?~1175	무언통파 제10세	성은 응우옌씨, 고향은 포껌, 응우옌찌의 제자
다이싸	1120~1180	무언통파 제10세	성은 흐어씨, 고향은 탕롱 동면엉, 다오후에의 제자
띤티엔	1121~1193	비니다류지파 제17세	

이름	생몰년 또는 활동 시기	출신, 종파	비고
바오작	?~?	비니다류지파 제17세(추정)	후에죽이라고도 함, 승관 집안, 비엔통의 주친, 좌우가승록도 역임
팜엄	~1138~1175~	초당파 제3세	고향은 안라의 타인오아이향, 호앙민의 제자
히엔통	1080~1151	비니다류지파 제18세	이름은 응우옌응우옌옥, 고향은 남딘의 꼬히엔향, 탕롱의 타이바익프엉에 거처, 승관 집안, 비엔혹의 제자, 삼교시 갑과에 합격하여 대문에 임명, 내공봉·전강 법사·좌가승록·국사 역임
티혹	?~1190	무언통파 제10세	성은 또씨, 고향은 쭈민, 집안은 대대로 경전을 새기는 일에 종사, 다오후에의 제자, 주에 선사와 도우
주에 선사	?~?	미상	다오후에의 제자
티바오	?~1190	무언통파 제10세	
민찌	?~1196	무언통파 제10세	성은 또씨, 고향은 박닌의 푸껌, 처음에는 티엔찌로 불림, 다오후에의 제자, 황제가 시호 민찌를 내림
꽝오럼	?~1203	비니다류지파 제16세	
응저이	?~1207	무언통파 제10세	이름은 쭈하이응웅, 고향은 로하이 응웅강의 마오흐엉, 바오작의 제자
하이	?~?	무언통파 제10세 초당파 제2세	이름은 응우옌비엣이 혹은 응우옌꾸옥이, 고향은 하이타인, 단작 선사라고도 함, 로이하짜익의 제자, 도우 콩로·다오하인과 함께 서인도 유학
껑땀땅	?~?	초당파 제4세	팜엄 혹은 콩로, 혹은 단작의 제자
후옌	?~?	초당파 제4세	
띤띤	?~?	초당파 제5세	
띤이엠	1122~1190	무언통파 제11세	트엉찌에우의 스승
띤코엉	?~?	무언통파 제11세(추정)	띤콩의 제자
트엉찌에우	?~1203	무언통파 제12세	성은 팜씨, 고향은 푸닌향, 꽝응이엠의 제자, 턴응이·히엔꽝의 스승, 광자궁의 영도조 역임

이름	생몰년 또는 활동 시기	출신, 종파	비고
이썬	?~1213	비니다류지파 제19세	
턴응이	?~1216	무언통파 제13세	성은 꾸아익씨, 불교 집안, 트엉찌에우의 제자
통쓰	?~1228	무언통파 제13세	
찌통	?~?	무언통파 제13세(추정)	히엔꽝의 스승
팝저이	?~?	무언통파 제13세(추정)	히엔꽝의 스승
뜩르	?~?	무언통파 제14세	
히엔꽝	?~1221	무언통파 제14세	이름은 레투언, 고향은 탕롱, 조실부모, 트엉찌에우·찌통·팝저이의 제자, 삼학에 정통
응브엉	?~?	무언통파 제15세	거사
『선원집영』 서문 작자	1715		유학의 경서를 익혔으나 불교 경전을 탐구

7. 사원

이름(다른 이름)	지역	시기	비고
경위산의 작은 암자	하띤성 타익하현 타익반 마을	B.C. 3~2세기	
항도썬사	하이퐁시 도썬군의 반썬프엉	B.C. 3~2세기	
저우 사원(선정사, 법운사, 고주사, 연응사)	박닌성 투언타인현의 타인크엉 마을	187~226~ (사섭 시기)	비니다류지·쑹팜의 거처
비행사(비상대선사, 비상사)	루이러우 옛 성의 남쪽, 투언타인현 크엉뜨촌의 타인크엉사	187~226~ (사섭 시기)	사법사 계통의 사원, 천둥을 주관하는 법뢰를 모심
지과사	루이러우(투언타인현 찌꾸아사의 프엉꾸완 마을), 사법사 계통의 사원, 잔 사원이라고도 함	2세기/187~226~ (사섭 시기)	티엔남의 거처
승엄사	하노이 타인오아이현 끄케사의 쿡투이촌	2세기/187~226~ (사섭 시기, 전설)	

이름(다른 이름)	지역	시기	비고
쪽엄사	사섭이 쌓은 성의 남쪽, 투언타인현 하만사의 만싸 마을	187~226~ (『영남척괴열전』의 만랑 전설)	
익명의 사원	삼기로에 있는 강가	187~226~ (『영남척괴열전』의 만랑 전설)	
익명의 산사	교지의 띠엔쩌우	?	석혜승의 거처
켜국사	탕롱 홍강 변 근처 이호아촌의 떠이호 동쪽의 작은 섬에 위치	541~547~956	1,500년의 역사(하노이에서 가장 오래된 사원), 리·쩐 왕조 시기 탕롱의 불교 중심, 오늘날의 진국사, 번풍의 거처와 입적, 쿠옹비엣·쭈찌·다바오·통비엔의 거처, 이란 부인의 공양, 주지는 번풍·쿠옹비엣·초당·통비엔·비엔혹·띤콩
상사(비상대선사)	루이러우성의 남쪽	~580	비니다류지의 거처
흥선사의 상두정사	비니다류지가 활동한 곳으로 추정	582	
명의 사원	법현의 거처	560~626	300여 명 이상의 제자들이 활동
운사	법현이 영릉에 세움	581~604 (수 문제 시기)	
명의 사원들	봉주·환주·장주·애주 등지	581~604 (수 문제 시기)	법현의 활동과 연계
우 사원(성도사, 법우사)	탕롱 트엉띤현 응우옌 짜이사의 자푹촌 (현재 박닌성 투언타인현의 동꼭 마을)	제2북속 시기 (602~939) 혹은 11세기 리 왕조 시기에 창건되었고도 함	바더우나 대보살 팝부를 숭배, 팝이·티엔남의 거처
선사	자럼 띠엔주현의 천복산	~626	법현의 거처
광사	박닌의 동쪽 연안	~685	청변의 거처
광사	미상	~686	법등·청변의 거처
업사	미상	청변의 활동 시기	박닌, 청변의 스승 혜엄의 거처
천사	미상	~808	남양의 거처, 정공의 법회 참여
사	정공이 고향 고법에 창건	785~804	
동사	티엔득부의 역방향	~808	정공의 거처

이름(다른 이름)	지역	시기	비고
육조사(경림사)	박닌 뜨썬 시사의 티엔득부 딘방프엉 쑤언다이 부락	~808	정공의 창건, 티엔옹·반하인의 거처, 리꽁우언이 어릴 때 반하인으로부터 사사한 곳
건초사	자럼 띠엔주현의 푸동 마을	~820~826~ 974~	무언통의 제1세 제자 감성으로부터 유래, 무언통의 거처이자 무언통 파의 주요 근거지, 쯔엉마니가 개宗수, 다바오의 거처
불적사	불적산의 암자	~826~	감성의 거처
동림사	박닌 전녕의 크엉뜨 마을	~900	점원의 거처, 선회의 출가
정선사	투언타인의 초류향	~900	선회의 입적
용수사	푸찌의 거처	~914~915~	팝투언의 출가
연녕사(구연사)	닌빈 호아르현의 쯔엉옌싸 호앙롱촌 찌퐁 마을, 옛 경도의 서성 쪽	딘띠엔호앙 시기 (968~979)	
암선(동)사	쯔엉옌싸, 석회암 산의 동굴, 암선동에 위치		
논느억 사원(삭천왕선사)	탕롱 쪽 사당의 유적 구역 내		쿠옹비엣의 관리
동오사	하이즈엉 띠엔띠엔사의 껍녓촌	971	딘띠엔 황제의 명으로 국사 쿠옹비엣이 창건, 리-쩐-레-응우옌 왕조를 거치면서 중수
초산사(장료사)	박닌 안퐁현의 띠에우썬사	~974	리꽁우언의 모친 팜티응아가 유람
응천사(응천심사)	꼬팝향	974 전후	어떤 개와 그 새끼에 얽힌 일화
고법사	박닌 동응안현의 딘방사	~976~977	리꽁우언이 승려 리카인반의 양자가 되어 성장한 사원
쌍림사	티엔득부 푸닌향	979 전후	티엔옹의 입적, 벌레와 용목 껍질에 얽힌 일화
바응오 사원(담르 사원)	호아르 쯔엉옌싸, 쯔엉옌 나루터와 깜그엄산에 가까움	979	
일주사	호아르 쯔엉옌싸의 경성 내 동성 중심	984	팝투언·쿠옹비엣·반하인 등이 참여하며 국정을 논의
책강사	트엉강(Sông Thương)의 지류 싸익강(Sông Sách) 부근으로 추정	~987	987년 송나라 사신 이각이 거처함
향성사	미상	~1004~1087	보응아이와 제자 쑹팜의 거처

이름(다른 이름)	지역	시기	비고
금은사	호아르 쯔엉옌싸의 찌퐁 마을, 옛 경도의 서성 쪽	띠엔레 시기 (1005~1009)	
영사	미상	~1009	리꽁우언의 여행 중 숙소, 옥에 관한 어떤 승려와의 일화
림사	미상	~1009	반하인의 게송에 등장, 팝통의 거처, 후에씬의 출가
에냐이 사원	현재 하노이 바딘꾸언의 응우옌쭝쪽 프엉 항탄 거리 19번지	리 왕조 시기 (1009~1225)	
호아 사원	하이퐁	리 왕조 11세기	
인 사원(법운사, 까 사원)	자럼, 닌히엡사의 나인(Nành) 마을		
교사	미상	~1010	
명의 8개 사원	리타이또의 고향 티엔득부, 즉 이전의 꼬팝주		
천(어)사	탕롱성 안	1010.07	
엄사	탕롱성 밖		1014년 10월에 종이 안치됨, 1029년 4월에 신인이 나타남
타사	미상	~1011	쿠옹비엣이 고향 트엉락 깟러이의 주희산에 짓고 주지가 됨
세사	탕롱성 안 오른쪽, 태화전 근처		계장이 마련됨, 참인 마하가 감금되었던 곳, 후에씬·중국 승려 변재의 거처
대)천왕사	탕롱성 밖	1011	
사(금의사)	탕롱성 밖		
구)성수사(성수사)	탕롱성 밖 오른편		
사	탕롱성 밖		
사	하이즈엉 꼬미엣의 다오자향	~1014	마하의 거처
사	타인호아 아익군의 트향	~1014	주지 팝투언·마하의 거처, 산스크리트어 불경 번역
사	타이빈	~1015.02	
사	미상	1016.03	
사	미상		

이름(다른 이름)	지역	시기	비고
개천사	타이빈	~1029	마하의 거처
진교(선)사	탕롱성 내	1024.09	1169년 4월과 1179년 5월에 중수
광흥사	티엔득부 안찐향	~1028~1054	딘후에의 거처
천승사	미상	~1029	1029년과 1038년에 신인이 나타남
석가사	뇌공관 앞	~1032	
중명사	띠엔주의 티엔푹봉	~1034~1038	티엔라오의 거처, 티엔라오의 입적 이후 리타이똥이 사원을 증축하고 사람을 두어 향화(香火)가 이어짐
장성사	미상	1034 전후	바오띤과 민떰의 유골 보관
중광사	띠엔주산	~1034	1034년 8월 중흥장이 설치됨, 1035년 11월 종과 관련된 신비적 일화, 1038년 10월 비가 세워짐
중선사	띠엔주산	~1034	1034년 9월 리타이똥의 방문
대승사	미상	~1038	1038년 9월 신인이 나타남
송산(고)사	부닌	~1043	1043년 4월 당시의 신비한 석주
연우사(일주사)	탕롱	1049	1080년 2월 중수
감응사	티엔득부의 바산	~1050	관리 응우옌뚜언이 딘흐엉을 모심, 이때부터 학인들이 운집, 바오띤·민떰의 거처
자광복성사	쯔엉까인의 직브엉향	~1054~1072~	밧냐의 거처, 민찌의 입적
광명사	띠엔주의 티엔푹산	~1054~1060~	끄우찌의 두타 고행, 다오후에· 엉응우옌의 거처
연랭사	하남 주이띠엔 시사의 옌랑 마을 롱도이산	1054~1059~	즈엉다오자가 지어 끄우찌를 주로 모심
동림사	미상	1055.10	같은 이름의 사원이 이미 존재
정려사	박닌의 동끄우산	1055.10	타오녓의 거처, 쩐콩의 출가
보천사	미상	1056	다오후에의 거처
숭경보천사(영광사, 바다 사원)	탕롱 토쓰엉현의 띠엔티촌 바오티엔프엉	1056.04	
불적사(만복사)	박닌 띠엔주현의 호앙프엉의 펏띡산 (혹은 란카산) 남쪽	1057	같은 이름의 사원이 이미 존재

이름(다른 이름)	지역	시기	비고
천복사	띠엔주산	1057.12	범왕상과 제석상이 안치됨, 다오하인·민콩·팝이·티엔냠의 거처, 후에씬이 비문을 지음
천수사	띠엔주산으로 추정	1057.12	범왕상과 제석상이 안치됨
⋯원(향해원)	미상	1058~	지에우년이 주지를 맡았음
⋯겸광사(신광사, 깨오 사원)	하이타인	~1059~1119	콩로의 거처, 주지 작하이
⋯성사	흥옌 푸란채의 응이산쭈향 파라이산	~1059~1100	쩐콩·콩로·반띡의 거처
⋯택사	로이하짜익의 사원	~1059~1065	콩로·작하이의 거처
⋯광사	남딘 쑤언 쯔엉의 쑤언닌사 응이아싸 마을	1059~	콩로의 거처, 작하이의 입적
⋯엄보덕사	박닌 보닌주의 띠엔주산	1059.03	
⋯광사(깨오 사원)	타이빈 부트현	1061	
⋯성사	띠엔주산	~1063	후에씬이 비문을 지음
⋯국사	띠엔주산	~1063	후에씬이 비문을 지음
⋯엄)보덕사	부닌산	~1063	다이싸의 거처, 후에씬이 비문을 지음
⋯주사	미상	~1063	리타인똥이 이란 부인의 출산을 기원
⋯광사	콩로가 고향 하이타인의 중뉴에 마을에 세움	1063	콩로의 입적 이후 리아인똥이 사원을 증축
⋯에우산의 어떤 사원(띠에썬 사원)	박닌 뜨썬부의 띠에우썬 마을	1063.06	
⋯력사	박닌의 동끄우산	~1066	타오녓의 거처, 쩐콩의 출가
⋯승사(랑 사원)	응와이랑(trang Ngoại Lãng)	1066~	도도가 조성
⋯남이천왕사	탕롱	1070.09	
⋯구사	미상	~1071	리타인똥이 '불(佛)'이라는 글자를 쓴 비가 있었음
⋯장원	응에안주	1073	지주 리다오타인이 세움
⋯사	박닌 옌퐁현의 느응우엣 쩐호향	~1175	주지는 응우옌혹
⋯사	푹드엉의 롱담	~1175~1181	응우옌찌·응우옌혹의 거처
⋯사	타인호아 보이리 갑(甲)	1077	다오중이 세움

이름(다른 이름)	지역	시기	비고
영칭사	아이쩌우의 응으엉썬산	1085~1089	타인호아 최초의 사원, 리트엉끼으의 주도적인 역할
(대)남산사	박닌 꾸에즈엉현의 람썬사 다이람산	1086~1094	리년똥이 하사한 사원 이름은 경동경사
융은사	응티엔부의 닌산	~1088	
길상사	탕롱	~1090	비엔찌에우의 거처, 통비엔의 수학
관정사	썬떠이 꾸옥오아이부의 타익텃현 콜로산	~1090	꽝찌·만작·응오언·띤혹의 거처
숭암사	안까익향	~1096	
교원사	이란이 꼬우리엔 안까익 마을의 경흥궁 옆에 조성		만작·반띤의 거처
안국사	미상	~1097	비엔혹·비엔통의 거처
다수의 불교 사원	미상	1097~	1097년의 풍년으로 많은 불교 사이 조성되기 시작함
황금사(일첨사)	하떠이 꾸옥오아이현의 호앙응오사	~1099	
창산사	남딘 응오쌰사		
보은사	타인호아 시사에서 2km 떨어진 안호아익산(속칭은 뇨이산)	1099~1100	
익명의 사원	안라오산	1099.09	
영복사	띠엔주산	1100.04	
보녕숭복사	뛰엔꽝 찌엠호아현의 안응우엔사	1107	
천복사(터이 사원)	하떠이 꾸옥오아이현의 투이쿠에사 펏띡(Phật Tích)산 아래	1109	이전에는 향해암으로 불리던 ㅈ암자였음
영복사	띠엔주산	1100	
광정사	미상	~1105	팝바오의 거처, 팝바오와 투언ㅉ만남 장소
화광사	트엉응이 떠이껫향	~1105	투언쩐의 거처
대명사	미상	~1110	
보감사	미상	~1110	쩐콩의 거처
100여 곳의 사원	미상	1115~	린년 황태후가 리년똥의 후사를 ㅈ하기 위해 조성

이름(다른 이름)	지역	시기	비고
태평사	빈호아도(道)	~1116	끼에우찌후옌의 거처
조풍사	떤짜이 다이꾸향의 타익텃산	~1117	쑹팜·찌밧의 거처
복연자성사	타인호아로 추정	~1118	주지는 하이찌에우
숭엄연성사	타인호아 허우록현의 주이띤사	1118	현존하지 않음
숭흥연수사	미상	1127.07	
영림사	꽝닌 동찌에우 시사의 짱안프엉 (phường)	1128~1138	
리꾸옥쓰 사원(이국사사)	현재 하노이 호아끼엠꾸언의 항쯩 프엉 리꾸옥쓰 거리(phố Lý Quốc Sư) 50번지	1131~	
연녕사	뜨리엠	~1134	통비엔의 거처, 다오후에의 출가
발향사	만더우군	~1135	저이콩의 거처
화사	쩐마산	~1135	
주암	하이즈엉의 남싸익(Nam Sách, 南柵)	~1135	저이콩의 거처
림사	미상	~1135	저이콩의 거처
정사	닌빈	1136	
엄자성사	미상	1136(추정)	
수사	남딘 자오투이(Giao Thủy)현	~1136	민콩의 거처
감사	미상	1137	
복사	자오투이 하이타인향	~1138	콩로·작하이의 거처, 사원전을 소유하고 있었을 가능성
정사	닌빈의 쯔엉안부	~1141	민콩 국사의 거처
룡사	미상	1145	
성사	미상		
군사	남딘 꼬히엔향	~1151	비엔통의 거처
영의 사원	미상	1156	
복사	미상	~1159.봄	
장사	미상	~1165	

이름(다른 이름)	지역	시기	비고
삭천왕사	빈로티 베린산	~1165.06	쯔엉응우옌의 거처
숭복원	푹쑤옌	~1170	띤콩의 출가
보감사	띠엔주산	~1173	
보복사	썬떠이 꽝오아이부의 미르엉 꾸언쯔엉	~1173	바오잠의 거처
평양암	하이즈엉 끼엣닥의 찌린산	~1173	반띤의 거처
월왕지암	박닌 부닌의 띤끄엉	~1175	띤륵의 거처
건안사	미상	~1176	
익명의 사원	다이싸 뚜옌민의 호암(虎巖)	~1180	
이림사	미상	~1183.봄	
복성사	디엔라인 마을(즉 크엉뜨 마을)	1184	민찌·꽝응이엠의 거처, 민찌의 입
성은사	씨에우로아이	~1190	꽝응이엠의 거처
정과사	단풍현 쯔엉까인의 쭝투이 마을	~1190	꽝응이엠·트엉찌에우의 거처, 꽝 이엠의 입적
방고사	옹막	~1203	트엉찌에우의 거처
성훈사	미상	~1206	
광성사	미상	~1207	띤저이의 고향 및 거처
국청사	응에안부 비린산	~1207	띤저이의 거처
원명사	미상	~1207	바오작의 거처
승광사	낌바이 티쭝향	~1216	턴응이의 거처, 입적
성과사	미상	~1221	
부열사	탕롱성 밖	~1225	리후에똥과 담 태후의 거처
보광사	안호아부	~1226	

8. 불상, 불탑, 종, 비문 등

이름	지역	시기
불상	루이러우의 사원들, 예를 들면 저우 사원, 더우 사원, 비행사, 지과사	사섭(137~226) 시기
탑	법현이 영릉에 법운사를 짓고 봉주, 환주, 장주, 애주 등지의 각 절에도 탑을 세움	581~604 (수 문제 시기)
사리탑	법현이 스승 비니다류지를 화장한 후 오색의 사리를 거두어서 세움	594
탑	통선이 스승 정공을 기념하며 육조사(경림사) 서쪽에 세워 스승의 말을 기록하여 넣어둠	808~
사리탑	감성이 띠엔주산에 무언통의 사리를 모아 세움	826
석주의 비문	딘리엔이 호아르에 밀교의 주문을 새겨 세움	979.봄~10
신상(혹은 불상)	쿠옹비엣이 꿈에 본 신인을 나무로 조각하여 사당에 모심	~981
종	홍종이 대교사에 안치됨	1010.07
종	탕롱성 내 흥천사에 안치됨	1014.09
종	탕롱 외성 남쪽의 승엄사와 성내의 오봉성루에 안치	1014.10
사천제상	천광사와 천덕사가 조성될 때 만들어짐	1016.03
사리탑	반하인의 사리를 안치함	1025
탑	장성사, 리타이똥이 바오띤과 민떰의 유골을 모심	~1034~
종	숭경보천사, 리타인똥이 명문을 새김	1056.04
승자천보탑	탕롱의 숭경보천사, 12층(혹은 13층), 참파 장인의 도움으로 세워짐	1057.03
왕상과 제석상	천복사와 천수사에 안치됨	1057.12
주육각연화종루	탕롱성 내 영광전 앞	1058.06
썬탑 혹은 상룡탑	현재 하이퐁의 도썬	1058.09
	꾸찌의 영골이 안치	1059~1060
존 아미타불	원광사, 정토 신앙과 선종의 융합	1059
적사의 탑	리타인똥의 명으로 낭장 꾸아익만이 띠엔주산에 세워짐	1066.09
존 아미타불상	불적사의 탑에서 발견됨	1066.09~
전종	연우사에서 주조된 홍종	1080.02~
베우언 탑	영칭사, 9층 탑	1085~1089

이름	지역	시기
남산사의 탑	1088~1094년 조성, 1105년 석탑 세 개가 추가됨	1088~1105
사리탑	안까익향의 숭암사, 만작의 사리가 안치	~1096
아미타불상	황금사(일명 일첨사)	~1099
	창산사	
사리탑	투언쩐이 세상을 떠난 이후, 보국태보 까오또이가 다비식을 주관하고 탑을 세워 사리를 안치함	1105.02
창산탑	창산사로 추정	1108.01
청동 아미타상	경림사	1128~1138
사리탑	저이콩의 사리가 안치됨	1135~
사리탑	띠엔주산의 보감사, 다오후에의 사리가 안치됨	1173
사리탑	제자 턴응이 등이 스승 트엉찌에우의 사리를 안치	1203.09
큰 종	띤저이가 광성사에서 주조함	~1207
사리탑	보광사에 리후에똥의 사리가 안치됨	~1226.08
비니다류지상	박닌의 저우 사원	현재

9. 불교 관련 자료

자료명	시기	비고
「이혹론」	사섭 시기	모자
『대반열반경(大般涅槃經)』	3세기 전반	강승회의 번역 및 주석
『대아미타경(大阿彌陀經)』		
『서응본기경(瑞應本起經)』		
『팔천송반야경(八千頌般若經)』 혹은 팔천송반야바라밀다경(八千頌般若波羅蜜多経)	3세기 초	강승회의 번역
『경면왕경(鏡面王經)』	오나라	
『권방편경(權方便經)』		

자료명	시기	비고
「범황경(梵皇經)」(건초사)		
「보살이백오십법경(菩薩二百五十法經)」		
「보살정행경(菩薩淨行經)」	오나라[2권, 적오 연간(238~251)]	
「소품경(小品經)」(건초사)		
「아난염미경(阿難念彌經)」(건초사)		강승회의 번역
「오품경(吳品經)」		
「육도집경(六度集經)」(건초사)	247년 전후	
「잡비유경(雜譬喩經)」		
「좌선경(坐禪經)」		
「찰미왕경(察微王經)」(건초사)		
「도수경(道樹經)」		
안현(安玄), 「법경경(法鏡經)」		강승회의 주석 및 서문
안세고(安世高) 역, 「안반수의경(安般守意經)」		
「육도요목(六度要目)」		강승회의 편집
「법화삼매경(法華三昧經)」	255~256	칼라루치의 한역
「십이유경(十二遊經)」		
「법화경」		석혜승의 수지 독송, 쩐콩이 궁궐에서 강설함, 바오 띤과 민떰의 수지 독송(특히 「약왕품(藥王品)」), 통비엔의 기본 경전, 응오언의 탐구, 민찌가 종지를 깨침, 쩐콩이 출가하는 계기, 통비엔의 수행 및 강설에 이용
「상두경(象頭經)」	~580	중국 광주 제지사에서 비니다류지가 번역
「보업차별경(報業差別經)」		
「상두정사경(象頭精舍經)」	~580~	비니다류지의 번역, 강설
「(대승)총지경[(大乘)摠持經]」	582	비니다류지의 번역, 반하인의 총지와 삼매 학습
「연생론(緣生論)」	7세기	대승등의 핵심 경전
「능가경(楞伽經)」	560~626	법현의 핵심 경전
「금강경(金剛經)」	~686	청변의 수지 독송, 꽝응이엠과 트엉찌에우의 대화 주제

자료명	시기	비고
익명의 경전들	~860	감성의 수지 독송, 특히 『문수경』
『문수경(文殊經)』	~900	감성과 선회의 대화에서 등장
『묘법연화경(妙法蓮華經)』 또는 『법화경(法華經)』	973	딘리엔이 간행
『불정최승다라니경(佛頂最勝陀羅尼經)』	~979	당나라 때의 밀교 경전
『능엄경(楞嚴經)』	~995~	호아르 일주사의 팔각 석주에 새겨져 있음
『전등록(傳燈錄)』	1004	송나라 진종 경덕(景德) 원년에 도원(道原)이 지음, 민찌가 종지를 깨우침
『대장경(大藏經)』	~1005~	송나라에서 수입, 1081년 사신 르엉중루엇이 송나라에서 수입, 만작의 연구
산스크리트어 불경	~1014	참인 마하의 번역
삼장경(三藏經)	1018.06	사신 응우옌다오타인과 팜학이 수입, 1098년 9월에도 사신 응우옌반띤이 수입
『백론(百論)』	?~1025	용수 보살의 제자 제파가 지음, 반하인의 연구
『보살호참회문(菩薩號懺悔文)』		팝투언이 지음, 현지 사회에 널리 전파됨
대자심주(大慈心注)[대비주(大悲呪)로 추정]	~1014	마하가 3년 동안 독송, 『천수경』과 관련 있는 듯함
『조대록(照對錄)』	1054~1072	변재의 편수, 트엉찌에우·턴응이·응언콩 등이 연구
『법사재의(法事齋儀)』	~1063	후에씬이 지음
『제도장경찬문(諸道場慶讚文)』	~1063	후에씬이 지음
『오도송(悟道頌)』	~1064~1117	이란 부인이 지음
보복사(保福寺)의 경전들	?~1173	바오잠이 모두 필사
『원각경(圓覺經)』	~1090	비엔찌에우의 수지 독송, 응오언의 연구, 민찌가 종지를 깨침, 띤혹의 연구와 삼관 수행
『약사십이원문(藥師十二願文)』	~1090	비엔찌에우가 지음
『찬원각경(讚圓覺經)』		
『십이보살행수증도장(十二菩薩行修證道場)』		
『참도현결(參道顯決)』		
익명의 다라니	~1119	콩로의 암송
『인왕경(仁王經)』	~1196	민찌가 종지를 깨우침

자료명	시기	비고
『남종사법도(南宗嗣法圖)』	~1203	트엉찌에우가 작성, 턴응이·응언콩 등이 연구
『전법서(傳法序)』	~1337	당나라 상국 권덕여가 지음
『고주법운불본행어록(古珠法雲佛本行語錄)』	1752	재간본, 비엔훙(Viên Hùng)이 쯔놈으로 번역

10. 승관(僧官)

승려	직위
쯔엉마니(Trương Ma Ni, 張麻尼, 딘 시기)	승록
팝투언(法順, 914~990, 비니다류지파, 제10세, 띠엔레 시기)	승통
반하인(萬行, 938~1018, 비니다류지파, 제12세, 띠엔레 시기)	승통
쿠옹비엣(Khuông Việt, 匡越, 933~1011, 무언통파 제4세, 딘-띠엔레-리 왕조 시기)	승통(딘 왕조)
꾸아익응앙(Quách Ngang, 郭卯, 띠엔레 시기 1009년 7월 당시)	승통
탐반응우옌(沈文苑, Thẩm Văn Uyển, 1014년 5월 당시)	우가승통
피찌(Phí Trí, 費智, 1020년 9월 당시)	승통
꾸아익(郭)씨[후에씬(?~1063)의 아버지가 이 승록의 딸과 혼인]	승록
후에씬(Huệ Sinh, 惠生, ?~1063, 비니다류지파 제13세)	내공봉, 도승록, 좌가도승통
민콩(Minh Không, 明空, 1065~1141, 비니다류지파 제13세)	국사
타오드엉[草堂, 베트남어로 타오드엉(Thảo Đường), 997~?, 초당파 창건]	국사
통비엔(Thông Biện, 通辨, ?~1134, 무언통파 제8세)	승록, 국사
카인히(Khánh Hỉ, 慶喜, 1067~1140, 비니다류지파 제14세)	승록, 승통
비엔통(Viên Thông, 圓通, 1080~1151, 비니다류지파 제18세)	대대로 승관 집안, 좌가우가승록도, 좌가승록, 우가승통, 지교문공사, 좌우가승통, 내공봉, 지교문공사, 전강삼장, 문장응제호국국사, 국사
꾸옥바오호아(Quốc Bảo Hòa, 國抱和)	다바오의 제자, 국사
녓똥(一宗)	국사

주석

머리말

1   Hà Văn Tấn, *Chùa Việt Nam* (*Buddhist Temples in Vietnam*), Hà Nội: Nhà Xuất
    Bản Khoa Học Xã Hội, 1993, pp. 8, 84.

2   이옥순, 「타고르의 동남아, 1927년」, 『숭실사학』(숭실사학회), 통권 24호(2010),
    pp. 331~359.

3   이은구, 『버마 불교의 이해』, 세창출판사, 1996; 김홍구, 『태국불교의 이해』, 부산
    외국어대학교, 2005; 불교평론 편집실 엮음, 『동남아불교사』, 인북스, 2018.

4   김춘실, 「中國 山東省 佛像과 三國時代 佛像」, 『美術史論壇』(한국미술연구소), No.
    19[2004]; 성춘경, 「光州 證心寺 石造菩薩立像에 대한 考察」, 『文化史學』(한국문화
    사학회), 第21號(2004.06); 강희정, 「6세기 扶南과 山東의 사르나트 양식 불상-남
    방해로를 통한 인도 불교미술의 東傳」, 『中國史研究』(중국사학회), Vol. 67[2010] 등.

5   John K. Whitmore, "Social Organization and Confucian Thought in Vietnam,"
    Journal of Southeast Asian Studies, Volume 15, Issue 02 (September 1984);
    Nola Cooke, "Nineteenth-Century Vietnamese Confucianization in Historical
    Perspective: Evidence from the Palace Examinations (1463-1883)," *Journal of
    Southeast Asian Studies*, Volume 25, Issue 02 (September 1994) 참조.

6   유인선, 「베트남 黎朝의 성립과 儒敎理念의 확립: 불교이념으로부터 유교이념으
    로」, 『東亞研究』(서강대학교 동아연구소), No. 48(2005); 유인선, 「유교가 베트남

에서 국가이념으로 성립되는 과정」, 『Suvannabhumi(수완나부미)』(부산외국어 대학교 동남아지역원), Vol. 3, No. 1(2011); Polyakov Alexey, "Khởi Nghĩa Sự Phát Triển Nho Giáo Ở Đại Việt," *Nghiên Cứu Lịch Sử*, Số 4 (12/06/2013) 참조.

7   이와모도 유다까[岩本裕] 외, 홍사성 옮김, 『동남아 불교사: 상좌부 불교의 전개와 현황』, 반야샘, 1987[이 책은 中村元(1912~1999), 笠原一男, 金岡秀友이 감수·편 찬한 『アジア佛敎史(インド編)』제6권(東南アジアの佛敎: 傳統と戒律の敎え)을 번역한 것이다. 기타 저자는 佐佐木敎悟(1915~), 藤吉慈海(1915~)이다]; 이시이 요네오(石井米雄) 외, 박경준 옮김, 『동남아시아의 불교 수용과 전개』, 불교시대 사, 2001; 이시이 코오세이(石井公成), 최연식 옮김, 『동아시아 불교사(東アジア 仏敎史)』, 씨아이알, 2020.

8   이은구, 『버마 불교의 이해』; 김홍구, 『태국 불교의 이해』; 불교평론 편집실 엮음, 『동남아불교사』.

9   윤대영, 「참파 왕국의 해양 교류와 이슬람」, 김형준, 홍석준 편, 『동남아의 이슬람 화 2: 인도네시아, 말레이시아, 필리핀, 베트남에서의 정치, 사회문화의 다양성과 갈등』, 눌민, 2017.

10   Gustave Dumoutier, *Le Rituel Funéraire des Annamites: Étude d'Ethnographie Religieuse*, Hà Nội: Impr. F.-H. Schneider, 1904; L. Bezacier, *L'Art Vietnamien*, Paris: Éd. Union Française, 1954; Robert Lingat, "La Conception du Droit dans l'Indochine Hîniayâniste," *Bulletin de l'École Française d'Extrême-Orient*, Tome 44, N° 1 (1951); Holmes Welch, "Buddhism under the Communists," *The China Quarterly*, No. 6 (Apr. - Jun., 1961); 市川白弦, 「禅 における自由の問題 - 南ベトナム禅僧の焼身抗議をめぐって」, 『思想』(岩波書 店), N° 475(1964-01).

11   Thích Mật Thể, *Việt Nam Phật Giáo Sử Lược*, Hà Nội: Chùa Quán Sứ, 1942. 베 트남의 문화사 연구는 미약한 편인데, 종교와 신앙 영역에 관한 연구는 더욱 미진 하다. Phan Huy Lê, *Lịch Sử Và Văn Hóa Việt Nam: Tiếp Cận Bộ Phận*, Hà Nội: Nhà Xuất Bản Thế Giới, 2012, p. 18.

1장

1   현재 베트남의 박닌(Bắc Ninh)성, 투언타인(Thuận Thành)현, 타인크엉(Thanh Khương) 마을에 있었다고 추정된다. 현지에서는 보통 루이러우(Luy Lâu)라고 부른다.

2   Pali Text Society, *The Mahāvaṃsa or the Great Chronicle of Ceylon*, translated into English by Wilhelm Haynes Bode, Oxford University Press, 1912, pp. 26~50 참조. 부처가 열반한 뒤, 그의 법문을 기록하기 위한 경전 결집 대회가 수

차례 열렸다고 한다. 상좌부 불교와 대승 불교에 따라, 이 대회의 횟수, 시기, 장소 등에 다소 차이가 있지만, 아쇼까왕 시대에 상당한 규모의 대회가 있었던 점은 분명하다. 당시 모인 500~1,000명의 승려가 의견 합의를 본 부분을 운문의 형태로 만든 후, 운율에 맞춰 노래하듯이 정리했다. 따라서 '결집'을 '합송(合誦)'이라고도 표현한다. 이러한 암송의 전통은 고대 인도 문화에서는 상당히 일반적이었고, 암송 능력 또한 현재 인간의 능력을 훨씬 능가했다고 한다.

3   '수완나부미'는 팔리어이고, 산스크리트어로는 '수와르나부미(Suvarnabhumi)', 크메르어로는 '수완나뿜'이다. 일반적으로 '수완나'는 '황금'으로 번역된다.

4   George Cœdès, *Les États Hindouisés d'Indochine et d'Indonésie*, Paris: Éditions E. DE BOCCARD, 1964, p. 40; Dr. Yashpal, *Buddhism in Thailand*, Kalinga Publications, 2008, pp. 17, 35, 45; Nguyen Tai Thu, ed., *The History of Buddhism in Vietnam*, Washington, D.C.: Council for Research in Values and Philosophy, 2008, p. 13.

5   각려효, 「베트남 불교의 역사와 현황」, 『문학/사학/철학』(한국불교사연구소), Vol. 50, 2017, p. 24.

6   「하룻밤 새 생긴 못[一夜澤傳, Truyện Đầm Một Đê (Nhất Dạ Trạch – Tiên Dung Và Chử Đồng Tử)」, 무경 엮음, 박희병 옮김, 『베트남의 신화와 전설』, 돌베개, 2000, pp. 35~40.

7   Nguyễn Hữu Vinh, "Lĩnh Nam Chích Quái – Truyện Đầm Một Đêm (Nhất Dạ Trạch – Tiên Dung Và Chử Đồng Tử)," *Đọt Chuối Non*, 19/03/2010.

8   코아이(Khoái, 快)주(州) 부근의 홍하를 말한다.

9   판본에 따라, '경위산(瓊圍山)' 혹은 '경원산(瓊園山)'이라고 한다. 경원산(Núi Quỳnh Viên)은 하띤(Hà Tĩnh)성의 타익하(Thạch Hà)현, 타익반(Thạch Bàn) 마을에 있다.

10 Lê Mạnh Thát, *Lịch Sử Phật Giáo Việt Nam*, Tập 1, Huế: Nhà Xuất Bản Thuận Hoá, 1999, pp. 19~29 참조.

11 『漢書』, 卷28, 「地理志下」(부록 1 참조); Nguyen Tai Thu, ed., *The History of Buddhism in Vietnam*, p. 18.

12 Thiên Vỹ, "Làm Sáng Tỏ Vai Trò Phật Giáo Hà Tĩnh Trong Dòng Chảy Lịch Sử – Văn Hóa Phật Giáo Việt Nam," *Báo Hà Tĩnh*, 28/03/2023; Nam Giang, "Khám Phá Quỳnh Viên Tự – Nơi Thiền Sư Phật Quang Truyền Bá Đạo Phật Vào Việt Nam," *Báo Hà Tĩnh*, 06/04/2023.

13 사원을 의미하는 베트남어 '쭈어(chùa)'의 어원은 불분명하다. 중국어 '스[㝷]'와 관련이 있을 수도 있다. 베트남의 초기 사원들이 불탑의 형태를 띠고 있었기 때문에 '쭈어'가 팔리어 'thūpa'나 산스크리트어 'stūpa'에서 기원했다고도 한다. 아울러 '찌엔(chiền)'이라는 단어도 사원을 뜻하는데, '쭈어찌엔(chùa chiền)'은 사원 건축

을 총칭하는 합성어이다(Hà Văn Tấn, *Chùa Việt Nam*, p. 84).

14 Thành Đoàn Hải Phòng, "Chùa Hang, Phường Hải Sơn, Quận Đồ Sơn (Hang Pagoda, Hai Son Ward, Do Son District)," Đoàn TNCS Hồ Chí Minh, Thành Phố Hải Phòng, 26/07/2023.

15 이름은 랑리에우(Lang Liêu, 郎僚).

16 빈푹(Vĩnh Phúc), 타이응우옌(Thái Nguyên), 뛰옌꽝(Tuyên Quang)의 교계 지역에 위치.

17 『雄王玉譜』(Hùng Vương Ngọc Phả), NLVNPF-0793, R. 285. 참조.

18 "Tây Thiên - Chiếc Nôi Phật Giáo Việt Nam," *Giác Ngộ*, 29/10/2009 참조.

19 Hà Văn Tấn, *Chùa Việt Nam*, pp. 8, 84; Nguyen Tai Thu, ed., *The History of Buddhism in Vietnam*, p. 14 참조.

20 Nguyễn Lang, *Việt Nam Phật Giáo Sử Luận*, Hà Nội: Nhà Xuất Bản Văn Học, 2008, p. 23.

21 Ben Kiernan, *Viet Nam: A History from Earliest Times to the Present*, Oxford University Press, 2017, pp. 92~96.

22 https://chuaadida.com/Images/News/chuaadida_full_con-duong-dao-phat-den-voi-viet-nam.jpg

23 "BẮC NINH."

24 '저우'는 '뽕나무'를 의미하는데, 루이러우의 사람들은 뽕나무를 심어서 누에를 길렀고, 비단과 옷감을 생산했다고 한다. Nguyen Tai Thu, ed., *The History of Buddhism in Vietnam*, p. 20.

25 루이러우의 주요 시설들은 저우강 변에 조성되었는데, 강가의 성루(城壘)가 대표적인 예이다("Luy Lâu - Trung Tâm Chính Trị, Kinh Tế, Văn Hóa Cổ Xưa Nhất," *Báo Điện Tử Chính Phủ*, 08/07/2010).

26 상사(桑寺), 혹은 바저우 사당(Đền Bà Dâu).

27 V. Thanh, "Về Sông Dâu," Công Ty TNHH Công Nghệ Và Thương Mại TeC, 2014; VUSTA, "Những Dòng Sông Lấp Và Huyền Sử Văn Hóa Xứ Bắc," Liên Hiệp Các Hội Khoa Học Và Kỹ Thuật Việt Nam, 27/09/2011.

28 지금의 광저우[廣州].

29 Nguyen Tai Thu, ed., *The History of Buddhism in Vietnam*, p. 20.

30 "'贏'의 음은 '연(蓮)'이고, '陵'의 음은 토루(土簍)에서 받은 것이다"라고 했다. 『漢書』, 第28卷, 지리지하(下)(36), 「제1장 군현(郡縣) 위치(36) 교지군(交趾郡)」. 『欽定越史通鑑綱目』은 '贏陵'의 음을 '蓮受(Liên Thụ)'로 소개하고 있다[第一册, 前編,

卷之二, 5a(173)].

31 Nguyen Tai Thu, ed., *The History of Buddhism in Vietnam*, pp. 20~21. 교지
군의 행정 중심지[治所]는 불분명한 측면이 있다. 응우옌(Nguyễn) 왕조의 시인이
자 대신(大臣) 응우옌반씨에우(Nguyễn Văn Siêu, 阮文超, 1799~1872)가 편찬한
『대월지여전편(大越地輿全編, Đại Việt Địa Dư Toàn Biên)』은 『한서(漢書)』 사고
주(師古注)를 인용하여 연루현(羸陵縣)이었다고 하지만, 『진서(晋書)』와 『원화군
현도지(元和郡縣圖志)』는 용편현(龍編縣)이었다고 하고, 『수경주(水經注)』를 인용
한 『교주외역기(交州外域記)』는 미령현(麊泠県)이었다고 한다(周振鶴, 『西漢政區
地理』, 北京: 人民出版社, 1987). 베트남 측의 자료는 이루현을 '螺瀔(Liên Lâu)'로
소개하면서 '瀔'는 '樓'로 쓰기도 하는데, '龍編'이라고 설명하고 있다(『大越史記全
書 (上)』, 外紀, 卷之三, p. 130). 『欽定越史通鑑綱目』에 의하면, "행정 중심지는 기
원전 106년에 羸陵에서 창오(蒼梧, Thương Ngô)군의 광신(廣信, Quảng Tín)현
으로 이전했다"고 기록하고 있다[『欽定欽定越史通鑑綱目』, 前編 卷之二, 7a(177)].

32 Nguyen Tai Thu, ed., *The History of Buddhism in Vietnam*, p. 20.

33 『漢書』, 第28卷, 地理志, 지리지하(36), 「제1장 군현 위치(36) 교지군」.

34 Nguyen Tai Thu, ed., *The History of Buddhism in Vietnam*, p. 21.

35 『欽定欽定越史通鑑綱目』, 前編 卷之二, 7a, p. 177.

36 지금의 18번 국도.

37 Nguyen Tai Thu, ed., *The History of Buddhism in Vietnam*, p. 20.

38 Nguyen Tai Thu, ed., *The History of Buddhism in Vietnam*, pp. 17, 20; "Luy
Lâu - Trung Tâm Chính Trị, Kinh Tế, Văn Hóa Cổ Xưa Nhất."

39 Nguyen Tai Thu, ed., *The History of Buddhism in Vietnam*, pp. 21~22.

40 Nguyen Tai Thu, ed., *The History of Buddhism in Vietnam*, pp. 14, 17, 20;
Nguyễn Lang, *Việt Nam Phật Giáo Sử Luận*, p. 33. 남방 해상 루트를 따라 교지
에 체류한 후 인도로 가던 중국 승려들에 대해서는 이하 '구법승'과 관련된 내용을
참조할 것.

41 Nguyen Tai Thu, ed., *The History of Buddhism in Vietnam*, pp. 19~20.

42 "Luy Lâu - Trung Tâm Chính Trị, Kinh Tế, Văn Hóa Cổ Xưa Nhất." 저우 사
원(Chùa Dâu)은 연응사(延應寺, Chùa Diên Ứng), 법운사(法雲寺, Chùa Pháp
Vân), 고주사(古州寺, Chùa Cổ Châu) 등으로도 불린다.

43 Trương Đình Nguyên, Bùi Huy Hồng, "Vấn Đề Sưu Tầm Thư Tịch Và Tư Liệu
Hán Nôm," *Nghiên Cứu Hán Nôm*, Năm 1984 (Phần 2) 참조.

44 Nguyen Tai Thu, ed., *The History of Buddhism in Vietnam*, pp. 21~22.

45 최연식, 「조선후기 석씨원류의 수용과 불교계에 미친 영향」, 『九山論集』(보조사상
연구원), Vol. 1, 1998.

46 지금의 산둥성 닝양[寧陽].

47 지금의 허난성 중부.

48 『三國志』, 卷四十九, 吳書 四, 劉繇·太史慈·士燮傳 第四; 『大越史記全書 (上)』, 外紀, 卷之三, p. 130; 黎崱 撰, 武尙淸 點校, 『安南志略』, 中外交通史籍叢刊, 北京: 中華書局, 1995, p. 171.

49 『三國志』, 卷四十九, 吳書 四, 劉繇·太史慈·士燮傳 第四; 『大越史記全書 (上)』, 外紀, 卷之三, p. 130; 黎崱 撰, 『安南志略』, p. 171. 당시 교지로 들어왔던 중국 측 인사들의 예를 들면, 허정(許靖), 원패(袁沛), 등소로(鄧小孝), 서원현(徐元賢), 장자운(張子云), 허자(許慈), 유파(劉巴), 유희(劉熙), 정병(程秉), 설종(薛琮), 원충(袁忠), 환소(桓邵) 등이다(陈国保, 『兩汉交州刺史部研究: 以交趾三郡为中心』, 云南: 云南大学出版社, 2010 참조).

50 『三國志』, 卷四十九, 吳書 四, 劉繇·太史慈·士燮傳 第四.

51 무경 엮음, 『베트남의 신화와 전설』, pp. 75~77.

52 원주(原註)에 의하면, "지금의 티엔득(Thiên Đức, 天德)강이다."

53 사섭은 용편(龍編)에서 연루(羸陵)로 행정 중심지를 옮겼다.

54 브라만 출신의 인도 승려로 추정됨.

55 흑강(黑江). 홍강과 청강(淸江)이 합류하는 일대.

56 만랑은 목불(木佛)의 모친으로서 가뭄이 들 때면 능히 비를 내렸다고 한다(무경 엮음, 『베트남의 신화와 전설』, p. 12).

57 초파일에 향수·감(甘)차·오색수(五色水) 등을 아기 부처상의 정수리에 뿌리는 법회. '관불회(灌佛會)'라고도 한다.

58 Di Linh, "Luy Lâu: Thượng Nguồn Dòng Sông Phật Giáo Đông Á," *Hội Khoa Học Lịch Sử Bình Dương*, 16/07/2012. 사법 신앙은 흥옌(Hưng Yên)성 북쪽의 반럼(Văn Lâm)현과 썬떠이(Sơn Tây)성에서도 유명하다고 한다(Nguyen Tai Thu, ed., ed., *The History of Buddhism in Vietnam*, p. 22).

59 『三國志』, 卷四十九, 吳書 四, 劉繇·太史慈·士燮傳 第四; 陳荊和 編校, 『大越史略』, 創価大学アジア研究所, アジア研究所叢刊 第一輯, 1987, p. 31; 黎崱 撰, 『安南志略』, p. 171.

60 Nguyen Tai Thu, ed., *The History of Buddhism in Vietnam*, p. 18; 유인선, 「유교가 베트남에서 국가이념으로 성립되는 과정」, p. 2.

61 사람들은 이 사원을 '쭈어까(Chùa Cả)'라고도 부른다(Hồng Quân, "Diện Mạo Mới Ở Ngôi Chùa 2,000 Tuổi," Bảo Tàng Lịch Sử Quốc Gia, 30/01/2012); Catherine Noppe, Jean-François Hubert, *Art of Vietnam*, Parkstone Press, 2003, p. 53. 전하는 이야기에 의하면, 어느 날 구름과 비, 천둥과 번개가 크게 일

어나서, 보리수[榕樹]가 쓰러졌다. 그래서 마을 사람들이 그 나무에 상(像)을 새기고, 법운사를 세워 제사를 지냈다고 한다[『欽定越史通鑑綱目』, 正編, 卷之三, 31b~32a(680~681)].

62 川上正史,「黎明期の安南仏教」,『禅学研究』(禅学研究会), 41(1948. 11.), p. 35 참조.

63 이루현을 말한다.

64 '지강량(支畺良)'에 대한 약력은 알려져 있지 않은데, 후술할 '지강량접(支彊梁接)', 즉 '칼라루치(Kālaruci)'일 가능성이 있다.

65 정천구 옮김, 『베트남 선사들의 이야기』[선원집영(禪苑集英)], 민족사, 2001, pp. 87~88. 이 자료를 인용할 경우에는 레마인탓(Lê Mạnh Thát)의 역본(*Thiền Uyển Tập Anh*)도 함께 참조했다. 여기에서 언급한 4명 중에서 1명만이 중국 출신이고 나머지는 중앙아시아와 남아시아 사람들이었다. Trần Văn Giáp, "Le Bouddhisme en Annam des Origines au XIIIe Siècle," *Bulletin de l'Ecole Française d'Extrême-Orient*, Tome 32 (1932), pp. 214~215; Nguyễn Thế Anh, "Buddhism and Vietnamese Society throughout History," *South East Asia Research* (Taylor & Francis, Ltd.), Vol. 1, No. 1 (March 1993), p. 98; Đồng Hồng Hoàn, Trịnh Minh Hiên, "Thành Nê Lê – Đồ Sơn Thời Asoka," p. 2; 이와모도 유다까 외,『동남아 불교사』, p. 257 등 참조.

66 석혜교(釋慧皎) 찬(撰),『고승전(高僧傳)』, 제1권,「1. 역경(譯經)」에 섭마등의 전기가 실려 있다. 이 기록에 의하면, 섭마등은 중국에 와서 불전(佛典)을 번역한 최초의 인도 사람이다.

67 천태 대사 지의는 양(梁)나라, 진(陳)나라, 수(隋)나라에 걸쳐서 중국 불교를 통섭하고 천태교의(天台敎義)를 수립한 수선승(修善僧)이며, 천태종(天台宗)의 개조(開祖)이다. 형주(荊州) 화용현(華容縣) 출신 지의는 양나라에서 고관을 지낸 진기조(陳起祖)의 아들이며, 자는 덕안(德安)이다. 그는 18세 때 상주(湘州) 과원사(果願寺)에서 출가했고, 여러 곳에서 수행한 후 23세 때(560) 광주(光州) 대소산(大蘇山) 혜사(惠思)의 문하에서 『법화경(法華經)』을 꾸준히 읽어서 이치를 깨달았다 [법화삼매(法華三昧)]. 38세 때에는 조야(朝野)의 만류에도 불구하고 천태산(天台山)으로 들어가서 사색과 실천 수행 끝에 천태교학(天台敎學)을 체계화했다. 수나라 문제(文帝)와 진왕(晉王) 광[廣, 즉 양제(煬帝)]의 귀의를 받아 보살계를 주었으며, 자신은 '지자대사(智者大師)'라는 호를 받았다. 고향 형주에서 옥천사(玉泉寺)를 창건했고, 593년에 『법화현의(法華玄義)』를, 이듬해에는 『마하지관(摩訶止觀)』을 강설했다. 597년에 진왕이 여러 차례 부르자, 양주(揚州)로 가다가 석성사(石城寺)에서 병을 얻어 입적했다. 강술서(講述書)에는 천태삼대부(天台三大部)로 일컬어지는 『법화현의(法華玄義)』,『법화문구(法華文句)』,『마하지관(摩訶止觀)』 등이 있고, 관법(觀法)에 대해서는 『차제선문(次第禪門)』,『육묘법문(六妙法門)』,『천태소지관(天台小止觀)』 등이 있다. 법화삼매(法華三昧), 삼제삼관(三諦三觀), 일념삼천(一念三千), 오시팔교(五時八敎) 등과 같은 사상 때문에 중국 불교 형성의 제1

인자로 평가된다. 최초로 방생지(放生池)를 열었던 것으로도 유명하며, 흔히 '천태대사(天台大師)'로 불린다. 『속고승전(續高僧傳)』, 권17, 「습선(習禪)」에 전기가 실려 있다.

68 『고승전』, 제1권, 1. 역경 ①, 3) 안청(安淸)에 의하면, 진(晋)나라 태강(太康, 280~289) 말년에 안후(安侯)라는 도인(道人)이 있었는데, 상원(桑垣)에 와서 불경을 번역했다. 그가 함(函) 하나를 봉하여 절에 두며 "4년이 지난 후에 열어보시오"라고 말했다. 바로 4년째 되는 날 이 도인이 죽자, 상원 사람들이 그 함을 열어보니 "선경(禪經)을 전할 사람은 비구 승회(僧會)[강승회]이다"라는 내용의 글귀가 있었다고 한다.

69 『베트남 선사들의 이야기』, pp. 85~87.

70 牟子, 『理惑論』(僧祐, 『弘明集』, 제1권), 「서문」.

71 『後漢書』, 卷七十三, 「劉虞公孫瓚陶謙列傳」, 第六十三의 도겸전(陶謙傳)에 보이는 인물이다(『삼국지』 「유요전(劉繇傳)」 참조). 광릉(廣陵), 하비(下邳), 팽성(彭城) 3군의 양식을 마음껏 불사에 투자하고, 성대한 욕불(浴佛) 법회를 여는 등 중국 불교 초기 불자 중의 한 사람이다. 예장(豫章) 태수 주호(朱皓)를 죽인 후 군사(郡事)를 관장했다고 한다.

72 한대 형주 중남부의 주요 성진(城鎭).

73 모자는 결국 195년경에 중국으로 돌아갔다고 한다(Nguyen Tai Thu, ed., *The History of Buddhism in Vietnam*, p. 31).

74 牟子, 『理惑論』, 「서문」.

75 환제(桓帝)가 후사 없이 죽자, 영제(靈帝)가 제12대 황제에 등극했다. 환관과 당인(黨人)이 격렬하게 투쟁했고, 황건적, 강호(羌胡), 흉노 등이 반란을 일으키자, 그는 189년 34세의 나이로 생을 마쳤다.

76 『後漢書』(志 第二十三, 郡國五 益州 涼州 幷州 幽州 交州)에 남해(南海), 창오(蒼梧), 울림(鬱林), 합포(合浦), 교지(交趾), 구진(九眞), 일남(日南) 등 7군 56현이 교주의 관할이 되었다는 기록이 보인다. 203년에 '교지자사부'는 '교주자사부'로 바뀌었고, '교지'는 '교주' 관할의 군(郡)으로 편제되었다.

77 곡식을 먹지 않고, 솔잎, 대추, 밤 등을 날로 조금씩 먹으며 사는 일.

78 양주는 위아주의(爲我主義), 묵적(墨子)은 겸애주의(兼愛主義)를 주창했는데, 맹자는 이러한 두 흐름을 이단(異端)의 사상이라고 배척했다. 『맹자(孟子)』 「등문공(滕文公)」 하(下)에서 "이 때문에 나는 우려하여 선성(先聖)의 도를 지키고, 양주와 묵자를 저지하여 문란한 말을 지껄이거나 삿된 말을 하는 자가 생기지 않게 하는 것이다"라고 했다.

79 5,000여 자로 구성된 『노자』를 "오천언(五千言)"이라고도 한다.

80 사실 모자와 그의 저작에 대해서는 논란이 많다. 『홍명집(弘明集)』, 『출삼장기집

(出三藏記集)』, 『불조통기(佛祖統紀)』, 『불조역대통재(佛祖歷代通載)』 등을 참조할 수 있다.

81 「불암사(1673) / 0011b_모자이혹(牟子理惑)」, 『석씨원류응화사적(釋氏源流應化事蹟)』, 불교기록문화유산아카이브; 최연식, 「조선후기 석씨원류의 수용과 불교계에 미친 영향」, p. 155.

82 현재 한국 측의 『釋氏源流應化事蹟』(卷3)에서도 『이혹론』의 존재를 확인할 수 있다.

83 '삼십칠도품'은 사념처(念處), 사정근(四正勤), 사여의족(四如意足), 오근(五根), 오력(五力), 칠보리분(七菩提分), 팔성도분(八聖道分)을 말하는데, 열반에 이르는 37조목의 수행 방법이다.

84 川上正史, 「黎明期の安南仏教」, p. 34; Nguyen Tai Thu, ed., *The History of Buddhism in Vietnam*, p. 31; Nguyễn Lang, *Việt Nam Phật Giáo Sử Luận*, Tập 1, Chương 1.

85 이 논의의 진위 여부는 여전히 의단(意斷)할 수 없다(金山正好 著, 劉果宗 譯, 『東亞佛教史』, 台北: 文津出版社, 2001, p. 69 참조).

86 이시이 코오세이, 『동아시아 불교사』, p. 11.

87 석혜교(釋慧皎) 찬(撰), 『고승전(高僧傳)』, 제1권, 1. 역경(譯經) ①, 6) 강승회(康僧會). 석혜교는 양(梁)나라 회계(會稽) 가상사(嘉祥寺)의 출가 수행자[沙門]였다.

88 https://m.blog.naver.com/PostView.nhn?blogId=chen28218&logNo=70150294265&proxyReferer=https%3A%2F%2Fwww.google.com%2F

89 역사적으로 지금의 우즈베키스탄 동부의 사마르칸트(Samarkand)가 중심 도시였다.

90 '강거(康居)' 출신이어서 이름에 '강(康)'이란 글자가 붙었다(川上正史, 「黎明期の安南仏教」, pp. 33~34). 『隨書』의 「經籍志」는 "삼국 시대의 서역 사문 강승회가 불경을 가지고 오나라에 왔다"고 설명했다. 『歷代三寶』(卷五)에는 "魏齋王世正始年中天竺 沙門 康僧會"로 되어 있다. '천축'은 중국인들이 사용한 인도의 고칭(古稱)인데, 『후한서』에 처음 보인다.

91 어머니가 소그디아나 출신인지 교지 출신인지는 불분명하다. 레투이즈엉에 의하면, 어머니도 소그디아나 출신이었다. Lê Thùy Dương, "Khái Quát Tư Tưởng Nhập Thế Của Các Dòng Thiền Và Một Số Thiền Sư Tiêu Biểu," *Nghiên Cứu Phật Học*, Số tháng 7/2016, p. 2.

92 강승회, 「안반수의경서(安般守意經序)」, 석승우(釋僧祐), 『출삼장기집(出三藏記集)』, 제6권, 2.

93 비구와 비구니가 지켜야 할 계율. 비구에게는 250계, 비구니에게는 348계가 있다.

94 강승회의 초상화를 둘러싼 다음과 같은 일화가 있다. 진나라의 평서장군(平西將軍) 조유(趙誘, ?~317)는 불법을 믿지 않아서 삼보(三寶)를 업신여겼다. 건초사에 들어가서 여러 도인에게 "오래전부터 이 탑이 자줏빛을 발한다고 들었다. 헛되고

괴이하여 있을 수 없는 일이라서 믿을 수 없다. 만약 내가 직접 보게 된다면 더 따질 일이야 없겠지만"이라고 말했다. 이 말을 마치자마자 탑에서 즉시 오색 빛이 뿜어져 나와서 법당과 당간[堂利]까지 비추었다. "털끝이 바짝 곤두서며" 두려웠던 조유는 이 일을 계기로 불법을 믿고 공경하며 절의 동쪽에 다시 작은 탑을 세웠다고 한다. 그래서 『고승전』에서 "멀게는 크나큰 성인[大聖]이신 부처님의 신령스러운 감응이며, 가까이로는 역시 강승회의 힘이다. 그러므로 그의 초상화를 그려서 지금까지 전한다"고 설명하고 있다[『고승전(高僧傳)』, 제1권, 1. 역경(譯經) ①, 6) 강승회(康僧會)].

95 『역경(易經)』, 『서경(書經)』, 『시경(詩經)』, 『춘추(春秋)』, 『예기(禮記)』, 『악경(樂經)』(혹은『주례(周禮)』).

96 『하도(河圖)』와『위서(緯書)』로, 미래의 일이나 점술에 관한 비결을 담은 책들이다.

97 지승(智昇), 『개원석교록(開元釋敎錄)』(730), 제2권, 1. 총괄군경록 ②, 1) 오손(吳孫) 시대. 강승회가 도착하기 전에는 강동(江東)에서 불교가 아직 나타나지 않았다고 한다. 사원이나 승려는 없었지만, 이미 북부 인도 출신 지겸(支謙)이라는 은둔자 덕분에 불교가 강동에 알려져 있었을 가능성이 있다.

98 '지참(支讖)'은 후한 시대에 중국으로 와서 역경에 종사한 승려 '지루가참(支婁迦讖)'을 말하는 듯하다. '지루가참'과 동일인으로 자주 등장하는 '루가참(支迦讖)'은 산스크리트어 'Lokakṣema'의 음역이다. 지루가참이 불경 번역에 사용했던 원전은 거의 대승 경전이었으므로, 중국에 대승 경전을 보급한 최초의 인물이었다고 할 수 있다.

99 오나라의 중신(重臣) 위요(韋曜, 204~273) 등 여러 사람과 함께 잘못된 것을 바로잡고 보탬이 되고자 힘썼지만, 외국에서 태어났기 때문에 「오지(吳志)」에는 실리지 않았다고 한다.

100 지금의 장쑤성[江蘇省] 지역을 말한다.

101 239년, 241년, 혹은 247년이라는 주장도 있어서, 도착 연대가 현재로서는 명확하지 않다.

102 오나라의 수도로 지금의 난징[南京]이다.

103 산스크리트어로 śramaṇa, 팔리어로 samaṇa라고 한다.

104 『논어(論語)』, 「자한편(子罕篇)」에 나온다. 이 내용은 광(匡) 땅의 송(宋)나라 사람들이 공자를 노나라의 국정을 전횡하던 양호(陽虎)라는 인물로 착각하여 해치려던 상황에서 공자가 한 말이다. 여기서 문(文)은 도(道)가 드러났다는 것을 뜻하는데, 공자는 자신을 낮추어 '도'라고 하지 않고 '문'이라고 했다. 문왕(文王)의 도(道)가 자신에게 전해졌으니, 이러한 전도(傳道)는 하늘이 문(文)을 없애려고 하지 않은 것이며, 하늘이 없애려고 하지 않았으니 광 땅의 사람들이 자신을 해칠 수 없음을 말하고 있다.

105 「강승사리(康僧舍利)」, 12b: 강승회가 오에서 사리의 이적으로 손권의 귀의를 받

은 이야기, 『석씨원류응화사적(釋氏源流應化事蹟)』, 불교기록문화유산아카이브.

106 도선(道宣)의 『광홍명집(廣弘明集)』(제20권), 4. 법의편 ③ 法義篇第四之三, 25, 내
전비명집서(內典碑銘集序) 양 원제(元帝)에 의하면, 249년에 손권이 강남 최초의
사원 건초사를 세웠다고 한다.

107 『장자(莊子)』, 「덕충부(德充符)」. 보는 관점에 따라 비슷해 보이는 것이라도 전혀
다르고, 가까운 것이라도 멀리 보인다는 뜻.

108 손권의 세 번째 연호(238~251)이기도 하다.

109 천구(天球)의 남극 부근에 있어 2월 무렵에 남쪽 지평선 가까이에 잠시 보이는 별.
용골(龍骨) 자리의 알파성(alpha星)으로 밝기는 −0.7등급이다. 중국의 고대 천문
학에서는 노인성이 사람의 수명을 맡아보는 별이기 때문에 이 별을 보면 오래 산
다고 믿었다.

110 태평성대에 솟아나는 단물 샘.

111 『시경(詩經)』, 「대아(大雅)의 한록(旱麓)편에 있는 시구로 군왕의 복록(福祿)을 축
복하는 매우 경사스러운 노래이다.

112 강승회는 계율의 내용이 비밀스러워서 사문(沙門)이 아닌 자에게는 가벼이 알려줄
수 없다고 생각했던 것 같다.

113 재가 신도들이 지켜야 할 다섯 가지 계율. 불살생(不殺生), 불투도(不偷盜), 불사
음(不邪淫), 불망어(不妄語), 불음주(不飮酒).

114 이후에 사공(司空) 하충(何充, 292~346)이 이 불탑을 보수하여 다시 세웠다.

115 출처: 지승(智昇), 『개원석교록(開元釋敎錄)』(730), 제1권, 1. 총괄군경록(總括群
經錄) ① 1) 후한 시대, (6) 안현(安玄), (13) 신구제실역경(新舊諸失譯經), 제2권,
1. 총괄군경록 ② 오손(吳孫) 시대, 제12권, 2. 별분승장록 ③, 1) 유역유본록
②, ① 보살계경장, 제13권, 2. 별분승장록(別分乘藏錄) ④, 2) 유역유본록(有
譯有本錄) ③, (3) 성현전기록(聖賢傳記錄), ① 범본번역집전(梵本翻譯集傳), 제
14권, 2. 별분승장록 ⑤, 3) 유역무본록(有譯無本錄) ①, (1) 대승경 중역(重譯) 궐
본 200부 484권, ⑥ 여러 중역경(重譯經) 궐본, 제15권, 2. 별분승장록 ⑥, 2) 유
역무본록 ②, (1) 소승경 궐본, ① 소승경 중역(重譯) 궐본, 제17권, 2. 별분승장
록 ⑧, 5) 보궐습유록(補闕拾遺錄), (6) 현성집전(賢聖集傳) 구역; 『대당내전록(大
唐內典錄)』; 『역대삼보기(歷代三寶紀)』; 승우(僧祐), 『출삼장기집(出三藏記集)』,
제2권, [록(錄)] ①, 1. 신집찬출경률론록(新集撰出經律論錄), 제10권, [서] ②,
3. 십법구의경서(十法句義經序); Hoàng Thị Thơ, 「베트남에서의 불교 연구 동
향—성과와 과제」, 『儒學研究』(충남대학교 유학연구소), Vol. 17[2008], p. 296;
Nguyen Tai Thu, ed., *The History of Buddhism in Vietnam*, p. 14; Thân Văn
Vân, 「Lược Sử Phật Giáo Việt Nam」, 『佛敎學報』(동국대학교 불교문화연구원),
제55집(2010.08), pp. 433~461; https://kabc.dongguk.edu/content/pop_
heje?dataId=ABC_IT_K1005.

116 『팔천송반야경(八千頌般若經)』은 이후에 증보된 『이만오천송반야경(二万五千頌般若経)』과 구별하기 위해 문자 수를 게송의 수로 표현한다. 한역으로는 구마라집(鳩摩羅什)의 『마하반야바라밀경(摩訶般若波羅蜜経)』이 가장 잘 알려져 있고, 역시 구마라집의 『이만오천송반야경(二万五千頌般若経)』의 한역 경전과 구별하기 위해 『팔천송반야경(八千頌般若經)』을 『소품(小品)』[소품반야경(小品般若経)], 『이만오천송반야경(二万五千頌般若経)』을 『대품(大品)』[대품반야경(大品般若経)]으로 부른다. '공(空)'을 말하지 않고 '공(空)'이란 단어 자체를 사용하지 않는다는 점에서 반야부 계열의 경전 중 오래된 것으로 볼 수 있고, 기원 전후로부터 1세기경에 성립했다고 생각된다.

117 임회(臨淮) 사람 엄불조(嚴佛調)는 어려서부터 총명했으며 배우기를 매우 좋아했다고 한다. 그는 한(漢)나라 백성으로 출가한 최초로 승려이다. 임회는 지금의 안후이성[安徽省] 쓰현[泗縣]이다.

118 『출삼장기집(出三藏記集)』의 별칭.

119 『경면왕경』, 『범황왕경』, 『아난염미경』, 『찰미왕경(察微王經)』은 『육도집경』의 일부이다. 강승회는 『경면왕경』, 『범황왕경』, 『아난염미경』, 『찰미왕경』을 교지에서 번역했고, 오나라에 갔을 때 이 네 가지 경전에 포함되지 않는 부분을 번역하고 편집해서 『육도집경』이라고 한 것으로 생각된다[이병욱, 「베트남불교의 역사와 현황」, 『불교평론』, 69호(2017년 3월 2일)].

120 석혜교(釋慧皎) 찬(撰), 『고승전(高僧傳)』, 제1권, 1. 역경(譯經) ①, 3) 안청(安清). 안청의 자(字)는 세고(世高)이다. 안식국(安息國, 페르시아 지방) 왕과 정비[正后] 사이에서 태어난 태자이다.

121 강승회, 「안반수의경서(安般守意經序)」, 석승우(釋僧祐), 『출삼장기집(出三藏記集)』, 제6권, 2.

122 숨이 들어오고 나감에 집중하면서 마음을 살피고 가다듬는 관법(觀法), 즉 호흡 명상법.

123 석승우(釋僧祐), 『출삼장기집(出三藏記集)』, 제1권, 서문.

124 釋慧皎 撰, 『高僧傳』, 제1권, 1. 역경(譯經), 6) 강승회(康僧會).

125 智昇, 『開元釋教錄』, 卷二; 川上正史, 「黎明期の安南仏教」, p. 34. 강승회의 계보로는 뇌하택(雷荷澤)이 있었다고 한다(『베트남 선사들의 이야기』, p. 89).

126 한문 자료에는 '강량루지(彊梁婁至)'나 '지강량접[支彊梁接, Chi Cương Lương Tiếp』, 정무외(正無畏, Chánh Vô Úy)를 뜻함]' 등의 이름으로 등장한다.

127 혹은 대월지(大月氏). 중국 고대에 서역에 있던 나라. 원래 감숙(甘肅)성, 청해(青海)성 부근에 있었으나, 한대에 흉노에게 서쪽으로 쫓겨나 지금의 아프가니스탄 부근으로 나라를 옮기면서 '대월지'라 불렸다.

128 智昇, 『開元釋教錄』, 卷二; 釋道宣, 『大唐內典錄』, 卷二; 費長房, 『歷代三寶紀』, 卷六; 釋圓照 撰, 『貞元新定釋教目錄』, 卷四; 慈怡 主編, 『佛光大辭典』, 北京: 書目文獻出版社, 1993, p. 6219.

129 255년은 오나라의 제2대 황제 손량(孫亮)의 오봉(五鳳) 2년 을해(乙亥)에 해당한다.

130 智昇,『開元釋敎錄』(730), 제2권, 1. 총괄군경록 ②, 1) 오손(吳孫) 시대; 석정매(釋靖邁),『고금역경도기(古今譯經圖紀)』, 제1권, 3. 오손씨(吳孫氏) 시대, 5) 지강량접(支彊梁接); 釋圓照,『貞元新定釋敎目錄』(800), 3) 오손씨(吳孫氏) 시대, (5) 지강량접(支彊梁接); Nguyen Tai Thu, ed., *The History of Buddhism in Vietnam*, p. 41. 축법호(竺法護, 266~313)가 최초로 번역한『정법화경』과 같은 본에서 나왔다.『삼장기집(三藏記集)』(권4)에 의하면,『법화경(法華經)』의 별명(別名)이라고도 한다(『法華遊意』; 智昇,『開元釋敎錄』, 卷二; 費長房,『歷代三寶紀』, 卷五).

131 이병욱,「베트남불교의 역사와 현황」.

132 Thích Đức Trí, "Ba Pháp Tu Truyền Thống Của Phật Giáo Việt Nam," *Giác Ngộ*, 20/06/2016; Nguyen Tai Thu, ed., *The History of Buddhism in Vietnam*, p. 41.

133 석보창(釋寶唱) 撰,『비구니전(比丘尼傳)』, 제1권, 9. 낙양성(洛陽城) 동사(東寺) 도향(道馨)니전.

134 智昇,『開元釋敎錄』(730), 제2권, 1. 총괄군경록 ②, 4) 서진(西晋) 시대;『歷代三寶紀』, 卷第三, 1. 제년 ③; "Thần Tăng Thiên Trúc"; 이병욱,「베트남불교의 역사와 현황」.

135 지금의 베트남 응에안(Nghệ An)성의 뜨엉즈엉(Tương Dương)현.

136 釋慧皎,『고승전』, 제9권, 3. 신이(神異) ①, 4) 기역(耆域); 釋念常(元) 撰,『佛祖歷代通載』.

137 몸과 마음을 닦음.

138 대당(大唐) 서명사(西明寺) 사문(沙門) 석도선(釋道宣) 撰,『속고승전(續高僧傳)』, 제16권(卷第十六), 3. 습선편(習禪篇) ① [正傳 23명, 附見 15명], 2) 양나라 종산 연현사(延賢寺) 석혜승전(釋慧僧傳) 혜초(慧初).

139 장쑤성[江蘇省] 쉬저우시[西周市] 부근의 옛 이름.

140 유서사는 남경시(南京市) 남교(南郊) 조당산(祖堂山)의 남쪽 산기슭에 있고, 굉각사(宏覺寺)와 멀리서 서로 마주 보는데, 남조(南朝) 유송(劉宋) 459년에 세워졌다. "남조 480개의 사찰" 중 초기의 저명한 불당으로 1,500여 년의 역사를 갖고 있다 [이한규,「불교 최고의 성지 중국 남경 불정사를 가다」,『주간불교』(2020. 1. 23)].

141 종산(鐘山)은 지금의 장쑤성[江蘇省] 난징시[南京市] 동베이교[東北郊]에 있는데, 쯔진산[紫金山]이라고도 한다.

142 釋道宣 撰,『續高僧傳』, 卷第十六, 3. 習禪篇 ① [正傳 23명, 附見 15명], 2) 양나라 종산 延賢寺 釋慧僧傳 慧初.

2장

1 Nguyen Tai Thu, ed., *The History of Buddhism in Vietnam*, p. 14.

2 이경신(李慶新), 현재열·최낙민 번역, 『동아시아 바다를 중심으로 한 해양실크로 드의 역사(Maritime Silk Road)』, 해항도시문화교섭학번역총서 15, 선인, 2018, p. 134. 신라 승려로는 아리야발마(阿离耶跋摩), 혜업(慧業), 현태(玄太), 현각(玄恪), 혜륜(慧輪) 등 7인이 있었고, 현유(玄游)는 고구려 승려였다. 의정의 『대당서 역구법고승전(大唐西域求法高僧傳)』은 33명의 순례자를 다룬다. 이 중에서 14명 은 동남아 도서부 지역까지만 갔고, 8명은 병사했거나 익사했다[Wang Gungwu, "The Nanhai Trade: A Study of the Early History of Chinese Trade in the South China Sea," *Journal of the Malayan Branch of the Royal Asiatic Society* (Malayan Branch of the Royal Asiatic Society), Vol. 31(2) (182)], 1958, p. 103.

3 왕국의 수도가 오늘날 수마트라(Sumatra)섬에 있었고, 절정기에 수마트라뿐만 아 니라 자바, 칼리만탄, 말레이반도를 아우르는 영역을 지배했다.

4 Wang Gungwu, "The Nanhai Trade," pp. 21, 45, 103; 이경신, 『동아시아 바다 를 중심으로 한 해양실크로드의 역사』, p. 134. 동남아 도서부 지역에 도착한 순례 자들 중에는 인도로 더 여행하지 않고, 현지에 머무르는 경우가 많았다고 한다.

5 의정, 『대당서역구법고승전』, 상권, 18) 명원(明遠) 법사(616?~666?).

6 범어 이름은 진다제바(振多提婆, Cint deva)로 당시 당나라 말로는 '사천(思天)'을 의미했다.

7 『백론(百論, Śata Śāstra)』은 용수(龍樹) 보살의 제자 제파(提婆, Āryadeva)가 지은 책이다. 용수의 『중론(中論, Mūlamadhyamakakārikā)』 및 『십이문론(十二門論, Dvāda-śanikāya Śastra)』과 함께 삼론(三論)으로 일컫는다. 불교 이외의 다른 종 교, 즉 외도(外道)의 단점을 말하고, 대승 불교와 소승 불교의 장점을 설파했다.

8 의정, 『대당서역구법고승전』, 상권, 30) 담윤(曇潤) 법사.

9 범명(梵名, 산스크리트어 이름)은 시라발파(尸羅鉢頗, Silaprabha), 당나라 말로는 '계광(戒光)'이라고 한다.

10 불교가 여러 부파로 나뉘던 부파불교 시대의 가장 유력한 부파. "모든 법[一切法] 이 존재한다[有]"고 설명하는 부파이다.

11 의정, 『대당서역구법고승전』, 하권, 34) 도림(道琳) 법사; Wang Gungwu, "The Nanhai Trade," p. 94. 그 후 도림은 인도의 서쪽 경계에서 북인도로 향하여 가습 미라국(羯濕彌羅國, 즉 카슈미르)을 순례했고, 여기에서 오장나국(烏長那國)으로 들어가서 선문(禪門)을 찾아다니며 반야(般若)를 구했고, 이어서 가필시국(迦畢試 國)으로 가서 오솔니사(烏率藜沙), 즉 부처의 머리 뼈[佛頂骨]에 예배했다. 이후에 는 어디로 갔는지 알 수 없다고 한다.

12 삼오(三吳)는 동진과 남조 시기의 지리 범위를 말한다. 협의의 삼오는 오, 오흥(吳興), 회계(會稽) 삼군(三郡)을 포함하고, 광의의 삼오는 오, 오흥, 회계 외에도 기타 몇 개의 군을 포함한다.

13 팽성(彭城)의 선사로서, 도신(道信) 선사의 문하이다. 팽성은 장쑤성 시저우[西周]시 부근의 옛 이름이다.

14 문(聞), 사(思), 수(修)에 의거해서 삼혜(三慧)가 생긴다. 문혜(聞慧)는 경교(經敎)를 보고 들음으로써 생기는 지혜이고, 사혜(思慧)는 이치를 사유함으로써 생기는 지혜, 수혜(修慧)는 선정을 닦음으로써 생기는 지혜이다.

15 후베이성 동부의 도시.

16 상천(湘川)은 후난성 남쪽 경계에서 발원하여 헝샨[衡山]을 거쳐서 동정호(洞庭湖)로 흘러든다.

17 오악(五岳) 가운데 하나로서 남악(南岳)이라 부르며, 후난성의 중앙에 있다.

18 범명은 반야제바(般若提婆, Prajñādeva)이고, 당나라 말로는 혜천(慧天)이라고 불렀다.

19 베트남 중부의 동허이(Đồng Hới, 洞海)로 추정. "환주(驩州)에서 정남(正南)으로 걸어가면 보름 남짓이고, 승선하여 조수가 5~6번 바뀌면, 비경(匕景)에 곧 도착한다"(의정, 『남해기귀내법전(南海寄歸內法傳)』, 卷一). 한편, 『欽定越史通鑑綱目』[前編, 卷之一, 20a(135)와 卷之二, 5a~6a(173~175)]에는 '比景'으로 등장한다. 이 자료에 의하면, "한나라 원정(元鼎) 연간(B.C. 116~B.C. 111)에 일남군(日南郡)의 다섯 현 중 하나였다. 수(隋)나라가 임읍(林邑, 초기의 참파)을 평정한 후에 탕주(蕩州)를 설치했다가 이후 비경군(比景郡)으로 바꾸었다. 이후 점성(占城)의 영역이 되었는데, 지금의 광평(廣平)과 광치(廣治) 땅이다"라고 설명한다. 광평(廣平)은 지금의 베트남 꽝빈(Quảng Bình)이고 광치(廣治)는 꽝찌(Quảng Trị)이다.

20 광동성 중산현(中山縣) 남쪽 90당리(唐里), 마도문(磨刀門) 동쪽 연안에 신만촌(神灣村)이 있다. 본래는 광주만의 해구(海口)이며, 지금의 오문(澳門, 아추항(阿萩港)]의 서쪽에 위치한다. 아마항의 유래는 어떤 뱃사람이 풍랑을 만나자 여신 아마(阿磨)에게 기도하여 난을 면하였다는 전설과 관계가 있다. 당나라 시대에는 그 동쪽의 구주석(九洲石) 및 신만이 정박지였다. 광주는 주강(珠江)에서 약 100당리쯤 거슬러 올라간 상류에 있어서 둔문산(屯門山), 구주석(九洲石), 신만 등에 이르러 곧바로 바닷가에서 배에 오르는 사람이 많았다고 한다.

21 인도네시아 수마트라섬의 잠비(Kota Jambi).

22 반데야차. 말레이시아 크다(Kedah)주로 추정.

23 인도 남부 동쪽 해안의 눌가파탑모(訥加帕塔姆, Nagapatam).

24 부처의 치아가 사자주에 도착한 시점은 362년이다(Robert E. Buswell Jr., Donald S. Lopez Jr., *The Princeton Dictionary of Buddhism*, Princeton University Press, 2013, xx).

25 이 나라는 동인도의 동쪽 경계로 곧 섬부주(贍部洲)의 땅이다.

26 의정, 『대당서역구법고승전』, 하권, 34) 도림(道琳) 법사, 41) 지홍(智弘) 율사, 42) 무행(無行) 선사. 도행은 귀국하는 의정을 전송하기 위해 나란타에서 동쪽으로 6 역(驛, yojana) 되는 곳까지 따라 나왔는데, 그때 그의 나이는 56세였다. 나란타에 서 동쪽 연안의 항구 탐마립저국(耽摩立底國, Tamralipti)까지의 거리는 60역 이상 이었다고 한다. 고대 인도의 거리 단위 '요자나'는 대략 6~15km.

27 의정, 『대당서역구법고승전』, 하권, 43) 법진(法振)선사·승오(乘悟)선사·승여(乘如)율사.

28 당나라 시기 '남중국해'의 항로에 대해서는 윤대영, 「남중국해 문제의 기원과 쟁점 화─중국과 베트남의 파라셀 군도 및 스프래틀리 군도 영유권 분쟁과 관련하여」, 『東洋史學研究』(동양사학회), 第148輯(2019.09.30), p. 414 참조.

29 의정, 『대당서역구법고승전』, 상권, 37) 현규(玄逵) 율사, 부록, 1) 정고(貞固) 율 사; 이시이 코오세이, 『동아시아 불교사』, p. 56; Wang Gungwu, "The Nanhai Trade," p. 97. 의정이 귀국 후 다시 실리불서국을 방문할 당시의 여정을 보면, 그 는 "689년 11월 1일 상선(商船)에 올라 번우항을 떠났고, 점파(占波)를 바라보며 돛 저 멀리 보이는 실리불서국(室利佛逝國)을 향해 나아갔다."

30 'Champura', '첨파(瞻波)', '점성(占城)'이라고도 부른다.

31 "Hye Cho's Journey."(http://hyecho-buddhist-pilgrim.asian.lsa.umich.edu/ index.php)

32 밀교는 붓다가 깨우친 진리를 은밀하게 전하는 '비밀 불교'의 줄임말인데, 7세기 후반 인도에서 성립한 대승 불교의 한 부류이다.

33 지금의 베트남 꽝빈에서 다낭(Đà Nẵng)까지 포괄하는 지역. 혜초의 오언율시 「재 남천로(在南天路)」에는 "일남에는 기러기도 없으니[日南無有雁] 누가 계림으로 날 아가리[誰爲向林飛]"라는 구절이 나온다.

34 '각멸'은 '크메르'의 음차로 추정되고, 현지인들이 벌거벗었다는 의미의 '나형국'은 오늘날의 말레이반도 북서안으로 추정된다(고병익, 「혜초의 인도 항로에 대한 고 찰」, 『불교와 諸科學: 개교 80주년 기념논총』, 동국대학교 출판부, 1987, pp. 876, 882~885).

35 광활한 인도의 동서남북, 그리고 중간 지역을 구분하여 '오천축'이나 '오인도'로 불렀다.

36 지금의 신장 위구르 자치구의 쿠차(Kucha).

37 정수일, 「혜초의 서역기행과 『왕오천축국전』」, 『한국문학연구』(동국대학교 한국문 학연구소), 27권(2004.12), pp. 29~30; 박기석, 「혜초 〈왕오천축국전〉의 기행문 학적 고찰」, 『고전문학과 교육』(한국고전문학교육학회), 12권(2006.08), p. 36.

38 의정, 『대당서역구법고승전』, 상권, 머리말.

39 지금의 하노이 주변.

40   Nguyen Tai Thu, ed., *The History of Buddhism in Vietnam*, p. 14; Nguyễn Thế
      Anh, "Buddhism and Vietnamese Society throughout History," pp. 98~99.

41   Chester A. Bain, *Vietnam: The Roots of Conflict*, Englewood Cliffs, New
      Jersey: Prentice-Hall, Inc., 1967, pp. 12~13.

42   Nguyen Tai Thu, ed., *The History of Buddhism in Vietnam*, p. 1.

43   당시의 당나라 말로는 해탈천(解脫天, Giải Thoát Thiên)을 의미했고, 본명(本名)
      은 분명하지 않다.

44   인도 비하르(Bihar)주의 가야시에서 남쪽으로 8km 지점에 있는 불교의 성지. 석
      가모니가 이곳의 보리수 아래에서 깨달음을 얻었다고 한다.

45   부처가 깨달음을 이룬 자리인데, 오늘날에도 커다란 탑 옆의 보리수 아래에는 평
      평하고 둥근 석좌(石座)가 있다고 한다.

46   의정, 『대당서역구법고승전』, 상, 22) 목차제바(木叉提婆). 대각사는 승가라국(僧
      揀羅國, 지금의 스리랑카)의 왕이 지은 사원인데, 사자주의 승려들이 옛날부터 이
      곳에 거주했다. 대각사를 거쳐 간 승려들로는 당나라의 도희(道希), 도방(道方),
      도생(道生), 현회(玄會), 명원(明遠), 지홍(智弘), 무행(無行), 신라의 혜업(慧業)과
      현각(玄恪), 소그드의 승가발마(僧伽跋摩) 등을 들 수 있다.

47   지금의 산시성 화인현[華陰縣].

48   부처가 살던 시대에 중인도 마가다국의 수도. 석가모니가 중생을 제도한 중심지
      로, 불교 관련 유적이 많다.

49   마가다 왕국에 있었던 최초의 불교 정사로 인도 승원(僧院)의 시초이다. 왕사성 남
      쪽 가란다(迦蘭陀)에 있었기 때문에 '가란다 죽림'이라고도 한다. 석가모니가 성도
      (成道)하던 초년에 대나무밭 가운데에 마련한 정사인데, 석가모니는 가끔 이 정사
      에 머무르면서 설법했다고 한다.

50   의정, 『대당서역구법고승전』, 상, 23) 규충(窺沖) 법사.

51   담윤은 가릉국(揀陵國, 자바) 북쪽의 발분국(渤盆國, 보루네오)에서 30세에 병사했다.

52   '곤륜음'은 중국 광주(廣州) 이남 지역 사람들의 말을 가리키는데, 주로 오늘날의
      말레이어를 의미한다.

53   회녕은 인덕(麟德) 연간(664~665)에 배를 타고 가릉주(揀陵州, 자바)로 와서 3년
      동안 거주했다.

54   예를 들면, 『대반열반경(大般涅槃經, Mahaaparinibbaana Sutta, Mahāparini-
      bbāna Sutta)』이나 『열반경후분(涅槃經后分)』.

55   운기는 교부(交府)에 이르러 파발마(擺撥馬)를 장안으로 급히 보내 일찍이 들어보
      지 못했던 이 경전의 내용을 온 중국에 전파하기를 바란다는 상표문을 황제에게
      아뢰었다고 한다.

56 의정, 『대당서역구법고승전』, 상, 20) 회녕(會寧) 율사, 21) 운기(運期) 법사, 30) 담윤(曇潤) 법사; 이시이 코오세이, 『동아시아 불교사』, p. 176. 그러나 훗날 환속하여 실리불서국에 살게 되었고, 당시의 나이는 30세 정도였다.

57 지금의 베트남 타인호아 지역.

58 당나라 말로는 '혜천(慧天)'이었다.

59 의정, 『대당서역구법고승전』, 상, 26) 지행(智行) 법사.

60 의정, 『대당서역구법고승전』, 상, 24) 혜염(慧琰) 법사.

61 오늘날 방콕 동북쪽에 위치한 빠툼타니(Pathum Thani)주의 탄야부리(Thany-aburi)군으로 추측하고 있다.

62 중생이 생사 왕래하는 세 가지 세계. 욕계, 색계, 무색계이다.

63 부처를 보지 못하고 불법을 듣지 못하는 여덟 가지의 장애와 어려움.

64 이 세상을 받치고 있다는 네 개의 바퀴로 금륜(金輪), 수륜(水輪), 풍륜(風輪)과 그 아래에 있는 공륜(空輪)을 이른다.

65 이곳은 바로 동인도의 남쪽 경계로 대각사와 나란타사에서 60여 역(驛) 떨어진 거리에 있었다. 나란타사에서 남쪽으로 왕사성까지는 겨우 30리였고, 영취산(靈鷲山)과 죽림정사는 모두 그 성 옆에 있었다. 서남쪽의 대각사와 정남쪽의 존족산(尊足山)은 모두 7역 거리쯤 떨어진 곳이었다. 북쪽의 비사리[毗舍里, 바이샬리(Vaiśaālī)]는 25역쯤 떨어져 있었고, 서쪽의 녹야원(鹿野苑, 사르나트)은 20여 역쯤 떨어져 있었다.

66 의정, 『대당서역구법고승전』, 상, 37) 현규(玄逵) 율사.

67 육욕천(六欲天)의 넷째 하늘로 미륵보살의 거처. 수미산의 꼭대기에서 12만 유순[由旬, 고대 인도의 이수(里數) 단위] 되는 곳에 내외(內外) 두 원(院)이 있는데, 내원은 미륵보살의 정토이며, 외원은 천계 대중이 환락하는 장소라고 한다.

68 부처가 열반한 지 5억 7000만 년 후에 미륵보살이 이 나무 밑에서 설법을 한다고 한다. 가지는 용이 백보(百寶)를 토하는 것처럼 백보의 꽃이 핀다고 함. 즉, 용화(龍華).

69 도희 법사는 중인도의 암마라발국(菴摩羅跋國)에 머물다가 50여 세에 병으로 죽었다[의정, 『대당서역구법고승전』, 상, 2) 도희(道希) 법사].

70 의정, 『대당서역구법고승전』, 상, 27) 대승등 선사(大乘燈禪師); 이시이 코오세이, 『동아시아 불교사』, p. 176.

71 개념 또는 관념의 항상성을 주장하는 인도 철학의 한 체계로 말의 개념이나 관념적인 면을 강조했다.

72 의정, 『대당서역구법고승전』, 상, 37) 현규(玄逵) 율사.

73 사막의 모래가 바람으로 유동하는 데에서 유래한 이름인데, 중국 신장성[新疆省]의 타클라마칸(Taklamakan) 사막을 가리킨다.

74 계를 받은 뒤에 계법(戒法)의 조목을 실천하고 수행함.

75 석가모니가 어머니인 마야 부인의 태를 빌려서 태어났던 룸비니 동산의 나무.

76 『대지도론(大智度論)』 96권 「석살타파륜품(釋薩陀波崙品)」에 등장하는 보살의 이름이다. 그 마음에는 언제나 중생을 향한 대비심이 가득 넘쳐흘러서 중생이 세상에서 받는 온갖 고통을 보고 눈물을 흘리며 슬퍼했다. 사람들은 이 보살을 '살타파륜(薩陀波崙)'이라고 불렀는데, '상제(常啼)'는 언제나 슬피 운다는 의미이다.

77 '애주(愛州)'는 지금의 베트남 타인호아(Thanh Hóa) 지역에 해당한다.

78 이시이 코오세이, 『동아시아 불교사』, p. 173.

79 '선(禪)'이라는 낱말은 산스크리트어의 '디야나(ध्यान)'를 중국에서 음역한 선나(禪那)의 준말이다. '디야나'는 대체로 정려(靜慮), 내관(內觀), 내성(內省), 침잠(沈潛) 등의 뜻이 있다.

80 Nguyễn Thế Anh, "Buddhism and Vietnamese Society throughout History," p. 99.

81 베트남에는 오래된 불교 자료가 남아 있지 않아서 쩐 왕조 당시 14세기 때에 편찬된 『선원집영(禪苑集英, Thiền Uyển Tập Anh)』을 통해 선종의 역사를 살펴볼 수 있다. '선원집영'의 의미는 베트남 선종에서 가장 빼어난 인물들을 모았다는 뜻이다.

82 당시 수나라 말로 '멸희(滅喜)'라는 뜻. 석도선(釋道宣), 『속고승전(續高僧傳)』 (649), 1. 역경편 ②, 1) 수(隋)나라 서경(西京) 대흥선사(大興善寺) 북천축(北天竺) 사문 나련야사전(那連耶舍傳), 비니다류지(毘尼多流支); 『베트남 선사들의 이야기』, pp. 175~179.

83 글이나 말로 나타낼 수 없는 내심(內心)의 깨달음.

84 '삼무일종(三武一宗)의 법난(法難)' 중 두 번째 법난. 중국의 '삼무일종의 법난'이란 네 왕조에서 네 사람의 황제가 시행한 폐불(廢佛) 정책을 말한다. 북주의 무제는 574년과 577년 두 차례에 걸쳐 불교를 탄압했다.

85 지금의 허베이성[河北省] 남쪽 끝.

86 서주(舒州)는 안휘성(安徽省) 서남부(西南部) 환하(皖河) 상류에 있었는데, 안후이성 안칭시[安庆市]의 전신(前身)이다.

87 사공원(司空原)의 옛 이름이다. 안휘 악서성(岳西城) 서쪽 40km에 있는 점전진(店前鎭)과 야계진(冶溪鎭)의 교계(交界) 지역.

88 남월왕 조건덕(趙建德, Triệu Kiến Đức, 제5대 군주, B.C. 112~111 재위)과 동오(東吳) 우번(虞翻)의 거처였다. 뒤에 사원 제지사(制旨寺)가 되었고, 남송 대에는 광효선사(光孝禪寺)로 불렸다. 진·당 대에 이곳에서 많은 승려가 경전을 한역하는 일을 했다. 인도 구법승 의정이 689년 귀국하는 길에도 이 절에 머물렀다. 현재는 광주의 왕원사(王園寺)이다[이경신, 『동아시아 바다를 중심으로 한 해양실크로드의 역사』, p. 93; 의정, 『대당서역구법고승전』, 부록, 1) 정고(貞固) 율사].

89 수(隋) 천축(天竺) 비니다류지(毘尼多流支)가 한역한『불설상두정사경(佛說象頭精舍經)』을 가리키는 듯하다.

90 『불위수가장자설업보차별경(佛爲首迦長者說業報差別經)』(1권)을 가리키는 듯한데, 수나라 구담법지(瞿曇法智, Gautama Dharmajñāna)가 이 불경을 번역했다.『속고승전』, 권2, 「역경(易經)」, '사나굴다(闍那堀多)' 편에 있는 법지(法智)의 전기에도 그가『업보차별경(業報差別經)』등을 번역했다는 내용이 있기 때문에, 착오일 가능성이 있다.

91 Thích Đức Thiện, "Phật Tích: Dấu Tích Đầu Tiên Của Phật Giáo Ấn Độ Truyền Vào Việt Nam," Tạp Chí Khuông Việt, Số 1 (12/2007), p. 61.

92 『古珠法雲拂版行語錄(Cổ Châu Pháp Vân Phật Bản Hạnh Ngữ Lục)』에 의하면, 법운사에 머물기 전에는 루이러우우성의 남쪽 비상사[非相寺, 혹은 비상대선사(非相大禪寺, Phi Tướng Đại Thiền Tự)]에 있었다고 한다. Nhật Thu, "Chuyện Lạ Về Nhân Vật Vừa Là Phật, Vừa Được Phong Thánh," Báo điện tử Pháp Luật Việt Nam, 02/01/2017 참조.

93 이 경의 배경인 상두(象頭) 정사는 인도의 가야산에 자리한 수행처이다. 가야산의 모양이 코끼리 머리를 닮아서 붙여진 이름이다. 경의 주된 내용은 여기에 머물던 부처님과 문수사리 보살의 문답인데, 대승 수행에 입각한 보리심(菩提心)의 뜻, 보살행의 길, 반야의 지혜, 이 지혜를 얻기 위한 방편 등을 설명한다.

94 급사(給事) 이도보(李道寶)가 통역했고, 사문 법찬(法纂)이 기록했으며, 사문 언종이 서문을 지었다[석도선[釋道宣], 『속고승전(續高僧傳)』(649), 1. 역경편 ②, 1) 수(隋)나라 서경(西京) 대흥선사(大興善寺) 북천축(北天竺) 사문 나련야사전(那連耶舍傳), 비니다류지(毘尼多流支)]. Nguyễn Lang, Việt Nam Phật Giáo Sử Luận, Tập 1, Hà Nội: Nhà Xuất Bản Văn Hóa, 1979, Chương III (Khởi nguyên của thiền học tại Việt Nam - Khương Tăng Hội)과 비니다류지(毘尼多流支)의『대승방광총지경(大乘方廣總持經)』도 참조. '총지(總持)'는 진언(眞言)을 외워서 모든 법(法)을 가진다는 뜻의 '다라니(陀羅尼)'를 번역한 말이다.

95 스승 승찬(僧璨)의『신심명(信心銘)』(『경덕전등록』권30)에는 다음과 같은 구절이 나온다. "원만하기가 큰 허공과 같아서[圓同太虛], 모자람도 없고 남음도 없건만[無欠無餘]. 오직 취하고 버림으로 말미암아[良由取捨], 본래 그대로 한결같지 못하다[所以不如]."

96 Lê Thùy Dương, "Khái Quát Tư Tưởng Nhập Thế Của Các Dòng Thiền Và Một Số Thiền Sư Tiêu Biểu," p. 4.

97 Thân Văn Vân, 「Lược Sử Phật Giáo Việt Nam」, 『佛敎學報』(동국대학교 불교문화연구원), 제55집(2010.08), pp. 433~461 참조.

98 『베트남 선사들의 이야기』, pp. 89, 173~268; Nguyen Tai Thu, ed., The History of Buddhism in Vietnam, p. 97.

99 『베트남 선사들의 이야기』, pp. 180~182.

100 지금의 하노이 자럼(Gia Lâm) 지역.

101 지금의 박닌 소재.

102 베트남 불교사는 비니다류지파를 전통적으로 '남종선(南宗禪)'으로 언급했으며, 반면 무언통(無言通)의 학파는 '벽관파(壁觀派)'로 불렀다고 한다(Nguyen Cuong Tu, tr., Zen in Medieval Vietnam: A Study and Translation of Thien Uyen Tap Anh, Honolulu: Univ. of Hawaii Press, 1997. p. 414, n. 421).

103 『속고승전』, 권18. 담천(曇遷)에 의하면, 수(隋) 문제(文帝)는 601년, 602년, 604년 모두 세 차례에 걸쳐 사리를 보내 사리탑을 세우도록 했다.

104 지금의 루이러우로 추정.

105 지금의 빈푹성의 성도 빈옌(Vĩnh Yên)의 빈뜨엉(Vĩnh Tường)현과 럼타오(Lâm Thao)현.

106 지금의 응에안성.

107 지금의 뛰엔꽝(Tuyên Quang)성.

108 지금의 타인호아성. 수나라 때에는 구주(九州)로 불리기도 했음.

109 『선원집영』의 「통변선사전(通辨禪師傳)」에 상세하게 서술되어 있다. 무언통(無言通)의 제8세 법사인 '통비엔(通辨) 국사(國師)'의 전기를 보면, 통비엔이 린년(Linh Nhân, 靈仁) 황태후에게 베트남 선종의 흐름을 상세히 설명해 주는 대목이 나온다.

110 『섭(대승)론[攝(大僧)論]』은 "대승(大乘)을 포섭(包攝)한 논"이라는 뜻이다. 인도 불교의 사상가 아상가(Asaṅga, 無着, 310~390)가 대승 불교를 통일하기 위해 저술한 대승 불교의 논서인데, 중기 대승 불교의 유가행파(瑜伽行派) 유식설(唯識說)의 입장에서 대승 불교를 하나의 체계로 조직화한 불교 개론서이다.

111 『베트남 선사들의 이야기』, p. 88.

112 『佛光大辭典』; 『歷代三寶紀』, 卷十二; 『海外佛教事情』, 七三; 金山正好, 『東亞佛教史』, p. 5508. 400년쯤에 성립되었다고 한다. 모든 인간은 여래와 같은 본성을 구비하고 있다는 여래장사상(如來藏思想)에 입각하여, 이전 여러 학파의 설을 풍부하게 채택하고 있다. 예를 들면, 『반야경』, 『법화경』, 『화엄경』, 『열반경』, 『승만경』, 『해심밀경(解深密經)』 등이다.

113 '삼론'은 삼론종의 근본 경전이 되는 세 가지 책을 말하는데, 용수(龍樹) 보살(Nāgārjuna)의 『중론(中論)』과 『십이문론(十二門論)』, 그리고 제자 제바(提婆, Arya-deva, 170~270)의 『백론』이다.

114 Thích Đức Trí, "Ba Pháp Tu Truyền Thống Của Phật Giáo Việt Nam."

115 '삼매'는 마음을 한 가지 일에 집중시키는 일심불란(一心不亂)의 경지나 사물에 열중함을 이른다. '다라(陀羅, Dharāni)'는 한역하면 '지(持)'이다[의정, 『대당서역구

법고승전』, 하권, 34) 도림(道琳) 법사].

116　불교 종파의 하나. 『대일경(大日經)』, 『금강정경(金剛頂經)』, 『소실지경(蘇悉地經)』
　　등에 의거하여 다라니(陀羅尼)의 법력으로 이 몸이 곧 부처가 되기를 표방하는 종
　　파. 인도에서 일어나 중국 당나라에 전해져, 금강지(金剛智)의 제자 불공(不空)에
　　이르러 대성했다.

117　행동과 언어와 마음, 즉 일상생활의 모든 행위를 말한다.

118　(귀신 등을 물리치기 위해) 점술가들이 행하는 행동.

119　『隋書』, 卷82, 열전 第47, 남만 임읍(林邑). 리타이똥(Lý Thái Tông) 황제의 휘(諱)
　　는 '불마(佛瑪, Phật Mã)'였다(『大越史記全書 (上)』, 本紀, 卷之二, p. 220). 신라는
　　법흥왕(法興王, 514~540 재위) 때에 비로소 불교를 공인했고, 이후 여러 왕이 불
　　교식 이름을 가지기도 했다. 예를 들면, 법흥왕 이외에도 자비왕(慈悲王), 지증왕
　　(智證王), 진흥왕(眞興王), 진지왕(眞智王), 진평왕[眞平王(淨飯王)], 선덕왕(善德
　　王), 진덕왕[眞德王(勝曼)] 등이 있다.

120　『베트남 선사들의 이야기』, pp. 183~186; 『佛光大辭典』; 『歷代三寶紀』, 卷十二;
　　『海外佛敎事情』, 七三; 金山正好, 『東亞佛敎史』, p. 5508.

121　'숭업(崇業)'이라는 말은 "행업(行業)에 힘쓴다"는 뜻이면서, 이하의 숭업사(崇業
　　寺)를 가리키는 것 같다.

122　『금강경』, 제8 「의법출생분」(依法出生分)에 나온다.

123　『금강경』, 제21 「비설소설분(非說所說分)」에 나온다.

124　무언통(無言通)파의 제11세 법사 '광엄선사(廣嚴禪師)'의 전기에서도 이와 유사한
　　문답이 전개되고 있다.

125　지금의 박닌 동쪽 연안.

126　『베트남 선사들의 이야기』, pp. 186~188.

127　일종의 불전(佛殿) 기구. 부처 앞에 재(齋)를 올리는 법식(法式)을 행할 때에 불당
　　을 맡아 시봉(侍奉)하는 부전(副殿)이 이 기구를 쳐서 대중이 일어서고 앉는 것을
　　안내한다.

128　이후 866년에 당나라의 고변(高騈)이 교지절도사(交趾節度使)가 되어 '안남'을 통
　　치했다.

129　'정인(丁人)'이란 정씨(丁氏) 성을 가진 사람을 뜻하며, 이 '정씨(丁氏)'는 장로 나
　　귀(羅貴)를 가리킨다.

130　『베트남 선사들의 이야기』, pp. 25~36.

131　당나라 때의 문인 권덕여는 헌종 때 예부상서(禮部尙書) 겸 중서문하평장사(中書
　　門下平章事)를 제수받았다. 그는 육경(六經)과 백가(百家)를 두루 읽어 명성이 대
　　단했다고 한다. 그의 『권재지문집(權載之文集)』 50권이 현존한다.

132 「奉送韋中丞使新羅序」, 『全唐文』, 卷491; 『베트남 선사들의 이야기』, pp. 88~89.

133 불교에서는 고정된 실체가 없다고 하는 '공(空)' 사상을 내세우므로, 불교를 '공학'이라고도 한다.

134 지금의 저장성[浙江省] 진화시[金華市].

135 후대에 같은 이름의 사원이 베트남의 천덕부(天德府) 부녕향(扶寧鄕)에도 창건되어, 라꾸이(La Quý, 羅貴) 장로, 티엔옹(Thiền Ông, 禪翁) 등이 쌍림사에 머물렀다(『베트남 선사들의 이야기』, pp. 190, 199).

136 혜능의 제자는 43명이었는데, 이때부터 중국의 선종이 융성하게 되었다. 혜능 계통의 선, 즉 남종(南宗) 또는 남종선(南宗禪)은 점오(漸悟)를 주장한 신수(神秀: ?~706) 계통의 북종(北宗) 또는 북종선(北宗禪)과 대립했다. 당나라 말기 이후에는 남종선만이 번영했는데, 돈오(頓悟)를 강조했다.

137 지금의 하노이 자럼.

138 Lê Thùy Dương, "Khái Quát Tư Tưởng Nhập Thế Của Các Dòng Thiền Và Một Số Thiền Sư Tiêu Biểu," p. 5; "Thiền Sư Vô Ngôn Thông Đến VN Tìm Người Kế Thừa Tâm Pháp," *Giác Ngộ*, 06/12/2011; Mai Thị Huyền, "Dòng Thiền Vô Ngôn Thông Ở Việt Nam Thế Kỷ VIII~XII," *Tạp Chí Nghiên Cứu Phật Học*, 30/09/2021.

139 『대남선완전등록집(大南禪宛傳燈集錄, Đại Nam Thiền Uyển Truyền Đăng Tập Lục)』에 의하면, 무언통의 제자 감성은 826년 1월 12일 당시에 불적산(佛迹山)의 암자(Chùa Phật Tích)에 기거하고 있었다[Đại Đức Thích Đức Thiện, "Phật Tích: Dấu Tích Đầu Tiên Của Phật Giáo Ấn Độ Truyền Vào Việt Nam," p. 61].

140 『베트남 선사들의 이야기』, pp. 30~36.

141 Thân Văn Vần, 「Lược Sử Phật Giáo Việt Nam」, pp. 433~461; Nguyen Cong Tu, "Rethinking Vietnamese Buddhist History: Is the *Thiền Uyển Tập Anh* a "Transmission of the Lamp" Text?," John K. Whitmore, ed., *Essays Into Vietnamese Pasts*, SEAP Publications, 1995, p. 107.

142 『베트남 선사들의 이야기』, pp. 25~170; Nguyen Tai Tu, ed., *The History of Buddhism in Vietnam*, p. 101.

143 Nguyen Tai Thu, ed., *The History of Buddhism in Vietnam*, p. 101.

144 불도(佛道)에 들어간 뒤의 이름.

145 무언통이 이 건초사에 머무르기 이전의 일이었던 듯하다.

146 https://phatgiao.org.vn/phat-giao-thoi-ly-tran-voi-ban-sac-van-hoa-dai-viet-d48679.html

147 『베트남 선사들의 이야기』, pp. 36~38.

주석　385

148 지금의 박닌성 투언타인현 타인프엉(Thanh Phương)사(社) 크엉뜨(Khương Tự) 마을.

149 『장자(莊子)』, 「대종사(大宗師)」에 '방지외(方之外)'와 '방지내(方之內)'라는 표현이 등장한다. '방지외'는 무엇에도 구애되지 않는 자유로운 경지를 가리킨다. '방외 (方外)'는 유가에서 '도가(道家)'나 '불가(佛家)'를 일컫는 말이기도 하다.

150 셀 수 없는 수, 즉 '무수(無數)'이다.

151 덕이 높은 사람, 유덕자(有德者)라는 뜻. 장로(長老), 불(佛), 보살(菩薩), 고승(高僧) 등에 대한 존칭.

152 '문수'는 '문수사리(文殊師利)' 또는 '문수시리[文殊尸利]'의 준말. 문수보살은 '훌륭한 복덕을 가진' 혹은 '완전한 지혜를 가진' 보살이다. 과거 일곱 부처의 스승으로 석가모니불보다 훨씬 빨리 성불한 고불(古佛)이다. 문수보살에 관한 경전으로는 양나라 때 승가바라(僧伽婆羅, 479~524)가 번역한 『문수사리문경(文殊師利問經)』 (2권 37품)이 대표적이다.

153 漢喃研究院·遠東學院, 『越南漢喃銘文匯編』(Éphigraphie en chinois du Việt Nam), 第一集(Vol. 1, Tập 1), 北屬時期至李朝(De l'Occupation Chinoise à la Dynastie des Lý, Từ Bắc Thuộc Đến Thời Lý), Paris - Hà Nội: École Française d' Extrême-Orient; Viện Nghiên Cứu Hán Nôm, 1998, pp. 5~12.

154 '墓誌': 죽은 사람의 이름, 신분, 행적 등을 기록한 글. 사기판(沙器板)이나 돌에 새겨 무덤 옆에 묻거나 관(棺)이나 호(壺)에 직접(直接) 새기기도 한다.

155 그래서 비문의 다른 이름이 '장춘고비(春長古碑)'이기도 하다.

156 志磐 撰, 『佛祖統紀』(1268), CBETA電子佛典集成, T49n2035, 財團法人: 佛敎電子佛典期成會, p. 461.

157 여옥의 생애에 대해서는 H. Le Breton, "Monuments et Lieux Historiques du Thanh-Hoa (Contribution à l'Inventaire des Vestiges)," Revue Indochinoise, XXXIV 3~4 (Mars-Avril 1921), p. 184 참조.

158 漢喃研究院·遠東學院, 『越南漢喃銘文匯編』, 第一集, 北屬時期至李朝, pp. 16~25.

159 현재 하떠이성 박물관에 있다. '남평(南坪)'은 중국의 삼국 시대와 육조(六朝) 시대의 도량형 단위인데, 베트남 북속 시기에도 이 단위가 사용되었다. '남평' 90근의 현재 실제 중량은 36kg이므로, '남평' 1근은 약 0.4kg에 해당한다.

160 '기쁘게 귀의(歸依)한다' 혹은 '마음속으로부터 고맙게 여기어 기뻐한다'는 의미의 '수희(隨喜)'는 『법화경(法華經)』의 「수희품(隨喜品)」에서 유래한 것 같다.

161 Jacques Gernet, Buddhism in Chinese Society. An Economic History from the Fifth to the Tenth Centuries, translated by Franciscus Varellen, New York: Columbia University Press, 1995, p. 263.

3장

1 『欽定越史通鑑綱目』, 正編, 卷之一, 3a[443].

2 이은구, 「중세 인도의 해양무역」, 양승윤 외, 『바다의 실크로드』, 청아출판사, pp. 220, 231.

3 Nguyen Tai Thu, ed., *The History of Buddhism in Vietnam*, p. 72.

4 Nguyen Tai Thu, ed., *The History of Buddhism in Vietnam*, p. 75.

5 십이사군 시기에 대해서는, K. W. Taylor, "The 'Twelve Lords' in Tenth-Century Vietnam," *Journal of Southeast Asian Studuies*, 14-1 (March 1983), pp. 46~62 참조.

6 『베트남 선사들의 이야기』, pp. 39~40. 베트남의 독립 이후에 활동이 확인되는 승려들의 인명은 베트남식으로 표기한다.

7 지금의 하노이 뜨리엠현.

8 선종에서 제자가 스승의 방에 들어가 그 법을 잇는 것을 의미한다.

9 오늘날의 진국사(鎭國寺, Chùa Trấn Quốc). 응오득토(Ngô Đức Thọ)의 *Từ Điển Di Tích Văn Hóa Việt Nam*(Hà Nội, 1993)에 의하면, 개국사는 띠엔리(Tiền Lý)의 리남데(Lý Nam Đế, 541~547) 시기에 홍강 변 근처의 이호아(Y Hoa)촌(thôn)에 세워졌다. 지금의 하노이시 떠이호(Tây Hồ)꾸언(quận), 엔푸(Yên Phụ)프엉(phường), 타인니엔(Thanh Niên) 거리(Đường)에 있다. 개국사[혹은 진국사(鎭國寺, Chùa Trấn Quốc)]는 하노이에서 가장 큰 호수의 유일한 어떤 섬에 있다. 현재 호숫가에는 대로가 지나고, 별장과 현대적인 건축물이 조성되어 있다. 들어가는 사문(寺門) 위에는 '방편문(方便門)'이라고 쓰여 있다. 다층으로 지어진 서향 전당(前堂, Tiền đường), 향을 피우는[燒香] 공간, 상전(上殿, thượng điện) 등이 공(工) 자(字) 형으로 배치되어 있다. 분향 장소와 상전의 양쪽은 행랑이고, 상전 뒤에는 종각(鐘閣)이 있다. 세 칸으로 된 이 종각의 오른쪽은 냐또(nhà tổ)이고 왼쪽은 비석을 안치한 공간이다.

10 Nguyen Tai Thu, ed., *The History of Buddhism in Vietnam*, p. 78.

11 Hoàng Thị Thơ, 「베트남에서의 불교 연구 동향-성과와 과제」, 『儒學研究』(충남대학교 유학연구소), Vol. 17[2008], p. 297. 호아르는 하노이에서 남쪽으로 100km 정도 떨어져 있다.

12 Nguyen Tai Thu, ed., *The History of Buddhism in Vietnam*, pp. 75, 77. 예를 들면, 이하에서 살펴볼 비니다류지파의 승려 팝투언[法順, 914~990], 반하인[萬行], 후에씬[惠生], 카인히[慶喜], 비엔통[圓通] 등은 모두 당시 군주들에게 중용되어 법사(法師)나 국사(國師)에 봉해졌고, 승통(僧統)에 임명되었다.

13 『欽定越史通鑑綱目』, 正編, 卷之一, 1a, 2b. 딘보린의 아버지는 딘꽁쯔(Đinh Công

Trứ, 丁公著)이고, 어머니는 담(Đàm, 譚)씨이다.

14 『大越史略』, p. 43; Ngô Thời Sỹ (吳時仕), *Việt Sử Tiêu Án* (越史標案, 1775), Nhà
   Xuất Bản: Văn Sử 1991, p. 34; 『欽定越史通鑑綱目』, 正編, 卷之一, 4b. '사사(士
   師)'는 요순 시대의 형관(刑官)을 본떴다. 응우옌박과 르우꺼 두 사람은 모두 다이
   호앙의 호아르 사람이고, 레호안은 타인리엠(Thanh Liêm, 靑廉)현의 바오타이
   (Bảo Thái, 保泰)사 출신이다.

15 『베트남 선사들의 이야기』, pp. 40~41.

16 처음 이름은 응오찐르우(Ngô Trinh Lưu, 吳貞流)였다. '깟러이'는 박하(Bắc Hà)
   부낌호아(Kim Hoa)현 자하(Da Hạ) 마을의 도아이(Đoài)촌이 되었는데, 현재는
   하노이 쏙썬(Sóc Sơn)의 베린(Vệ Linh)이다. Hoàng Văn Lâu, "Đi Tìm Địa Chỉ
   Ngô Chân Lưu," *Tạp Chí Hán Nôm*, Số 1 (26) (1996).

17 한반도의 승관 제도는 삼국 시대 신라와 백제에서 시작되었다고 한다. 진흥왕(眞
   興王)은 고구려에서 온 혜량(惠亮) 법사를 551년에 국통(國統)으로 삼았다. 국통
   은 승통(僧統) 또는 사주(寺主)라고도 불렀다.

18 『大越史略』, p. 43; 『大越史記全書 (上)』, 本紀, 卷之一, p. 181; Ngô Thời Sỹ, *Việt
   Sử Tiêu Án*, p. 34; 『欽定越史通鑑綱目』, 正編, 卷之一, 4b[446]. 쯔엉마니는 쯔엉
   옌(Trường Yên)부(府), 다이호앙(Đại Hoàng)주(州, 지금의 닌빈성 소재) 출신이
   다. 승록으로서 그는 신설된 동암띠엔(Động Am Tiên)부를 관리하는 임무를 맡
   았다. 딘 왕조가 붕괴된 이후, 쯔엉마니는 출가하여 수행하면서 더 이상 정치에
   는 참여하지 않았다고 한다("Huyền Bí Động Chùa Am Tiên," *Báo Thái Nguyên*,
   07/01/2017). 건초사를 확장한 그는 부처에게 향을 사르고, 토신(土神)의 묘에 독
   경할 수 있는 공간을 조성한 것으로 알려져 있다.

19 '비엣'은 딘 왕조의 국호 다이꼬비엣(Đại Cồ Việt, 大瞿越)을 가리킨다.

20 꼬팝향(鄕)은 꼬팝주(州)라고도 한다. 과거 베트남의 행정 단위로 뜨썬(Từ Sơn)
   부(府, phủ) 동응안(Đông Ngàn)현(huyện)에 속했다. 이 향의 관할에는 즈엉로이
   (Dương Lôi) 마을(làng), 딘방(Đình Bảng) 마을, 다이딘(Đại Đình) 마을, 푸르우
   (Phù Lưu) 마을 등이 있다.

21 『베트남 선사들의 이야기』, pp. 199~200; Nguyen Tai Thu, ed., *The History of
   Buddhism in Vietnam*, p. 79.

22 비니다류지파의 제10세 네 명 중 라꾸이(La Quý, 羅貴) 장로를 가리킨다. 그의 속
   성(俗姓)이 딘씨[丁氏]이다.

23 지금의 쯔엉옌(Trường Yên)사 지역에는 일주사, 암선사, 금은사, 꼬암 사원, 바응
   오 사원, 연녕사 등 6개의 사원이 남아 있다.

24 민간에서는 주로 바응오 사원이라고 부른다.

25 황룡(黃龍)이 딘보린을 자비엔 쪽에서 호아르현으로 옮긴 가화(佳話)와 관련 있는 곳.

26 정확한 소재는 닌빈성 호아르현 쯔엉옌(Trường Yên)사의 오래된 찌퐁(Chi Phong) 마을(làng cổ)이다. 닌빈시에서 짱안 대로를 따라 10km쯤 가면 도착한다.

27 Nhật Quỳnh, "Chùa Duyên Ninh – Ngôi Chùa "Cầu Duyên" Ở Đất Ninh Bình."

28 '냐또'는 보통 불교 건축물 뒤편에 짓는데, 주지 스님의 일상생활 공간이다. 오래된 사원의 '냐또'에는 초조(初祖) 스님들의 상(像)을 모신 제단(ban thờ)이 있다. 하노이의 연우사(延祐寺, Chùa Diên Hựu)처럼, 땅이 협소해서 사원 측면에 '냐또'가 지어진 경우도 있다.

29 Nhật Quỳnh, "Chùa Duyên Ninh – Ngôi Chùa "Cầu Duyên" Ở Đất Ninh Bình."

30 Phan Trang, "Động Am Tiên Tuyệt Tịnh Cốc – Vẻ Đẹp Thao Thức Lòng Người," DiaDiem, 28/09/2022.

31 암선동이 위치한 짱안 명승 단지(Quần Thể Danh Thắng Tràng An)는 2014년 6월 23일 도하에서 개최된 제38차 세계유산위원회 유네스코 세계 문화유산으로 등록되었다.

32 Thảo Liên (Dân Việt), ""Tuyệt Tịnh Cốc" Có Thật ở Ninh Bình," Người Lao Động, 21/12/2016.

33 아내는 공주 딘푸중(Đinh Phù Dung). 두 사람의 사랑 이야기는 현재까지 아름다운 전설로 전해온다.

34 『欽定越史通鑑綱目』, 正編, 卷之一, 3a; Văn Hào – Đình Thành, "Động Chùa Am Tiên – Nơi Pháp Trường Xử Án, Thái Hậu Tu Hành," Tạp Chí Trí Thức, 01/10/2016.

35 Tập Bản Đồ Hành Chính Việt Nam, Hà Nội: Nhà Xuất Bản Tài Nguyên – Môi Trường Và Bản Đồ Việt Nam, 2013; Bản Đồ Tỷ Lệ 1:50.000 Tờ F-48-92-B, Cục Đo Đạc Và Bản Đồ Việt Nam, 2004; "Thông Tư, Số: 06/2019/TT-BTNMT, Hà Nội, 28/06/2019 Của Bộ Tài Nguyên Và Môi Trường, Ban Hành Danh Mục Địa Danh Dân Cư … Phục Vụ Lập Bản Đồ Tỉnh Ninh Bình," Thuvien Phapluat Online, 2019.

36 Trần Hậu Yên Thế, "Bảo Quang Hoàng Hậu Là Ai? Tại Sao Lại Có Danh Hiệu Này?," Thông Báo Hán Nôm Học, 2012.

37 Du Chi, "Hãy Tiếp Tục Sưu Tầm Văn Bia Một Loại Tư Liệu Hán Nôm Qúy Gía," Nghiên Cứu Hán Nôm, Năm 1984 (Phần 2) 참조. (http://hannom.org.vn/web/tchn/data/8402.htm)

38 Nguyễn Quân – Phan Cẩm Thượng, Mỹ Thuật Của Người Việt, Nhà Xuất Bản Mỹ Thuật, 1989, p. 174.

39 "Chùa Ở Ninh Bình," Báo Ninh Bình, 24/04/2008.

40 지금의 하노이 썬떠이.

41 『欽定越史通鑑綱目』, 正編, 卷之一, 2b; Trương Đình Tưởng, Lê Hải sưu tầm, *Truyền Thuyết Hoa Lư*, Sở VHTT Ninh Bình, 1997, p. 47. 응오 부인이 새로 낳은 아들이 바로 딘띠엔호앙의 차남이자 딘리엔의 이복동생 딘항랑(Đinh Hạng Lang)이다.

42 Nhật Quỳnh, "Chùa Bà Ngô – Ngôi Chùa Cổ Ở Cố Đô Hoa Lư," *Du Lịch Ninh Bình*, 13/08/2018; Nguyễn Thanh Tuyền, "Bí Ẩn Chuyện Lập Hoàng Hậu Lạ Đời Của Đinh Tiên Hoàng," *Trí Thức & Cuộc Sống*, 30/12/2015.

43 현존하는 사원에는 불경 석주(石柱) 이외에도 정전, 냐또, 응접실, 식당, 탑 등이 있다.

44 Chí Kiên, "Công Nhận 25 Bảo Vật Quốc Gia," *Báo Điện Tử Chính Phủ*, 23/12/2015.

45 Hoàng Tâm, "Bảo Tồn Và Phát Huy Giá Trị Lịch Sử, Văn Hoá Chùa Nhất Trụ," *Ninh Bình*, 30/10/2009.

46 하노이시, 쏙썬(Sóc Sơn)현, 푸린(Phù Linh)사 소재.

47 『大越史略』, p. 42; 『欽定越史通鑑綱目』, 正編, 卷之一, 3b.

48 『大越史略』, p. 43; 『大越史記全書 (上)』, 本紀, 卷之一, p. 182; 『欽定越史通鑑綱目』, 正編, 卷之一, 7b–8a.

49 『佛頂最勝陀羅尼經』(Phật Đỉnh Tối Thắng Đà La Ni Kinh), 乾隆大藏經(Bản Khắc Gỗ Càn Long Tạng) 참조.

50 1963년부터 1966년 사이에 베트남 닌빈성 호아르현 지방에서 발견되었다. 석경(石經)은 중국에서 971년에 처음으로 출현했는데, 송나라 황제가 공양하기 위해 『대장경』을 석주에 새기게 했다(Hoàng Tâm, "Bảo Tồn Và Phát Huy Giá Trị Lịch Sử, Văn Hoá Chùa Nhất Trụ."). 한국의 보물 제1836호 『불정최승다라니경(佛頂寂勝陀羅尼經)』(初雕本)은 호림박물관이 관리하고 있다.

51 Ha Van Tan, tr., "Inscriptions," in George Dutton, Jayne Werner, and John K. Whitmore, eds., *Sources of Vietnamese Tradition*, Columbia University Press, 2012, p. 44.

52 석당은 돌로 기둥처럼 길게 만들어 세운 것이다. Henri Maspero, "Rapport Sommaire sur Une Mission Archéologique au Tchö–kiang," *BEFEO*, Tome XIV (1914), p. 11, n. 2, 17; L. Finot et V. Goloubew, "Le Fan–tseu t'a [梵字塔] de Yunnanfou," *BEFEO*, Tome XXV (1925); 常盤大定, 關野貞, 編, 『中國文化史蹟』, 京都, 1976; 『越南漢喃銘文匯編』, 第一集, p. 57 등 참조.

53 『大越史略』, p. 43; 『大越史記全書』, 本紀, 卷之一, p. 182.

54 Nguyen Tai Thu, ed., *The History of Buddhism in Vietnam*, p. 78.

55 Nguyễn Thế Anh, "Buddhism and Vietnamese Society throughout History," p. 99.

56 이러한 현상은 리 왕조와 쩐 왕조에 이르러 절정에 달했다.

57 Thái Bá, "Ngôi Chùa Cầu Duyên Hơn 1,000 Năm Nổi Tiếng Ở Cố Đô Hoa Lư," *Dân Trí*, 23/03/2018.

58 지금의 타인호아 지역.

59 『大越史略』, p. 44; 『欽定越史通鑑綱目』, 正編, 卷之一, 14b.

60 Minh Chi, Văn Tấn Hà, Tài Thư Nguyễn, *Buddhism in Vietnam: From Its Origins to the 19th Century*, Hanoi: The Gioi Publishers, 1999, p. 60.

61 『베트남 선사들의 이야기』, pp. 192~195

62 『베트남 선사들의 이야기』, pp. 201~205. 원래의 성이 리씨(李氏)였다는 주장도 있다. 리 왕조를 무너뜨리고 등장한 쩐 왕조 시기의 자료들은 이전 왕조의 리씨 성을 응우옌씨[阮氏]로 바꾸는 경우가 있었다. 예를 들면, 『선원집영』에서 리작(Lý Giác)은 응우옌작(Nguyễn Giác)으로, 리트엉끼엣(Lý Thường Kiệt)은 응우옌트엉끼엣(Nguyễn Thường Kiệt)으로 각각 기록되어 있다.

63 '오수(吾愁)'를 각각 풀어 나눈 파자(破字)이다.

64 떠이껫은 다이비엣이 송나라 및 원나라와 전쟁할 때, 중국군의 주둔지로 유명하다.

65 『大越史略』, p. 44; 『大越史記全書』, 本紀, 卷之一, p. 189 참조.

66 지금의 빈푸(Vĩnh Phú)성 낌아인(Kim Anh)현 근처로 추정된다.

67 『베트남 선사들의 이야기』, p. 41.

68 사천왕(四天王)의 하나이다. 다문천(多聞天, 수미산 중턱 북쪽의 하늘나라)을 다스려 북쪽을 수호하며 야차와 나찰(羅刹)을 통솔한다. 분노의 상(相)으로 갑옷을 입고 왼손에 보탑(寶塔)을 받쳐 들고 오른손에 몽둥이를 들었다.

69 사천왕에 딸린 여덟 귀신 팔부(八部)의 하나. 사람을 괴롭히거나 해친다는 사나운 귀신이다. 염라국(閻羅國)의 법정 염마청(閻魔廳)에서 염라대왕의 명을 받아 죄인을 벌하는 옥졸(George Dutton, Jayne Werner, and John K. Whitmore, eds., *Sources of Vietnamese Tradition*, p. 38).

70 『大越史略』, p. 44; 『大越史記全書 (上)』, 本紀, 卷之一, p. 188 참조.

71 『大越史略』, p. 45; 『大越史記全書 (上)』, 本紀, 卷之一, p. 191.

72 『大越史記全書』에는 '천애(天涯)'로 되어 있다(『大越史記全書 (上)』, 本紀, 卷之一, p. 191). '天涯'는 하늘 끝, 먼 변방(邊方), 또는 아득히 떨어진 타향(他鄉)을 말한다.

73 『大越史記全書』에는 시를 주고받은 시점은 987년 봄 무렵으로 되어 있다(『大越史記全書 (上)』, 本紀, 卷之一, pp. 191~192).

74 Ngô Thời Sỹ, *Việt Sử Tiêu Án*, p. 37에도 당시의 일화가 소개되어 있다.

75 싸익장강의 이름을 따라서 지은 사원의 이름. 남싸익(Nam Sách)을 통과하는 이

강은 지금의 트엉강(Sông Thương) 지류 싸익강(Sông Sách)인 것 같다.

76　그의 성이 'Đỗ(杜)'이기 때문에, '도투언'이라고 했다.

77　『大越史記全書 (上)』, 本紀, 卷之一, p. 191.

78　타인호아의 아이(Ái, 隘)군(郡) 트(Thử, 蜍)향(鄉)의 고산사(鼓山寺, Chùa Cổ Sơn)에 있던 팝투언(法順) 선사는 990년에 76세의 나이로 세상을 떠났다.

79　『大越史記全書 (上)』, 本紀, 卷之一, p. 191.

80　송나라를 가리키는 듯하다.

81　『大越史記全書』에는 '南强'이 변경을 의미하는 '邊疆'으로 되어 있다(『大越史記全書 (上)』, 本紀, 卷之一, p. 192).

82　송(宋)나라 사신 이각을 둘러싼 이 일화에 대해서는『大越史記全書 (上)』, 本紀, 卷之一, p. 192 참조.

83　981년 송나라가 침략했을 당시에 포로가 된 송나라 사람 곽군변(郭君辨)과 조봉훈 (趙奉勳)은 암선동에 감금되었고, 986년 레다이하인 황제는 사신 이각이 왔을 때 이들을 돌려보냈다고 한다.『大越史記全書 (上)』, 本紀, 卷之一, pp. 188, 191.

84　Đạt Thức(Theo Hồ sơ xếp hạng di tích, tư liệu Cục Di sản văn hóa), "Di Tích Lịch Sử Và Kiến Trúc Nghệ Thuật Cố Đô Hoa Lư."

85　호아르 경도의 동성(東城, Thành Đông)과 서성(西城, Thành Tây)을 연결하는 지점.

86　https://thuvienhoasen.org/images/file/Mr5qqELf1QgBAEcz/tuong-thien-su-van-hanh.jpg

87　釋志磐 撰,『佛祖統紀』, 권43, 開寶 4년·太平興國 8년.

88　馬端臨 撰,『文獻通考』, 권325, 四裔 高麗.『宋』고려전에도 그와 같은 내용의 기록이 있다(『宋史』권487, 列傳 246, 外國 3, 高麗 端拱 2년). 그러나 그것이 인성 (印成)인지 필사(筆寫)인지의 구분 표시가 없어『인성대장경』의 전래 여부는 알 수 없다. 한국 측 사료에는 관련 기록이 나타나지 않는다.

89　『宋史』, 권487, 列傳 246, 外國 3, 高麗 淳化 2년.

90　『高麗史』, 권3, 世家 3, 성종 10년 4월, 권93, 列傳 6, 韓彦恭.

91　黎崱 撰,『安南志略』, p. 287.

92　"Di Tích Chùa Kim Ngân Ở Ninh Bình," *Tiếp Thị Sài Gòn*, 15/05/2013.

93　『大越史記全書 (上)』, 本紀, 卷之一, p. 197.

94　레다이하인조[黎大行] 황제의 다섯째 아들로 이름은 롱딘[龍鋌]이다. 정사는 그의 성격과 행동이 포악했다고 묘사하고 있다. 레롱딘이 치질 때문에 누워서 조회를 보았다고 해서, 그의 시호는 '와조(臥朝)'가 되었다고 한다(『大越史記全書 (上)』, 本紀, 卷之一, p. 201).

95 『大越史記全書』, 本紀, 卷之一, p. 197.

96 Nguyễn Vinh Phúc, "Đào Cam Mộc − Công thần khai quốc thời Lý."

97 『大越史略』, p. 47; Ngô Thì Sĩ, *Đại Việt Sử Ký Tiền Biên*, Trung Tâm Khoa Học Xã Hội Và Nhân Văn Quốc Gia, Viện Nghiên Cứu Hán Nôm, Hà Nội: Nhà Xuất Bản Khoa Học Xã Hội, 1997, p. 180.

98 黎崱 撰, 『安南志略』, p. 290; 『欽定越史通鑑綱目』, 正編, 卷之一, 42b~43b [522~523]; Nguyen Tai Thu, ed., *The History of Buddhism in Vietnam*, p. 95. 송나라는 레롱딘을 교지군왕(Giao Chỉ quận vương)에 봉하고 정해군절도사(Tĩnh Hải quân Tiết độ sứ)를 맡기면서 찌쭝(Chí Trung)이라는 이름을 주었고, 민쓰엉(Minh Xưởng)과 타인냐(Thành Nhã)에게도 작위를 주었다.

99 『大越史記全書 (上)』, 本紀, 卷之一, p. 201.

100 하떠이(Hà Tây)성 쯔엉미(Chương Mỹ)현 소재의 닌강.

101 『大越史略』, p. 47; 『大越史記全書 (上)』, 本紀, 卷之一, p. 201; Ngô Thì Sĩ, *Việt Sử Tiêu Án*, p. 40.

102 『欽定越史通鑑綱目』, 正編, 卷之一, 35a[507]. 이후 리 왕조의 율령 발전과 형서(刑書) 반포에 대해서는 『大越史略』(p. 75), 『大越史記全書』(本紀, 卷之二, pp. 231, 295), 『欽定越南通鑑綱目』[正編, 卷之三, 4b(626)] 등을 참조.

4장

1 즉, 꼬팝 마을(làng). 이후에는 박닌성, 뜨썬부, 딘방 마을로 되었다. 옛날에 이 마을은 지엔우언(Diên Uẩn)이라고도 불렀다. 여기에는 리 왕조의 능(陵, lăng)과 사당(đền thờ)이 있다.

2 지금의 박닌성 트어썬(Thừa Sơn)현.

3 『大越史略』, p. 49; 『大越史記全書 (上)』, 本紀, 卷之一, p. 207.

4 어머니는 이후에 명덕태후(明德太后, Minh Đức Thái Hậu)에 봉해졌다.

5 『大越史略』, p. 49; 『大越史記全書 (上)』, 本紀, 卷之一, p. 207; 『欽定越史通鑑綱目』, 正編, 卷之二, 7a[539]. 정사에 거의 등장하지 않는 아버지는 히엔카인브엉(Hiển Khánh Vương)으로 추존(追尊)되었다.

6 『大越史略』, p. 50; 『大越史記全書 (上)』, 本紀, 卷之一, p. 207. 『大越史記全書』에는 '應天寺'가 '應天心寺'로 되어 있다.

7 『대월사기전서』와 『欽定越史通鑑綱目』[正編, 卷之二, 7ab(539~540)]에 의하면,

고법사(古法寺, Chùa Cổ Pháp), 즉 응심사(應心寺, Ứng Tâm Tự) 혹은 잔 사원 (Chùa Dặn)이라고 하는데, 젊은 리꽁우언은 부처의 가르침을 배우기 위해 건초사 에 왔다고도 한다.

8   『大越史略』, p. 49; 『大越史記全書 (上)』, 本紀, 卷之一, p. 207; 『欽定越史通鑑 綱目』, 正編, 卷之二, 4a[533], 7a[539]; 이시이 코오세이, 『동아시아 불교사』, p. 217;

9   지금의 하노이 교외.

10   『베트남 선사들의 이야기』, p. 46; Nguyen Tai Thu, ed., *The History of Buddhism in Vietnam*, p. 80.

11   이시이 코오세이, 『동아시아 불교사』, p. 217. 『大越史記全書 (上)』, 本紀, 卷之二 (p. 207)에는, 반하인이 리꽁우언의 황제 등극을 예견하는 것으로 나온다.

12   『大越史記全書 (上)』, 本紀, 卷之一, p. 183.

13   Trần Bá Chí, "Ngọc Phả Các Vua Triều Lê," *Tạp Chí Hán Nôm* (Viện Nghiên Cứu Hán Nôm), Số 5/2004.

14   『大越史略』, p. 49; 『大越史記全書 (上)』, 本紀, 卷之一, p. 207; Trần Bá Chí, "Ngọc Phả Các Vua Triều Lê."

15   『大越史記全書 (上)』, 本紀, 卷之一, p. 201; Ngô Thì Sĩ, Ngô Thì Sĩ, *Đại Việt Sử Ký Tiền Biên*, p. 222. 야사(野史)는 리꽁우언(Lý Công Uẩn)이 찬탈하기 위해 레 롱딘을 죽였다고 전한다[Ngô Thì Sĩ, *Đại Việt Sử Ký Tiền Biên*, p. 223].

16   Nguyễn Vinh Phúc, "Đào Cam Mộc − Công Thần Khai Quốc Thời Lý," *Hà Nội Mới*, 14/06/2010.

17   『大越史記全書 (上)』, 本紀, 卷之一, p. 202.

18   黎崱 撰, 『安南志略』, p. 291.

19   『베트남 선사들의 이야기』, pp. 206~207.

20   '고세(高世)'와 '변세'는 모두 지명인 것 같으나, 정확히 어디인지는 알 수 없다.

21   두괴[斗魁, 북두칠성의 첫째 별에서 넷째 별에 이르는 추(樞)·선(璇)·기(璣)·권 (權)]는 별 여섯 개가 광주리 모양으로 열을 지어 있는 문창좌(文昌座)를 이고 있는 데, 이 문창좌의 첫째 별이 상장(上將)이다. 『사기』 권27, 「천관서(天官書)」 참조.

22   『베트남 선사들의 이야기』, pp. 207~208.

23   『大越史記全書 (上)』, 本紀, 卷之二, p. 208.

24   열대에서 나는 상록(常綠) 교목(喬木)이다.

25   지금의 박닌성 뜨썬(Từ Sơn)시, 떤홍(Tân Hồng)프엉의 즈엉로이(Dương Lôi) 마을.

26   『大越史記全書 (上)』, 本紀, 卷之一, p. 202; 『欽定越史通鑑綱目』, 正編, 卷之二,

4ab[534~544]. 『大越史略』에 의하면, 남아 있던 글자는 "樹根杳工, 木表靑靑, 禾刀木落, 十八子成, 震宮現日, 兌宮隱星, 六七日間, 天下太平"이었다(『大越史略』, p. 49).

27 Nguyễn Thế Anh, "Buddhism and Vietnamese Society throughout History," p. 99.

28 '李'자를 분석하면 '十八子'가 됨.

29 『大越史略』에는 '응우옌'으로 되어 있다.

30 『大越史略』에는 바(Ba, 芭)산(山)으로 되어 있다.

31 『大越史記全書 (上)』, 本紀, 卷之一, p. 202; 『大越史略』, p. 49.

32 닌빈성의 옌카인(Yên Khánh)현 카인푸(Khánh Phú)사에 있음.

33 Liên Hiệp Các Hội Khoa Học Và Kỹ Thuật Việt Nam, "Đào Cam Mộc, Vị Công Thần Triều Lý," 29/10/2010.

34 Nguyễn Vinh Phúc, "Đào Cam Mộc − Công Thần Khai Quốc Thời Lý."

35 『大越史略』, pp. 49~50; 『大越史記全書 (上)』, 本紀, 卷之一, p. 202; 『欽定越史通鑑綱目』, 正編, 卷之二, 5ab[535~536]. 『大越史略』은 '수룡병'을 '수룡군(隨龍軍)'으로 표현하고 있다.

36 『大越史略』, pp. 49~50; 『大越史記全書 (上)』, 本紀, 卷之一, pp. 202~203; Ngô Thời Sĩ, Việt Sử Tiêu Án, pp. 40~41.

37 『大越史略』, pp. 49~50; 『大越史記全書 (上)』, 本紀, 卷之一, p. 203.

38 『大越史略』, pp. 49~50; 『大越史記全書 (上)』, 本紀, 卷之一, p. 203.

39 '려(藜)'는 '여(黎)'와 음이 같으므로 여조(黎朝)를 가리키는 뜻으로 사용되었다. 남가새는 남가새과에 속하는 일년초로, 노란 꽃이 피며 과실은 과피(果皮)가 단단한데 열 개의 가시와 털이 있다. 뿌리와 씨는 약용으로 쓴다.

40 자두나무를 뜻한다. 리타이또부터 시작되는 리 왕조를 가리킨다.

41 리꽁우언은 다오깜목에게 벼슬을 하사했고, 의신후(義信侯, Nghĩa Tín Hầu, 리 왕조의 황족 출신이 아닌 개국 공신들 중에서 가장 높은 작위)에 봉했다. 이때 부비(Vũ Bị) 마을[부반(Vụ Bản)사, 빈룩(Bình Lục)현, 하남(Hà Nam)성]의 16세기 당시 '신보(神譜, Thần Phả)』(사당이나 묘와 관련된 신들의 이야기나 내력을 기록해 놓은 책)에 의하면, 다오깜목은 천도 이전부터 국정에 참여했고, 부비를 지나면서 여기가 명당이라고 보았다고 한다. 탕롱 천도 이후에, 다오깜목은 리타이또의 주선으로 장녀 안국공주(安國公主, Công Chúa An Quốc)와 결혼했고, 부비에 와서 장원(莊園)을 열었다. 1015년 1월에 다오깜목은 죽었고, 리타이또가 그를 태사 아왕(太師亞王)으로 추증(追贈)했다. 『大越史記全書 (上)』, 本紀, 卷之一, p. 204, 卷之二, p. 211 참조.

42 지금의 하노이.

43 『大越史記全書 (上)』, 本紀, 卷之二, pp. 207~208; Đào Duy Anh, *Đất Nước Việt Nam Qua Các Đời*, Hà Nội: Nhà Xuất Bản Hồng Đức, 2016, p. 141. 호아르는 짱안부로 부르게 되었다.

44 黎崱 撰, 『安南志略』, pp. 294~295.

45 『大越史記全書 (上)』, 本紀, 卷之一, p. 204; 『欽定越史通鑑綱目』, 正編, 卷之二, 8b[542].

46 Đào Duy Anh, *Đất Nước Việt Nam Qua Các Đời*, p. 145.

47 중국의 승관 제도는 남북조(南北朝) 시대(386~589)에 처음으로 시작되었고, 한반도의 승관 제도는 삼국 시대 신라와 백제에서 시작되었다.

48 『大越史記全書 (上)』, 本紀, 卷之二, p. 209.

49 『大越史略』, p. 51; 『大越史記全書 (上)』, 本紀, 卷之二, p. 212.

50 『大越史記全書 (上)』, 本紀, 卷之二, p. 213; 『欽定越史通鑑綱目』, 正編, 卷之二, 21b[568].

51 지금의 응에안.

52 『大越史略』, p. 50; 『大越史記全書 (上)』, 本紀, 卷之二, pp. 209~210; Hoàng Thị Thu Dung, "Châu Vị Long (Chiêm Hóa, Tuyên Quang) Dưới Thời Nhà Lý (Thế Kỷ XI - XII)," pp. 33~38.

53 『大越史記全書 (上)』, 本紀, 卷之二, p. 211; 『欽定越史通鑑綱目』, 正編, 卷之二, 21b[568].

54 『베트남 선사들의 이야기』, pp. 41, 44~45; George Dutton, Jayne Werner, and John K. Whitmore, eds., *Sources of Vietnamese Tradition*, p. 45.

55 『베트남 선사들의 이야기』, pp. 203~208.

56 반하인은 『선원집영』에 의하면 1018년에 입적했고, 『대월사기전서』에 의하면 1025년에 입적했다.

57 『大越史記全書 (上)』, 本紀, 卷之二, p. 215.

58 『베트남 선사들의 이야기』, pp. 201~205. 참고로 1015년 2월에는 타이빈(Thái Bình, 太平)현 제성사(齊聖寺, Chùa Tế Thánh)의 승려가 황제에게 사리(舍利) 보함(寶函)을 바치는 경우도 있었다(『大越史記全書 (上)』, 本紀, 卷之二, p. 212).

59 『베트남 선사들의 이야기』, p. 47; Nguyen Tai Thu, ed., *The History of Buddhism in Vietnam*, p. 93.

60 『베트남 선사들의 이야기』, pp. 195~197.

61 '마하마야(摩訶摩耶, Mahāmāyā)'는 원래 부처의 어머니 마야 부인을 지칭한다.

62 레호안 시기인 980년과 982년에 다수의 참인이 띠엔레 왕조의 포로가 되어 잡혀 왔다[윤대영, 「참인(Cham people)에서 참족(Cham minority)으로—참파 만달라 (Champa mandala)의 와해와 관련하여」, 『동양사학연구』(동양사학회), 제143집 (2018.06.31.), pp. 116~117 참조].

63 이시이 코오세이는 선종 승려를 만나 그의 지시로 '대비주[大悲呪, 즉 천수타라니 (千手陀羅尼)]'를 3년 외운 후 시력을 되찾았다고 주장한다. 이시이 코오세이, 『동 아시아 불교사』, p. 175.

64 칠관음(七觀音)의 하나로 과거세(過去世) 중생을 구제할 수 있는 1,000개의 눈과 1,000개의 손을 갖기를 발원하여 이루어진 관음이다. 눈과 손은 자비로움과 구제 의 힘이 끝없음을 나타내고, 지옥의 고통에서 벗어나게 해주며 소원을 이루어준 다. 형상은 앉거나 선 두 가지 모양으로, 양쪽에 각 스무 개의 손이 있고 손바닥마 다 한 개의 눈이 있다.

65 윤종갑, 「현행 『천수경』에 나타난 신앙형태와 참회사상」, 『한국불교학』, No. 85(2018), pp. 219~247 참조.

66 마법(魔法)을 써서 하는 기이한 술(述).

67 원문에는 레다이하인 황제로 되어 있지만, 1014년 이후의 일임을 고려하면, 리타 이또가 맞는다.

68 리 왕조 시기의 싸당진은 지금의 타인호아성 껌투이(Cẩm Thủy)현과 꾸안호아 (Quan Hóa)현에 소재했을 것으로 추정된다.

69 이시이 코오세이, 『동아시아 불교사』, p. 175.

70 성안 왼쪽에는 도관(道觀) 태청궁(太淸宮)이 있었다고 한다.

71 『大越史略』, pp. 50~51; 『大越史記全書 (上)』, 本紀, 卷之二, pp. 208~209, 212; 『欽定越史通鑑綱目』, 正編, 卷之二, 11ab(547~548); Nguyễn Lang, *Việt Nam Phật Giáo Sử Luận*, Tập 1, Nhà Xuất Bản Văn Hóa, 1979, Chương 8.

72 『大越史記全書 (上)』, 本紀, 卷之二, p. 208.

73 이시이 코오세이, 『동아시아 불교사』, p. 217.

74 『大越史略』, p. 51; 『大越史記全書 (上)』, 本紀, 卷之二, p. 212.

75 『大越史記全書 (上)』, 本紀, 卷之二, p. 214; 『欽定越史通鑑綱目』, 正編, 卷之二, 24b[574].

76 Nguyễn Lang, *Việt Nam Phật Giáo Sử Luận*, Tập 1, Chương 8. 유인선은 리타이 또가 즉위하고 5년 남짓 되었을 때 세워진 사찰만 해도 1,000여 개나 되었다고 주 장하지만, 출처도 없는 이 주장은 신빙성이 상당히 떨어진다. 유인선, 『새로 쓴 베 트남의 역사』, 이산, 2002, p. 124 참조.

77 『大越史記全書 (上)』, 本紀, 卷之二, p. 209; 『欽定越史通鑑綱目』, 正編, 卷之二,

11b[548].

78 『베트남 선사들의 이야기』, p. 47.

79 『大越史記全書 (上)』, 本紀, 卷之二, p. 209.

80 『大越史記全書 (上)』, 本紀, 卷之二, p. 211; 『欽定越史通鑑綱目』, 正編, 卷之二, 20a[565].

81 黎崱, 『安南志略』, p. 295.

82 『大越史略』에는 응우옌타인다오(Nguyễn Thanh Đạo, 阮淸道)로 되어 있다.

83 『大越史略』, p. 51; 『大越史記全書 (上)』, 本紀, 卷之二, p. 213; 『欽定越史通鑑綱目』, 正編, 卷之二, 20a[565].

84 『大越史記全書 (上)』, 本紀, 卷之二, p. 213. 『欽定越史通鑑綱目』에는 '광주'가 아니라 '광서(廣西)'로 되어 있다[正編, 卷之二, 20a(565)].

85 『大越史記全書 (上)』, 本紀, 卷之二, p. 214.

86 『大越史記全書 (上)』, 本紀, 卷之二, p. 215.

87 베트남의 목판본 제작은 12세기 후반에 시작되었고, 15세기 후반에 중국의 기술이 수입되면서 본격적으로 발전했다. Nguyễn Ngọc Nhuận, "Lương Nhữ Hộc Một Tác Gia Trong Toàn Việt Thi Lục (TBHNH 2004)," Nghiên Cứu Hán Nôm, Năm 2004; 李貴民, 「再製與變異 - 越南漢傳佛教典籍的轉化」, 『佛光學報』, 第七卷·第一期(2021.01) 참조.

88 '패(貝)'란 '패다라엽(貝多羅葉)'을 가리킨다. '패다라(貝多羅)'는 산스크리트어 'patra'에 상당하는 음사(音寫)이고, '패엽(貝葉)' 또는 '다라엽(多羅葉)'이라고도 한다. 고대 인도에서는 문서나 편지를 쓸 때 다라수(多羅樹, tāla)의 잎, 즉 '다라엽'을 사용했다. 이 잎에 불교 경전을 많이 새겼다고 한다. 불교 경전도 초기에는 이런 패엽(貝葉)에 서사(書寫)되어 유포되었고, 나중에는 종이로 대체되었다. 따라서 '패(貝)'는 불교 경전을 가리키는 말이다.

89 예전에는 '타반(陀潘)'이라고 했다. '패장(貝長)'은 불교 경전을 관리하는 직책을 의미한다.

90 꼬미엣 지역은 하이즈엉성의 타인하(Thanh Hà)현과 하이즈엉현에 있었을 것으로 추정된다.

91 『베트남 선사들의 이야기』, pp. 195~197.

92 이시이 코오세이, 『동아시아 불교사』, p. 175.

93 즉, 웅휘왕(雄暉王, Hùng Huy Vương, B.C. 1712~1632 재위)을 말한다.

94 흔히 '동천왕(董天王)'이라고도 한다.

95 『大越史記全書 (上)』, 外紀, 卷之一, p. 98.

96   무경, 『베트남의 신화와 전설』, 원문(原文), p. 147.

97   『大越史記全書 (上)』, 外紀, 卷之一, p. 98; 무경, 『베트남의 신화와 전설』, 원문(原文), p. 147; Ngô Thời Sỹ, *Việt Sử Tiêu Án*, p. 5.

5장

1   다른 이름은 리득찐(Lý Đức Chính, 李德政)이다.

2   『大越史記全書 (上)』, 本紀, 卷之一, p. 203, 卷之二, p. 220; Nguyễn Thanh Tuyền, "Bí Ẩn Người Vợ Được Lý Công Uẩn Đối Đãi Đặc Biệt," *Trí Thức & Cuộc Sống*, 12/01/2015.

3   『大越史記全書 (上)』, 本紀, 卷之二, p. 220; Lưu Hùng Văn, "Vua Lý Thái Tông: Tiếng Dân Chuông Vọng," *Công An Nhân Dân*, 22/12/2011; "Điềm Báo Trước Việc Vua Lý Thái Tông Ra Đời," *Tạp Chí Quê Hương*, 16/05/2006.

4   『大越史略』, p. 51; 『大越史記全書 (上)』, 本紀, 卷之二, pp. 203, 210; 『欽定越史通鑑綱目』, 正編, 卷之二, 14a[553].

5   부득(Vũ Đức, 武德)왕, 동찐(Đông Chinh, 東征)왕, 즉타인(Dực Thánh, 翊聖)왕.

6   『大越史記全書 (上)』, 本紀, 卷之二, pp. 215~216, 218.

7   『大越史略』, pp. 53~55; 『大越史記全書 (上)』, 本紀, 卷之二, pp. 221~222, 225, 227~228, 231.

8   『大越史記全書 (上)』, 本紀, 卷之二, pp. 234, 236.

9   『大越史記全書 (上)』, 本紀, 卷之二, p. 225; 『欽定越史通鑑綱目』, 正編, 卷之二, 39b~40a[604~605].

10   『베트남 선사들의 이야기』, p. 81.

11   『大越史記全書 (上)』, 本紀, 卷之二, p. 229.

12   'Laṅkā'의 음사(音寫)로, 오늘날의 스리랑카이다. 인도 고대 서사시로 유명한 『라마야나(Rāmāyana)』의 무대이기도 하다. 사람들은 이곳을 악마의 섬으로 여겼으며, '들어가기 어려운 곳'이란 뜻을 지니고 있었다. 석가가 이곳에 와서 깊고 깊은 진리의 법을 설한 것이 『능가경(楞伽經)』으로 남아 있다.

13   『베트남 선사들의 이야기』, pp. 178~179.

14   『베트남 선사들의 이야기』, pp. 200~201.

15   귓불이 어깨에 닿는 것은 부처의 32상(相) 가운데 하나인데, 쑹팜이 타고난 보살

임을 상징적으로 드러낸 표현이다.

16 『베트남 선사들의 이야기』, p. 200. 리 왕조 시기의 꼬쩌우 지역에는 크엉뜨(Khương Tự) 마을(làng), 다이뜨(Đại Tự) 마을, 룽케(Lũng Khê) 마을, 타인뜨엉(Thanh Tương) 마을, 반꾸안(Văn Quan) 마을, 프엉꾸안(Phương Quan) 마을, 꽁하 (Công Hà) 마을 등이 있었다고 한다.

17 『베트남 선사들의 이야기』, p. 210.

18 지금의 빈푸성 지역.

19 『베트남 선사들의 이야기』, pp. 224~227.

20 지금의 하노이 외곽 타인찌(Thanh Trì)현의 마을.

21 『베트남 선사들의 이야기』에는 69세로 되어 있으나, 레마인탓(Lê Mạnh Thát)의 번역을 따랐다.

22 어떤 무덤들에서 들려온 소리를 옮겨 적은 반하인의 게송에 등장한다.

23 이 말에는 스승이 심인을 전하였다는 뜻이 내포되어 있다. '법기'는 불도를 수행할 수 있는 소질이 있는 사람을 말한다.

24 많은 승려가 모여 수행하는 곳을 통틀어 이르는 말. 선원(禪院), 강원(講院), 율원 (律院) 등이 이러한 곳에 속한다.

25 원문에는 레다이하인 황제로 되어 있지만, 시기를 고려할 때 리타이똥 황제가 맞 는 것 같다.

26 『베트남 선사들의 이야기』, p. 200.

27 『장자』「열어구(列禦寇)」에 관련 내용이 있다.

28 '내공(內供)'이라고도 하는데, 조정에서 불사(佛事)에 종사하는 직책이다. 756년 당(唐)나라에서 원교(元皎)를 내공봉으로 뽑은 데서 시작되었다.

29 '재회(齋會)'는 불교를 믿는 사람들이 모여 승려를 공양하는 일을 말한다.

30 이후에 후에씬의 승관은 승통까지 올라갔던 것 같다.

31 리타이똥이 1035년에 봉건왕(奉乾王, Phụng Càn Vương)에 봉한 아들 리녓쭝(Lý Nhật Trung, 李日中). 『大越史記全書 (上)』, 本紀, 卷之二, p. 225.

32 원문에는 '위덕(威德)'으로 되어 있는데, 봉건왕의 동생 부우이허우(Vũ Uy Hầu, 武威侯)를 가리키는 것 같다. 『大越史略』, p. 55 참조.

33 아마도 1054년 당시 리타인똥(Lý Thánh Tông, 李聖宗)이 우청도(右清道, Hữu Thanh Đạo)로 임명했던 브엉하인(Vương Hành, 王行)인 듯하다. 『大越史略』, p. 57 참조.

34 1028년 5월이나 11월에 태사가 되었다. 『大越史略』, p. 52; 『大越史記全書 (上)』, 本紀, 卷之二, p. 219 참조.

35   1028년 5월 태보가 되었다. 『大越史略』, p. 52.

36   『베트남 선사들의 이야기』, p. 226.

37   지금의 박닌성 쩌우썬(Trâu Sơn)산.

38   『베트남 선사들의 이야기』, p. 227.

39   『베트남 선사들의 이야기』, p. 226.

40   『베트남 선사들의 이야기』, pp. 47~50.

41   지금의 박닌성 뜨썬시.

42   수도를 방비하는 군대의 장수를 뜻한다.

43   '진종(眞宗)'은 구극(究極)의 진리[眞實義]를 설하여 가르치는 것을 뜻한다.

44   『베트남 선사들의 이야기』, p. 50; Nguyễn Khắc Thuần, *Tiến Trình Văn Hóa Việt Nam, Từ Khởi Thủy Đến Thế Kỉ XIX*, Nhà Xuất Bản Giáo Dục, 2007, p. 397.

45   중국 당나라 때의 승려. 천대산(天臺山) 국청사(國淸寺)의 풍간(豊干) 선사의 제자. 선도(禪道)에 오입(悟入)하여, 습득(拾得)과 함께 문수(文殊)의 화신(化身)이라 이른다. 시에 능했는데, 『한산시집』이 유명하다.

46   중국 당나라 정관(貞觀) 시대의 승려(?~?). 천대산 국청사에 있다가, 친구 한산과 함께 한암(寒巖)에 숨어 살았다.

47   『베트남 선사들의 이야기』, pp. 51~69.

48   지금의 하노이 타인찌현.

49   정향(定香)의 전기에 나오는 '파산(芭山)'과 동일한 산이다.

50   『대방광원각수다라요의경(大方廣圓覺修多羅了義經)』이다. 북인도의 불타다라(佛陀多羅, Buddhatāra)가 당나라 때에 백마사(白馬寺)에서 번역했다고 하지만, 실제로는 7세기 말경 중국에서 찬술한 위경(僞經)이다. '원각(圓覺, 원만한 깨달음)'을 다루고 있으며 선종에서 중시했다. 『대승기신론(大乘起信論)』의 영향을 강하게 받았고, 같은 위경인 『수능엄경(首楞嚴經)』과도 관련이 깊다. 주석서로는 종밀(宗密)의 『원각경대소(圓覺經大疏)』 12권, 『원각경대소초(圓覺經大疏鈔)』 13권 등이 있다.

51   samatha, samàpatti, dhyàna.

52   무언통파 제7세에는 비엔찌에우, 바오띤, 민떰, 꽝찌 등이 있는데, 리타이똥 (1000~1054)도 이 세대에 속한다.

53   Nguyễn Khắc Thuần, *Tiến Trình Văn Hóa Việt Nam*, p. 397.

54   스승 딘흐엉과 동향이다. 『베트남 선사들의 이야기』, pp. 73~74.

55   산스크리트어 'paryanta(극한)', 'atyanta(무한의, 완전한)' 등의 한역어이다. 구극

(究極), 즉 '다하였다'는 뜻이다.

56 띠엔주의 티엔푹산.

57 출가자가 세속의 욕심을 버리고, 몸과 마음을 닦으며 고행을 능히 참고 행하는 불교 수행법. '두타(頭陀)'는 산스크리트어 'dhuta'의 음역으로 '때를 털어낸다'는 뜻이다. 여기에는 열두 가지가 있는데, 분소의(糞掃衣)·단삼의(但三衣)·상걸식(常乞食)·부작여식(不作餘食)·일좌식(一坐食)·일단식(一摶食)·공한처(空閑處)·총간좌(塚間坐)·수하좌(樹下坐)·노지좌(露地坐)·수좌(隨坐)·상좌불와(常坐不臥) 등이다.

58 『베트남 선사들의 이야기』, p. 74.

59 『베트남 선사들의 이야기』, pp. 77~78.

60 『베트남 선사들의 이야기』(p. 77)은 "위씨(危氏)"로 소개하고 있지만, 오류이다.

61 『베트남 선사들의 이야기』, p. 77.

62 『법화경』의 「약왕보살본사품(藥王菩薩本事品)」을 가리킨다. 약왕보살(藥王菩薩)은 무량겁의 옛날에 일체중생희견보살(一切衆生喜見菩薩)이 일월정명덕여래(日月淨明德如來)로부터 『법화경』을 듣고 나서 수행 정진한 끝에 현일체색신삼매(現一切色身三昧, 온갖 중생의 모습을 뜻대로 나타낼 수 있는 삼매)를 얻었고, 이러한 삼매를 기뻐한 나머지 몸을 태워 부처님에게 공양했다고 한다.

63 초발심을 내는 것은, 대승의 수행자가 부처의 경지로 나아가기 위한 최초의 가장 본질적인 단계이다.

64 Thích Đức Thiện, "Phật Tích: Dấu Tích Đầu Tiên Của Phật Giáo Ấn Độ Truyền Vào Việt Nam," p. 61.

65 Nguyễn Khắc Thuận, *Tiến Trình Văn Hóa Việt Nam*, p. 397; Thích Đức Thiện, "Phật Tích: Dấu Tích Đầu Tiên Của Phật Giáo Ấn Độ Truyền Vào Việt Nam," p. 61.

66 『베트남 선사들의 이야기』, p. 81.

67 하루의 낮과 밤을 뜻한다.

68 이미 지나간 어제나 아직 오지 않은 내일은 존재하지 않는 시간이니 알 필요가 없다는 말이다.

69 『베트남 선사들의 이야기』, p. 81.

70 『베트남 선사들의 이야기』, pp. 50~51.

71 원문에는 '르엉반니엠[梁文任]'으로 되어 있지만, '르엉니엠반[梁任文]'으로 바로잡았다.

72 『베트남 선사들의 이야기』, p. 74.

73 '화정(火定)', '화생삼매(火生三昧)', '화계삼매(火界三昧)'라고도 한다. 몸에서 불을

일으키는 삼매이다. 밀교에서는 부동명왕(不動明王)이 들어갈 만한 삼매[火生三昧]라고 하며, 지혜의 불에 의해서 번뇌를 태워 없애는 것을 상징한다. 일본에서는 '화정(火定)'이라고 하며 불 속에 몸을 던져 죽는 것을 '소신입정(燒身入定)'이라 한다. 분신공양(焚身供養)하였다는 말이다.

74 크게 두 가지 의미로 사용된다. ① 7종의 귀금속이나 보석을 지칭하는데, 금, 은, 유리(琉璃), 파려[頗黎, 수정(水晶)이라고도 함], 차거[硨磲, 차거(車磲)라고도 함, 조개의 일종이다], 산호[珊瑚, 적주(赤珠)라고도 한다], 마노(瑪瑙) 등이다. 다만, 경전에 따라 차이가 많으며 순서도 일정하지 않다. 초기 불전(佛典)에 이미 보이지만, 특히 정토계 경전이나 『법화경』 등의 대승 경전에 나오며 불국토, 극락정토를 묘사하는 데에 이용되었다. 예를 들면, 정토의 숲은 칠보(七寶)의 나무로 이루어졌다고 하면서, '칠보수림(七寶樹林)'이라든가 '칠보행수(七寶行樹)'라 한 것이 그렇다. ② 이와는 달리 전륜성왕(轉輪聖王)이 소지하고 있다는 일곱 가지 탁월한 보물을 뜻하기도 한다. 윤(輪, 통치에 이용되는 차크라의 수레바퀴), 상(象, 흰 코끼리), 마(馬, 감색 말), 주(珠, 神珠, 골고루 비추는 구슬), 여(女, 玉女), 거사(居士, 資本家), 주병신(主兵臣, 탁월한 장군) 등의 칠보(七寶)가 그것이다. 부처의 설법을 전륜성왕의 윤보(輪寶)에 비교하여 '전법륜(轉法輪)'이라고 한다.

75 『大越史記全書 (上)』, 本紀, 卷之二, p. 224; 『欽定越史通鑑綱目』, 正編, 卷之二, 38b~39a[602~603]; 『베트남 선사들의 이야기』, p. 78.

76 『베트남 선사들의 이야기』, pp. 81~82.

77 지금의 응에안.

78 『大越史略』, p. 53; 『大越史記全書 (上)』, 本紀, 卷之二, p. 222; 『欽定越史通鑑綱目』, 正編, 卷之二, 35b[596]. 東京大學 東洋文化研究所가 간행한 『大越史略』과 『大越史記全書 (上)』에는 "150곳"으로 되어 있다. 유인선은 "그[리타이똥]가 즉위하고 5년 남짓[1033년 무렵] 되었을 때 세워진 사찰만 해도 1,000개나 되었다"고 주장했지만, 출처도 불분명하고 연대와 조성된 사원의 수도 오류인 듯하다(유인선, 『베트남의 역사: 고대에서 현대까지』, 이산, 2018, p. 124).

79 『大越史略』, p. 53.

80 『大越史記全書 (上)』, 本紀, 卷之二, p. 227.

81 『大越史記全書 (上)』, 本紀, 卷之二, p. 230.

82 '延壽'는 더욱더 수명(壽命)을 늘여나간다는 뜻이다.

83 『大越史記全書 (上)』, 本紀, 卷之二, p. 236; 『欽定越史通鑑綱目』, 正編, 卷之三, 14ab[645~646]. 19세기 후반 당시 빈투언(Vĩnh Thuận, 永順)현 타인바오(Thanh Bảo, 清寶)촌에 있던 연우사를 일주사(一柱寺, Chùa Nhất Trụ 혹은 Chùa Một Cột)라고도 불렀는데, 리 왕조의 사원들 중에서 독특한 건축 양식으로 지은 사원이다. 그런데 『대월사략』에서는 이 사원의 조성 시기를 1101년이라고 했다(『大越史略』, p. 65).

84 지금의 절은 1954년의 디엔비엔푸(Điện Biên Phủ) 전투에서 패배한 프랑스군이 하노이에서 후퇴할 때 파괴되었다가 1955년에 복구되었다. 송영, 『월남일기』, 평양: 조선 작가 동맹 출판사, 1957, p. 40.

85 『大越史記全書 (上)』, 本紀, 卷之二, p. 226; 『欽定越史通鑑綱目』, 正編, 卷之二, 40b[606].

86 '競渡': 배를 저어 빨리 건너기를 겨루는 놀이.

87 『大越史略』, p. 54; 『大越史記全書 (上)』, 本紀, 卷之二, p. 226.

88 '寶幡': 절에 건 좁고 긴 깃발.

89 『大越史記全書 (上)』, 本紀, 卷之二, p. 230; 『欽定越史通鑑綱目』, 正編, 卷之三, 1b[620]. Nguyễn Lang, Việt Nam Phật Giáo Sử Luận, Tập 1, Chương 8 참조. 나한은 석가모니가 남긴 교리를 결집하기 위해 모였던 500명의 아라한을 말하는데, 생사를 이미 초월하여 부처의 경지에 이른 고승이다. 고려 때는 923년 태조가 양(梁)나라에 보냈던 사신 윤질(尹質)이 500 나한상을 가지고 귀국하자 해주 숭산사(崇山寺)에 봉안하게 했다. 그 뒤 고려 왕실에서는 나한재(羅漢齋)를 자주 열었다.

90 Hà Văn Tấn, Chùa Việt Nam (Buddhist Temples in Vietnam), p. 8.

91 『大越史記全書 (上)』, 本紀, 卷之二, pp. 207, 218.

92 『大越史記全書 (上)』, 本紀, 卷之二, p. 222; 『欽定越史通鑑綱目』, 正編, 卷之二, 35b[596].

93 『大越史記全書 (上)』, 本紀, 卷之二, pp. 226, 230.

94 『大越史記全書 (上)』, 本紀, 卷之二, pp. 214, 218.

95 『大越史記全書 (上)』, 本紀, 卷之二, pp. 224, 226; 『欽定越史通鑑綱目』, 正編, 卷之二, 38a[601].

96 『베트남 선사들의 이야기』, p. 227; Phan Huy Chú, Lịch Triều Hiến Chương Loại Chí, Tập IX (Văn Tịch Chí, Quyển 42~45), Bản Dịch Của Tố Nguyên Nguyễn Thọ Dực, 1972, p. 243; Nguyễn Đổng Chi, Việt Nam Cổ Văn Học Sử, Phủ Quốc Vụ Khanh Đặc Trách Văn Hóa, 1970, p. 134.

97 『大越史記全書 (上)』, 本紀, 卷之二, p. 218. 1028년 3월에는 국기(國忌, 리타이또의 기일)가 있어서, 4월 4일로 옮겨서 진행했다.

98 『大越史記全書 (上)』, 本紀, 卷之二, pp. 218~219. 리넛똔은 리타이똥과 린깜(靈感, Linh Cảm) 황후(성은 마이[Mai]씨)의 셋째 아들이었지만, 두 형이 태어나면서 죽었기 때문에 사실상 장자였다. 이 셋째 아들이 훗날의 리타인똥 황제이다.

99 『大越史略』, p. 53. 구체적으로 소개하면 다음과 같다. 1029년 랑쩌우목(牧, Mục) 턴티에우타이(Thân Thiệu Thái, 申紹泰)가 빈즈엉(Bình Dương, 平陽) 공주에게 장가들었다. 아이쩌우의 단마이잡(Đản Mãi Giáp, 但乃甲)이 반란을 일으키자, 왕

이 친정에 나서 그를 잡았다. 또한, 용이 건원전(乾元殿, Điện Càn Nguyên) 터에 나타나자, 리타이똥이 "그 전(殿)은 이미 무너져서, 오직 터만 홀로 존재하는데, 지금 '용현지의(龍現之意)'는 바로 '용승지지(龍勝之地)'란 말인가?"라고 말했다. 그래서 규모를 넓혀서 건원전을 중수했고, 천안전(天安殿, Điện Thiên An)이라고 개명했다. 천안전 왼쪽에는 선덕전(宣德殿, Điện Tuyên Đức)을, 오른쪽에는 연복전(延福殿, Điện Diên Phúc)을 조성했다. 앞쪽은 롱찌(龍墀, Long Trì)라 했고, 동쪽에는 문명전(文明殿, Điện Văn Minh)을 두었고, 서쪽에는 광무전(廣武殿, Điện Quảng Võ)을 두었다. 계단 위 빈 터[墀]에 마주 보는 종루가 있어서, 올라가 억울하게 감옥에 갇힌 사연을 들을 수 있었다. 앞쪽에는 안봉천전(安奉天殿, Điện An Phụng Thiên)이 있고, 위에는 정양루(正陽樓, Lầu Chánh Dương)를 세워, 물시계[漏刻]를 관장하는 곳이 되었고, 뒤에는 장춘전(長春殿, điện Trường Xuân)을 세우며 그 위에 용각(龍閣, Long Các)을 마련했고, 이 용각의 바깥쪽에 성을 쌓아 용성(龍城, Long Thành)이라고 했다. 『대월사기전서(大越史記全書)』에는 신인이 탕롱성 밖의 '승엄사(勝嚴寺, Chùa Thắng Nghiêm)'에 나타난 것으로 되어 있다[『大越史記全書 (上)』, 本紀, 卷之二, p. 221].

100 지금의 타이빈성 부띠엔(Vũ Tiên)현.

101 '적전(籍田)'은 임금이 신하를 거느리고 몸소 농사를 지어, 거두어들인 곡식으로 신에게 지사를 지내던 제전(祭典)의 하나이다.

102 『大越史略』, p. 54. 『大越史記全書』에 의하면, 신인이 출현한 곳은 대승사(大勝寺, Chùa Đại Thắng)이다[『大越史記全書 (上)』, 本紀, 卷之二, p. 227].

103 유인선, 『베트남의 역사』, p. 124.

104 『大越史記全書 (上)』, 本紀, 卷之二, p. 226.

105 『大越史略』, p. 45; 『大越史記全書 (上)』, 本紀, 卷之二, p. 236.

106 『大越史略』, p. 53; 『大越史記全書 (上)』, 本紀, 卷之二, p. 222; 『欽定越史通鑑綱目』, 正編, 卷之二, 34ab[593~594].

107 '雷公'은 뇌신(雷神), 혹은 우레를 통속적으로 이르는 말이다.

108 우담수에서 피는 '우담화(優曇華)'는 인도 전설에 등장하며, 3,000년에 한 번씩 꽃이 핀다고 한다. 이 꽃이 필 때에는 금륜 명왕(金輪明王)이 나타난다고 한다.

109 『大越史略』, p. 53; 『大越史記全書 (上)』, 本紀, 卷之二, p. 223. 리년똥 시기인 1093년 10월 초하루에 일식이 있었는데, 우담수(優曇樹) 혹은 우발담(優鉢曇)이 개화했다는 기록이 보인다[『大越史略』, p. 64; 『大越史記全書 (上)』, 本紀, 卷之三, p. 252].

110 『大越史略』, p. 53; 『大越史記全書 (上)』, 本紀, 卷之二, p. 224.

111 『大越史記全書 (上)』, 本紀, 卷之二, p. 225.

112 지금의 박닌성 꾸에보(Quế Võ)현에 속함.

113 『大越史略』, p. 55; 『大越史記全書 (上)』, 本紀, 卷之二, p. 231.

114 『大越史記全書 (上)』, 本紀, 卷之二, p. 237; 『欽定越史通鑑綱目』, 正編, 卷之三, 15b[648].

6장

1 『大越史略』, p. 57; 『大越史記全書 (上)』, 本紀, 卷之三, p. 241; 『欽定越史通鑑綱目』, 正編, 卷之二, 20b[658].

2 『大越史記全書 (上)』, 本紀, 卷之二, p. 223.

3 『大越史記全書 (上)』, 本紀, 卷之二, p. 226.

4 『大越史記全書』, 本紀, 卷之二, p. 238; 『欽定越史通鑑綱目』, 正編, 卷之三, 20b[658].

5 『大越史略』, p. 57; 『大越史記全書 (上)』, 本紀, 卷之三, p. 241.

6 공자묘(孔子廟)에 함께 모신 네 현인(賢人)이다. 오른쪽의 안자(顔子)와 자사(子思), 왼쪽의 증자(曾子)와 맹자(孟子)를 이른다.

7 『欽定越史通鑑綱目』, 正編, 卷之三, 30a[677].

8 『大越史略』, p. 61; 『大越史記全書 (上)』, 本紀, 卷之三, p. 243.

9 『大越史記全書 (上)』, 本紀, 卷之三, pp. 243~244; 『欽定越史通鑑綱目』, 正編, 卷之三, 26a[669]; 阮翼宗(Nguyễn Dực Tông, 뜨 득[Tự Đức] 황제), 『御製越史總詠』(Ngự Chế Việt Sử Tổng Vịnh, 1874), 卷一, 「聖尊」, 24b~25a. 이후 토로이향의 이름은 씨에우로아이(Siêu Loại, 超類)향(박닌성 소재)으로 바뀌었다.

10 『大越史略』, p. 59.

11 『大越史記全書 (上)』, 本紀, 卷之三, p. 244.

12 『大越史記全書 (上)』, 本紀, 卷之三, p. 245; 『欽定越史通鑑綱目』, 正編, 卷之三, 28a[673].

13 『베트남 선사들의 이야기』, pp. 74~76.

14 『베트남 선사들의 이야기』, p. 74.

15 『베트남 선사들의 이야기』, pp. 79~83.

16 위치는 썬떠이성 꾸옥오아이(Quốc Oai)부 타익텃(Thạch Thất)현.

17 『베트남 선사들의 이야기』, pp. 92~98.

18 지금의 하남(Hà Nam)성 주이띠엔(Duy Tiên)현.

19 응우옌쯔엉(Nguyễn Trường, 阮長)이라고도 부른다.

20 『베트남 선사들의 이야기』, pp. 83~90.

21 『선원집영』 원문에는 '부성감영인(符聖感靈仁, Phù Thánh Cảm Linh Nhân)'이라고 되어 있지만, 오류인 듯하다. 『大越史記全書 (上)』, pp. 258~259 참조.

22 『베트남 선사들의 이야기』, pp. 104~107.

23 콩로는 호(號)이고, 법호는 통현진인(通玄眞人, Thông Huyền Chân Nhân), 휘는 즈엉민응이엠(Dương Minh Nghiêm)이다. '진인'은 원래 도교에서 도사를 일컫는 말이다. Tân Biên Nam Định Tỉnh Địa Dư Chí Lược (Dương Văn Vượng 역, Phòng Địa Chí – Thư Mục Thư Viện Tỉnh Nam Định chỉnh lý, 제본), p. 146에 의하면, 콩로(Không Lộ)의 실명은 응우옌찌타인(Nguyễn Chí Thành), 고향은 자비엔현의 디엠싸(Điềm Xá)사(지금의 닌빈 지역)이다.

24 자오투이 마을은 이후에 호싸(Hộ Xá) 마을로 불렸다. 하이타인은 쩐 왕조 시기에 티엔타인(Thiên Thanh)으로 바뀌었다가, 이후 티엔쯔엉(Thiên Trường)으로 다시 바뀌었다.

25 강승회의 계보를 이은 로이하짜익(Lôi Hà Trạch, 雷荷澤)의 사원이라고 한다. Việt Sử Tiêu Án, p. 57[1, 109b3].

26 혹은 지엔푹(Chùa Diên Phúc) 사원. 이후에 원광사(圓光寺, Chùa Viên Quang)로 바뀜.

27 현재 남딘(Nam Định)성 쑤언쯔엉(Xuân Trường)현 쑤언닌(Xuân Ninh)사의 응이아싸(Nghĩa Xá)촌.

28 중국 측의 기록에는 콩로와 작하이가 중국에도 와서 동종(銅鐘)을 주조하는 기술을 배웠다고 한다. 귀국 후에 이 두 승려는 신통력을 갖게 되었다(『安南志略』, p. 355).

29 무경 엮음, 『베트남의 신화와 전설』, pp. 103~104; 『安南志原』, 卷第三, 「仙釋」, p. 289; 『安南志略』, p. 355.

30 엄광사는 이후에 신광사(神光寺, Chùa Thần Quang), 즉 깨오 사원(Chùa Keo)이 되었다.

31 Hà Văn Tấn, Chùa Việt Nam (Buddhist Temples in Vietnam), pp. 84~85.

32 무경 엮음, 『베트남의 신화와 전설』, p. 103.

33 부처를 가리킨다. 모든 존재는 공(空)임을 깨쳤으므로, 이렇게 이른다.

34 무경 엮음, 『베트남의 신화와 전설』(p. 104)에 의하면 다음과 같다. "네가 산에서 오면 나는 너를 맞이했고 네가 물에서 오면 나는 너를 받아들였거늘, 어디서인들 너에게 심인을 안 줬던가?"

35 『베트남 선사들의 이야기』, pp. 141~145.

36 지금의 남딘 쑤언쯔엉(Xuân Trường) 자오투이.

37 Quốc Sử Quán Triều Nguyễn, Viện Khoa Học Xã Hội Việt Nam, Viện Sử Học, phiên dịch và chú giải, *Đại Nam Nhất Thống Chí* (大南一統志), Tập 3, Quyển 14 (Tỉnh Ninh Bình), Huế: Nhà Xuất Bản Thuận Hóa, 2006, p. 317; *Tân Biên Nam Định Tỉnh Địa Dư Chí Lược*, p. 146. 그의 사당(Đền)은 닌빈의 옌카인(Yên Khánh)현 옌베(Yên Vệ)사에 있음.

38 무경 엮음, 『베트남의 신화와 전설』, p. 105.

39 지금의 깨오하인티엔 사원(Chùa Keo Hành Thiện).

40 *Đại Nam Nhất Thống Chí*, Tập 3, Quyển 14, p. 317; *Tân Biên Nam Định Tỉnh Địa Dư Chí Lược*, p. 146; *Địa Chí Nam Định*.

41 무경 엮음, 『베트남의 신화와 전설』, pp. 105~106.

42 초기 불교에서는 최상의 성자를 가리키며, 불제자(佛弟子)가 도달할 수 있는 최고의 위계이다. 대승 불교에서는 성문(聲聞)을 '아라한'이라고 불러, 부처와는 구별했다.

43 신족통(神足通)의 준말이며, 불보살(佛菩薩)이 갖추고 있는 여섯 가지의 초인적인 능력 가운데 하나이다. 어디라도 갈 수 있는 자유자재한 능력을 가리킨다. 나머지 다섯은 천안통(天眼通)·천이통(天耳通)·타심통(他心通)·숙명통(宿命通)·누진통(漏盡通) 등이다.

44 무경 엮음, 『베트남의 신화와 전설』, p. 106. 작하이에게는 밀려오는 물을 잘 막아내는 능력이 있었다고 한다(『安南志略』, p. 355).

45 『베트남 선사들의 이야기』, pp. 101~102.

46 『베트남 선사들의 이야기』, p. 226.

47 『베트남 선사들의 이야기』, pp. 247~252.

48 1214년 3월 당시에는 박장 소재였고, 19세기 당시에는 박닌성 자빈(Gia Bình, 嘉平)현 소재였다. 『大越史略』, p. 94; 『欽定越史通鑑綱目』, 正編, 卷之三, 34a[685].

49 비니다류지파 15세의 3인 중에서 전기가 빠져 있는 한 사람이라고 생각된다.

50 지금의 흥옌성 미하오(Mỹ Hào)현.

51 『베트남 선사들의 이야기』, p. 247.

52 『베트남 선사들의 이야기』, pp. 253~256.

53 리타이똥의 차남이자 리아인똥의 형이다.

54 쩐당주는 지금의 푸토(Phú Thọ)성에 있었다.

55 지금의 하노이시 자럼현.

56 중국 당나라와 오대십국 시대의 선사 운문문언(雲門文偃, 864~949)은 광동성 유원현(乳源縣) 북쪽의 운문산 광태선원(光泰禪院)에서 운문종(雲門宗)을 개창했는데, 중국 선종 오가칠종(五家七宗) 중의 하나가 되었다. 운문종은 설두명각파(雪竇明覺派)라고도 하는데, 황제가 중현에게 '명각 대사(明覺大師)'라는 법호를 수여했기 때문이다. Nguyễn Lang, *Việt Nam Phật Giáo Sử Luận*, Tập 1, pp 207, 209~210; Nguyen Tai Thu, ed., *The History of Buddhism in Vietnam*, pp. 112~113.

57 지금의 진국사(鎮國寺, Chùa Trấn Quốc).

58 『安南志略』, p. 356; 高熊徵, 『安南志原』(河內: 法國遠東學院, 1931), 卷第三, p. 209; Nguyễn Lang, *Việt Nam Phật Giáo Sử Luận*, Tập 1, pp. 209~210; Nguyễn Thế Anh, "Buddhism and Vietnamese Society throughout History," p. 101.

59 『베트남 선사들의 이야기』, pp. 271~274.

60 쯔엉까인(Trương Canh, 張耕) 직브엉(Dịch Vương, 驛王)향. 지금의 하동(Hà Đông)성 단풍현. 이후에 직브엉(Dịch Vương) 마을은 하노이의 직봉(Dịch Vọng)으로 불리게 되었다.

61 타이빈성 자오찌(Giao Chỉ)현 중응이아(Dũng Nghĩa)사.

62 태위(太尉) 도아인부(Đỗ Anh Vũ, 杜英武, 1113~1159)일 가능성도 있다.

63 지금의 하동(Hà Đông) 지역 쭝타인오아이(Trung Thanh Oai) 마을로 보인다.

64 지금의 타이빈성 부트(Vũ Thư)현 쏭랑(Song Lãng)사.

65 『安南志原』, 卷第三, 「仙釋」, p. 209; Nguyen Tai Thu, ed., *The History of Buddhism in Vietnam*, p. 112; 이시이 코오세이, 『동아시아 불교사』, p. 218.

66 설두의 저작에는 『설두명각선사어록(雪竇明覺禪師語錄)』(六卷), 『폭천집(瀑泉集)』(一卷), 『조영집(祖英集)』(一卷), 『동정어록(洞庭語錄)』(一卷), 『설두개당록(雪竇開堂錄)』(一卷), 『설두념고집(雪竇拈古集)』(一卷), 『송고집(頌古集)』(一卷), 『설두후록(雪竇後錄)』(一卷), 『설두습유(雪竇拾遺)』(一卷), 『벽암집(碧嚴集)』 등이 있는데, 이 중에서 강설의 교재가 정확히 어떤 것이었는지는 알 수 없다.

67 Nguyễn Lang, *Việt Nam Phật Giáo Sử Luận*, Tập 1, pp. 209~210.

68 Thích Đức Trí, "Ba Pháp Tu Truyền Thống Của Phật Giáo Việt Nam," *Giác Ngộ*, 20/06/2016.

69 '치소(緇素)'는 검은 옷과 흰 옷을 가리키는데, 승려와 속인(俗人)을 의미한다. '경책(警策)'은 좌선할 때, 주의가 산만하거나 조는 사람을 막대기로 깨우치는 행위이다.

70 정운 스님, 「[인물로 읽는 선이야기] 3. 유불도 융합과 宋學」, 『현대불교』, 2020년 2월 4일 자.

71 Nguyễn Lang, *Việt Nam Phật Giáo Sử Luận*, Tập 1, p. 207. 유불 융합 경향은 베트남 쩐 왕조 시기의 불교에 많은 영향을 주었다.

72 『베트남 선사들의 이야기』, pp. 105, 142.

73 『大越史略』, p. 57.

74 19세기 당시 하노이 토쓰엉(Thọ Xương, 壽昌)현 띠엔티(Tiên Thị, 仙市)촌에 있었고, 당시에도 옛 사원의 유적이 여전히 남아 있었다. 오늘날 하노이 대성당(Nhà Thờ Lớn Hà Nội, Nhà Thờ Chính Tòa Thánh Giuse; Cathédrale Saint-Joseph de Hanoï)이 있는 곳이다. 하노이 호안끼엠(Hoàn Kiếm)꾸언, 냐터(Nhà Thờ) 거리 3번지에 위치한다. 이 사원에는 베트남 임제종 계열의 하노이 불교 성회(Thành hội Phật giáo Hà Nội)와 불교를 교육하는 중급 학교(Trường Trung cấp)도 있다.

75 『大越史略』, p. 57; 『大越史記全書 (上)』, 本紀, 卷之三, pp. 241~242; 『欽定越史通鑑綱目』, 正編, 卷之三, 22a[661]; Nguyễn Đức Can, "Những Ngôi Chùa Cổ Tiêu Biểu Cho Nền Văn Hoá Phật Giáo Dân Tộc Tại Hà Nội"; Lê Quang Vịnh, "Lịch Sử Cụ Thể về Một khu Đất Có Tên Gọi là Phố Nhà Chung." 영광사(靈光寺, Linh Quang Tự) 혹은 바다 사원(Chùa Bà Đá)이라고도 한다. 현재 이 사원에는 일자(一字) 형으로 세워진 전당(前堂, tiền đường)과 정자(丁字) 형으로 세워진 중당(中堂, trung đường)이 서로 연결되어 있다.

76 혹은 만복사(萬福寺, Chùa Vạn Phúc 혹은 Vạn Phúc Tự).

77 Nguyen Tai Thu, ed., The History of Buddhism in Vietnam, p. 116.

78 대범천왕(大梵天王, Đại Phạn Thiên Vương)이라고도 하는 범왕은 인도 브라만교 최고의 신으로 색계(色界) 초선천(初禪天)의 우두머리이다. 불교에서는 제석천(帝釋天)과 함께 부처를 좌우에서 모시는 수호신이다.

79 인도의 베다 신화에 나오는 비와 천둥의 신, 제석은 하늘의 제왕으로 몸은 모두 갈색이고, 팔은 네 개이며, 두 개의 창을 들고 코끼리를 타고 다닌다. 불교에서는 십이천(十二天)의 하나로 수미산 꼭대기에 있는 도리천의 임금이다. 사천왕과 삼십이천(三十二天)을 통솔하면서 불법에 귀의하는 사람을 보호하고 아수라의 군대를 정벌한다고 한다.

80 『大越史略』, pp. 57~58; 『大越史記全書 (上)』, 本紀, 卷之三, p. 242. 쩐 왕조의 알사례(謁寺禮, lễ yết chùa)가 바로 이 두 사원에서 진행되었다.

81 George Dutton, Jayne Werner, and John K. Whitmore, eds., Sources of Vietnamese Tradition, pp. 29, 46.

82 Nguyễn Duy Hinh, "Three Legends and Early Buddhism in Vietnam," The Vietnam Forum 13 (1990), pp. 10~23; Nguyễn Thế Anh, "Le Bouddhisme dans la Pensée Politique du Viêt-Nam Traditionnel," BEFEO, Tome 89 (2002), p. 130. 리 왕조 시기의 연호, 예를 들면 리꽁우언의 투언티엔(Thuận Thiên, 順天), 리타이똥의 티엔타인(Thiên Thành, 天盛), 리타인똥의 티엔후옹바오뜨엉(Thiên Huống Bảo Tượng, 天貺寶象), 그리고 『대월사기전서』에 보이는 사원명,

예를 들면, 천덕사(天德寺, Thiên Đức), 천녕사(天寧寺, Thiên Ninh), 천부사(天符寺, Thiên Phù), 천복원(天福院, Thiên Phúc), 천성사(天成寺, Thiên Thành), 천수사(天壽寺, Thiên Thọ) 등의 '천'에도 이러한 관념이 반영되어 있다고 한다.

83 『大越史略』, p. 64.

84 빈즈엉(Bình Dương) 공주의 배우자.

85 『大越史略』, p. 58; Nguyen Tai Thu, ed., *The History of Buddhism in Vietnam*, p. 115.

86 박닌성 뜨썬부의 띠에우썬(Tiêu Sơn) 마을. 전설에 의하면, 리꽁우언의 어머니 팜 티년(Phạm Thị Nhân)은 띠에우썬 사원(Chùa Tiêu Sơn)의 의례에 갔다가 어떤 신인(神人)과 노닐다가 임신하게 되었다고 한다.

87 『大越史略』, pp. 59, 61. 1066년 1월에 리년똥이 바로 이 동선궁에서 태어났다.

88 『大越史略』, pp. 60~61; Nguyen Tai Thu, ed., *The History of Buddhism in Vietnam*, p. 115.

89 『大越史略』, pp. 57~58;『大越史記全書 (上)』, 本紀, 卷之三, p. 242.;『欽定越史通鑑綱目』, 正編, 卷之三, 22a[661]; Nguyễn Lang, *Việt Nam Phật Giáo Sử Luận*, Tập 1, Chương 8, Nhà xuất bản văn học, 2014. 줄여서 '보천탑' 혹은 천자만수탑(天資萬壽塔, Thiên Tư Vạn Thọ Tháp)이라고도 한다.

90 욕계(慾界)에 속한 여섯 하늘, 즉 육욕천(六欲天)의 두 번째 하늘.

91 『安南志略』, p. 34; Nguyễn Bá Lăng, *Kiến Trúc Phật Giáo Việt Nam*, 1, San Jose, CA: Hoa Cau, 1989, p. 82. 대승자천보탑의 탑정은 꽝닌 경림사의 불상, 남딘 포민(Phổ Minh)의 대정(大鼎, Vạc), 구전종(龜田鐘, Chuông Quy Điền, 즉 하노이 일주사의 종, 1105)과 함께 안남사대기(An Nam Tứ Đại Khí, 나라의 네 보물) 중 하나로 분류되었지만, 현재는 남아 있지 않다(Phan Huy Lê, *Lịch Sử Và Văn Hóa Việt Nam*, p. 26; Trần Quốc Vượng, "The Legend of Ông Dóng from the Text to the Field," in K. W. Taylor, John K. Whitmore, *Essays into Vietnamese Pasts*, Cornell University Press, 2018; Lê Quang Vịnh, "Chùa Báo Thiên Ở Hà Nội Xưa"; Nguyễn Lâm, "Tháp Báo Thiên"). 이후에는 탑정이 벼락을 맞아 날아가는 경우가 종종 있었다고 한다. 콩로가 이 탑정 제작에 참여했다는 주장도 있다 [Phạm Đức Duật, "Sự Tích Không Lộ Minh Không Qua Quyển Sách Chữ Hán Mới Sưu Tầm," *Nghiên Cứu Hán Nôm*, Năm 1984 (Phần 2)]. http://hannom.org.vn/web/tchn/data/8402.htm

92 『大越史記全書 (上)』, 本紀, 卷之三, p. 241.

93 지금의 도썬 해구, 즉 라익짜익 해구(Cửa Lạch Tray).

94 『大越史略』, p. 58; Nguyen Tai Thu, ed., *The History of Buddhism in Vietnam*, Washington, p. 115. 쭈어탑(Chùa Tháp) 혹은 도썬탑(Tháp Đồ Sơn)이라고도 부

름. 지금의 위치는 하이퐁 도썬의 응옥쑤옌(Ngọc Xuyên)프엉 롱썬(Long Sơn)딘 (đình).

95 『大越史略』, p. 58.

96 『大越史略』, p. 59; 『大越史記全書 (上)』, 本紀, 卷之三, p. 244; Nguyễn Lang, *Việt Nam Phật Giáo Sử Luận*, Tập 1, Chương 8.

97 이시이 코오세이, 최연식 옮김, 『동아시아 불교사』, pp. 218~219.

98 『大越史略』, p. 58. 영광전의 왼쪽에는 건례전(建禮殿, điện Kiến Lễ)을, 오른쪽에는 숭의전(崇儀殿, điện Sùng Nghi)을 각각 세웠다.

99 『大越史略』, p. 61; 『大越史記全書 (上)』, 本紀, 卷之三, p. 245.

100 『베트남 선사들의 이야기』, pp. 83~90.

101 『베트남 선사들의 이야기』, p. 247.

102 인도 불교사의 후기인 밀교 시대(800~900)에 결집된 경전들을 '다라니문'이라고 한다.

103 『베트남 선사들의 이야기』, p. 105.

104 인도 비사리(毗舍離, 바이샬리 혹은 베살리)의 장자(長者). 부처의 재가 제자로서 속가에서 보살 행업(行業)을 닦았다. 유마경의 주인공이다. 그의 수행은 출가한 불제자들도 미칠 수 없었다고 한다.

105 Nguyen Tai Thu, ed., *The History of Buddhism in Vietnam*, p. 111.

7장

1 서자(庶子)가 아버지의 정실(正室)을 이르는 말. 큰어머니.

2 『大越史略』, p. 61.

3 『大越史略』, p. 61; 『大越史記全書 (上)』, 本紀, 卷之三, p. 247.

4 『大越史略』, p. 61.

5 『大越史記全書 (上)』, 本紀, 卷之三, p. 251.

6 『大越史略』, p. 61.

7 『大越史記全書 (上)』, 本紀, 卷之二, p. 248; 『欽定越史通鑑綱目』, 正編, 卷之三, 34a[685].

8 『大越史記全書 (上)』, 本紀, 卷之二, pp. 248~249, 251; 『欽定越史通鑑綱目』, 正編, 卷之三, 38a[693], 45ab[707~708].

9   『大越史記全書 (上)』, 本紀, 卷之三, p. 252. 리 왕조 시기의 구체적인 관직과 그 명
     칭에 대해서는 『欽定越史通鑑綱目』, 正編, 卷之三, 46b~47a[710~711] 참조.

10   『大越史記全書 (上)』, 「越鑑通考總論」(後黎朝人黎嵩)(1514), p. 88. 경연에 대해서
     는 『欽定越史通鑑綱目』, 正編, 卷之四, 19b[752] 참조.

11   유인선, 『새로 쓴 베트남의 역사』, 이산, 2002, p. 130.

12   Nguyễn Thế Anh, "Buddhism and Vietnamese Society throughout History,"
     South East Asia Research (Taylor & Francis, Ltd.), Vol. 1, No. 1 (MARCH 1993),
     pp. 103~104.

13   『大越史略』, p. 61;『大越史記全書 (上)』, 本紀, 卷之三, p. 246.

14   『大越史略』, pp. 61~62.

15   『大越史略』, p. 61.

16   응우옌 왕조 시기에 하노이[河內] 트엉푹(Thượng Phúc, 上福)현 반잡(Văn Giáp,
     文甲)촌에 있었다.

17   앞서 언급한 박닌 투언타인 소재의 저우 사원.

18   『大越史記全書 (上)』, 本紀, 卷之三, p. 247;『欽定越史通鑑綱目』, 正編, 卷之三,
     31b~32a(680~681). 전하는 이야기에 의하면, 이 산신의 이름은 흐엉랑(Hương
     Lang, 香郎)이었다. 즉 락롱꾸언(Lạc Long Quân, 貉龍君)의 아들인데, 부모가 헤
     어질 때 어머니를 따라 산으로 떠난 사람 중 한 명이었다고 한다.

19   '코더우'가 이 승려의 이름인지 호(號)인지는 알 수 없다.

20   『欽定越史通鑑綱目』, 正編, 卷之三, 46a[709].

21   『大越史記全書 (上)』, 本紀, 卷之三, p. 251.

22   『大越史略』, pp. 62~64;『大越史記全書 (上)』, 本紀, 卷之三, p. 263.

23   『大越史略』에는 1096년 11월로 되어 있다.

24   1060년 8월에는 점담에 행궁이 조성되었다. 점담은 지금의 하노이 떠이호이다
     (『大越史記全書 (上)』, 本紀, 卷之三, p. 243). 『大越史略』(pp. 59, 61, 64)에 의하
     면, 완춘궁(翫春宮, Cung Ngoạn Xuân)으로 부르던 행궁이 1065년 8월에 세워진
     곳은 지에우담(Diêu Đàm, 窑潭)이었다.

25   지금의 빈푸(Vĩnh Phú)성 타오(Thao)강의 땀타인(Tam Thanh)현 지역.

26   『大越史略』, pp. 64~65;『大越史記全書 (上)』, 本紀, 卷之三, p. 253.

27   『大越史記全書 (上)』, 本紀, 卷之三, p. 255.

28   『欽定越史通鑑綱目』, 正編, 卷之四, 12a[737].

29   『大越史略』, p. 65.

30 여섯 감각(眼·耳·鼻·舌·身·意)의 대상을 가리키며, '육경(六境)'과 같은 뜻이다.

31 원문 '진중(珍重)'은 몸을 소중히 할 것을 권하는 말로, 편지글에서 쓰는 인사말이다.

32 『베트남 선사들의 이야기』, pp. 92~98.

33 왕실에서 부처를 공양하며 불도를 닦던 집. 내도량은 조선 시대에도 있었던 것으로 확인된다.

34 『베트남 선사들의 이야기』, p. 93.

35 『베트남 선사들의 이야기』, p. 249.

36 『베트남 선사들의 이야기』, pp. 93~94; Nguyen Tai Thu, ed., *The History of Buddhism in Vietnam*, p. 92.

37 『베트남 선사들의 이야기』, pp. 94~97.

38 『베트남 선사들의 이야기』, p. 106.

39 『베트남 선사들의 이야기』, pp. 135~141.

40 지금의 타인호아성 호앙호아(Hoằng Hoá)현과 허우록(Hậu Lộc)현을 아우르는 지역.

41 『베트남의 선사들의 이야기』, p. 205.

42 『베트남 선사들의 이야기』, pp. 200~201.

43 9년 동안 인도에 체류했다고 한다.

44 『베트남 선사들의 이야기』, p. 223.

45 흥옌성의 반장(Văn Giang)현.

46 『베트남의 선사들의 이야기』, pp. 211~220.

47 무경 엮음, 『베트남의 신화와 전설』, p. 85; Thiện Đỗ, *Vietnamese Supernaturalism: Views from the Southern Region*, Routledge, 2003, p. 245; Nguyen Tai Thu, ed., *The History of Buddhism in Vietnam*, p. 98.

48 『安南志略』, p. 356.

49 무경 엮음, 『베트남의 신화와 전설』, p. 86.

50 무경 엮음, 『베트남의 신화와 전설』, p. 86.

51 승려가 좌선할 때나 설법할 때에 가지는 지팡이.

52 무경 엮음, 『베트남의 신화와 전설』, pp. 86~87.

53 무경 엮음, 『베트남의 신화와 전설』, p. 88.

54 무경 엮음, 『베트남의 신화와 전설』, pp. 88~89.

55 무경 엮음, 『베트남의 신화와 전설』, p. 89.

56 『베트남 선사들의 이야기』, pp. 220~222.

57 持鉢(Trì Bát), 「阿彌陀佛訟」(A Di Đà Phật Tụng, 1099), 漢喃研究院·遠東學院, 『越南漢喃銘文匯編』, 第一集, p. 75.

58 『베트남 선사들의 이야기』, pp. 230~232.

59 급사(給事)와 같은 말로, 귀인을 곁에서 모시는 사람을 말한다.

60 무경 엮음, 『베트남의 신화와 전설』, p. 93.

61 『大越史記全書 (上)』, 本紀, 卷之四, p. 286; 『欽定越史通鑑綱目』, 正編, 卷之四, 31ab[775~776].

62 『베트남 선사들의 이야기』, p. 229.

63 사법(四法, Tứ Pháp) 중 팝부(Pháp Vũ, 法雨)를 모신 성도사(Chùa Thành Đạo)는 지금의 박닌성 투언타인현 동꼭(Đông Cốc) 마을에 있다.

64 『베트남의 선사들의 이야기』, pp. 248~251.

65 선사(禪師)의 식당.

66 『베트남 선사들의 이야기』, p. 250.

67 『선원집영』, p. 255; 『大越史記全書 (上)』, 本紀, 卷之三, p. 257.

68 『베트남 선사들의 이야기』, pp. 260~261.

69 지금의 하동성 트엉띤(Thường Tín)현.

70 무언통파 제9세로 띤저이의 스승인 바오작(원명사 거처)과는 다른 승려이다.

71 고려의 왕자 의천은 중국에서 천태종을 들여와서 이해에 개성의 국청사(國淸寺)에서 해동 천태종을 창시했다.

72 승과시(僧科試)를 가리키는 것 같다.

73 티엔남이 응시해서 합격한 어시가 이 과거일 수 있다.

74 Kiêm Đạt, "Mỹ Thuật Phật Giáo: Kiến Trúc Tháp Phật Giáo Việt Nam."

75 지옥 중생을 제도하는 보살은 지장보살인데, 이 지장보살이 주존으로 모셔져 있기 때문에 지장원이라고 한다. 지장원은 밀교의 이대 법문의 하나인 태장계(胎藏界) 만다라의 12대원 중 여덟 번째 궁실이다.

76 『大越史記全書 (上)』, 本紀, 卷之三, p. 247.

77 Hoàng Xuân Hãn, Lý Thường Kiệt, Lịch Sử Ngoại Giao Và Tông Giáo Triều Lý, Nhà Xuất bản Hà Nội, 2010, p. 286. 향엄사는 보이리(Bối Lý)갑(Giáp), 즉 지금의 타인호아성 동썬(Đông Sơn)부의 푸리(Phủ Lý)사에 있었다.

78 원문에는 '응우옌(阮)'씨로 되어 있으나, 원래는 '리(李)'씨이다. '법순(法順) 선사'의 전기에서 '리작[李覺]'을 '응우옌작[阮覺]'이라 적은 경우와 같다.

79 『베트남 선사들의 이야기』, p. 221.

80 『베트남 선사들의 이야기』, p. 221.

81 『베트남 선사들의 선사 이야기』, pp. 247~252.

82 지금의 하쫑(Hà Trung)현, 하응옥(Hà Ngọc)사.

83 빈록(Vĩnh Lộc)현 응오싸(Ngô Xá)사. 지금의 타인호아성 하쫑(Hà Trung)현, 하응옥(Hà Ngọc)사.

84 海照(Hải) 法寶(Chiều), 「仰山靈稱寺碑文」(Ngưỡng Sơn Linh Xứng Tự Bi Minh, 1126), 漢喃研究院·遠東學院, 『越南漢喃銘文匯編』, 第一集, pp. 163~180.

85 朱文[常][Chu Văn (Thường)], 「安穫山報恩寺碑記」(An Hoạch Sơn Bao Ân Tự Bi Ký, 1100), 漢喃研究院·遠東學院, 『越南漢喃銘文匯編』, 第一集, pp. 77~88. 안호 아익산에서 미석(美石)이 발견되어서, 리트엉끼엣은 시자(侍者)를 파견하여 끄우쩐 사람들을 거느리고 산을 수색하며 돌을 수집하게 했다고 한다.

86 혹은 유정수학사(維精壽鶴寺, Chùa Duy Tinh Thọ Hạc).

87 海照 大師(號 法寶, 福延資聖寺 住持), 「崇嚴延聖寺碑銘」(Sùng Nhiêm Diên Thánh Tự Bi Minh, 1118), 漢喃研究院·遠東學院, 『越南漢喃銘文匯編』, 第一集, pp. 117~124.

88 「乾尼山香嚴寺碑銘」(1125), 漢喃研究院·遠東學院, 『越南漢喃銘文匯編』, 第一集, pp. 153~155. 즉, 지금의 타인호아성 티에우호아(Thiệu Hóa, 紹化)현 티에우쭝(Thiệu Trung, 紹中)사.

89 『베트남 선사들의 이야기』, p. 106.

90 『베트남 선사들의 이야기』, pp. 248~251.

91 저우강(Sông Dâu) 우안에 위치한 지과사는 지금의 프엉꾸안(Phương Quan) 마을에 있고, 맞은편에는 반꾸안(Văn Quan) 마을이 있다. 지과사가 고향의 사원이었으므로, 티엔냠은 아마도 프엉꾸안(Phương quan) 사람, 즉 지금의 저우 마을 사람이었을 것이다.

92 『베트남 선사들의 이야기』, p. 229. 티엔냠은 주변에서 역시 다른 사법(四法, Tứ Pháp)을 숭배하는 사원들과 연계되어 있었을 가능성이 높다.

93 『大越史略』, p. 65; 『大越史記全書 (上)』, 本紀, 卷之三, p. 254. 백자탑 대신 백홍탑(白甍塔, Tháp Chôm Trắng)이라고 하는 자료도 있다(『大越史略』, p. 66).

94 『大越史記全書 (上)』, 本紀, 卷之三, p. 255; 『欽定越史通鑑綱目』, 正編, 卷之四, 5b[724].

95 구란행궁(究瀾行宮, Hành Cung Cứu Lan)이라고도 함. 『大越史略』, p. 59.

96 『베트남 선사들의 이야기』, pp. 92~93.

97   『大越史記全書 (上)』, 本紀, 卷之三, p. 253.

98   안라오산은 남하(Nam Hà) 지역에 있다.

99   『大越史略』, p. 65.

100 1082년 2월에 컴타인(Khâm Thánh, 欽聖) 공주와 결혼한 하이경(何彝慶)으로 추
     정된다. 『大越史略』, p. 63; 『大越史記全書』, 本紀, 卷之三, p. 250 참조.

101 李承恩(Lý Thừa Ân), 「保寧崇福寺碑」(Bảo Ninh Sùng Phúc Tự Bi, 1107), 漢喃研
     究院·遠東學院, 『越南漢喃銘文匯編』, 第一集, pp. 95~100. 사원이 조성된 찌엠호
     아는 베트남의 소수민족 따이족이 거주해 온 지역이다(Nguyen Tai Thu, ed., The
     History of Buddhism in Vietnam, pp. 91, 115).

102 지금은 하노이 중심에서 서남쪽으로 대략 20km 떨어진 싸이썬(Sài Sơn)사에 있
     다. 싸이썬의 놈(nôm) 이름이 터이(Thầy)산(núi)이어서 터이 사원(Chùa Thầy)으
     로 불린다. 이 사원의 전신은 향해암(香海庵, Hương Hải Am)으로 불리던 작은 암
     자였는데, 다오하인 선사의 거처였다.

103 釋惠興(Thích Huệ Hưng), 「[山西處 國威府 安山縣 瑞圭社 佛跡山] 天福寺洪鐘銘
     文」(Thiên Phúc Tự Hồng Chung Minh Văn)(1109), 漢喃研究院·遠東學院, 『越南
     漢喃銘文匯編』, 第一集, pp. 107~110. 천복사는 즈어이 사원(Chùa Dưới), 까 사
     원(Chùa Cả)이라고도 부른다.

104 『欽定越史通鑑綱目』, 正編, 卷之四, 6b[726].

105 『大越史記全書 (上)』, 本紀, 卷之三, p. 266; 『베트남 선사들의 이야기』, p. 261. 비
     엔통의 글재주를 높이 산 황제는 그를 좌가승록(左街僧錄)으로 승진시켰다.

106 『大越史記全書 (上)』, 「越鑑通考總論」(後黎朝人黎嵩)(1514), p. 88.

107 『欽定越史通鑑綱目』[正編, 卷之四, 3ab(719~720)]에 의하면, 1101년 1월로 되어 있다.

108 『大越史記全書 (上)』, 本紀, 卷之三, p. 250. 구전종(Chuông Quy Điền)도 안남사
     대기(An Nam tứ đại khí)로 분류되는 다이비엣(Đại Việt) 리 왕조의 보물이다.

109 『大越史略』, p. 64; 『大越史記全書 (上)』, 本紀, 卷之三, p. 251. (대)남산사는 잠 사
     원(Chùa Dạm 혹은 Chùa Giạm 혹은 Chùa Rạm), 바떰 사원(Chùa Bà Tấm), 까오
     사원(Chùa Cao), 짬잔 사원(Chùa Trăm Gian)이나 대람신광사(大覽神光寺, Đại
     Lãm Thần Quang Tự)라고도 하는데, 이 사원이 잠산(남산)에 있었기 때문이다.
     지금의 위치는 박닌성 박닌시(Thành phố Bắc Ninh)의 남썬(Nam Sơn)프엉인데,
     남산사는 소규모의 제2급 사원으로 분류되고 있다.

110 『欽定越史通鑑綱目』, 正編, 卷之三, 46a[709].

111 『大越史略』, p. 64; 『大越史記全書 (上)』, 本紀, 卷之三, pp. 251~252; 『欽定越史
     通鑑綱目』, 正編, 卷之三, 45b~46a(708).

112 Nguyen Tai Thu, ed., The History of Buddhism in Vietnam, p. 115; 『大越史略』,
     p. 64.

113 『大越史略』, pp. 64, 66;『大越史記全書 (上)』, 本紀, 卷之三, pp. 252~253. 석탑 대신 석홍탑(石薨塔, Tháp Chỏm Đá)이라고 표현하는 경우도 있다.

114 釋惠興,「[山西處 國威府 安山縣 瑞圭社 佛跡山] 天福寺洪鐘銘文』(1109), pp. 107~108; Lê Quý Đôn, Kiến *Văn Tiểu Lục* (見聞小錄, 1777), Viện Khoa Học Xã Hội Việt Nam, Viện Sử Học, 2006, Quyển IV Thiên Chương, pp. 192~193, Quyển VI Phong Vực, p. 335. 『안남지략』(p. 356)에 의하면, "다오하인이 하루는 펏띡(佛跡)산에 들어갔는데, 돌에 오래된 족적(足跡)이 있는 것을 보았고, 이내 발을 잡아당겨 그 위를 밟으니, 똑같았다. 돌아가서 그 어머니와 이별하고, 산중에 들어가 암자를 지어 수도했다"고 한다. 이 암자가 바로 향해원이었던 듯하다. 이후 리년똥의 지시로 향해원 자리에 천복사가 조성되었다. 이 일화와 비슷한 내용이『대월사기전서』(本紀, 卷之二, p. 257)에도 다음과 같이 소개되어 있다. "徐道行來遊時, 見山洞中素石有人足跡, 道行以其足跡 印之符合."

115 『大越史略』, p. 68;『大越史記全書』, 本紀, 卷之二, p. 259;『欽定越史通鑑綱目』, 正編, 卷之四, 8b[730].

116 『大越史略』, p. 63.

117 『大越史略』, p. 65.

118 Nguyen Tai Thu, ed., *The History of Buddhism in Vietnam*, p. 96.

119 부처는 남에게서 배우지 않고 지혜를 얻었으므로, 부처의 지혜 또는 완전한 지혜를 뜻하는 말로 쓰인다.『법화경』「비유품(譬喻品)」에 "일체지(一切智)와 불지(佛智)·자연지(自然智)·무사지(無師智)"에 관한 대목이 나오는데, 한결같이 부처의 완전한 지혜를 가리킨다.

120 『베트남 선사들의 이야기』, pp. 94~97; 이시이 코오세이, 『동아시아 불교사』, p. 218.

121 『베트남 선사들의 이야기』, p. 248.

122 『대비심다라니』는 천수천안(千手千眼) 관세음보살의 공덕을 설한 주(呪)이다.

123 '사천왕(四天王)'을 가리킨다. 사방을 수호하는 호법신(護法神)으로, 사왕(四王)이라고도 한다. 불교의 세계관 가운데에 존재하는 수미산(須彌山)의 중턱에 배치되어 있으므로, 불사(佛寺)의 수미단(須彌壇)의 사방에 안치되어 있다. 동방은 지국천(持國天), 남방은 증장천(增長天), 서방은 광목천(廣目天), 북방은 다문천(多聞天)이라고 한다.

124 『베트남 선사들의 이야기』, p. 212; 무경 엮음, 『베트남의 신화와 전설』, pp. 86~87.

125 Nguyen Tai Thu, ed., *The History of Buddhism in Vietnam*, p. 98.

126 이 책들은 현존하지 않지만, 『선영집영』 편찬 당시에도 세상에 전해지고 있었다.

127 Nguyen Tai Thu, ed., *The History of Buddhism in Vietnam*, p. 103.

128 강사(講師)·도사(導師) 또는 계사(戒師) 등을 위하여 한층 높게 마련한 좌석, 또는 그들에 대한 존칭이다.

129 일체 중생과 똑같은 육신을 지닌 보살을 뜻하기도 하고, 선지식을 높여 일컫는 말이기도 하다. 여기서는 두 가지 뜻이 모두 내포되어 중의적으로 사용되었다고 할 수 있다.

8장

1 『安南志略』, p. 356.

2 『大越史略』, p. 67; 『大越史記全書』, 本紀, 卷之二, pp. 257~258; 무경 엮음, 『베트남의 신화와 전설』, pp. 89~93. 이 이야기는 터이 사원(Chùa Thầy)의 전설에도 반영되어 있다.

3 탁생(托生) 또는 탁생(託生)이라고도 한다. 원래는 팔상성도(八相成道)의 첫 번째로, 석존(釋尊)이 치아가 여섯인 흰 코끼리를 타고 도솔천에서 내려와 어머니 마야 부인의 오른쪽 옆구리로 들어가 머문 것을 뜻한다. 여기에서처럼 모태를 빌려 태어난다는 의미로도 확장되었다.

4 혹은 타익텃(Thạch Thất, 石七)산.

5 結印: 열 손가락을 구부리거나 펴서 부처나 보살의 법덕(法德)의 표시인 인(印)을 맺는다.

6 이 말로 다오하인이 작호앙을 법술로 죽였음을 추론할 수 있다. 『대월사략』에 의하면, 작호앙은 병으로 위급해지자 "내가 죽은 뒤, 마땅히 띠엔주산에 부도(浮圖)를 조성하여 장사 지내라"고 부탁했다.

7 선악의 과보를 일으키는 원인이 되는 행위.

8 욕계(欲界)의 꼭대기에 있는 제6천 타화자재천(他化自在天)의 임금을 말한다.

9 무경 엮음, 『베트남의 신화와 전설』, p. 92.

10 현명(縣名)이기도 함.

11 당시의 닌썬(Ninh Sơn, 寧山)현, 펏띡산.

12 절이나 사당에 마련하여 신주(神主)나 부처 등을 모셔두는 곳.

13 그의 모습을 꾸옥오아이(Quốc Oai, 國威)부 안썬(An Sơn, 安山)현 펏띡산에 있는 천복사의 바위굴에서 볼 수 있었다고 한다.

14 『大越史略』, p. 68; 『大越史記全書』, 本紀, 卷之二, p. 257.

15 『大越史略』, p. 68.

16 『大越史記全書 (上)』, 本紀 卷之三, p. 259.

17 『大越史記全書 (上)』, 本紀 卷之三, pp. 257~258.

18 『大越史略』, p. 71;『大越史記全書』, 本紀, 卷之二, pp. 270~271;『欽定越史通鑑綱目』, 正編, 卷之三, 20b~21a[754~755]. 『大越史略』에는 응우옌꽁빈이 리꽁빈(李公平)으로 되어 있다.

19 『欽定越史通鑑綱目』, 正編, 卷之四, 11ab[735~736], 28ab[769~770].

20 『대월사기전서』에서는 '천순(天順)'이라 하였다. 그런데 이 『선원집영』에서는 계속해서 대순(大順)이라 하고 있는데, 어느 것이 옳은지는 모르겠다. 일단, 고치지 않고 그대로 두었다.

21 『베트남 선사들의 이야기』, p. 229.

22 『欽定越史通鑑綱目』, 正編, 卷之四, 32a[777].

23 기우제를 지낼 때에 쓰던 단(壇).

24 『欽定越史通鑑綱目』, 正編, 卷之四, 29b~33a[778~779].

25 『安南志略』, p. 355.

26 무경 엮음, 『베트남의 신화와 전설』, p. 106.

27 방장실(方丈室). 절에서 주지가 거처하는 방.

28 『大越史記全書 (上)』, 本紀, 卷之三, p. 257.

29 『베트남 선사들의 이야기』, pp. 230~232.

30 무경 엮음, 『베트남의 신화와 전설』, pp. 92~93.

31 『大越史記全書 (上)』, 本紀, 卷之三, p. 279.

32 무경 엮음, 『베트남의 신화와 전설』, p. 93.

33 남딘성 자오투이현의 깨오 사원(Chùa Keo).

34 『欽定越史通鑑綱目』, 正編, 卷之四, 31ab[775~776].

35 무경 엮음, 『베트남의 신화와 전설』, pp. 94~95.

36 『베트남 선사들의 이야기』, pp. 239~242.

37 『베트남 선사들의 이야기』, pp. 261~262.

38 조정에서 임금을 알현한다는 뜻인데, 여기서는 아무 때나 그렇게 할 수 있는 직책을 가리키는 듯하다.

39 탑의 재료인 찰흙은 펏떡 지역 땅에서 나온 것이라 한다(Thích Đức Thiện, "Phật Tích: Dấu Tích Đầu Tiên Của Phật Giáo Ấn Độ Truyền Vào Việt Nam," p. 61).

40 『大越史略』, p. 69;『大越史記全書 (上)』, 本紀, 卷之三, p. 272.

41 공식 사원 명칭은 신광사(神光寺, Thần Quang Tự)이고, 타이빈성 부트현에 있다. https://www.wikiwand.com/en/Keo_Pagoda

42 『大越史記全書 (上)』, 本紀, 卷之三, p. 275.

43 『大越史記全書 (上)』, 本紀, 卷之三, p. 279.

44 『欽定越史通鑑綱目』, 正編, 卷之四, 32b[778].

9장

1 『大越史記全書 (上)』, 本紀, 卷之四, p. 290; 『欽定越史通鑑綱目』, 正編, 卷之四, 44a[801].

2 당나라 불공(不空)과 인도 쿠마라지바(Kumārajīva)의 번역본이 있다.

3 『欽定越史通鑑綱目』, 正編, 卷之五, 14b[830].

4 『大越史略』, p. 74.

5 『大越史記全書 (上)』, 本紀, 卷之四, p. 293; 『欽定越史通鑑綱目』, 正編, 卷之五, 5b[812].

6 『欽定越史通鑑綱目』, 正編, 卷之五, 8b~9a[818~819].

7 『欽定越史通鑑綱目』, 正編, 卷之五, 15a[831].

8 『베트남 선사들의 이야기』, pp. 98~101.

9 지금의 박닌성 옌퐁(Yên Phong)현 쩐호(Chân Hộ) 마을.

10 박닌성 띠엔주현의 펏띡사에 있는 띠엔주(Tiên Du)산 혹은 펏띡산.

11 '삼관(三觀)'은 천태지관(天台地觀)의 기본이 되는 관법(觀法)이다. 『영락본업경(瓔珞本業經)』은 종가입공관(從假入空觀), 종공입가관(從空入假觀), 중도정관(中道正觀)을 가리킨다고 설명한다.

12 Nguyen Tai Thu, ed., *The History of Buddhism in Vietnam*, p. 91.

13 상복은 입지 않되 상제(喪制)와 같은 마음으로 근신하는 일.

14 『베트남 선사들의 이야기』, pp. 107~109.

15 '右弼'. 방성(房星)의 북쪽에 있는 별 이름. 관직명인 것 같다.

16 『베트남 선사들의 이야기』, pp. 132~134.

17 남송(南宋) 때의 패구(貝丘)를 가리키는 듯하다. 현재 장쑤성의 경계 지역에 해당한다.

18 『장자(莊子)』, 「제물론(齊物論)」.

19 『大越史記全書 (上)』, 本紀, 卷之四, p. 286; 무경 엮음, 『베트남의 신화와 전설』, p. 93.

20 『베트남 선사들의 이야기』, pp. 233~234.

21 처음 법명은 팝멋(Pháp Mật, 法密)이었다.

22 『베트남 선사들의 이야기』, pp. 229~230.

23 『베트남 선사들의 이야기』, pp. 262~263.

24 교수사와 보뢰사 두 사원은 모두 옛 남딘성 자오투이현의 깨오 사원(Chùa Keo)으로 불린다. 자오투이깨오 사원 혹은 즈어이깨오 사원(Chùa Keo Dưới)은 현재 타이빈성 부트현의 부응이아(Vũ Nghĩa)사에 있다. 파라이깨오 사원(Chùa Keo Phả Lại) 혹은 쩬깨오 사원(Chùa Keo Trên)은 현재 남하(Nam Hà)성 쑤언쯔엉(Xuân Trường)현의 하인티엔(Hành Thiện)사에 있다.

25 『大越史記全書 (上)』, 本紀, 卷之四, p. 286.

26 『大越史記全書 (上)』, 本紀, 卷之四, p. 289; 『欽定越史通鑑綱目』, 正編, 卷之四, 42a[797].

27 『欽定越史通鑑綱目』, 正編, 卷之五, 8b[818].

28 남딘 남쪽(Nam Trực)의 남홍(Nam Hồng).

10장

1 『大越史記全書 (上)』, 本紀, 卷之二, p. 224; Nguyễn Thế Anh, "Buddhism and Vietnamese Society throughout History," p. 103. 자야바르만 7세는 힌두 신앙과 정령 신앙 등이 지배하던 사회에 새로운 고급 종교인 불교를 적극 권장하여 국가의 통일성을 이루고자 했다(최병욱, 『동남아시아사—전통시대』, 산인, 2016, p. 112).

2 See John K. Whitmore, "Elephants can actually swim,": contemporary Chinese views of late 'Lý-Đại-Việt', D. G. Marr and A. C. Milner, ed., *Southeast Asia in the 9th to 14th centuries*, Singapore: Institute of Southeast Asian Studies and Research School of Pacific Studies, Australian National University, 1986, p. 126[Nguyễn Thế Anh, "Buddhism and Vietnamese Society throughout History," *South East Asia Research* (Taylor & Francis, Ltd.), Vol. 1, No. 1 (MARCH 1993), p. 103]. 인도에서 기원한 '데바라자'는 신왕(神王)을 의미한다.

3　『大越史略』, p. 79.

4　『欽定越史通鑑綱目』, 正編, 卷之五, 23b[848].

5　『大越史略』, p. 82. 1116년 1월에도 대흥문(大興門)에서 연등회[廣照燈]가 열렸는데, 목승(木僧)을 만들어 종(鐘)에 매달았다고 한다(『大越史略』, p. 68).

6　『大越史略』, p. 79.

7　『大越史略』, p. 79.

8　『大越史記全書 (上)』, 本紀, 卷之四, p. 306; 『欽定越史通鑑綱目』, 正編, 卷之五, 26a[853].

9　『大越史記全書 (上)』, 本紀, 卷之四, p. 306; 『欽定越史通鑑綱目』, 正編, 卷之五, 26b[854].

10　『大越史略』, p. 82.

11　『欽定越史通鑑綱目』, 正編, 卷之五, 28a[857]. 응우옌트엉이 『시경』 「서」에서 인용한 부분은 "亂國之音怨, 以怒其政乖, 亡國之音哀, 以思. 其民困"이다(『大越史略』, p. 83).

12　『大越史略』, pp. 82~83.

13　『베트남 선사들의 이야기』, pp. 145~146.

14　현재의 박닌성 옌퐁현.

15　이 사원은 현재 하동성 타인찌현의 푹드엉 롱담에 있다.

16　즉 현재 빈푹(Vĩnh Phúc)성 깜아인(Kim anh)현의 쏙(Sóc)산.

17　산스크리트어로는 brahma-caryā라 하며, 청정한 행을 의미한다. 즉, 출가자가 계율을 지키고 금욕 생활을 하는 것을 가리킨다. 특히 일체의 성적 행위를 삼가는 것을 뜻한다. 옛날 인도에서는 바라문이 보내야 할 인생의 여러 단계를 넷으로 나누고 그 가운데 제1단계를 범행기(梵行期)라 하여, 그 기간에는 몸을 청정하게 보지(保持)하면서 스승 곁에서 학습에 전념해야 한다고 했다. 이것이 불교 등의 출가 종교에서는 생애에 걸친 순결주의로 발전하여, 죄를 범하면 교단에서 추방되는 중죄가 내려진다고 하는 수행상의 기본이 되었다.

18　좌선관법(坐禪觀法)의 준말이며, 좌선하면서 여러 가지 관법을 하여 망상을 끊는 방법을 가리킨다.

19　『베트남 선사들의 이야기』, pp. 109~111.

20　『베트남 선사들의 이야기』, pp. 136~137.

21　혹은 닌빈의 쯔엉안부라고도 한다.

22　여기에서 『국사』는 『대월사략』을 말하는 듯하다.

23　『베트남 선사들의 이야기』, pp. 149~153.

24 원래는 선(禪)을 닦는 자가 머무는 암굴(巖窟)을 뜻하는데, 선승(禪僧)의 주거 또
    는 선종 사원을 뜻하기도 한다.

25 이 찌티엔은 민찌 선사인 것 같다.

26 『베트남 선사들의 이야기』, pp. 153~154.

27 지금의 빈푸(Vĩnh Phú). 응우옌 왕조 시기 썬떠이성의 푸닌현으로 추정된다.

28 지금의 하노이 오동막(Ô Đông Mác).

29 『大越史略』, p. 80; 『大越史記全書(上)』, 本紀, 卷之四, p. 304.

30 1189년 2월에도 대리(大俚)의 승려 혜명(惠明), 계일(戒日) 등이 조정을 방문했다
    는 기사가 등장한다(『大越史略』, p. 81). '大俚'는 '大理'의 오기로 보이는데, 이 사
    절단의 구체적인 행동에 대해서는 알 수 없다.

31 『大越史略』, p. 79.

32 불상이나 경전을 맞아들이거나, 절·탑 등의 건축을 완공하였을 때에 행하는 법사
    (法事)로, 경축(慶祝) 또는 찬탄(讚嘆)하는 행사이다.

33 『베트남 선사들의 이야기』, p. 138.

34 『大越史略』, p. 80.

35 『大越史略』, pp. 81~82. "1185년 6월에 폭풍이 크게 일어나서, 이사(二寺) 문(門)
    쪽의 땅이 갈라졌다"(『大越史略』, p. 80)고 한다. 이사(二寺)는 사원 이름인 듯하
    고, 이림사(二林寺)와 같은 사원일 가능성도 있다.

36 『大越史略』, p. 85.

37 부처가 인도 16국의 왕들에게 자신의 나라를 보호하고 편안하게 하기 위해서는 반
    야바라밀을 수지(受持)해야 한다고 이야기한 경전이다. 『인왕경』에는 두 가지 본
    (本)이 있는데, 구본(舊本)은 구마라즙이 번역한 『불설인왕반야바라밀경(佛說仁王
    般若波羅蜜經)』이며, 신본(新本)은 당나라 불공(不空)이 번역한 『인왕호국반야바
    라밀다경(仁王護國般若波羅蜜多經)』이다.

38 『베트남 선사들의 이야기』, pp. 109~111.

39 원문에는 찌티엔(Trí Thiền, 智禪)으로 되어 있지만, 이 찌티엔은 당시 복성사(福
    聖寺, Chùa Phúc Thánh)에 있던 민찌(Minh Trí, 明智)를 가리키는 듯하다. 민찌
    의 이전 이름이 티엔찌(Thiền Trí)였기 때문이다. 필사 과정에서 생긴 원문의 오류
    인 듯하다(Nguyen Tai Thu, ed., The History of Buddhism in Vietnam, p. 114).

40 『베트남 선사들의 이야기』, pp. 149~150.

41 『베트남 선사들의 이야기』, pp. 150~151.

42 『금강경』제14 「이상적멸분(離相寂滅分)」.

43 『금강경』제21 「비설소설분(非說所說分)」.

44   Nguyen Tai Thu, ed., *The History of Buddhism in Vietnam*, p. 96.

45   『베트남 선사들의 이야기』, p. 156.

46   Nguyen Tai Thu, ed., *The History of Buddhism in Vietnam*, p. 111. 예를 들면, 이 자료는 콩로와 딘작을 정초파(定初派)로 소개하고 있었다(『베트남 선사들의 이야기』, p. 272).

47   『大越史略』, p. 88.

11장

1   『大越史記全書』, 本紀 卷之四, p. 309.

2   『大越史記全書 (上)』, 本紀, 卷之四, pp. 299~310.

3   『大越史略』, p. 88.

4   『大越史略』, p. 91.

5   『大越史略』, p. 94.

6   이전의 반장(Văn Giang)현 끄우까오(Cửu Cao)와 가까운 홍강 좌안의 둔덕으로 추정되고 있다. 현재는 하이흥(Hải Hưng)성의 미반(Mỹ Văn)현 관할.

7   『大越史記全書 (上)』, 本紀, 卷之四, p. 312.

8   『大越史略』, p. 96;『大越史記全書 (上)』, 本紀, 卷之四, p. 312.

9   『大越史記全書 (上)』, 本紀, 卷之四, p. 312.

10   『大越史略』, pp. 96~97.

11   『大越史略』, p. 98.

12   『大越史略』, p. 98.

13   『欽定越史通鑑綱目』, 正編, 卷之五, 39b~41a[882~883].

14   『大越史記全書 (上)』, 本紀, 卷之四, p. 315;『欽定越史通鑑綱目』, 正編, 卷之二, 24b[574], 卷之五, 39b~41b[882~884].

15   『大越史記全書 (上)』, 本紀, 卷之四, p. 315;『欽定越史通鑑綱目』, 正編, 卷之二, 24b[574], 卷之六, 1b[892];『安南志略』, p. 307.

16   쩐티중의 사촌 동생인데, 이후 배우자가 된다.

17   『欽定越史通鑑綱目』, 正編, 卷之五, 39b~41a[882~883].

18   『大越史略』, p. 98.

19 『大越史記全書 (上)』, 本紀, 卷之四, p. 315.

20 『大越史略』, p. 99.

21 『대월사략』(p. 99)에는 선교사(善敎寺, Chùa Thiện Giáo)로 되어 있다.

22 '아버지와 같이 존경하여 받들어 모시거나 그런 높임을 받는 사람'이라는 뜻으로, 임금이 특별한 대우로 신하에게 내리던 존칭(尊稱)의 하나.

23 『大越史略』, p. 99; 『欽定越史通鑑綱目』, 正編, 卷之五, 41ab[883~884], 卷之六, 2b~3a[894~895].

24 『베트남 선사들의 이야기』, pp. 160, 163.

25 하동성 타인오아이(Thanh Oai)현의 터이쭝(Thời Trung) 마을.

26 『베트남 선사들의 이야기』, pp. 165~169.

27 『법화경』「신해품(信解品)」에 이 비유가 나온다.

28 『大越史略』, p. 79.

29 중국의 양성(陽城) 괴리(槐里) 사람이며, 자는 무중(武仲)이다. 요(堯) 임금이 천하를 물려 주려 하자, 허유는 거절한 후 기산(箕山)에 들어가 은거했다. 그 뒤, 요 임금이 그를 또 불러 구주(九州)의 장(長)으로 삼으려 했는데, 허유는 이 말을 듣고 영수(潁水) 물가에서 귀를 씻었다고 한다.

30 금련사(金蓮寺, Chùa Kim Liên)는 하노이시 떠이호(Tây Hồ)꾸언의 꽝안(Quảng An)프엉 뜨호아(Từ Hoa) 거리의 응이땀(Nghi Tàm) 마을에 있다. 선복사[仙福寺, Chùa Phúc Tự, 혹은 바나인 사원(Chùa Bà Nành)]는 하노이 동다(Đống Đa)꾸언의 응우옌쿠옌(Nguyễn Khuyến) 거리 154번지에 있다. *Văn Hóa Việt Nam Tổng Hợp 1989~1995* (Ban Văn Hóa Văn Nghệ Trung Ương Xuất Bản, Hà Nội, 1989) 참조.

31 띠엔주의 푸민(Phù Minh, 扶明) 마을 출신.

32 『大越史略』, p. 94.

33 동끄우의 대표적인 사원으로는 정려사(靜慮寺, Chùa Tĩnh Lự)를 들 수 있다.

34 『大越史記全書 (上)』, 本紀, p. 313; 『欽定越史通鑑綱目』, 正編, 卷之五, 38b[878].

35 『大越史略』, p. 97; 『大越史記全書 (上)』, 本紀, 卷之四, p. 313.

36 『베트남 선사들의 이야기』, pp. 162~163.

37 응언콩은 이전에 랑쩌우 오안(鄔岸)현에서 살았기 때문에 '오안' 대사로도 불렸다.

부록

1   漢喃研究院·遠東學院,『越南漢喃銘文匯編』(Éphigraphie en chinois du Viêt Nam), 第一集(Vol. 1, Tập 1), 北屬時期至李朝(De l'occupation chinoise à la dynastie des Lý, Từ Bắc thuộc đến thời Lý), Paris – Hà Nội: École Française d'Extrême–Orient; Viện Nghiên Cứu Hán Nôm, 1998, sous la direction de Chủ Biên Phan Văn Các (潘文閣) & Claudine Salmon.

2   漢喃研究院·遠東學院, ,『越南漢喃銘文匯編』, 第一集, p. 2.

3   https://huvi.wordpress.com/2020/04/24/thap-bao-thien-tran-nam-thanh-thang-long/

4   https://viettan.org/thap-bao-thien-1057-trong-boi-canh-lich-su-thang-tram-cua-dat-nuoc/

참고 문헌

〈사료〉

『古珠法雲拂版行語錄』(Cổ Châu Pháp Vân Phật Bản Hạnh Ngữ Lục), Viện
    Nghiên Cứu Hán Nôm, A. 818; Thư Viện Tỉnh Bắc Ninh, 294.3,
    C450CH, DCLV.002613.
『(校合本) 大越史記全書』(Đại Việt Sử Ký Toàn Thư), 陳荊和 編校, 東京大學
    東洋文化研究所附屬東洋學文献センター, 1984~1986;『大越史記全
    書』(Trung Tâm Lưu Trữ Quốc gia IV 소장, 목판본), 李太宗紀. https://
    luutru.gov.vn/cong-bo-gioi-thieu-tai-lieu/phat-giao-thoi-ly.htm
『(校合本) 大越史略』(Đại Việt Sử Lược), 陳荊和 編校, 創価大学アジア研究
    所, アジア研究所叢刊 第一輯, 1987.
『佛頂最勝陀羅尼經』(Phật Đỉnh Tối Thắng Đà La Ni Kinh), 乾隆大藏經(Bản
    Khắc Gỗ Càn Long Tạng). https://www.rongmotamhon.net/xem-
    kinh_phat-dinh-toi-thang-da-la-ni-kinh_cspdkqcs_can-long.html;
    『佛頂寂勝陀羅尼經』, 初雕本, 호림박물관 소장.
『釋氏源流應化事蹟』, 불교기록문화유산아카이브:「불암사(1673) / 0011b_모자

이혹(牟子理惑)」(https://kabc.dongguk.edu/viewer/view?itemId=ABC_
SP&dataId=ABC_NC_02014_0003&imgId=ABC_SP_02014_0003_0011_
b);「강승사리(康僧舍利)」, 12b: 강승회가 오에서 사리의 이적으
로 손권의 귀의를 받은 이야기(https://kabc.dongguk.edu/viewer/
view? itemId=ABC_SP&dataId=ABC_NC_02014_0003&imgId=ABC_SP_
02014_0003_0012_b).

『禪苑集英』(Thiền Uyển Tập Anh), Ngo Đức Thọ dịch, Hà Nội: Nhà Xuất
Bản Văn Học, 1990; Nguyen Cuong Tu, tr., *Zen in Medieval
Vietnam: A Study and Translation of Thien Uyen Tap Anh*,
Honolulu: Univ. of Hawaii Press, 1997; 정천구 옮김, 『베트남 선
사들의 이야기』, 서울: 민족사, 2001, 287 p.; 한문본은 https://
web.archive.org/web/20060523015811/http://www.viethoc.org/
eholdings/sach/ThienUyenTapAnh-BanChuHan.pdf 참조.

『詩經』, 정상홍 옮김, 서울: 을유문화사, 2014.

『雄王玉譜』(Hùng Vương Ngọc Phả), NLVNPF-0793, R. 285. https://lib.
nomfoundation.org/collection/1/volume/985/

『莊子』, 안동림 역주, 서울: 현암사, 2010.

高熊徵, 『安南志原』, 河內: 法國遠東學院, 1931.

金吞虛 譯編, 『發心 三論』, 서울: 吞虛佛敎文化財團: 敎林, 2001. 초교: 白
在鉉, 내용 주기: 三敎平心論. − 理惑論. − 現正論.

大汕, 『海外紀事』, 武尙淸 點校, 中外交通史籍叢刊, 北京: 中華書局, 1995.

道宣, 이한정 옮김, 『廣弘明集』, 서울: 동국대학교 부설 동국역경원, 2001~
2002.

董誥 等 編, 『全唐文』, 上海: 上海古籍出版社, 1990, 5 v.

(元) 馬端臨 撰, 『文獻通考』, 348卷, 淸浙江書局本, 2013.

牟融 撰, 『牟子: 理惑論』, 湖北: 崇文書局, 1875.

武瓊(Vũ Quỳnh), 『嶺南摭怪列傳(Lĩnh Nam Chích Quái Liệt Truyện)』, 陳慶浩
主編, 『越南漢文小說叢刊』, 第二輯, 臺北: 臺灣學生書局, 1992 所收;
무경 엮음, 박희병 옮김, 『베트남의 신화와 전설』, 돌베개, 2000.

班固 撰,『漢書』, 北京: 中華書局, 1983.

(存庵 家藏 [Tôn Am gia tàng]) 裴輝璧(Bùi Huy Bích),『皇越文選』(Hoàng Việt Văn Tuyển), 河內(Hà Nội): 希文堂(Hi Văn Đường), 1825, NLVNPF-0171, R. 601 https://lib.nomfoundation.org/collection/1/volume/241/

范曄 撰,『後漢書』, 北京: 中華書局, 1965.

(隋 天竺) 毘尼多流支 漢譯, 김철수 옮김,『佛說象頭精舍經』. https://kabc.dongguk.edu/m/content/view?dataId=ABC_IT_K0224_T_001&gisaNum=0001T&solrQ=query%24%EC%83%81%EB%91%90%EC%A0%95%EC%82%AC%EA%B2%BD%3Bsolr_sortField%24%3Bsolr_sortOrder%24%24solr_secId%7CABC_IT_GT%24solr_toalCount%7Cundefined%24solr_curPos%7C13%24solr_solrId%7CABC_IT_K0224_T_001_0001 베트남 비구니 스님 틱느뚜예타인(Thích Nữ Tuệ Thành)의 베트남어 번역은 https://thuvienhoasen.org/a18555/kinh-tuong-dau-tinh-xa

(隋 天竺 三藏) 毘尼多流支 漢譯, 김월운 옮김,『大乘方廣總持經』. https://kabc.dongguk.edu/content/view?dataId=ABC_IT_K0148_T_001&gisaNum=0001T&solrQ=query%24%EB%8C%80%EC%8A%B9%EB%B0%A9%EA%B4%91%EC%B4%9D%EC%A7%80%EA%B2%BD%3Bsolr_sortField%24%3Bsolr_sortOrder%24%3Bsolr_secId%24ABC_IT_GT%3Bsolr_toalCount%2413%3Bsolr_curPos%245%3Bsolr_solrId%24ABC_IT_K0148_T_001_0001

(隋) 費長房 撰,『歷代三寶紀』, 15卷, 金刻趙城藏本, 2013.

釋念常(元) 撰,『佛祖歷代通載(22卷)』(北京圖書館古籍出版編輯組,『北京圖書館古籍珍本叢刊』, 第77卷, 子部, 釋家類), 北京: 書目文獻出版社, 1988.

(唐) 釋道宣,『大唐內典錄』, 10卷, 清徑山藏本, 2013.

釋道宣 撰,『續高僧傳』, 30卷, 大正新修大藏經本, 2013.

(南北朝) 釋寶唱 撰,『比丘尼傳』, 4卷, 大正新修大藏經本, 2013.

釋僧祐,『出三藏記集』, 15卷, 大正新修大藏經本, 2013.

釋僧祐 등, 박상준·김상환·주법장 옮김, 『出三藏記集(釋僧祐)/古今譯經圖紀(釋靖邁)/續古今譯經圖紀(智昇)』, 서울: 동국대학교 부설 동국역경원, 2000.

(唐) 釋圓照 撰, 『貞元新定釋敎目錄』, 30卷, 大正新修大藏經本, 2013.

(宋) 釋志磐 撰, 『佛祖統紀』, 54卷, 大正新修大藏經本, 2013; 志磐 撰, 『佛祖統紀』(1268), CBETA電子佛典集成, T49n2035, 財團法人: 佛敎電子佛典期成會. https://buddhism.lib.ntu.edu.tw/FULLTEXT/sutra/chi_pdf/sutra20/T49n2035.pdf

(唐) 釋智昇 撰, 『開元釋敎錄』, 20卷, 清文淵閣四庫全書本, 2013.

釋慧皎 撰, 『高僧傳』, 1~4, 臺北: 藝文印書館, 1967.

蘇淵雷·高振農 選輯, 『佛藏要籍選刊 2: 〈歷代三寶記〉·〈開元釋敎錄〉·〈閱藏知律〉等』, 上海: 上海古籍出版社, 1994.

僧祐, 『弘明集』, 臺北: 新文豊出版, 1986, 제1권, 『理惑論』, 「서문」.

神尾式春(Kamio, Kazuharu) 編, 『道家論辯牟子理惑論』, 影印, 京城: 神尾式春, 昭和6[1931].

黎崱 撰, 『安南志略』, 武尙清 點校, 中外交通史籍叢刊, 北京: 中華書局, 1995.

阮翼宗[Nguyễn Dực Tông, 뜨득(Tự Đức) 황제], 『御製越史總詠』(Ngự Chế Việt Sử Tổng Vịnh, 1874). (https://lib.nomfoundation.org/collection/1/volume/1051/)

阮朝國史館(Quốc sử Quán Triều Nguyễn), 國立中央圖書館 中越文化經濟協會 編, 『欽定越史通鑑綱目』(Khâm Định Việt Sử Thông Giám Cương Mục), 八册, 臺灣: 國立中央圖書館, 1969.

魏徵 等 撰, 『隨書』, 北京: 中華書局, 1987.

義淨, 『南海寄歸內法傳』, 1~4, 北京: 文物出版社, 1989.

義淨, 『大唐西域求法高僧傳』, 臺北: 新文豊出版公司, 1977.

鄭麟趾, 『高麗史』, 上·下, 서울: 亞細亞文化社, 1972, 3책. 총서명: 韓國學古典시리즈.

(晉) 陳壽 撰, 『三國志』, 北京: 中華書局, 1982.

脫脫 等 撰, 『宋史』, 北京: 中華書局, 1985.

馮承鈞, 『歷代求法翻經錄』, 台北: 商務印書館, 1970.

慧超, 『往五天竺國傳』, 2책, 정수일 역주, 서울: 학고재, 2008.

Tân Biên Nam Định Tỉnh Địa Dư Chí Lược, Dương Văn Vượng dịch, Phòng Địa Chí – Thư Mục Thư Viện Tỉnh Nam Định chỉnh lý, chế bản.

"Thông Tư, Số: 06/2019/TT-BTNMT, Hà Nội, 28/06/2019 Của Bộ Tài Nguyên Và Môi Trường, Ban Hành Danh Mục Địa Danh Dân Cư … Phục Vụ Lập Bản Đồ Tỉnh Ninh Bình," Thuvien Phapluat Online, 2019. https://thuvienphapluat.vn/van-ban/bat-dong-san/Thong-tu-06-2019-TT-BTNMT-ve-Danh-muc-dia-danh-dan-cu-de-lap-ban-do-phan-dat-tinh-Ninh-Binh-418040.aspx

Lê, Mạnh Thát, *Tổng Tập Văn Học Phật Giáo Việt Nam*, Nhà Xuất Bản Thành Phố Hồ Chí Minh, 2001. https://cvdvn.net/wp-content/uploads/2018/02/tong-tap-van-hoc-phat-giao-viet-nam-tap-1.pdf

Ngô Thì Sĩ (吳時仕), *Đại Việt Sử Ký Tiền Biên*, Trung Tâm Khoa Học Xã Hội Và Nhân Văn Quốc Gia, Viện Nghiên Cứu Hán Nôm, Hà Nội: Nhà Xuất Bản Khoa Học Xã Hội, 1997.

Ngô Thời Sĩ, *Việt Sử Tiêu Án* (越史標案, 1775), Nhà Xuất Bản: Văn Sử 1991.

Dutton, George, Jayne Werner, and John K. Whitmore, eds., *Sources of Vietnamese Tradition*, Columbia University Press, 2012.

Pali Text Society, *The Mahāvaṃsa or the Great Chronicle of Ceylon*, translated into English by Wilhelm Haynes Bode, Oxford University Press, 1912.

Pelliot, Paul, "Deux Itinéraire de Chine en Inde: À la Fin du VIIIe Siècle," *Bulletin de l'École Française d'Extrême-Orient*(이하 *BEFEO*로 약함), Vol. 4, No. 1/2 (janvier-juin 1904), pp. 131~413.

Phan Huy Chú, *Lịch Triều Hiến Chương Loại Chí*, Tập IX (Văn Tịch Chí, Quyển 42~45), Bản Dịch Của Tố Nguyên Nguyễn Thọ Dực, 1972.

〈연구서 및 연구논문〉

1. 국문

각려효, 「베트남 불교의 역사와 현황」, 『문학/사학/철학』(한국불교사연구소),
　　Vol. 50, 2017.

강희정, 「6세기 扶南과 山東의 사르나트 양식 불상–남방해로를 통한 인도
　　불교미술의 東傳」, 『中國史硏究』(중국사학회), Vol. 67, 2010.

고병익, 「혜초의 인도 항로에 대한 고찰」, 『불교와 諸科學: 개교 80주년 기
　　념논총』, 서울: 동국대학교 출판부, 1987.

김민정, 「《牟子理惑論》과 중국불교의 효」, 『동아인문학』(동아인문학회),
　　Vol. 36, 2016, pp. 311~327.

김방룡, 「조선시대 불교계의 유불교섭과 철학적 담론」, 『儒學硏究』(충남대
　　학교 유학연구소), Vol. 25, 2011.

김성범, 「베트남 유학의 사상사적 특이성」, 『儒學硏究』(충남대학교 유학연구
　　소), Vol. 29, 2013.

金永鍵, 「安南普陀山名考」, 『震檀學報』(震檀學會), 第10號(1939.01).

金永鍵, 「安南松本寺釣り鐘と泰徳通寶」, 『史学』(三田史学会), 17(1)
　　(1938.08).

김춘실(金春實), 「中國 山東省 佛像과 三國時代 佛像」, 『美術史論壇』(한국미
　　술연구소), No. 19, 2004.

김홍구, 『태국불교의 이해』, 부산외국어대학교, 2005.

김희, 「『홍명집(弘明集)』의 「모자리혹논(牟子理惑論)」을 통해 본 도교 양생론
　　(養生論) 비판 연구」, 『동아시아불교문화』(동아시아불교문화학회), Vol.
　　37, 2019.

불교평론 편집실 엮음, 『동남아불교사』, 인북스, 2018.

성춘경(成春慶), 「光州 證心寺 石造菩薩立像에 대한 考察」, 『文化史學』(한국
　　문화사학회), 第21號, 2004.

市川白弦, 「禅における自由の問題－南ベトナム禅僧の焼身抗議をめぐって」,

『思想』(岩波書店), No. 475, 1964.

심재관, 「인도-동남아시아의 해양 실크로드와 7~9세기 밀교(密教)의 확산: 동아시아 불교 구법승(求法僧)의 활동과 관련하여」, 『아시아리뷰』, 제8권 제2호, 2019, pp. 215~241.

안양규, 「인도불교사 및 남방불교사 연구의 역사와 현황 – 국내연구를 포함하여」, 『韓國佛敎學』(한국불교학회), Vol. 68, 2013.

유인선, 「베트남 黎朝의 성립과 儒敎理念의 확립: 불교이념으로부터 유교이념으로」, 『東亞硏究』(서강대학교 동아연구소), No. 48, 2005.

유인선, 「베트남 전통사회와 유교화문제, 그리고 우리의 베트남사 연구」, 『東洋史學硏究』, 50호, 1995.

유인선, 「유교가 베트남에서 국가이념으로 성립되는 과정」, 『Suvanna-bhumi(수완나부미)』(부산외국어대학교 동남아지역원), Vol. 3, No. 1, 2011.

유인선, 『베트남사』, 대우학술총서 제8권, 서울: 민음사, 1984.

유인선, 『베트남의 역사: 고대에서 현대까지』, 서울: 이산, 2018.

윤대영, 「참파 왕국의 해양 교류와 이슬람」, 김형준, 홍석준 편, 『동남아의 이슬람화 2: 인도네시아, 말레이시아, 필리핀, 베트남에서의 정치, 사회문화의 다양성과 갈등』, 서울: 도서출판 눌민, 2017.

윤대영, 「참인(Cham people)에서 참족(Cham minority)으로-참파 만달라(Champa mandala)의 와해와 관련하여」, 『동양사학연구』(동양사학회), 제143집, 2018.

윤대영, 「남중국해 문제의 기원과 쟁점화-중국과 베트남의 파라셀 군도 및 스프래틀리 군도 영유권 분쟁과 관련하여」, 『동양사학연구』, 제149집, 2019.

윤종갑, 「현행 『천수경』에 나타난 신앙형태와 참회사상」, 『한국불교학』, No. 85, 2018.

이경신(李慶新), 현재열·최낙민 옮김, 『동아시아 바다를 중심으로 한 해양 실크로드의 역사(Maritime Silk Road)』, 해항도시문화교섭학번역총서 15, 서울: 도서출판 선인, 2018.

이병욱, 「베트남불교의 역사와 현황」, 『불교평론』, 69호, 2017.

이시이 요네오(石井米雄) 외, 박경준 옮김, 『동남아시아의 불교 수용과 전개』, 서울: 불교시대사, 2001.

이시이 코오세이(石井公成), 최연식 옮김, 『동아시아 불교사(東アジア仏教史)』, 서울: 씨아이알, 2020.

이옥순, 「타고르의 동남아, 1927년」, 『숭실사학』(숭실사학회), Vol. 24, 2010.

이와모도 유다까(岩本裕) 외, 홍사성 옮김, 『동남아 불교사: 상좌부 불교의 전개와 현황』[원서명: 東南アジアの佛教: 傳統と戒律の教え, 東京: 佼成出版社, 昭和47(1972)], 부천: 반야샘, 1987.

이은구, 『버마 불교의 이해』, 서울: 세창출판사, 1996.

이한규, 「불교 최고의 성지 중국 남경 불정사를 가다」, 『주간불교』, 2020년 1월 23일자.

임기영, 「『道家論辨牟子理惑論』의 이본 연구」, 『서지학연구』(한국서지학회), No. 52, 2012.

장애순, 「弘明集에 보이는 儒佛道 三教의 교섭에 대한 고찰－牟子理惑論을 중심으로」, 『종교교육학연구』(한국종교교육학회), Vol. 31, 2009, pp. 133~148.

정수일, 「혜초의 서역기행과 『왕오천축국전』」, 『한국문학연구』(동국대학교 한국문학연구소), 27권, 2004.

정운 스님, 「[인물로 읽는 선이야기] 3. 유불도 융합과 宋學」, 『현대불교』, 2020년 2월 4일자.

정환국, 「베트남 불교서사의 성격」, 『동악어문학』(동악어문학회), 63, pp. 175~216.

조영록, 『동아시아 불교교류사 연구: 남종선의 도입과 관음설화의 전개』, 서울: 동국대학교 출판부, 2011.

최병욱, 『동남아시아사 － 전통시대』, 광주: 산인, 2016.

최복희, 「베트남 儒學思想 形成過程의 特徵: 麗末鮮初 儒學 鼎立過程과의 比較를 통하여」, 『유교사상문화연구』(韓國儒教學會), Vol. 35, 2009.

최연식, 「조선후기 석씨원류의 수용과 불교계에 미친 영향」, 『九山論集』(보조사상연구원), Vol. 1, 1998.

Hoàng, Thị Thơ, 「베트남에서의 불교 연구 동향–성과와 과제」, 『儒學研究』(충남대학교 유학연구소), Vol. 17, 2008.

2. 동양문

金山正好 著, 劉果宗 譯, 『東亞佛教史』, 台北: 文津出版社, 2001.

稻岡誓純, 「牟子理惑論の研究」, 『佛教大學大學院研究紀要』(佛教大学学会), 11, 1983.

李貴民, 「再製與變異 – 越南漢傳佛教典籍的轉化」, 『佛光學報』, 第七卷·第一期, 2021.

伊藤千賀子, 「『六度集経』の成立について: 康僧会の動機と目的」, 『印度學佛教學研究』(日本印度学仏教学会), 61(2), 2013.

伊藤千賀子, 「『六度集経』と他経典とのかかわり: 康僧会の経典作成の思考方法」, 『印度學佛教學研究』(日本印度学仏教学会), 62(2), 2014, pp. 1029~1024.

伊藤千賀子, 「康僧会と建初寺: 寺号の由来について」, 『印度學佛教學研究』(日本印度学仏教学会), 63(2), 2015, pp. 1036~1031.

(星雲大師 監修) 慈怡 主編, 『佛光大辭典』, 北京: 書目文獻出版社, 1993.

周振鶴, 『西漢政區地理』, 北京: 人民出版社, 1987.

川上正史, 「黎明期の安南仏教」, 『禅学研究』(禅学研究会), 41, 1948.

Bản Đồ Tỷ Lệ 1:50.000 Tờ F-48-92-B, Cục Đo Đạc Va Bản Đồ Việt Nam, 2004.

"Di Tích Chùa Kim Ngân Ở Ninh Bình," *Tiếp Thị Sài Gòn*, 15/05/2013.

"Điềm Báo Trước Việc Vua Lý Thái Tông Ra Đời," *Tạp Chí Quê Hương*, 16/05/2006.

"Huyền Bí Động Chùa Am Tiên," *Báo Thái Nguyên*, 07/01/2017.

"Luy Lâu – Trung Tâm Chính Trị, Kinh Tế, Văn Hóa Cổ Xưa Nhất," *Báo Điện Tử Chính Phủ*, 08/07/2010.

Tập Bản Đồ Hành Chính Việt Nam, Hà Nội: Nhà Xuất Bản Tài Nguyên

– Môi Trường Và Bản Đồ Việt Nam, 2013.

"Tây Thiên – Chiếc Nôi Phật Giáo Việt Nam," *Giác Ngộ*, 29/10/2009.

"Thiền Sư Vô Ngôn Thông Đến VN Tìm Người Kế Thừa Tâm Pháp,"
Giác Ngộ, 06/12/2011.

Alexey, Polyakov, "Khởi Nghĩa Sự Phát Triển Nho Giáo Ở Đại Việt,"
Nghiên Cứu Lịch Sử, Số 4 (12/06/2013).

Chí Kiên, "Công Nhận 25 Bảo Vật Quốc Gia," *Báo Điện Tử Chính Phủ*,
23/12/2015.

Di Linh, "Luy Lâu: Thượng Nguồn Dòng Sông Phật Giáo Đông Á," *Hội
Khoa Học Lịch Sử Bình Dương*, 16/07/2012.

Dong, Hong Hoan, Trinh Minh Hien, "Natural citadel Ne Le," *ĐỒNG
THỊ HỒNG HOÀN*, 23/12/2008.

Du Chi, "Hãy Tiếp Tục Sưu Tầm Văn Bia Một Loại Tư Liệu Hán Nôm
Qúy Gía," *Nghiên Cứu Hán Nôm*, Năm 1984 (Phần 2).

Đào, Duy Anh, *Đất Nước Việt Nam Qua Các Đời*, Hà Nội: Nhà Xuất
Bản Hồng Đức, 2016.

Đạt Thức, "Di Tích Lịch Sử Và Kiến Trúc Nghệ Thuật Cố Đô Hoa Lư,"
Theo Hồ Sơ Xếp Hạng Di Tích, Tư liệu Cục Di Sản Văn Hóa, 2006.

Hà, Văn Tấn, *Chùa Việt Nam (Buddhist Temples in Vietnam)*, Hà Nội: Nhà
Xuất Bản Khoa Học Xã Hội, 1993.

Hoàng Tâm, "Bảo Tồn Và Phát Huy Giá Trị Lịch Sử, Văn Hoá Chùa
Nhất Trụ," *Ninh Bình*, 30/10/2009.

Hoàng, Thị Thu Dung, "Châu Vị Long (Chiêm Hóa, Tuyên Quang) Dưới
Thời Nhà Lý (Thế Kỷ XI – XII)," *Tạp Chí Khoa Học Đại Học Tân
Trào*, Vol. 9, No. 2, 2023.

Hoàng, Văn Lâu, "Đi Tìm Địa Chỉ Ngô Chân Lưu," *Tạp Chí Hán Nôm*,
Số 1 (26), 1996.

Hồng Quân, "Diện Mạo Mới Ở Ngôi Chùa 2.000 Tuổi," Bảo Tàng Lịch
Sử Quốc Gia, 30/01/2012.

Kiêm Đạt, "Mỹ Thuật Phật Giáo: Kiến Trúc Tháp Phật Giáo Việt Nam," Trang Nhà Quảng Đức.

Lê, Thùy Dương, "Khái Quát Tư Tưởng Nhập Thế Của Các Dòng Thiền Và Một Số Thiền Sư Tiêu Biểu," *Nghiên Cứu Phật Học*, Số tháng 7/2016.

Lê, Mạnh Thát, *Lịch Sử Phật Giáo Việt Nam*, Tập 1, Huế: Nhà Xuất Bản Thuận Hoá, 1999.

Lê, Quang Vịnh, "Chùa Báo Thiên Ở Hà Nội Xưa," Thư Viện Hoa Sen.

Lê, Quang Vịnh, "Lịch Sử Cụ Thể về Một khu Đất Có Tên Gọi là Phố Nhà Chung." https://web.archive.org/web/20150209120152/http://www.giaodiemonline.com/noidung_detail.php?newsid=2013

Lê, Thùy Dương, "Khái Quát Tư Tưởng Nhập Thế Của Các Dòng Thiền Và Một Số Thiền Sư Tiêu Biểu," *Nghiên Cứu Phật Học*, Số tháng 7/2016.

Liên Hiệp Các Hội Khoa Học Và Kỹ Thuật Việt Nam, "Đào Cam Mộc, Vị Công Thần Triều Lý," *VUSTA*, 29/10/2010.

Lưu Hùng Văn, "Vua Lý Thái Tông: Tiếng Dân Chuông Vọng," *Công An Nhân Dân*, 22/12/2011.

Mai, Thị Huyền, "Dòng Thiền Vô Ngôn Thông Ở Việt Nam Thế Kỷ VIII-XII," *Nghiên Cứu Phật Học*, Số tháng 9/2021.

Nam Giang, "Khám Phá Quỳnh Viên Tự — Nơi Thiền Sư Phật Quang Truyền Bá Đạo Phật Vào Việt Nam," *Báo Hà Tĩnh*, 06/04/2023.

Ngô Đức Thọ, *Từ Điển Di Tích Văn Hóa Việt Nam*, Hà Nội: Mũi Cà Mau, 1993.

Nguyễn, Bá Lăng, *Kiến Trúc Phật Giáo Việt Nam*, 1, San Jose, CA: Hoa Cau, 1989.

Nguyễn Đổng Chi, *Việt Nam Cổ Văn Học Sử*, Phủ Quốc Vụ Khanh Đặc Trách Văn Hóa, 1970.

(Tuệ Minh Đạo) Nguyễn, Đức Can, "Những Ngôi Chùa Cổ Tiêu Biểu Cho

Nền Văn Hoá Phật Giáo Dân Tộc Tại Hà Nội," Thư Viện Hoa Sen.

Nguyễn, Hữu Vinh, "Lĩnh Nam Chích Quái — Truyện Đầm Một Đêm (Nhất Dạ Trạch – Tiên Dung Và Chử Đồng Tử)," *Đọt Chuối Non*, 19/03/2010.

Nguyễn, Khắc Thuần, *Tiến Trình Văn Hóa Việt Nam, Từ Khởi Thủy Đến Thế Kỉ XIX*, Nhà Xuất Bản Giáo Dục, 2007.

Nguyễn, Lâm, "Tháp Báo Thiên," 01/02/2007. https://web.archive. org/web/20080120052355/http://www.giaodiemonline.com/ noidung_detail.php?newsid=890

Nguyễn, Lang, *Việt Nam Phật Giáo Sử Luận*, Tập 1, Hà Nội: Nhà Xuất Bản Văn Hóa, 1979; Nguyễn Lang, *Việt Nam Phật Giáo Sử Luận*, Hà Nội: Nhà Xuất Bản Văn Học, 2008.

Nguyễn, Ngọc Nhuận, "Lương Như Học Một Tác Gia Trong *Toàn Việt Thi Lục* (TBHNH 2004)," *Nghiên Cứu Hán Nôm*, Năm 2004.

Nguyễn, Quân — Phan Cẩm Thượng, *Mỹ Thuật Của Người Việt*, Nhà Xuất Bản Mỹ Thuật, 1989.

Nguyễn Thanh Tuyền, "Bí Ẩn Chuyện Lập Hoàng Hậu Lạ Đời Của Đinh Tiên Hoàng," *Trí Thức & Cuộc Sống*, 30/12/2015.

Nguyễn Thanh Tuyền, "Bí Ẩn Người Vợ Được Lý Công Uẩn Đối Đãi Đặc Biệt," *Trí Thức & Cuộc Sống*, 12/01/2015.

Nguyễn, Vinh Phúc, "Đào Cam Mộc — Công Thần Khai Quốc Thời Lý," *Hà Nội Mới*, 14/06/2010.

Nhất Hạnh, *Thiền Sư Tăng Hội* [禪師 僧會], An Tiêm, 2012.

Nhật Quỳnh, "Chùa Bà Ngô — Ngôi Chùa Cổ Ở Cố Đô Hoa Lư," *Du Lịch Ninh Bình*, 13/08/2018.

Nhật Quỳnh, "Chùa Duyên Ninh — Ngôi Chùa "Cầu Duyên" Ở Đất Ninh Bình," *Du Lịch Ninh Bình*, 24/11/2020.

Nhật Thu, "Chuyện Lạ Về Nhân Vật Vừa Là Phật, Vừa Được Phong Thánh," *Pháp Luật Việt Nam*, 02/01/2017.

Nhóm Trí Thức Việt, *Các Di Tích Lịch Sử*, Hà Nội: Nhà Xuất Bản Lao Động, 2013.

Phạm, Đức Duật, "Sự Tích Không Lộ Minh Không Qua Quyển Sách Chữ Hán Mới Sưu Tầm," *Nghiên Cứu Hán Nôm*, Năm 1984 (Phần 2).

Phạm, Hùng Cường, "Các Làng Cổ Ở Trường Yên (Ninh Bình) – Công Trình Di Sản Truyền Thống Làng Cổ Trường Yên," *Di Sản Làng Việt*.

Phan Huy Lê, *Lịch Sử Và Văn Hóa Việt Nam: Tiếp Cận Bộ Phận*, Hà Nội: Nhà Xuất Bản Thế Giới, 2012.

Phan, Trang, "Động Am Tiên Tuyệt Tình Cốc – Vẻ Đẹp Thao Thức Lòng Người," *DiaDiem*, 28/09/2022.

Thái Bá, "Ngôi Chùa Cầu Duyên Hơn 1.000 Năm Nổi Tiếng Ở Cố Đô Hoa Lư," *Dân Trí*, 23/03/2018.

Thân, Văn Vần, 「Lược Sử Phật Giáo Việt Nam」, 『佛教學報』(동국대학교 불교문화연구원), 제55집, 2010.

Thành Đoàn Hải Phòng, "Chùa Hang, Phường Hải Sơn, Quận Đồ Sơn (Hang Pagoda, Hai Son Ward, Do Son District)," Đoàn TNCS Hồ Chí Minh, Thành Phố Hải Phòng, 26/07/2023.

Thảo Liên (Dân Việt), ""Tuyệt Tình Cốc" Có Thật ở Ninh Bình," *Người Lao Động*, 21/12/2016.

(Đại Đức) Thích, Đức Thiện, "Phật Tích: Dấu Tích Đầu Tiên Của Phật Giáo Ấn Độ Truyền Vào Việt Nam," *Tạp Chí Khuông Việt*, Số 1 (12/2007).

Thích, Đức Trí, "Ba Pháp Tu Truyền Thống Của Phật Giáo Việt Nam," *Giác Ngộ*, 20/06/2016.

Thích, Hằng Đạt, *Thần Tăng Thiên Trúc*. https://thuvienhoasen. org/a10322/than-tang-thien-truc; http://www.dharmasite.net/ caotangtt.htm#11

Thích, Mật Thể, *Việt Nam Phật Giáo Sử Lược*, Hà Nội: Chùa Quán Sứ, 1942.

Thiên, Vỹ, "Làm Sáng Tỏ Vai Trò Phật Giáo Hà Tĩnh Trong Dòng Chảy Lịch Sử − Văn Hóa Phật Giáo Việt Nam," *Báo Hà Tĩnh*, 28/03/2023.

Trần, Bá Chí, "Ngọc Phả Các Vua Triều Lê," *Tạp Chí Hán Nôm* (Viện Nghiên Cứu Hán Nôm), Số 5/2004.

Trần, Hậu Yên Thế, "Bảo Quang Hoàng Hậu Là Ai? Tại Sao Lại Có Danh Hiệu Này?," *Thông Báo Hán Nôm Học*, 2012.

Trương, Đình Nguyên, Bùi Huy Hồng, "Vấn Đề Sưu Tầm Thư Tịch Và Tư Liệu Hán Nôm," *Nghiên Cứu Hán Nôm*, Năm 1984 (Phần 2).

Trương, Đình Tưởng, Lê Hải sưu tầm, *Truyền Thuyết Hoa Lư*, Sở VHTT Ninh Bình, 1997.

V. Thanh, "Về Sông Dâu," Công Ty TNHH Công Nghệ Và Thương Mại TeC, 06/06/2014.

Văn Hào − Đình Thành, "Động Chùa Am Tiên − Nơi Pháp Trường Xử Án, Thái Hậu Tu Hành," *Tạp Chí Trí Thức*, 01/10/2016.

VUSTA, "Những Dòng Sông Lấp Và Huyền Sử Văn Hóa Xứ Bắc," Liên Hiệp Các Hội Khoa Học Và Kỹ Thuật Việt Nam, 27/09/2011.

3. 서양문

"Hye Cho's Route," Hye Cho's Journey. http://hyecho-buddhist-pilgrim.asian.lsa.umich.edu/index.php

Bain, Chester A., *Vietnam: The Roots of Conflict*, Englewood Cliffs, New Jersey: Prentice-Hall, Inc., 1967.

Bezacier, L., *L'Art Vietnamien*, Paris: Éd. Union Française, 1954.

Buswell Jr., Robert E., Donald S. Lopez Jr., *The Princeton Dictionary of Buddhism*, Princeton University Press, 2013.

Cœdès, George, *Les États Hindouisés d'Indochine et d'Indonésie*, Paris:

Éditions E. DE BOCCARD, 1964.

Cooke, Nola, "Nineteenth—Century Vietnamese Confucianization in Historical Perspective: Evidence from the Palace Examinations (1463 – 1883)," *Journal of Southeast Asian Studies*, Volume 25, Issue 02 (September 1994).

Đỗ, Thiện, *Vietnamese Supernaturalism: Views from the Southern Region*, Routledge, 2003.

Dumoutier, Gustave, *Le Rituel Funéraire des Annamites: Étude d'Ethnographie Religieuse*, Hà Nội: Impr. F.−H. Schneider, 1904.

Gernet, Jacques, *Buddhism in Chinese Society. An Economic History from the Fifth to the Tenth Centuries*, translated by Franciscus Varellen, New York: Columbia University Press, 1995. [번역본] 원본은 Jacques Gernet, *Les Aspects Économiques du Bouddhisme dans la Société Chinoise du Ve au Xe Siècle*, Saigon: École française d'Extrême Orient, 1956 (réédition, 1977).

Guillon, Emmanuel, "Pour Une Histoire du Bouddhisme en Asie du Sud-Est," *PENINSULE*, N° 8~9 (Volume 15, 1984).

Kiernan, Ben, *Viet Nam: A History from Earliest Times to the Present*, Oxford University Press, 2017.

Kitagawa, Joseph, *The Religious Traditions of Asia: Religion, History, and Culture*, Routledge, 2013.

Lammerts, D. Christian, *Buddhist Dynamics in Premodern and Early Modern Southeast Asia*, Institute of Southeast Asian Studies, 2015.

Le Breton, H., "Monuments et Lieux Historiques du Thanh-Hoa (Contribution à l'Inventaire des Vestiges)," *Revue Indochinoise*, XXXIV 3~4 (Mars~Avril 1921).

Lingat, Robert, "La Conception du Droit dans l'Indochine Hîniayâniste," *BEFEO*, Tome 44, N° 1, 1951.

Minh Chi, Văn Tấn Hà, Tài Thư Nguyễn, *Buddhism in Vietnam: From*

Its Origins to the 19th Century, Hanoi: The Gioi Publishers, 1999.

Nguyen, Cong Tu, "Rethinking Vietnamese Buddhist History: Is the *Thiền Uyển Tập Anh* a "Transmission of the Lamp" Text?," John K. Whitmore, ed., *Essays Into Vietnamese Pasts,* SEAP Publications, 1995.

Nguyen, Tai Thu [Nguyễn Tài Thư], ed., *The History of Buddhism in Vietnam,* Washington, D.C.: Council for Research in Values and Philosophy, 2008.

Nguyễn Thế Anh, "Buddhism and Vietnamese Society throughout History," *South East Asia Research* (Taylor & Francis, Ltd.), Vol. 1, No. 1, 1993.

Nguyễn, Thế Anh, "La Conception de la Monarchie Divine dans le Viêt Nam Traditionnel," *BEFEO,* Tome 84, 1997, pp. 147~157.

Nguyễn, Thế Anh, "Le Bouddhisme dans la Pensée Politique du Viêt-Nam Traditionnel," *BEFEO,* Tome 89, 2002.

Noppe, Catherine, Jean-François Hubert, *Art of Vietnam,* Parkstone Press, 2003.

Pelliot, Paul, "Meou-Tseu Ou Les Doutes Levés," *T'oung Pao* (The Netherlands: BRILL), Vol. 19(1), 1918, Vol. 19(5)(1918-12-01).

Sen, Tansen, ed., *Buddhism Across Asia: Networks of Material, Intellectual and Cultural Exchange,* Vol. 1, Institute of Southeast Asian Studies, 2014.

Taylor, Keith W., "The 'Twelve Lords' in Tenth-Century Vietnam," *Journal of Southeast Asian Studuies,* 14−1 (March 1983).

Taylor, Keith W., "What Lies Behind the Earliest Story of Buddhism in Ancient Vietnam?," *The Journal of Asian Studies,* Volume 77, Issue 1 (February 2018).

Thích, Thiên An, *Buddhism and Zen in Vietnam: In Relation to the Development of Buddhism in Asia,* Tuttle Publishing, 1992.

Trần Quôcc Vương, "The Legend of Ông Dóng from the Text to the Field," in Keith W. Taylor, John K. Whitmore, *Essays into Vietnamese Pasts*, Cornell University Press, 2018.

Trần, Văn Giáp, "Le Bouddhisme en Annam des Origines au XIIIe Siècle," *BEFEO*, 32, 1932.

Wang, Gungwu, "The Nanhai Trade: A Study of the Early History of Chinese Trade in the South China Sea," *Journal of the Malayan Branch of the Royal Asiatic Society* (Malayan Branch of the Royal Asiatic Society), Vol. 31 [2 (182)], 1958.

Welch, Holmes, "Buddhism under the Communists," *The China Quarterly*, No. 6 (Apr. – Jun., 1961).

Whitmore, John K., "Social Organization and Confucian Thought in Vietnam," *Journal of Southeast Asian Studies*, Volume 15, Issue 02 (September 1984).

Yashpal, Dr., *Buddhism in Thailand*, Kalinga Publications, 2008.

찾아보기

452

이 책은 대우재단의 지원을 받아 연구 및 출간되었습니다.

베트남의 불교
기원과 변천 그리고 리 왕조

대우학술총서 651

1판 1쇄 찍음 | 2025년 1월 31일
1판 1쇄 펴냄 | 2025년 2월 21일

지은이 | 윤대영
펴낸이 | 김정호

책임편집 | 박수용
디자인 | THISCOVER, 이경은, 이대웅

펴낸곳 | 아카넷
출판등록 | 2000년 1월 24일(제406-2000-000012호)
주소 | 10881 경기도 파주시 회동길 445-3
전화 | 031-955-9511 (편집) · 031-955-9514 (주문)
팩시밀리 | 031-955-9519
www.acanet.co.kr

© 윤대영, 2025

Printed in Paju, Korea.

ISBN 978-89-5733-965-7 94910
ISBN 978-89-89103-00-4 (세트)